아도르노 강의록 006

—

칸트의 『순수이성비판』

Kants »Kritik der reinen Vernunft«

아도르노 강의록 006

칸트의 『순수이성비판』

초판 1쇄 발행   2021년 5월 10일
초판 2쇄 발행   2022년 11월 15일

–

지은이   테오도르 W. 아도르노
옮긴이   박중목 · 원당희
펴낸이   이방원
편   집   정조연 · 김명희 · 안효희 · 정우경 · 송원빈 · 박은창
디자인   양혜진 · 손경화 · 박혜옥   **마케팅**   최성수 · 김 준 · 조성규

–

펴낸곳   세창출판사

신고번호 제1990-000013호   주소 03736 서울시 서대문구 경기대로 58 경기빌딩 602호

전화 02-723-8660   팩스 02-720-4579   이메일 edit@sechangpub.co.kr   홈페이지 http://www.sechangpub.co.kr

블로그 blog.naver.com/scpc1992   페이스북 fb.me/Sechangofficial   인스타그램 @sechang_official

–

ISBN   979-11-6684-021-0   94160

978-89-8411-369-5   (세트)

ⓒ 박중목 · 원당희, 2021

아도르노 강의록 006

칸트의 『순수이성비판』

Kants »Kritik der reinen Vernunft«

테오도르 W. 아도르노

박중목 · 원당희 옮김

세창출판사

아도르노의 저술들은 전집(롤프 티데만Rolf Tiedemann이 그레텔 아도르노Gretel Adorno, 수전 벅–모스Susan Buck-Morss 그리고 클라우스 슐츠Klaus Schultz의 도움을 받아 편집한 것으로 1970년 이후 프랑크푸르트 암 마인Frankfurt am Main에서 출간되었음) 과 유고(테오도르 W. 아도르노 문서보관소)에서 인용하였다. 줄임말은 아래와 같다.

GS 1　　Philosophische Frühschriften. 2. Aufl., 1990
　　　　　초기의 철학 논문집

GS 2　　Kierkegaard. Konstruktion des Ästhetischen. 2. Aufl., 1990
　　　　　키르케고르. 미적인 것의 구성

GS 3　　*Max Horkheimer und Theodor W. Adorno*, Dialektik der Aufklärung. Philoso-
　　　　　phische Fragmente. 2. Aufl., 1984
　　　　　계몽의 변증법

GS 5　　Zur Metakritik der Erkenntnistheorie/Drei Studien zu Hegel. 3. Aufl., 1990
　　　　　인식론 메타비판/헤겔 연구 세 편

GS 6　　Negative Dialektik/Jargon der Eigentlichkeit. 4. Aufl., 1990
　　　　　부정변증법/고유성이라는 은어

GS 8　　Soziologische Schriften I. 3. Aufl., 1990
　　　　　사회학 논문집 I

GS 9·2　　Soziologische Schriften II, Zweite Hälfte. 1975
　　　　　사회학 논문집 II 제2권

GS 10·1　　Kulturkritik und Gesellschaft I: *Prismen/Ohne Leitbild*. 1977
　　　　　문화비판과 사회 I

`GS 10·2` Kulturkritik und Gesellschaft II: *Eingriffe/Stichworte/Anhang*. 1977

문화비판과 사회 II

`GS 11` Noten zur Literatur. 3. Aufl., 1990

문학론

`GS 12` Philosophie der neuen Musik. 2. Aufl., 1990

신음악의 철학

`GS 20 · 1` Vermischte Schriften I. 1986

기타 논문집

칸트 저작의 인용들은 아래와 같은 판에 근거한다.

Immanuel Kant, Werke in sechs Bänden. Herausgegeben von Wilhelm Weischedel. Wissenschaftliche Buchgesellschaft, Darmstadt 1956-1964.

판은 같은 쪽수로 동시에 프랑크푸르트 암 마인의 인젤 출판사에서 출간되고 또한 1968년 프랑크푸르트 암 마인의 주어캄프 출판사에서 편집된 12권짜리 'Theorie-Werkausgabe'으로도 출간되었다. "W"라는 약어는 Wissenschaftliche Gesellschaft 판과 인젤 출판사판에서는 제2권을 대표하고, 'Theorie-Werkausgabe'에서는 제3권과 제4권을 대표한다. 언급한 판들에는 모두 『순수이성비판』이 들어 있다.

칸트의『순수이성비판』

나는 여러분이 『순수이성비판』에 대하여 아직 아무것도 모른다는 가설 Fiktion과 함께 강의를 시작하겠습니다. 이 가설은 정당하면서도 동시에 부당합니다. 『순수이성비판』에 관해 여러분이 익히 들어 온 바와 같이, 이 작품이 칸트 인식론의 주요 저서로서 오늘날까지 여전히 그 명성을 갖고 있는 한, 이 가설은 부당합니다. 그러나 나는 매우 깊은 의미에서 볼 때 이 가설이 가설로 들릴 만큼 그렇게 부당하지 않다고 믿습니다. 우리가 철학에 대해 소문으로 들었던 것은 철학이 일반적으로 본래의 내용을 명확하게 하기보다는 오히려 모호하게 하는 데 일조하는 것이라고 우선 말할 수 있습니다. 철학을 전달하는 통상적인 공식은 작품을 대상화시키고, 딱딱하게 하며, 그리고 작품과의 참된 연관성을 한층 더 어렵게 하는 경향이 있습니다. 칸트의 작품과 연관하여, 여러분에게 나는 이것을 구체화하겠습니다. 여러분은 모두 다음의 사실을 확실하게 알고 있었습니다. 소위 말해, 칸트의 코페르니쿠스적 전회는 우리가 이전에 대상들, 즉 '물자체Ding an sich'에서 찾았던 인식의 계기를 주관으로, 따라서 이성으로, 즉 인식 능력으로 옮겼습니다.[1] 칸트에 대한 이러한 견해는 조잡성으로 인한 잘못입니다. 왜냐하면 한편으로 철학에 있어서 주관에로의 전회는 칸트보다 훨씬 이전에 있었기 때문입니다. ―이것은 근대 철학의 데카르트

Descartes와 함께 시작되었습니다. 그리고 확실한 의미에서 칸트의 선행자인 영국의 탁월한 철학자 데이비드 흄David Hume은 칸트보다 훨씬 더 주관주의적입니다― 다른 한편으로 널리 알려진 이 관점은 잘못입니다. 왜냐하면『순수이성비판』의 본래적 관심은 주관에, 주관에로의 전환에 있는 것이 아니라 오히려 인식의 객관성에 있기 때문입니다. 여러분이 이제 청취해야 할 모든 것의 모토로서, 내가 프로그램을 미리 언급해도 좋다면, 칸트의 시도는 다음과 같은 특징을 가지고 있을 것입니다. 주관주의를 통해 인식의 객관성을 제거하는 것이 아니라, 오히려 주관과의 관계를 통해 주관주의로 상대화하고, 회의적으로 제한되었던 객관성을 하나의 객관적 인식으로서 주관 자체 속에서 근거 지으려는 것입니다. 이것이야말로 칸트가『순수이성비판』에서 갖고 있었던 본래적 관심이라고 우리는 말할 수 있습니다. 칸트는 이것을『순수이성비판』의 머리말 중 거의 알려져 있지 않은 곳에서 언급하고 있습니다. 처음부터 근본적인 오해를 없애는 데 도움이 되기에, 나는 여러분에게 이 부분을 먼저 읽어 드리겠습니다. 그의 고찰은 두 가지 측면을 가지고 있습니다. 하나는 대상과 관계하고 있으며, 다른 하나는 "순수 지성Verstand 자체를 그것의 가능성과 지성 자신이 의거하고 있는 인식 능력에 따라 연구하고, 따라서 순수 지성을 주관적 관계 속에서 연구할 것"을 겨냥합니다. 그리고 그는 계속해서 말하고 있습니다. 이 해명이 중요함에도 불구하고 이것은 본질적으로 나의 '주목적'에 속하지 않습니다. "왜냐하면 나의 주요 물음은 지성과 이성이 모든 경험에서 벗어나 얼마나 많이 무엇을 인식할 수 있는 것인지, 사유할 수 있는 능력 자체가 어떻게 가능한지가 아니기 때문이다."[2] 따라서 내가 믿기로, 여러분이 처음부터『순수이성비판』의 관심이 인식의 객관성을 증명하는 데 있음을 안다면, 또는 내가 인식의 객관성을 구제하는 데 있음을 선취한다면,[3] 여러분이 널리 유포된 소위 칸트의 주관주의의 이념에로 인도되는 것보다 이 작품을 이해하는 데 처음부터 훨씬 더 적합한 길

을 걷게 될 것입니다. 그럼에도 불구하고 칸트 철학에 있어서 이 두 요소
는 물론 끊임없이 함께 작용하고 있습니다. 이 두 요소가 어떻게 마찰하고
있으며, 어떤 짜임 관계Konstellationen에서 서로 나타나고 있는지 그리고
이때 어떤 어려움이 발생하고 있는지를 밝히는 것이 내가 이 강의를 위해
계획한 과제입니다.

이제 처음의 가설로 돌아갑시다. 부여된 의미에서 여러분은 이제
『순수이성비판』에 편견을 갖고 있지 않다는 것을 내가 받아들여도 좋을
것 같습니다. 왜냐하면 『순수이성비판』에 헌사를 보냈던 전통은 더 이상
존속하지 않기 때문입니다. 40년 전쯤 당시 유명한 한 철학자가 예의 있
고 재치 있게 철학자란 읽지도 않았던 작품에 무엇이 쓰여 있는 것을 알
고 있는 사람이라고 말했습니다. 당시 이 말은 아마도 『순수이성비판』에
적용된 것 같습니다. 즉 당시 이 비판서의 아우라가 너무나 특별하여 우
리가 텍스트 자체를 모르면서 여하튼 이 텍스트가 갖고 있는 어떤 것의
'느낌' ―여러분에게 미안하지만 이것보다 더 좋은 단어가 없어서― 을 가
졌을 정도였습니다. 이에 반하여 오늘날 우리가 처해 있는 지적 상황은
더 이상 과거의 작품이 그와 같은 권위를 갖고 있지 않다는 것입니다. 칸
트의 주저도 확실히 그러한 권위를 더 이상 갖고 있지 않습니다. 특히 대
략 40년 전까지 적어도 독일 대학들을 지배했던 학파가, 즉 서로 다른 색
채를 지니고 있었던 신칸트학파가 ―한편에서는 수학적 색채를 띤 마르
부르크학파 그리고 다른 한편에서는 정신과학적 색채를 띤 서남독일학파
가― 퇴색되고 다소 몰락했다는 단순한 이유에서도 더 이상 권위를 갖고
있지 않습니다. 그리하여 그 후에 전통적 방식의 힘이 『순수이성비판』에
직접적으로 더 이상 생기지 않습니다. 따라서 나는 여러분이 이런 상황에
있다고 처음부터 간주하겠습니다. ―이런 상황 때문에 나는 결코 여러분
을 비난하지 않습니다. 반대로 나는 이런 상황을 주어진 것으로 전제합니
다― 즉 여러분은 다음과 같은 생각을 갖고 『순수이성비판』에 접근하십

시오. 이것은 위대한 선제후가 아니라 주각柱脚에 서 있는 먼지투성이의 우상이며, 교수들이 유감스럽게도 150년간 이것에 익숙했기 때문에 ─그러나 이것이 오늘날 우리에게 지극히 관계되는 것 없이─ 여전히 논의하고 있는 먼지투성이의 우상입니다. 이와 더불어 우리는 참으로 무엇을 해야 합니까? 한편으로 여러분은 『순수이성비판』에서 과학 이론의 특정한 물음이 중요하고, 그리고 끝으로, 과학의 실제적 상황을 통해 더욱 앞선 개별 과학의 논의들이 중요하다고 생각할 것입니다. 예를 들어 여러분은 공간과 시간의 아프리오리apriori에 대한 칸트 이론은 상대성 이론에 의해 흔들렸고 또는 아프리오리한 범주인 인과성에 대한 칸트 이론은 양자론에 의해 흔들렸다는 것을 들었을 것입니다. 그러나 다른 한편으로 여러분은 특수하고 그리고 좁은 의미에서 『순수이성비판』의 ─과학의 근거 지음에 대한 연구가 아니라─ 철학적 물음들이 다소간 위엄을 상실했다고 생각할 것입니다. 왜냐하면 오늘날 여러분이 ─칸트 작품의 비판적 주제를 형성하는 다른 표제어를 제시하기 위하여─ 형이상학의 개념을 듣는다면, 여러분의 관심은 일반적으로 칸트에게서 형이상학을 형성하는 개념, 즉 신, 자유 그리고 불멸성의 개념 또는 자주성의 개념과 영혼의 존재 자체Ansichsein 내지 비존재 자체Nicht-Ansich-Sein의 개념이 더 이상 아니기 때문입니다. 오히려 여러분은 존재 개념과 마찬가지로 그러한 개념들에 형이상학의 주제를 파악하도록 교육받았습니다. 이제 여러분에게 말하고 싶습니다. 소위 말하는 존재 물음은 『순수이성비판』과 비교해서 새로운 발견이 아니며 또한 행운의 발굴이 아니라, 『순수이성비판』의 중심 장인 「반성 개념의 모호성Amphibolie der Reflexionsbegriffe」에서 명백하게 그리고 확실하게 존재 개념이 언급되고 있습니다. 그리고 나는 지금 다음의 사실을 덧붙이고 싶습니다. 존재 일반에 대한 현재의 잡담에 항복하지 않고, 그리고 소위 말하는 존재철학의 영향에 빠져들지 않고, 우리가 이러한 일에 신뢰를 가진다면 상당히 좋을 것이라고 나는 믿습니다. 나는 방금 여러분에게 암시했던 어려움을 결코 다음과 같은 방식으로 제거하고 싶지 않습니다. 즉 나는 여러분에게 교수의 버릇에 따라『순수이성비판』은 플라톤Platon의 권위가 2천 년 이상 지녔던 것처럼 영원한 신적인 작품이라고 확신시키는 방식으로 제거하고 싶지 않고 그리고 우리가 이 영원한 가치에 대하여 부득이하게 존경과 관심을 불러일으키게 마비시키는 방식으로 제거하고 싶지 않습니다. 이러한 마비 자체는 무력감과 공허와 동일한 특성을 이미 갖고 있다고 말하고 싶습니다. 이러한 특성은 변하지 않는 영원한 가치 개념 속에 잠복하고 있습니다.

  이것 대신에 나는 다른 것을 추구하고 싶습니다. 나는 이 작품이 출판된 시대의 배경과는 비록 완전히 다르지만 오늘날에도 여전히 객관적인 근거에서 최고의 관심을 가질 만한 가치가 있음을 ―나는 결코 부정할 수 없습니다― 보이고자 합니다. 따라서 나는 확실한 의미에서 이 작품에 대해 말하고자 합니다. 이 작품에서 논의되는 것은 오늘날에도 가질수 있는 실제의 관심임을 나는 여러분에게 제시하려고 합니다. 이때 나는 이 작품의 배후에 있는 객관적인 경험과 철학사적인 경험에로 소급할 것입니다. 이것은 여러분들 중에서 많은 분이 들었겠지만 헤겔에 대한 기념강연에서[4] 내가 헤겔Hegel에서 추구했던 것과 비슷합니다. 따라서 이 철학을 편찬된 법전처럼 굳어진 형성물로부터 지속적으로 투시되어 아마도 뢴트겐에 나타날지 모르는 어떤 것으로 소위 말해서 재번역하고자 합니다. 다시 말해 여러분들이 이 철학을 힘의 장Kraftfeld으로서 파악할 수 있고 서로 분쟁 속에 빠져 지쳐 버린 가장 추상적인 개념들 배후에 실로 여전히 살아 있는 경험 속에 자리 잡고 있는 것을 파악할 수 있게 하려고 합니다. 물론 그때 다음과 같은 시각이 분명하게 나타날 것입니다. 내가 계획했던 것이 어느 정도 성공한다면 여러분은『순수이성비판』의 매우 광범위한 텍스트를 스스로 독해할 수 있게 될 것입니다. 그리고 칸트 강독에 있어 상당히 중요한 과제인 본질적인 것과 비본질적인 것을 구별할 수 있게 될 것입니다. 그리고 내가 여러 모델 방식에서 추구했던 것과 같은 방식으로 사물들을 생동감 있게 할 것입니다. 그러나 이곳에서 여러분에게 『순수이성비판』의 자세한 개요를 제시하거나 각각의 구절에 주석을 제공하는 것은 나의 의도가 아닙니다. 이런 일들은 수없이 행해졌습니다. 이런 것을 원하는 사람은 참고문헌에서 남아날 정도로 많은 책을 찾으면 될 것입니다. 반면에 나는 핵심이라고 여겨지는 개별적인 문제점의 해석을 통해 여러분이 스스로 철학 문제 자체 속으로 들어오게 할 것입니다. 여러분에게 철학을 강의하듯이 그렇게 단순하게 『순수이성비판』을 강의하지 않고, 배후에 쌓여 있는 일종의 지적 경험에 관한 작품으로서 이 철학 자체를 탐독할 수 있게 할 것입니다. ― 이때 나는 이 지적 경험의 개념(내가 여기에서 여러분에게 나타내고자 하는 개념)을 지금 추상적으로 먼저 제시할 수가 없습니다. 내가 나타내고자 하는 것을 여기에서 규정할 수 없고 오히려 강의 진행 과정에서 밝혀질 수밖에 없기에 나는 여러분에게 양해를 구합니다.

　여러분은 단지 철학책으로서의 이 책이 지니고 있는 어마어마한 무게감은 도대체 어디에서 나온 것인지 물을 것입니다. 책들의 권위가 당연시되었던 전통이 사라져 가는 지금, 사실 이런 질문을 던질 수 있다는 것은 좋은 것입니다. 내가 여러분에게 『순수이성비판』의 권위가 상실되었다고 언급했다면, 나는 빈말로 말한 것이 아닙니다. 사실 과학의 발달로 인해 칸트 철학을 낡아 빠진 일종의 허수아비로 여기고 철학적 연구가 아니라 고서 연구의 관심을 요구하는 철학적 방향이 우리 시대에 있다는 것을 말한 것입니다. 예를 들면 논리실증주의자 라이헨바흐Reichenbach는 그의 저서 『과학철학의 등장The Rise of Scientific Philosophy』[5]과 일련의 다른 저서에서 비록 필수적인 감수성은 아니지만 매우 큰 용기로 이런 견해를 대변하였습니다. 여러분은 이 작품이 이런 권위를 갖고 있다는 것이 도대체 어디에서 유래하는지 물을 수 있습니다. 이때 우리가 결정적으로 관심을 가지고 있다고 생각하는 거대한 주제는 이 작품에서 직접적으로 언급되어 있지 않다는 사실이 우선 우리를 놀라게 합니다. 따라서 여러분이 —이 작품을 과감히 분명하게 해 주기 위해—『순수이성비판』에서 신의 존재 여부 혹은 불멸성, 영혼, 자유의 존재 여부에 대한 증명을 받아들일 것이라 기대한다면, 여러분은 매우 실망할 것입니다. 물론 이 작품에서, 특히「선험적 논리학」의 둘째 부문인「선험적 변증론」에서 그러한 증명이 없는 것은 아닙니다. 그러나 칸트는 이 증명을 이율배반이라는 형식으로 제시하고, 항상 이중적 의미로 편성했기에 이 증명은 숙명적 속성을 가지고 있습니다. 즉 그는 이 개념들 자체는 증명될 수 있음과 동시에 그 반대 개념들도 증명될 수 있음을 보였습니다. 여기에 제시된 것은 인식론이지만 이중적 의미를 지닌 인식론입니다. 이 인식론은 한편으로 칸트에게서 확정된, 그리고 의심 없는 학문, 즉 수학-자연과학의 기초를 세우려 하고 다른 한편으로 여러분이 한때 가장 중요하게 간주했던 저 절대 개념들의 인식 가능성을 제한하려고 합니다. 동시에 여러분이 올바르게 보아야 할 것은 『순수이성비판』에서 이 개념들이 부정판단의 의미에서 논박되는 것이 아닙니다. 가령 신의 존재는 부정되지 않습니다. 하이네Heine가 『독일 종교사와 철학사Geschichte der Religion und Philosophie in Deutschland』에서 —매우 잘 알려진 위트로—『순수이성비판』의 결과는 신이 증명되지 않은 채 피투성이가 되었다고 말했다면,[6] 이 경우 증명되지 않음을 크게 강조하는 것입니다. 다시 말해 증명 가능성은 제한되어 있습니다. 하지만 이 작품에서 이런 범주들에 대한 판단 자체는 내려지지 않습니다. 따라서 이 책에 엄청난 의미를 부여하는 것은 그리고 오늘날 우리의 일상적인 정신에까지 아마도 영향을 끼칠 만큼 실로 의식을 완전히 변화시키게 한 것은 아마도 그와 같은 이성적인 질문들이 우리의 시야에서 추방되었다는 점입니다. 정신역사학자 그뢰투이젠Groethuysen은 그의 저서에서[7] —무신론의 의미에서가 아니라, 이 질문의 소멸이라는 의미에서— 17세기 후반과 18세기 전반의 정신 발전 과정에서 신과 악마가 어떻게 사라지게 되었는지를 입증하려고 했습니다. 우리는 이제 『순수이성비판』이 형이상학적으로 떠받치고 있는 이러한 일련의 거대한 개념들이 결국 이성적 결정으로부터 벗어날 수 있다는 사실에 그 의미가 있다고 말할 수 있습니다. 쇠렌 키르케고르Sören Kierkegaard를 본받아서 카를 바르트Karl Barth가 정초한 신학처럼 현대 신학이 엄청난 열정과 노력으로 지식과 외형적으로 대립하면서도 신학적 범주들을 정립하고, 신앙의 역설적인 개념들을 신학적 범주에 적용하려고 한다면, 이것은 ―여러분이 원한다면― 칸트적 상황과 같습니다. 단 칸트가 지식과 형이상학적 범주와의 분리를 결정적으로 정립했을 때에 한해서입니다. 이 분리는 오늘날 우리에게도 전제될 수 있습니다.

따라서 순수이성의 비판에 대해 언급한다면, 이 비판은 소위 말하는 철학적 근본 물음에 대한 부정적 대답이나 긍정적 대답이 아니며 오히려 이 물음에 대한 비판입니다. 즉, 그러한 물음을 제기하고, 그러한 물음에 정당성을 부여하려는 이성의 능력에 대한 비판입니다. 아마도 우리는 『순수이성비판』의 엄청난 영향은 바로 다음의 사실에 근거하고 있다고 말할 수 있습니다. 즉 『순수이성비판』은 최종적인 물음에 본질적인 것을 말하는 것을 포기하는 것, 시민적 체념의 계기를 처음으로 표현했습니다. 그리고 그 대신 ―괴테Goethe가 말한 것처럼[8]― 이것을 유한성에서 정립하고 어떤 방향이든 유한성으로 나아가려는 것에 말입니다. 그러나 이것은 엘베시우스Helvétius, 라메트리Lamettrie, 또는 홀바흐Hollbach와 같은 계몽주의자의 급진적인 무신론적 생각과는 완전히 다릅니다. 그들은 이성이 절대자das Absolutes에 대하여 무엇을 결정하는 데 있어 자신의 능력을 지나치게 믿고 있기에 이런 능력에 대하여 사실 부정적으로 대답하였습니다. 반면에 칸트는 절대자를 제한했습니다. 결정적인 것은 다음과 같습니다(아마도 이것은 여러분을 복잡한 내면으로 이끌 것입니다). 칸트 작품은 이성이 절대자로 벗어나는 것을, 즉 그가 언급한 바와 같이, '지성계 intelligible Welt로 벗어나 가는 것'[9]을 거부하는 논증을 이끌었습니다. 이제 우리는 이를 통해 어느 정도 두 발로 지상에 서 있을 수 있으며 우리가 지금 무엇을 긍정적으로 확실하게 알 수 있는지를 비로소 올바르게 알게 될 것입니다. 따라서 우리는 이제야 말할 수 있습니다. 『순수이성비판』 속에 규정된 것은 자기 자신을 실천하고 동시에 자신의 유토피아를 의심하는 시민의 존재를 위한 변신론Theodizee입니다. 『순수이성비판』의 힘은 칸트가 소위 말하는 형이상학적 질문에 제시했던 답에 있는 것이 아니라, 오히려 이 질문에 답변하려는 것을 매우 장엄하고 엄격하게 거부했다는 데 있습니다. 이를 위한 가능성은 칸트에 있어서 이성의 자기반성에 있습니다. 자기반성은 이성적 본질로서의 자아가 자기 자신의 이성을 숙고하는 데 있습니다. 자기 자신의 이성을 숙고함으로써 이성이 무엇을 할 수 있는지 그리고 무엇을 할 수 없는지를 자기 자신에게 답변할 수 있습니다. 칸트의 저 주장은 결정적으로 자기반성의 이러한 이중성에 있습니다. 즉 한편으로는 경험의 근거를 ─달리 표현하면, 자연 인식을 주재하는 원천적 개념을─ 우리가 보증하는 것이며, 다른 한편으로는 자연 인식을 뛰어넘어 절대자로 밀고 들어가서 사변하는 것을 저지하는 것입니다. 이제 여러분에게 나는 미리 말하고 싶습니다. 이성의 이러한 자기반성의 사고에는 하나의 문제가 그리고 칸트 이후의 철학에서, 좁은 의미에서 독일 관념론의 철학에서 실제로 전개되었던 과제가 숨어 있습니다. 즉 우리는 질문할 수 있습니다. 어찌하여 이성이 자기 자신에게 스스로 비판을 가할수 있는가? 이성은 이미 자기 자신의 비판을 통해 항상 선입견에 사로잡혀 있지 않은가? 즉 이성은 절대적 명제를 만들 수 있는 자신의 가능성을 판단함으로써 필연적으로 절대자에 대한 명제를 이미 스스로 신뢰하고 있지 않은가? 실제로 칸트 이후의 관념론은 내가 여러분에게 방금 언급한 이런 단순한 사고를 갖고 수미일관 칸트에게 대항하였습니다. 칸트에게 있어서 이성의 자기반성은 너무나 소박하게 이루어진다는 점이 칸트와 그의 후계자들과의 결정적인 차이입니다. 이것은 대략 영국의 경험주의자가 했던 것처럼 이성의 메커니즘을 해부한 것과 같습니다. 칸트는 로크Locke가 생리학적 개념과 유사한 것을 신뢰했다고 조롱합니다.[10] 그러나 칸트가 『순수이성비판』에서 수행했던 것을 우리가 진지하게 주시한다면, 우리는 이것이 칸트가 '원리의 근거에서'라고 명명하지만 이성생리학으로부터, 이성의 해부로부터 그렇게 멀리 벗어나 있지 않다는 것을 발견하게 될 것입니다. 그 후 그의 후계자는 이성이 자기 자신을 비판한다는 것이 무엇을 의미하는지 물음을 제기하고, 그리고 이 물음으로부터 칸트의 비판을 도출했으며 이를 통해 칸트가 적어도 처음에는 그의 비판을 통해 제시하지 않으려 했던 일련의 대답들을 도출하려고 했습니다.

그러나 나는 여러분이 다음과 같은 사실을 파악하는 것도 좋다고 믿습니다. 즉 어렵다고 평판이 자자한 칸트가 그것에 대한 숙고 없이 이성이 자신의 영역과 인식의 영역을 다른 학문의 영역과 똑같은 방식으로 논의할 수 있다고 믿었다는 데에서 그는 적어도 상당히 단순한 저자였습니다. 이와 연관해서 칸트 철학에서 무엇이 역할하고 있는지를 여러분이 알려고 한다면 ―이것은 칸트를 이해하기 위해 무조건 준비해야 할 전제입니다― 이것은 수학적 자연과학에 대한 엄청난 신뢰가 칸트 철학의 배후에서 지배하고 있다는 것과 칸트 철학의 열정은 바로 이 과학에 의하여 충만되어 있다는 것과 연관되어 있습니다. 여러분이 어떤 의미에서 『순수이성비판』 전체의 주요한 영감을 이해하려면 어떤 절대적 인식을 자기 자신에게서, 오로지 사유에서 뽑아내려는 형이상학의 노력이 좌초되었다는 것입니다. 흄이 이것을 비판했던 점에서 그는 옳았습니다. 그러나 이것 때문에 우리가 이것을 의심할 필요는 없습니다. 왜냐하면 수학적 자연과학의 엄청난 논증적 힘 ―무엇보다도 수학의 논증적 힘과 오늘날 우리가 이론물리학이라고 부르는 것의 논증적 힘을 통해 우리는 절대적 진리의 기준을 사실 만족시키는 인식의 완전한 토대를, 즉 미래의 모든 경험에 진리를 보증해 주는 인식의 완전한 토대를 소유할 수 있기 때문입니다. 따라서 이전에 오로지 추상적인 사변적 사고가 수행했다고 헛되이 주장했던 것을 과학이 실제로 인식의 절대성에 제공한다는 전제에서— 오로지 이러한 전제에서 칸트의 모든 수행은 이해될 수 있습니다.

이와 더불어 나는 여러분에게 우리가 『순수이성비판』을 상대할 때, 소위 말하는 소박한 독자로서 틀림없이 부딪치는 어려움 중에 하나를 제거할 수도 있다고 믿습니다. 이것은 (서문에서 그리고 작품의 거의 대부분을 통해 수행된) 아프리오리한 종합판단은 어떻게 가능한가입니다. 이것은 『순수이성비판』의 핵심 질문입니다. 나는 여러분에게 긴 서두 없이 이 질문이 도대체 무엇을 의미하는지 우선 말하려고 합니다. 나는 여러분에게 다음의 사실을 상기시키려고 합니다. 내가 언급했던 충격은 '어떻게 가능한가?' 속에 숨어 있습니다. 반면에 사변적인 철학자로서의 우리는 이 작품을 강독하려고 할 때, 사실 완전히 다른 질문을 기대합니다. 아프리오리한 종합판단은, 즉 절대적으로 타당한 인식은 —여러분에게 말한다면— 도대체 가능한가? 이 질문은 『순수이성비판』에서 제기되지 않았습니다.[11] 우리가 말하듯이 어떤 전제도 없이 오로지 그 자체로부터 이해될 수 있는 그러한 작품은 거의 없다는 것을 여러분은 여기에서 확실히 알 수 있습니다. 지금과 같은 강의가 (이와 같은 주제들의 모든 강의처럼) 한갓 강의계획서에서 통지된 것보다 좋다고 하는 정당한 이유는 자기 자신이 스스로 작품을 이해할 수 있게 하는 데 있지 않습니다. 그렇다고 이것을 올바르게 지정하기 위해 우리가 무엇보다도 역사적 전제를 알아야 한다는 학교 선생님과 같은 그런 불길한 말씀에 있지도 않습니다. — 이것은 나에게 진심으로 중요하지 않습니다. 오히려 이 철학적 사유가 움직이고 있는 활동 영역을 우리가 알지 못하면 결코 본질적 문제설정을 스스로 이해할 수 없다는 이유에 있습니다. 칸트의 작품은 『순수이성비판』이라고 불리며 또한 첫 번째 '비판'으로 불립니다. 그러나 이것은 사실 전혀 새로운 것이 아닙니다. 오히려 철학사 전체는 비판과의 거대한 결합 이외에는 아무것도 아니라고 우리는 말할 수 있습니다. 이 비판은 그의 이념과 표상 그리고 결국 자기 자신을 의식하게 했습니다. 이런 의미에서 볼 때 『순수이성비판』은 최초로 자기 자신이 스스로 철학에로 다가감ein erstes Zu-sich-selber-Kommen der Philosophie일 것입니다. 따라서 내가 말하려고 하는 것은 "어떻게 아프리오리한 종합판단이 가능한가?"의 이 특별한 공식이 그 의미를 얻게 된다는 것과 동시에 여러분에게 모든 복합성과 이 사유의 내적 구성을 드러내는 것입니다. 그 이유는 본질적인 것으로서 소위 말하는 아프리오리한 종합판단이 의심할 여지 없이 진리를 구성하고 있음을 명시하고 있기 때문입니다. — 그리고 이 공식은 그 자체로부터 추상적으로 진리를 뽑아내는 것이 아니라, 진리로부터, 칸트가 언급한 바와 같이, 주어진 것으로부터 참되고 절대적인 인식으로 간주되는 그러한 인식을 고집하고 있기 때문입니다.

이제 여러분에게 아프리오리한 종합판단이 무엇인지 말하려 합니다. 내가 기본적인 것을 말한다면 미안합니다. 그러나 여러분이 칸트에 대하여 알지 못한다는 가설을 진지하게 생각한다면 나는 이것을 설명해야만 합니다. 우선 판단이라는 것이 도대체 무엇인지를 나는 여러분에게 설명해야 합니다. 왜냐하면 이것에 대하여 여러분 모두는 어떻게 해서든 다소간의 막연한 생각, 정말 막연한 생각을 갖고 있기 때문입니다. 옛 논리적 전통에서 우리는 판단을 주어, 술어 그리고 연결사의 결합으로 특징지었습니다. 따라서 문법적 의미에서 어떤 다른 것은 주어에 상응하는 대상에 의하여 빈사로서 규정됩니다. 이 다른 것은 '이다ist', 'A는 B이다A ist B'의 형식을 통해 표현되어야 합니다. 이것은 판단의 외형적 특징입니다. 왜냐하면 사실 분리되어 있지 않은 이 계기들을 판단은 분리된 것으로 전제하기 때문입니다. 그리고 이뿐만 아니라 특히 이 판단에 포함된 A=B라는 동일성은 문제를 지니고 있습니다. 왜냐하면 일반적으로 특수한 사태를 포섭하는 개념은 항상 사태 자체보다 더 광범위하며 따라서 판단은 동일하지만 동시에 동일하지 않기 때문입니다. 여기에서 여러분은 모든 종류의 어려움에 이를 것입니다. 그런 까닭에 우리는 판단 일반을 진리에 대한 물음을 의미 있게 적용할 수 있는 구성 요소로 정의합니다. 그러한 구성 요소를 언어로 표현한다면 우리는 그것을 명제Satz라고 부르기도 합니다. 그러나 이런 차이는 칸트에게 큰 역할을 하지 않습니다. 이때 명제들은 비록 여러 가지를 의미하지만, 칸트에게서 여러분은 일반적으로 판단들이라고 읽습니다. 이것은 원초적인 전언어적 개념들의 결합은 아닙니다. — 판단은 종합적이거나 분석적일 수 있습니다. 즉 술어 개념이 주어 개념에 새로운 것을 첨부하든지 또는 첨부하지 않든지, 우리가 더 정확하게 말해야 한다면, 술어 개념 자체가 주어 개념 속에 포함되어 있지 않든지 또는 포함되어 있든지입니다. 만일 후자가 아니라면, 따라서 판단이 새로운 어떤 것을 첨부한 판단이라면, 우리가 말하는 것처럼, '확장 판단'이 문제라면 우리는 이것을 종합판단이라고 합니다. 그리고 이 경우가 아니라면, 즉 술어 개념이 한갓 주어 개념의 반복이고, 술어 개념이 주어 개념 속에 암암리에 포함되어 있다면, 우리는 이 판단을 분석판단이라고 부릅니다. 즉 이 판단은 한갓 분석이며, 주어 개념의 한갓된 분석입니다. 이것은 주어 개념 속에 이미 암암리에 포함되어 있는 것을 분석한 것입니다. 달리 표현하면, 분석판단은 본래 동어 반복입니다. — 칸트에게서 이 개념은 아프리오리와 아포스테리오리Aposteriori의 개념과 결합되어 있습니다. 모든 분석판단은 당연하게 아프리오리합니다. 즉 분석판단은 동어 반복이기 때문에 모두 전적으로 무조건 타당합니다. 이 판단은 엄밀히 말해 판단이 아니기 때문에 결코 반박될 수 없고, 단지 전제된 정의의 한갓된 반복일 뿐입니다. 이에 반해 종합판단은 아프리오리이거나 아포스테리오리입니다. 여러분이 어떤 대상에 대하여 어떤 것을 진술한다면,

즉 어떤 대상에 대하여 판단한다면, 이 판단은 (칸트가 말했듯이) 경험에서 유래된 판단이거나 주어 개념 안에 이미 포함됨이 없이도 단적으로 필연적인 판단일 수 있습니다. 따라서 만일 여러분이 예를 들어 "모든 사람은 죽는다"라고 진술한다면 이것은 경험판단입니다. 왜냐하면 사람의 개념 속에 두말없이 죽음이 포함되어 있지 않기 때문입니다. 그러나 여러분이 "모든 물체는 연장적이다"라고 말한다면 이것은 아프리오리한 종합판단입니다.[12] 즉 연장성은 물체의 개념 속에 포함되어 있지 않습니다. 그럼에도 모든 물체에 필연적으로 연장성의 성질이 귀속됩니다.

여러분은 이제 나에게 묻게 될 것이고, 이 질문과 함께 나는 다시금 '위대한 선제후'에게 다가가거나 또는 이것이 가발인지 변발인지의 문제에 다가갈 것입니다. ― 여러분은 이제 물을 수 있습니다. 위대한 신이여, 이것이 철학사에 있어서 가장 중요한 작품이어야 합니까? 우리는 어떻게 아프리오리한 종합판단이 가능한지, 따라서 새로운 것이 말해지는, 그럼에도 불구하고 모든 시대에 타당한 판단이 가능한지에 대하여 장황한 강의를 들어야 합니까? … 덧붙인다면 칸트에게서 진리 자체의 개념은 ―이것은 내가 말하고 싶은 것으로서, 시민적 사유와 매우 깊은 관계를 갖고 있습니다― 초시간적인 진리 개념이라고 말해질 수 있습니다. 칸트에게서 '절대적이다'라는 것은 시간을 통해 결코 반박되지 않는 것, 절대적으로 확실한 소유, 결코 탈취될 수 없는 어떤 것, 모든 미래에도 확실하게 손아귀에 있는 어떤 것과 같은 것입니다. 진리의 초시간성에 대한 개념, 초시간적인 것이야말로 본래 진리라는 개념, 반면에 반박될 수 있는 것은 진리의 개념에 결코 도달될 수 없다는 사실이 칸트 철학의 내면에 깊숙이 자리 잡고 있는 원동력입니다. 결국 최고의 이념들 중에서 불멸성의 이념이 나타난다면, 이것이야말로 칸트에서 아프리오리의 개념이 지니고 있는 엄청난 파토스를 위한 열쇠를 여러분에게 어느 정도 제공할 것입니다. 그리고 그는 그의 작품에서 일종의 계산을 하는 경향이 있습니다. 이 계산에서 칸트는 내가 부채를 짊어지지 않고, 역사에 의해 고발됨이 없이 결국 절대적으로 확실하게 보유할 저 인식을 정제하려고 합니다. 여러분이 어떻게 생각할지 모르겠지만, 시민사회의 상거래에서 나오는 그러한 세속적인 비유가 칸트에게 그리고 또한 『순수이성비판』에 커다란 역할을 합니다. 나는 여러분에게 다음과 같이 말해도 좋을 것입니다. 이 비유는 근저에 가장 숭고하고 가장 위대한 주제들에 비하여 성대함, 일종의 절제 그리고 냉정함Siner-selbst-mächtig-Bleiben과 관계합니다. 이러한 사실은 칸트의 시민성 그리고 세속성과 매우 깊이 관계를 맺고 있습니다. 또한 우리는 아마도 칸트의 형이상학이 직접 형이상학적으로 분만되었던 곳보다 오히려 이러한 절제 속에서 칸트의 형이상학의 핵심을 찾을 수 있을 것입니다. 따라서 아프리오리한 종합판단에 대한 관심은 칸트가 진리에 대하여 초시간적 지속성의 특성을 요구하는 것과 연관되어 있습니다. 가장 깊은 심연에 자리 잡고 있는 칸트의 문제들 중 하나는 바로 이곳에 자리 잡고 있다는 것을 나는 여러분에게 주목시키고 싶습니다. 한편으로 칸트는 자기 자신 이전에 어느 누구도 시간 자체가 인식의 필연적인 조건이며 그리고 이것이 앞에서 언급된 소위 초시간적인 인식들의 필연적 조건이라는 것, 즉 직관의 형식이라는 것을 알지 못했다고 보았습니다. 다른 한편으로 시간성 자체는 하나의 결점으로 보았고 그리고 사실 진리로서 구속력이 있는 인식으로부터 피해야 할 어떤 것으로 보았습니다. 그리하여 아프리오리한 종합판단이 가능한지 그리고 어떻게 가능한지의 물음 제기가 『순수이성비판』을 위한 주요한 지점인 이유입니다.

1) 코페르니쿠스의 태양 중심적 사유 변혁과 상부 구조 영역에서의 극단적인 변혁과의 비교는 칸트 이전이나 이후에도 계속해서 이루어졌다. 칸트는 스스로 자신의 "사유 방식 혁명"을 코페르니쿠스적 전회의 '유비'로 보았다. "그러므로 대상이 우리 인식에 준거해야 한다고 상정하면 우리는 형이상학의 과제에 대하여 … 보다 더 잘 성공적이지 않을까 시도해 보고자 한다. … 그것은 이와 같이 바로 코페르니쿠스의 제일 사고와 같다. 즉 코페르니쿠스는 온 천체가 관찰자의 둘레를 회전한다고 가정하면 천체 운동의 설명이 제대로 되지 않기 때문에 이와는 반대로 별들을 조용히 놔두고 관찰자로 하여금 그 천체의 둘레를 회전하도록 하는 것이 옳지 않을까 생각하여 그 이론을 시도해 본 것이다." 칸트에 의해 "변화된 사유 종류의 방법"이 의미하는 바는 "우리는 사물에 대하여 우리 자신이 대상 안에 놓은 것만을 아프리오리하게 인식할 수 있다는 것이다"(칸트, 『순수이성비판』, B XVI, XVIII). 발터 베냐민Walter Benjamin은 ─아도르노의 생각은 그의 생각과 뜻을 같이하고 있었다─ 주관의 깊이에서 객관성에 대한 칸트의 인식 비판적 정초와 유사하게 "역사적 직관 속에서 코페르니쿠스적인 전회"를 썼다. 이것에 따르면 과거 속에서의 참된 통찰은 오로지 현실성에 정초된 기억에만 가능할 수 있다 (vgl. Walter Benjamin, Gesammelte Schriften, unter Mitw. von Theodor W. Adorno und Gershom Scholem hrsg. von Rolf Tiedemann und Hermann Schweppenhäuser, Bd. V, Frankfurt a.M. 1982, S.490 이하와 S.1006). 아도르노는 베토벤이 전통적인 음악 형식을 "주체로부터 다시 한번 더 창작했다"고 함으로써 "베토벤의 코페르니쿠스적인 전회"에 대해 언급한 바 있다(Theodor W. Adorno, Nachgelassene Schriften, Abt. I, Bd. 1: Beethoven. Philosophie der Musik. Fragmente und Texte, hrsg. von Rolf Tiedemann, 2. Aufl., Frankfurt a.M. 1994, S.99). ─ 칸트의 코페르니쿠스적인 전회에 대해서는 제3강, 뒤의 66쪽 이하와 주 43 참조.

2) A XVIf.; W 16. ─ 『순수이성비판』은 초판본에 따라 인용된다. 이때 통상 1781년의 제1판에 대해서는 A로 1787년의 제2판에 대해서는 B로 표기된다. 통상적인 Wissenschftliche Ausgaben은 일반적으로 페이지 가장자리 또는 아래에 페이지의 일련번호를 제시하고 있다. W라는 약어를 가진 세 번째 자리에서 인용된 텍스트 쪽수는 Weischedel판에 따라 제시되어 있다(줄임말 색인을 보라. 앞의 11쪽; 『순수이성비판』은 Wissenschaftliche Buchgesellschaft판과 Insel판에서는 각각 제2권에 있고, 'Theorie-Werkausgabe'에는 제3권과 제4권에 있다). 아도르노 본인은 젊은

시절부터 —오늘날은 거의 접할 수 없는— Meinerschen Philosophischen Bibliothek 에 있는 Theodor Valentiner판을 사용했다(10. Aufl., Leipzig 1913).

3) 구원Rettung의 개념은 아도르노의 칸트 해석에 본질적이다. 칸트는 자유 이념 과 관련하여 이 말을 부수적으로 사용했다(Vgl. Kant, Werke in sechs Bände, hrsg. von Wilhelm Weischedel, Bd. IV: Schriften zur Etik und Religionsphilosophie, 2. Aufl., Darmstadt 1956, S.220; 아도르노는 GS 6, S.250에서 인용한다). 아도르노에 게 있어서 증가하는 자연 지배의 역사와 동반하고 그 역사를 전제하는 유명론은 형이상학적 본질을 폐기하고 칸트와 더불어 정점에 도달했다. 그러나 이 정점에 서 발전은 역행되었다. '현상'세계로의 최종적인 인식 한계와 —부정변증법의 표 현법에 따르면— 예지적 영역에 대한 구원의 칸트적 욕구(GS 6, S.378)는 일치되었 다. 청년 호르크하이머 역시 1927년의 어느 강의에서 이에 대해 칸트는 증명 가 능한 믿음의 구원을 위하여, [요컨대 형이상학을] 구원하기 위해 새로운 길을 제 시했다고 말했다(Max Horkheimer, Gesamelte Schriften, hrsg. von Alfred Schmidt und Gunzelin Schmidt Noerr, Bd. 9: Nachgelassene Schriften 1914-1931, Frankfurt a. M. 1987, S.471). — 칸트의 구원 개념에 대해서는 제3강 65쪽을 보라.

4) 아도르노는 1958년 10월 25일 프랑크푸르트 암 마인에서 열린 독일 헤겔 학회에 서 헤겔 철학의 경험 내용Erfahrungsgehalte der Hegelschen Philosophie이라는 제목 으로 이 강연을 행했다. 지금은 다음의 증보판에 실렸다. vgl. GS 5, S.295ff.

5) 한스 라이헨바흐Hans Reichenbach의 책은 로스앤젤레스 버클리에서 1951년에 출 간되었다.

6) "임마누엘 칸트는 … 냉혹한 철학자의 역할을 하였고, 그는 하늘로 돌격하여 모 든 수비대를 죽였고, 세계의 통치자는 증명되지 않은 채 피에 흠뻑 젖어 있다. 지 금 더 이상의 자비로움이란 전혀 없다. 현세의 금욕에 대하여 아버지의 유산도 없고 피안의 보답도 없다. 영혼불멸은 최후의 헛바닥 속에 있으며 —그것은 가쁘 게 그르렁거리고, 그것은 아파서 신음한다— 낡은 램프는 동시에 그의 우산과 함 께 팔 아래 탄식하는 구경꾼으로 서 있다. 그런데 진땀과 눈물이 그의 뺨을 타고 흘러내린다"(Heinrich Heine, Sämtliche Schriften, hrsg. von Klaus Briegleb, Band 3, 2. Aufl., München 1978, S.604).

7) Vgl. Bernhard Groethuysen, 『프랑스의 시민세계 및 생활관의 성립Die Entstehung der bürgerlichen Welt- und Lebensanschauung in Frankreich』, 2 Bde., Halle 1927-1930; 또한 Vgl. Adornos Besprechung des Buches in GS 20 1, S.205ff.

8) Vgl. "신, 심성과 세계Gott, Gemüt und Welt"의 금언집에서: "너는 무한 속으로 걸어

들어가려면, / 모든 것을 향하여 유한 속으로만 가거라"(Goethe, Gedenkausgabe der Werke, Briefe und Gespräche, Bd. 1: Sämtliche Gedichte, 1. Teil, 2. Aufl., Zürich, Stuttgart 1961, S.410).

9) "순수 지성 비판은 ··· 지성에게 현상으로 나타날 수 있는 대상 이외에 새로운 대상의 영역을 만들어 내는 것을 허용하지 않고 그리고 지성계로 피하는 것을, 심지어 지성계라는 개념으로 빠져들어 가는 것을 허용하지 않는다"(A 289, B 345; W 305).

10) Vgl. 초판에 대한 머리말, A IX f.; W 12.

11) 이 물음에 대하여 아도르노는 『인식론 메타비판Zur Metakritik der Erkenntnistheorie』 서문에서 다음과 같이 썼다. "칸트는 진리의 재구성을 의식의 내재성으로부터 보증된 것으로 여긴다. 그런데 '어떻게 가능할까'는 그의 모든 물음의 결정적인 모습을 형성하고 있다. 왜냐하면 그에게 가능성 자체는 의심할 바 없기 때문이다. 따라서 칸트는 이후의 헤겔처럼 재구성을 모든 면에서 수행해야 할 부담을 떠맡는다"(GS 5, S.41).

12). 다음 강의의 시작 부분에서 수정을 보라.

나는 우선 지난 시간 강의가 끝날 무렵 열띤 언쟁으로 범했던 그리고 내가 주의를 기울여야 했던 오해를 또는 더 정확히 말하자면 미숙한 실수를 수정하려고 합니다. 강의 시간을 마무리할 즈음 가능한 많이 요약하려고 할 때 일어나듯이 나는 하나의 예를, 즉 여러분에게 아프리오리한 종합판단의 예를 제시했을 때 나는 아주 어리석게 말했습니다. 그때 나는 기하학에서 ㅡ더 정확하게 표현하면 입체기하학에서ㅡ 물체의 정의를 문제삼을 때, "모든 물체는 연장적이다"라는 명제는 당연하게 분석판단입니다. 내가 어리석게 말했던 것과 같이 종합판단은 아닙니다. 오히려 종합판단은 ㅡ이곳에서 항상 제시되는 고전적 예로서ㅡ "모든 물체는 무겁다"라는 명제입니다. 왜냐하면 무게의 개념은 3차원에서 물체 개념에 포함되어 있지 않기 때문입니다.[13]

　　그러나 나는 이 오류를 해명하고, 그와 동시에 사실 여기에 놓여 있는 문제를 지적하기 위해 여러분에게 몇 마디 말하고자 합니다. 이 문제는 매우 진지한 문제입니다. 즉 우리가 종합적 판단과 분석적 판단을 개별 판단에 고립시켜 구별하는 것은 매우 어렵습니다. 예를 들어 칸트가 의도했던 것처럼 수학적 명제들이 어디까지 종합판단인지 또는 라이프니츠Leibniz의 견해처럼 수학적 명제들이 어디까지 분석판단인지 또는 최신 수학의 견해처럼 어디까지 모든 수학이 동어 반복인지 ―유명하게도 푸앵카레Henri Poincaré가 이 명제를 각인시켰습니다― 의 물음입니다. 동시에 이 물음은 이와 같은 종류의 판단이 어떤 관계 안에 있는지, 어떤 연관 체계 안에 있는지에 달려 있습니다. 예를 들어 봅시다. 여러분이 물체의 개념을(나는 과학적으로 증명함이 없이 이것을 즉흥적으로 말하고 있습니다. 하지만 여기에서는 일반적인 전형이 중요하지 개별 과학의 입장이 중요한 것이 아닙니다) ― 달리 표현하면 화학과 연관해서 물체의 규정, 판단, 정의를 끌어낸다면, "모든 물체는 무겁다"라는 명제는 종합판단의 특성을 갖고 있습니다. 화학과의 연관에서 무게는 본질을 규정하는 기본 범주 일반에 속합니다. 그러나 이 명제가 수학과 연관해서 등장한다면, 이 명제는 분석명제가 될 수 있습니다. 판단, 추론, 개념과 같은 논리적 형식들이 단일하게 파악될 수 있는지, 논리적 형식들이 사유 체계 내지 구조들과 연관하여 논의될 수 있는지의 특별하고 복합적인 물음, 이 물음은 현대의 논리학의 발전을 통해 비로소 제기되었던 물음입니다.[14] 여러분은 칸트를 이해하기 위해 그리고 다른 사상가를 이해하기 위해 우선 그에게 무엇인가를 가정해야 합니다. 이것은 하늘과 땅 사이에 존재하는, 즉 세계에 존재하는 모든 정신적 존재에게 해당됩니다. 우리가 칸트에게 어떤 것을 가정하지 않고 그것을 순수하게 그 자체에서 파악하려고 한다면, 우리는 아무것도 파악하지 못합니다. 나는 오늘날에도 여전히 이것이 유효하다고 말하려고 합니다. 따라서 여러분은 칸트에게 그 당시 전통 논리학이 전제되어 있다는 사실을 가정해야 합니다. 이것이 『순수이성비판』의 전체를 이해하는 데 본질적인 것입니다. 『순수이성비판』에서 그는 논리학의 체계는 아주 작은 수정 이외에는 아리스토텔레스Aristoteles 이후 어떤 발전도 없었고, 결코 발전할 수 없었다고 무구하게 말했습니다.[15] 그 결과로서 그는 논리학에 대한 자신의 개념에 아리스토텔레스에서 유래된 논리학을 고집하였습니다. 아리스토텔레스에서 유래된 논리학은 우리에게 알려진 방식으로 논리적 범주와 체계 연관과의 결합에 대한 숙고도 없이 언어 분석의 실마리에 맞추어서 범주를 정연하게 서로 분리하였습니다.

동시에 나는 여러분에게 『순수이성비판』의 이해를 위해 매우 중요한 이성 개념에 대하여 주의를 환기시키고자 합니다. 여러분은 칸트 철학에 있어서 상당히 서로 다른 이성 개념들을 듣게 될 것입니다. 우선 지난 시간에 여러분에게 설명했던 수학적 자연과학에서의 이성 개념이 있습니다. 이 이성 개념은 경험판단들의 근거를 제공하는 가장 보편적인 명제들과 관계한다면 아프리오리한 종합판단을 위해 유용한 개념입니다. 그다음에는 경험 내에서 질료적이고 내용적인 판단과 관계하는 경험이성의 개념이 있습니다. 그다음에 내가 오늘 여러분에게 강의하게 될 형이상학적 판단들이 있습니다. 이것은 『순수이성비판』의 비판적 대상을, 여러분이 원한다면, 부정적 대상을 제공합니다. 그리고 마지막으로 그중에 어떤 방식에서 실천철학과 결합하고 있는 판단들이 있습니다. 만일 여러분이 서로 다른 영역의 차이들이 상등성Gleichheit과 동일성의 계기를 전제하고 있다는 사실을 —서로 다른 영역의 차이들은 이 계기에 의해 측정됩니다— 명확하게 안다면, 여러분은 (그리고 이것은 우리가 칸트에 대하여 언급할 때 일반적으로 매우 간과하게 되는 것입니다) 칸트에 의하여 일부는 서로 대립되고 그리고 매우 강조해서 구별된 이 모든 영역의 연관성을 이해할 수 있을 것이라 믿습니다. 그리고 통일의 계기는 본래 이성 자신입니다. 달리 말하면, 이성은 명제들의 규준Kanon입니다. 이 명제들은 전통적으로 이가二價논리학zweiwertigen Logik에서 규정된 것입니다. 따라서 근본적으로 동일률에 기초한 논리학, 즉 동일한 개념은 동일한 의미를 보유할 것을 요구하는 동일률에 — 그리고 두 모순된 판단은 오로지 하나의 판단만이 참일 수 있다는 모순율에 기초한 논리학에서 규정된 것입니다. 칸트에게서 이 명제를 부착하는 모든 절차는 이성의 절차입니다. 통일: 소위 말해 철학의 다른 계기들을 결합시키는 것, 서로 다른 영역에서 충분히 음미된 것 — 이것은 의심할 여지 없이 그리고 여러분이 원한다면, 무비판적으로 전제된 형식논리학의 원리들을 통해 정의된 것으로서 이성의 방식입니다. 이에 반해 『순수이성비판』 자체 안에서의 차이뿐만 아니라 더 나아가 칸트 철학 체계의 서로 다른 거대한 부분 내에서의 차이는 —이 부분 중에는 이론이성도 하나의 부분을 차지하고 있습니다— 결국 이 동일한 이성이 서로 다른 대상에 적용된 결과입니다. 따라서 이 차이성은 이성비판과 더 나아가 전체 사유에서 모든 영역을 통제하는 동일한 이성과 서로 다른 대상과의 관계에서 나온 결과입니다. 즉 이 차이성은 감성적 질료와의 관계에서, 소위 말하는 순수 직관과의 관계에서, 또한 경험을 벗어난 이성 사용과의 관계에서 그리고 어떤 행위를 완성하는 데 적용되는 이성 사용과의 관계에서, —이 경우 행위가 자유에서 나오는 한, 어떤 대상 영역과의 결합은 있지 않습니다— 마지막으로 형식논리학적 사용과의 관계에서, 즉 어떤 내용도 고려함이 없이 이성의 형식적 규칙의 총괄 개념과의 관계에서 나온 결과입니다. 근본적으로 칸트에게 중요한 것은 단순한 논리적 이성의 의미에서 이성은 —이성 자체가 자신 속에서 일치되든지 안 되든지 간에— 결코 비판되지 않는다는 것입니다. 왜냐하면 논리학의 타당성은 이성을 위해 언제나 전제되어 있으며 이성 자신은 바로 논리적 사유와 일치하기 때문입니다. 반면에 칸트적인 이성의 의미에서 이성은 서로 다른 유형의 대상과 자신의 가능한 관계를 숙고해야 합니다. 이것은 지난번에 이미 암시한 바가 있습니다. 강한 추측이지만 이때 이성은 대상과 자신과의 관계에서 구속력이 있고 그리고 실제적으로 강제적인 어떤 것을 형성할 것을 전제하고 있습니다. — 나는 우선 여기에서 이것을 추가하려고 합니다.

나는 다시 한번 칸트 철학에 있어서 소위 말하는 아프리오리한 종합 판단이 지니고 있는 매우 부담스러운 질문에 다가가려고 합니다. 나는 지난 시간에 여러분에게 이 판단이 무엇을 나타내고 있는지를 어느 정도 상세하게 설명하였습니다. 여러분 대부분은 철학 강의에 참석하게 될 것이고 ―나는 여기에서 다시 한번 여러분이 칸트에 관하여 아무것도 알지 못하고 여기에 온다는 가설을 전제하고 있음을 양해 바랍니다― 그리고 어떻게 해서든지 아무것도 전제하지 않은 생각을 가지고 있을 것입니다. 물론 여러분의 개별 학문에서 여러분이 다양한 전제에 기초한 내용적이고 형식적인 분야와 그때그때 대치할 것이라는 점은 명백합니다. 여러분은 우리가 이 전제를 검사할 권한이 없다고 말할 것입니다. 우리는 이 전제를, 즉 근본 개념 자체가 무엇인가 ―공간과 시간은 무엇인가 또는 역사란 무엇인가, 인간의 본질이 무엇인가 그리고 그 밖의 것들을― 검사하기 위한 권한은 없습니다. 반면 전제들을 통틀어 검사하는 것이 바로 철학의 과제입니다. … 그리고 여러분이 철학에 대하여 다음의 사실을 기대하는 것은 당연한 귀결입니다. 즉, 철학 자체는 무엇보다도 있을 수 있는 모든 개별 학문의 전제들을 가능하게 한다는 의미에서 무전제적입니다. 이에 대하여 나는 여러분에게 두 가지를 말하겠습니다. 첫째, 여러분이 철학에 이것을 요구한다면 이것은 과도한 요구입니다. ― 정확히 말하면 여러분은 철학에 이미 최고의 특별한 선입견을 가져오고 있습니다. 이 선입견은 서구의 형이상학 역사를 통해 폭넓게 부여되고 지금 누구나 수용할 수 있는 것처럼 당연한 것으로 시인된 선입견입니다. 절대적이고 무전제적으로 시작된 사유는 사실 사유 자체이기 때문에 사유 이외에 어떤 다른 것도 결합되지 않는 사유입니다. 달리 표현한다면, 이 문제는 철학적인 특별한 문제로서 대상과 의식의 위치 문제이며 객관과 주관의 위치 문제입니다. 어떤 의미에서 이것은 이미 완전하게 선결된 것인지 모르겠습니다. 즉 관념적인 의미에서 모든 것은 주관이며, 의식이며, 정신입니다. 만일 그렇다면, 따라서 정신이 자기 자신으로부터 각 인식의 조건을 다른 어떤 것과의 연관 없이 도출할 수 있다면 무전제의 요구를 만족할 수 있습니다. 그러나 이 요구는 용이하지 않습니다. 왜냐하면 최고의 전제, 다시 말해 있을 수 있는 모든 판단의 기초는 그 자체로 도출될 수 없으며 또한 연역될 수 없기 때문입니다. 피히테Fichte 철학은 무전제의 개념을 매우 진지하게 만들었던 유일한 철학이지만 이 점에 있어서 그 자신도 어느 정도까지는 ─여러분이 원한다면─ 소여성Gegebenheit에 만족하려고 했습니다. 여기에서 무전제의 철학함을 요구하는 이러한 외침 속에 있는 것은 사실 무례하게도 내가 기초 정립의 망상Fundierungswahn이라고 치부했던 것입니다.[16] 이것은 존재하는 것이 모두 다른 어떤 것으로부터, 기원적인 것Ursprünglichen으로부터, 가장 오래된 것으로부터 끌어내리려는 믿음입니다. 이것은 결국 생각될 수 있는 모든 존재자를 정신에, 내가 근접해서 말한다면, 존재에 ─그리고 이것은 그 자체로 매개된 정신적 개념입니다─ 가능한 환원하려는 관념론적 전제가 이미 포함되어 있는 광신입니다. 그리고 나는 이것이 아마도 오늘날 유통기한이 지난 검열에 속한다고 말하려고 합니다. 철학은 철학에 대해 여러분이 갖고 있는 철학 이전의 기대에 이 검열을 요구합니다. 여러분은 이 '기초 정립의 망상'으로부터 자유롭습니다. 또한 최초의 것에 그리고 기원적인 것에서 시작해야 한다는 것을 믿지 않습니다. 그리고 지상에는 새로운 것이 아무것도 없다는 그리고 모든 것은 있었던 것으로 환원될 수 있다는 숨겨진 조건을 믿지 않습니다. 이 조건을 통해 변화의 문제와 역사의 문제와 같은 문제는 절대 해결될 수 없게 됩니다.[17] 따라서 여러분은 칸트 철학에 그러한 무전제성을 요구하지 마십시오. 여러분은 철학에 대한 무전제성을 요구하지 말고 오히려 그 대신 사유 운동 내에서 소위 전제의 위치를 올바르게 파악하는 데 노력하십시오. 나는 여러분이 기계적으로 질문을 계속할 것이라 생각합니다. 그래, 이것은 전제되지 않았는가, 그리고 저것은 전제되지 않았는가? … 이것은 내가 어린애답다고 말한 질문의 유형입니다. 왜냐하면 이것은 바로 어린애의 질문 방식입니다. 우리가 아이에게 어떤 것을 설명한다면 그 아이는 '그래요, 그러나'라고 대답합니다. 아이는 어떤 곳에 멈추려 하지 않습니다. 왜냐하면 아이는 사실과의 관계에 전혀 관심이 없고 그 대신에 질문의 메커니즘 속으로 헛되이 달려가기 때문입니다. 질문의 메커니즘은 본래 사실에 대한 반대의 질문을 하지 않고, 사실과 관계한 것에 반대의 질문을 하지 않고 질문을 위한 질문으로 끌고 갑니다.

그것을 넘어서서 칸트의 사유는 다른 사유처럼 결코 무전제의 사유로서 파악될 수 없습니다. 이것은 확실합니다. (이것이 본래 내가 여러분을 이성비판에 초대하게끔 동기를 부여한 이유입니다) 만일 여러분이 소위 말해 순수하게 자체 내에서 전제 없이 이해하려고 한다면 그리고 여러분이 칸트의 사유가 작용하고 있는 범주의 지위를 알지 못한다면 여러분은 칸트 철학을 전혀 이해할 수 없습니다. 이성비판과 연관된 핵심적인 개념, 즉 작품의 결정적인 지위 중의 하나인 선험transzendental의 개념! 칸트는 이 개념(즉 통각의 종합적 통일)에 그의 전체 철학을 '결부'시켰습니다.[18] 이 개념 자체는 칸트에 의하여 도출된 것이 아니지만 그가 어느 정도 기술적으로 수용한 것입니다. 여러분에게 하나의 예를 읽어 주겠습니다. 이 예는 확실하게 칸트 철학에 있어서 가장 생명력이 있는, 따라서 ―여러분이 원한다면― 이성의 내적 본질과 연관되어 있기 때문에 흥미로운 것입니다. 그리고 칸트에게 이 이성의 내적 본질은 특유한 방식으로 소여성의 성격을 갖고 있습니다. 우리가 앞으로 면밀하게 다루어야 하는 ―왜냐하면 이것은 칸트 자신이 이성비판의 핵심으로 여겼기 때문입니다[19]― 「순수 지성 개념의 선험적 연역」을 위한 주석에서 잘 나타나 있습니다. "그러나 상술한 증명에서 내가 간과할 수 없었던 것이 있으니 그것은 지성의 종합에 앞서, 또 이 종합에서 독립하여 직관을 위해 다양한 것이 주어져 있어야 한다는 것이다. 그러나 어찌하여 그런지는 아직 규정되어 있지 않다."[20] 외부로부터 나에게 다가오는 것, 즉 경험의 질료, 달리 말하면 감성적 인상들이 나에게 주어져야만 하고 이것에 대하여 내가 어떻게 할 수 없다는 것은 명백합니다. 그러나 이와 같이 비교적 단순한 것을 뛰어넘어 ―경험주의에 신뢰를 보낸 것을 뛰어넘어― 소여성의 우연성에서 그리고 인식을 위한 감성적 내용이 결코 연역될 수 없다는 것에서 칸트는 앞에서 언급된 가장 주목할 만한 주석 말미에 다음과 같이 말합니다. ―그리고 이것으로 여러분은 칸트의 사유가 소위 무전제의 사유가 결코 아니라는 것을 이해하는 데 확신을 가지기 바랍니다― "그러나 우리의 지성이 왜 범주에 의해서만 통각의 아프리오리한 통일을 산출하는 특성을 갖는가에 대해서는 더 이상 그 근거를 밝혀낼 수 없다. 이것은 마치 우리가 왜 이런 판단 작용만을 가지고 있고 다른 판단 작용을 가지고 있지 않은지 또는 시간과 공간이 왜 우리의 가능적 직관의 유일한 형식인지에 대하여 우리가 더 이상 설명할 수 없는 것과 같다."[21] 여기에서 여러분은 주어진 것과 대립되어 있는 것, 즉 무언가가 주어져 있는 정신 조직 역시 칸트에게서 일종의 주어진 것으로 간주되고 있음을 알 수 있습니다. 매우 깊은 이 구절에서 여러분은 칸트를 이해하려는 의미에서 ―이를 위해 아주 섬세하게 분석했던― 헤르만 코엔Hermann Cohen이 '지성적 우연성intel-ligibler Zufälligkeit'이라고 간주했던 것을 발견할 수 있습니다.[22] 절대적 관점에서 볼 때, 만일 우리가 거주하고 있는 정신의 감옥에서 벗어나고 벗어날 수 있다면, 우리 정신 조직 자체는 우연적인 것일 수도 있습니다. 더 나아가 우리는 이렇게도 말할 수 있을지 모르겠습니다. 즉 논리학과 그리고 어떤 대상과 우리의 필연적인 모든 관계는 결국 우연적인 것, 즉 우리가 벗어날 수 없는 최후에 주어진 것일 수 있습니다.[23]

여기에서는 단지 내가 이성비판 내에서 칸트 자신에 의하여 제시되고 함축된, 소위 말해서 전제들을 추적하는 것이 특별하게 사로잡는 과제임을 암시하고자 합니다. 여러분은 칸트 철학의 이해를 위한 가장 기초적인 의미를 이곳에서 알 수 있기에 매우 중요합니다. 그리고 이것이 내가 이 사실에 커다란 가치를 부여하는 이유이기도 합니다. 즉 칸트와 우리가 관념론이라고 간주하고 있는 것과의 차이, 이 차이는 통상 철학사에 의하여 불순한 본성 없이 단순하게 규정되는, 즉 우리가 좁은 의미에서 독일 관념론자들, 피히테, 셸링Schelling, 헤겔 그리고 여러분이 원한다면 쇼펜하우어Schopenhauer와 칸트를 대립시키는 그런 차이는 아닙니다. 칸트가 존재자Seienden의 통일과 존재 개념을 의식 자체 속에서 연결시키지만, 그러나 동시에, 의식으로부터 모든 것을 뽑아내는 것을 거부한 것이 (나는 여러분이 강력하게 고수하기 바랍니다) 바로 칸트에 있어서 차이의 동인입니다. 우리가 현대적 표현으로 존재론적 차이라고 부르는 것의 의식, 따라서 사태가 사태의 개념 속에 환원되지 않는다는 의식, 주관과 객관이 결합하지 않는다는 의식이 칸트에게 매우 강합니다. 그리하여 그는 불일치를 오히려 감수하고 있으며 그런 까닭에 그의 철학에는 불명료한 요인들과 불명료한 개념들이 놓여 있습니다. 이 불명료함은 칸트가 소여성과 맞물려, 카프카Kafka가 언급한 것처럼, '공허한 즐거운 여행'[24]에서 모든 것이 이성의 통일로 환원되고 때때로 환원될 수 있는 것처럼 믿고 있는 바로 그 지점에 있습니다. 그러나 이로부터 용이하지 않은 어려움이 발생합니다. 왜냐하면 칸트는 다른 곳에서 체계를 주장하기 때문입니다. 그는 머리말에서 순수이성은 하나의 체계, 즉 연역적으로 완결된 하나의 체계 이외에는 결코 생각될 수 없다고 말합니다.[25] 이러한 체계에 대한 사고는 본래 체계와 조화를 이룰 수 없는 것, 즉 비동일적인 것das Nichtidentische을 배제합니다. 그러나 다른 한편으로 그는 언제나 블록Block을 의식하고 있습니다. 이 표현은 내가 호르크하이머Horkheimer와 함께 최근에 이 주제를 토론할 때에 매우 강력하게 사용하였습니다. 내가 여러분에게 이미 언급했던 것, 즉 이성 개념 자체에 놓여 있는 통일 이외에 결코 다른 어떤 통일이 칸트에게 없음에도 불구하고 그는 이것이 전체가 아니라는 것을 의식하고 있으며, 그리고 우리는 항상 한계에 부딪힌다는 것을 의식하고 있습니다.[26] 이 두 요인, 즉 한편으로는 체계, 통일 그리고 이성에로의 충동과 다른 한편으로 이질성, 즉 블록과 한계에 대한 충동이 서로 갈등하고 있다는 것이, 그리고 칸트가 이 블록에 —우리가 말할 수도 있을 것입니다— 이마를 부딪치고 있다는 것이 어떤 의미에서 칸트 철학 전체의 살아 있는 핵심이라고 우리는 말할 수 있습니다. 그리고 이를 위한 수단Vehikel이 선험적 조건의 소여성이라는 개념입니다.

나는 여러분에게 선험적 계기들의 어려움을 토로했고, 그리고 지난 시간에 아프리오리한 종합판단에 대하여 언급했습니다. 그러나 나는 여러분에게 지금까지 아직도 선험 자체의 개념에 대하여 말하지 않았습니다. 물론 선험의 개념은 칸트 철학의 결정적인 개념이며 이런 이유로 칸트 철학을 우리는 선험철학이라고 불렀습니다. 나는 또한 (나의 가설을 항상 다시금 되풀이하여) 이 개념이 어떤 공포의 성격을 가지고 있다고 생각합니다. 그리고 여러분은 선험의 개념을 숭고하고, 고상하고, 저 멀리 있는 것으로 생각할 것입니다. 우리가 김나지움 학생으로서 적분의 어려움을 무시무시한 방해자로 그리고 더욱더 신성한 것으로 생각하는 것과 유사하게 이런 생각들은 선험을 이해하는 데 방해가 될 것입니다. 그러나 이것은 착각입니다. 나는 선험의 개념에 대한 불안을 여러분에게 매우 빨리 없애 버릴 수 있다고 믿습니다. 물론 이러한 불안은 일부 선험의 개념이 초월Transzendent 개념을 상기하는 데 있습니다. 이 두 개념은 모두 중세 철학에서 유래된 것입니다. 그렇다면 이 두 개념은 서로 어떤 관계를 맺고 있을까요? 나는 우선 이 복잡한 질문에 들어가지 않겠습니다. 나중에 이에 관하여 언급할 많은 기회가 있을 것입니다. 오히려 나는 여러분에게 우선 아주 단순하게 『순수이성비판』에서 언급된 선험이 도대체 무엇인지를 말하겠습니다. 아마도 여러분은 이때 약간의 놀라움을 발견할 것입니다. 아직 그렇게 많이 두려워할 정도는 아니지만 내가 여러분에게 지금까지 말했던 바에 따라 소위 가장 어렵다는 이 개념은 다소간에 여러분을 놀라게 할 것입니다. 여러분에게 칸트가 정의한 선험의 개념을 읽어 보겠습니다. "나는 대상이 아니라 아프리오리로 가능한 한에서 대상 일반에 관한 우리의 인식 방식에 종사하는 모든 인식을 선험적이라고 명명하고자 한다."[27] 아주 단순하게 말하기 위해 다른 말로 표현하면, 선험적이란 아프리오리한 종합판단의 가능성과 연관되어 있는 모든 것의 탐구입니다. 아프리오리한 종합판단의 가능성뿐만 아니라 더 나아가 칸트에게 있어서 근본 개념들과 연관된 또는 ―더 정확하게 말하게 한다면― 칸트의 이론에 따르면 우리의 이성을 통해 아프리오리한 종합판단이 될 수 있게 하는 개념적 그리고 직관적 방식의 근본 형식들과 연관된 모든 탐구가 선험적입니다. 따라서 선험적 탐구는 정신이 타당한 아프리오리한 종합판단을, 따라서 경험으로부터 독립된 판단을 어디까지 제시할 수 있는지의 입각점에서의 정신 혹은 의식의 탐구입니다. 그리고 이 선험적 탐구는 이제 『순수이성비판』의 긍정적 부분 즉 「선험적 감성론」으로, 다시 말해 우리에게 필연적이고 구성적으로 주어진 직관 형식에 대한 이론으로 나누어집니다. 우리는 더 이상 이 직관 형식의 배후로 나아갈 수 없으며 그리고 이 직관 형식을 통해 우리의 모든 직관들은 '우리의' 직관이 되기 위해 걸러지게 됩니다. 그리고 칸트의 이론에 따르면 우리의 지성은 직관에 의해 주어진 것을 근본 개념Stammbegriff이라고 불리는 범주에 ―예를 들어 인과성 개념 혹은 실체 개념 혹은 상호성의 개념― 포섭시켜야 합니다. 그리고 소위 말하는 『순수이성비판』의 긍정적 부분, 즉 「선험적 감성론」과 「선험적 논리학」의 분석론은 이 요소들을 정교화시킵니다. 그러나 이때 여러분이 칸트의 의도를 올바르게 이해하기 위하여 다음의 사실이 더 언급되어야 합니다. 즉 그는 단지 이 근본 개념을 아리스토텔레스가 추구했던 것처럼 언어적 형식으로부터 벗겨 내는 것으로 만족하지 않았습니다. 아리스토텔레스는 아마 여러분도 아시다시피 직관 형식과 사유 형식을 전혀 구분하지 않았고 오히려 이 형식들을 범주표 속에 뒤죽박죽으로 섞어 놓았습니다. 칸트는 아리스토텔레스가 정신의 이 근본 형식들을 ―칸트의 표현에 따르면― 실마리나 규준도 없이 어느 정도 되는대로 '서 사시적rhapsodistisch'으로 배치하였다고, 즉 단순히 언어의 필연적 계기들을 분석하여 도출하였다고 비난합니다.[28] 직관 형식은 개념적인 것이 아니기 때문에 칸트는 직관 형식을 궁극적으로 소여된 것으로 받아들입니다. 그러나 사유의 형식들에 대하여 그는 그것이 사유 형식으로서 사유 자체에서 ―즉, 사유의 통일에서, 따라서 논리적 이성 일반의 통일에서― 전개될 수 있어야 한다고 확신합니다. 이런 형식을 활동성으로서 우리 사유의 기원적인 통일에서 전개하려는 시도는 바로『순수이성비판』의 본래적인 핵심 영역, 즉 소위 순수 지성 개념의 선험적 연역에서 칸트에 의해 수행되었던 것입니다.

　　이제 여러분에게 '선험적'과 '초월적'의 관계가 어떠한지를 말하고자 합니다. 이 두 개념이 서로 결합되어 있다면, 그리고 이것이 거의 비슷하게 연상된다면, 이러한 연상에는 역사적 우연보다 더 많은 것이 있습니다. 이 두 개념의 결합은 근본적입니다. 초월은 '뛰어넘는hinausgehend' 것입니다. 이때 뛰어넘는 것의 개념은 서로 다른 의미, 즉 본질적으로 세 가지의 서로 다른 의미를 가질 수 있습니다. 여러분은 논리적 초월에 대하여 말할 수 있습니다. 즉 여러분이 자신의 전제들로부터 명제를 측정하지 않고, 외부로부터 명제를 비판한다면 여러분은 논리적으로 초월한 태도를 취한 것입니다. 문화보수주의자가 문화보수적 입장을 베케트Beckett 작품의 관점에서 비판한다면 초월적 비판의 한 예가 될 것입니다. ― 이것은 논리적 의미에서 초월적이라고 할 수 있습니다. 두 번째로 좁은 의미에서 초월의 인식론적 개념이 있습니다. 이 개념은 의식과 다른, 또는 의식 너머에 있는 존재의 개념입니다. 따라서 의식을 통해 인식되지만 의식과 구별되는 물자체의 개념입니다. 마지막으로 형이상학적 초월의 개념이 있습니다. 이것은 우리가 ―칸트가 언급한 것처럼― 경험 가능성의 한계를 뛰어넘는 것과 연관되어 있으며 그리고 우리가 신, 자유, 불멸성, 존재의 본질 또는 그 밖에 무엇이든 간에 절대적 대상을 판단하는 것과 연관되어 있습니다. 선험적과 초월적의 특수한 차이를 이해하기 위하여 우선 여러분은 칸트의 '초월적' 개념의 사용에 있어서 초월의 세 번째 개념을 염두에 두어야 합니다. 왜냐하면 '선험적' 개념과 초월의 세 번째 개념 모두는 사실 공통적으로 경험의 개념과 확실하게 대립하고 있기 때문입니다. 또한 두 개념 모두는 경험과 독립하여 타당해야 할 것과 관계해야 합니다. 그러나 선험성의 개념은 이성의 속성과 정신의 속성으로서 경험 자체에 앞서 있는 것, 즉 경험 일반을 가능하게 하는 것을 파악합니다. 이것은 형이상학적 독단주의와 대립된 것이며, 칸트에 따르면 이 독단주의는 경험을 뛰어넘은 것으로서 경험을 초월한 것, 정신 너머에 있는 절대적 실체, 즉 신적 실체 자체를 파악합니다. 따라서 칸트에 있어서 선험은 이것이 한편으로 경험과 같은 것을 가능하게 하는 조건들과 다른 한편으로 이를 통해 —여러분이 원한다면— 경험을 뛰어넘는 조건들을 제공하는 한에서 우리 정신의 초월입니다. 그리고 이 조건들이 경험과 관계할 때 다시금 타당해야 합니다. 이것이 『순수이성비판』의 가장 어려운 문제들 중 하나입니다. 이 조건들은 경험과 대립된 경험 가능성의 초월적 조건입니다. 그러나 이 조건은 절대적으로, 따라서 초월적인 절대적 진리를 갖고 있지 않고 오로지 조건이 경험, 가능한 경험과 관계하고 있는 한에서, 그리고 경험 대상 일반으로 포화되어 있는 한에서 진리를 갖습니다. 말하자면 초월의 개념은 본질적으로 선험으로 해석Übersetzung되면서 제한됩니다. 그리고 동시에 초월의 개념은 내면화됩니다. 즉 인간 너머 저쪽에 독단적으로 요청된 원리에서 정신의 원리로 그리고 이와 함께 인간 의식 일반의 성질로 되어집니다.

따라서 이것이 선험의 개념이라 말할 수 있습니다. 그러나 여러분이 이 개념으로 어려움을 겪을 때 여러분은 선험이 우선 학술상 아프리오리한 종합판단의 가능성과 관계된 탐구의 총괄 개념 이외에는 아무것도 아니라는 것을 염두에 두기 바랍니다. 그리고 우리가 칸트적 정의에 옹졸하게 집착하지 않는다면, 선험은 본래 경험에서 결코 유래되지 않으면서도 경험을 가능하게 하는 영역임을 염두에 두기 바랍니다. — 이것은『순수이성비판』의 서문에서 언급된 첫 문장과 같은 것입니다. "우리의 모든 인식은 경험과 더불어 시작한다는 사실은 의심할 여지가 없다. 왜냐하면 … 만일 그렇지 않다면 인식 능력은 무엇으로 말미암아 작동하도록 일깨워질 수 있는가? 그러나 우리의 모든 인식이 경험과 더불어 시작한다고는 하지만 그렇다고 모든 인식이 경험으로부터 나오는 것은 아니다."[29] 칸트에게 선험은 본질적 의미에서 경험과 독립된 명제들과 아프리오리한 종합판단들과 관계하는 모든 탐구뿐만 아니라, 정신과 경험과의 가능한 관계와 대상 일반과의 가능한 관계에 이르는 모든 숙고들입니다. 따라서 이것이 본래 선험의 개념일 것입니다. 내가 추론하여 언급해도 좋다면 선험의 영역은 결코 형식논리학의 영역이 아닙니다. 왜냐하면 선험의 영역은 대상의 인식 가능성과 관계하기 때문입니다. 그렇다고 선험은 본래 내용을 전제하고 있지 않기 때문에 결코 내용적이지 않고 단지 그러한 내용을 가질 가능성에만 관계합니다. 이 영역은 (내가 우선 짧게 명명해 본다면) 특이하게도 심리학과 논리학 사이에 놓인 인식의 미지의 땅Niemandsland입니다.[30] 이 중간 영역은 본래『순수이성비판』이 수행하는 영역이며, 이 비판에 선험적 탐구의 이름을 얻게 되었던 영역입니다. 물론 이 영역은 매우 큰 어려움을 갖고 있습니다. 왜냐하면 우선 이러한 영역이 있는지, 즉 단순하게 논리적 영역도 아니고(왜냐하면 이 영역은 질료적 내용을 갖고 있기 때문입니다), 경험적 또는 심리학적 영역도(왜냐하면 이 영역은 아프리오리하지 않기 때문입니다) 아닌 그러한 영역이 있는지 불확실하기 때문입니다. —오늘은 내가 여러분에게 단지『순수이성비판』의 가장 어려운 메타비판적 질문들 중에 하나를 깨닫게 하고자 할 따름입니다. 그러나 여기에서 여러분에게 또한 조언하고자 합니다. 여러분은 너무 성급하게 비판하지 말고 다음의 사실을 참작하기 바랍니다. 즉 칸트는 선험성의 가장 최상의 특유한 영역을 구성함으로써 인식의 이상과 일치하려는 가능성을, 즉 아프리오리한 인식의 영역을 열려고 합니다.

아프리오리에 대한 관심이 어디에서 기인하고 있으며 그리고 이와 더불어 이것이 어떤 상황을 지니고 있는지 우리는 다음 시간에 철저하게 논의하려고 합니다.

13) 칸트는 『순수이성비판』 서문에서 스스로 이 예를 다루고 있다. "예를 들어 모든 물체는 연장되어 있다고 내가 말한다면, 이것은 분석적 판단이다. 왜냐하면 연장성을 물체와 결부된 것으로 발견하기 위하여 나는 물체라는 단어에 연결시킨 개념에서 벗어날 필요가 없으며, 다만 그 개념을 분석하기만 하면 되기 때문이다. 즉 연장성이라는 술어를 물체라는 개념에서 찾아내기 위해서는 내가 그 물체라는 개념에서 항상 생각한 다양한 것을 의식하기만 하면 되기 때문이다. 따라서 그것은 분석적 판단이다. 반면에 모든 물체는 무겁다고 내가 말한다면, 술어는 내가 물체 일반의 단순한 개념에서 생각하는 것과는 전혀 다른 것이다. 따라서 이런 술어를 첨가하는 것은 종합판단이다"(A 7, B 11; W 52f.).

14) 여기서 아도르노는 철학에서 학술적 스승이자 1924년에 그에게 박사학위를 수여했던 그러나 교수 자격 논문을 거절한 한스 코르넬리우스Hans Corne-lius(1863-1947)의 논증을 계속해서 따른다. "[즉, 『순수이성비판』]의 전체 연구에 있어서 분석적 판단과 종합적 판단의 근본적인 차이는 불분명하다. '모든 물체는 무겁다'라는 명제는 물체의 개념이 기하학적 물체의 의미에서 이해될 때에만 종합적이다. 반면에 예를 들어 화학 실험실에서 통상적인 '물체'의 개념을 전제로 한다면, 이 물체 안에는 무게의 징표가 포함되어 있고 따라서 위의 판단은 분석적이 된다. 이 예에서 주어 개념에 어떤 징표가 포함되어 있고 그리고 어떤 징표는 포함되어 있지 않은가가 명백하게 인식되지 않는다면, 분석적 판단과 종합적 판단의 차이가 유동적이라는 것을 우리는 알게 된다(Hans Cornelius, Kommentar zu Kants Kritik der reinen Vernunft, Erlangen 1926, S. 31).

15) "논리학이 이미 고대 시대부터 이런 안전한 길을 [학문의 안전한 길을] 걸어 왔다는 것은 그것이 아리스토텔레스 이래로 한 걸음도 후퇴할 필요가 없었다는 사실에서 명백하다. 가령 논리학에서 몇 가지 불필요한 미세한 부분들을 제거하거나 또는 앞서 다루어 온 내용을 좀 더 명료한 규정 같은 것을 개선이라고 보지 않는다면 이런 것들은 학문의 안전성에 속하기보다는 우아함에 속하는 것이다"(B VIII; W 20).

16) 아마도 구두로 전해진 것 같다. 이런 표현은 아도르노의 인쇄된 글들에서는 어쨌든 발견되지 않았다.

17) 여기서 아도르노는 키르케고르-책으로부터 『부정변증법』에 이르기까지 자신의 사유 중심에 서 있는 것을 두 문장으로 요약한다. 기원철학Ursprungsphilosophie

비판으로서의 관념론 비판, 이 비판은 칸트-강의보다 그리 멀지 않은 시기에 집
필되었고 거의 모든 강의에 널리 퍼져 있는 『인식론 메타비판』 서문에서 매우 상
세하게 수행되고 있음을 발견한다. 이 '메타비판'은 강의에서 항상 대두되고 있
다. "'나는 생각한다 일반Ich denke überhaupt'의 절대적 통일에로의 환원을 통해서
비로소 모든 방면에서 체계를 전개시키는 것이 가능했던 관념론은 자신의 급진
적인 척도에 따라 그에 의해 최종적으로 결정화된 것에 의문을 발견했다. 『순수
이성비판』의 이율배반론에서 제일철학die prima philosophia은 이를 의식하게 되었
다. 단적인 제1의 원인과 절대 원인의 추구는 무한한 퇴행으로 귀결된다. 무한한
것은 최후에 주어진 것으로서 정립되지 않는 반면에, 총체적 정신에게는 이 정립
이 피할 수 없는 것으로 생각된다. 관념론에서 환원될 수 없는 최종적 도피처인
주어진 개념은 완전한 환원 가능성으로서의 정신의 개념, 즉 관념론 자체와 충돌
한다. 이율배반은 체계를 파괴한다. 체계의 이념은 본래 환원에 도달된 동일성
이다. 그러나 이 동일성은 선취된 것, 즉 무한한 것의 유한성으로 자기 자신과 일
치되지 않는다"(GS 5, S.37). 그리고 '역사의 문제'로, "제일의 원인에 대한 물음은
스스로 과거를 돌아봄이다. 플라톤처럼 절대자를 기억하는 사유는 본래 더 이상
아무것도 기대하지 않는다. 불변적인 것에 대한 찬양은 예전부터 이미 있었던 것
과 결코 다르지 않아야 한다는 것을 암시한다. 이 금기는 미래를 뛰어넘어 반포
된다"(ebd., S.39f.). 이어서 『부정변증법』에서 아도르노는 자신의 철학을 하나의
'행동 양식Verhaltensweise'으로 규정한다. "이 행동 양식은 제일의 원인과 안전한
것을 결코 보호하지 않는다. 그러나 단지 그 서술의 확실성에 의하여 이미 절대
성의 파트너인, 상대성에 결코 양보하지 않음으로써 교의에 접근한다. … 그러나
사유가 제일 원인과 확고한 것을 단념함으로써 사유가 자유롭게 떠 있는 것으로
절대시되지 않는다. 바로 자유로워지는 그 행위가 그것을 자신 이외의 다른 것과
연결시키고 사유의 자주성의 환상을 제거한다"(GS 6, S.44). ―『순수이성비판』
에 대한 강의는 이 중심 주제와 더불어 2년 전에 완성된 『인식론 메타비판』에 대
한 서문에 연결되듯이, 아도르노는 비록 이것 자체를 반복하지는 않았지만 강의
의 대부분의 사고를 그의 후기 글들에서, 무엇보다 『부정변증법』에서 계속 추구
했다.

18) 아도르노는 「선험적 연역」 16장의 주석을 생각하고 있다. 즉 "통각의 종합적 통
일은 지성의 모든 사용뿐만 아니라 전체 논리학과 논리학에 따른 선험철학이 결
부되어야 하는 최고점이다"(B 134; W 137; 편집자의 강조).

19) "나는 우리가 지성이라고 부르는 능력을 구명하고 그리고 동시에 지성 사용의

규칙과 한계를 규정하기 위해서는 아마도 내가 … 순수 지성 개념의 연역이라는 제
목하에 행하였던 … 연구보다 더 중요한 연구는 알지 못한다"(A XIV; W 15f.).

20) B 145; W 144.

21) B 145f.; W 145.

22) '지성적 우연성'에 대하여 칸트 자신은 '순수이성의 이율배반'의 네 번째 정립에
대한 주석에서 우리는 "경험적 우연성으로부터 지성적 우연성을 추리하는 것은
전혀 불가능하다"라고 적고 있다(A 459, B 487; W 438). 그런데 코엔은 이 부분
을 위한 그의 주해에서 글자 그대로 '지성적 우연성'에 대해 언급한다(Hermann
Cohen, Kommentar zu Immanuel Kants Kritik der reinen Vernunft, 2. Aufl., Leipzig
1917, S.150).

23) 존재의 개념에로의 '환원 불가능성Irreduktibilität'에 대한 칸트의 주목에 관하여
아도르노는 『헤겔 철학의 관점Aspekte der Hegelschen Philosophie』이라는 1956/57년
에 발표된 세 편의 헤겔 연구 중 첫 번째 논문에서 다음과 같이 기술한다. "한편
으로 '나는 생각한다'의 범주 형식이 진리, 즉 자연의 인식을 가능하게 하기 위해
형식 자체로부터 발원하는 것이 아니라 형식에 접근하는 내용을 필요로 하듯이,
다른 한편으로 나는 '생각한다' 자체와 칸트의 범주 형식은 일종의 소여성으로서
주목된다. 이런 면에서 적어도 『순수이성비판』은 사변적 체계라기보다는 오히려
주관성의 현상학이다. 칸트가 천착한 소박성과 함께 계속 무반성적으로 적용된
"우리" 속에서 범주 형식은 자신의 적용뿐만 아니라 자신의 기원에 따라 우선 형
식과 감각적 질료의 공동작용의 결과로 나타나는 존재와의 관계, 즉 인간과의 관
계를 인정한다. 그러나 칸트의 반성은 이 자리에서 중단되었고, 그럼으로써 사실
적인 것이 정신, 요소들의 교차로 환원되는 것이 불가능하다고 입증하였다(GS 5,
S.262f.).

24) Vgl. Franz Kafka, Nachgelassene Schriften und Fragmente II in der Fassung der
Handschriften, hrsg. von Jost Schillemeit, Frankfurt a.M. 1992, S.123: "너 말이란 놈
은 고삐가 팽팽하면 할수록 그만큼 더 빨리 달린다. ─ 즉 불가능하게도 블록을
땅에서 뽑아낼 것이 아니라 끈을 끊어 버리면 동시에 텅 빈 즐거운 여행이 찾아
온다."

25) "왜냐하면 그것은 [즉 형이상학은] 순수이성을 통해 모든 우리가 소유한 모든 것
에 대한 재산 목록, 즉 체계적으로 정돈된 목록일 뿐이기 때문이다. 여기서 아무
것도 우리를 벗어날 수 없다. 왜냐하면 이성이 완전히 자기 자신으로부터 산출하
는 것은 숨겨질 수 없기 때문이다…"(A XX; W 18). 그리하여 제1판의 머리말과

제2판의 서문은 이렇게 기술하고 있다. "선험철학은 한 학문의 이념이다. 이를 위해서 『순수이성비판』은 전체 계획을 건축술적으로 그려야 한다. 즉 원리로부터 그려야 한다. 물론 그런 일은 이 건축을 형성하는 모든 부분의 완전성과 안전성이 보장되도록 이루어져야 할 것이다. 비판은 순수이성의 모든 원리들의 체계이다"(B 27; W 64).

26) 칸트의 '블록'에 대한 철학적 입장은 아도르노의 의미에서 진리와 비진리에 대하여 결정적이다. 아도르노는 1년 전에 그의 헤겔-연구에서 다음과 같이 상술했다. "헤겔의 결정적인 논증이 최종의 결정을 했지만 칸트와 헤겔 간의 논쟁은 끝난 것이 아니다. 왜냐하면 결정적인 것, 논리적 엄격성 자체의 우세한 힘이 칸트적인 단절에 비하여 비진리이기 때문인지도 모른다. 칸트 비판을 통해 헤겔은 형식적 영역을 뛰어넘어 비판적 철학함을 확장했다면, 그는 이것과 일치하여 최상의 비판적 요소, 총체성과 최종적으로 주어진 무한성에 대한 비판을 슬쩍 흘려 넘겼다. 그렇다면 그는 독단적으로 블록을 제거했으며, 칸트의 선험철학이 가장 내면적인 경험이었던 의식 속에 결코 해결할 수 없는 것을 제거했으며 또한 선험철학의 단절을 통해 원활하게 신화적 현혹에 적합한 인식의 일체성을 확립했다"(GS 5, S.323f.). ― 아도르노는 1966년에야 비로소 『부정변증법』에서 칸트의 블록, 가능한 긍정적 인식 이론의 한계 이론에 대하여 상세히 다루었다(GS 6, S.378ff.).

27) B 25; W 63.

28) 『순수이성비판』의 범주표에 대해 칸트는 이렇게 적고 있다. "이 분류는 하나의 공통적 원리에서, 즉 판단하는 능력(이것은 사유하는 능력과 같은 것으로서)에서 체계적으로 생성되었고, 순수한 개념들은 광시적으로 요행히 탐구로 이루어진 것이 아니었다. … 이 기본 개념들을 탐구하는 것은 아리스토텔레스와 같은 총명한 남자에게 어울리는 기획이다. 하지만 그는 원리를 갖고 있지 않았기 때문에 닥치는 대로 그것을 긁어 모았다…"(A 80f., B 106f.; W 119).

29) B 1; W 45.

30) 확립된 학문 분과들 사이에서 미지의 땅으로서의 인식론의 모티브에 대하여 3강과 20강, 뒤의 66쪽과 372쪽 참조.

여러분은 지난 시간에 우리가 아프리오리한 종합판단의 개념과 그리고
이 판단의 가능성이 『순수이성비판』의 핵심 주제임을 자세하게 논의했음
을 기억할 것입니다. 이제 나는 여러분에게 이 아프리오리한 종합판단들
이 —우리가 개별적으로 파악하더라도— 왜 경험으로부터 독립해서 타당
한지 혹은 미래의 모든 경험에 타당한지 그리고 『순수이성비판』에서 왜
이 판단이 그토록 엄청난 의미를 차지하고 있는지 설명해야 할 책임이 있
습니다. 우선 여러분은 다음과 같이 말하게 될 것입니다. 만일 우리가 판
단을 한다면, 즉 우리가 어떤 인식을 확인할 때, 이 판단이 오로지 필연적
이고 절대적으로 타당한지 아닌지는 놀랄 정도로 우리에게 그렇게 중요
하지 않습니다. 오히려 우리는 일반적으로 —우선 그리고 통례상— 이 판
단이 실재성Realität에서 우리의 방향에 충분한지에 관심을 가지고 있을
따름입니다. 더 나아가서 여러분이 어떻게 말하든지, 호소력, 권위 그리
고 명백성의 일정한 속성을 가지고 있는지에 관심을 가지고 있습니다. 그
리고 이 판단이 그 자체로 절대적으로 타당한지는 우리에게 전혀 중요하
지 않습니다. 철학에 흥미를 갖지 않는 이유는 전통 철학이 진리 주장을
요구하는 것과 관련이 있다고 나는 믿습니다. 이 주장은 우리의 정신적
요구와 일치하지 않을 만큼 우리를 지나치게 긴장시키고 있는 것 같습니

다. 여기에서 생긴 철학에 대한 불신은 확실히 정당한 근거를 갖고 있다고 나는 말하고 싶습니다. 즉 일반적으로 철학은 마치 미래의 모든 경험에 타당한 초시간적 진리의 개념이야말로 참으로 유일한 인간적 가치인 것 같은 태도를 보였습니다. 반면에 이것은 우리에게 동의될 수 없고, 내가 부언해도 좋다면, 철학적 비판을 통해 철학 전통 전체에서 보여 왔던 것처럼 그렇게 당연하게 간주될 수 없습니다. 그때 나는 여러분에게 이 결정적인 지점에서 칸트는 사실 (내가 여러분에게 이미 암시했듯이) 절대적으로 새로운 것을 제시하지 않고, 반면에 그는 철학 전통 내에 있다는 것을 지적했습니다. 나는 칸트가 철학의 큰 물줄기 내에 있다고 언짢지 않게 말하고 싶습니다. 그리고 우리가 칸트와 전통과의 관계를 확인한다면 우리는『순수이성비판』에 대한 관심을 틀림없이 발견할 수 있을 것입니다. 원칙상 현상 영역 너머에 진리의 세계가 있다는 것, 이 진리와 대립한 현상은 어떤 속임수이며 이와 더불어 가치 없다는 것, 이것이야말로 어찌하였든 내가 주요 물줄기라고 불렀던 철학 흐름의 모티브였습니다. 이 흐름은 엘레아학파로부터 시작하여 플라톤과 아리스토텔레스를 거쳐 중세의 위대한 아리스토텔레스적인 철학과 데카르트와 합리주의자들을 넘어서 칸트까지 흘러왔습니다. 이 흐름 속에서 진리는 자명한 것이었습니다. 여러분이 진리에 대한 이러한 표상을 플라톤의『메논』에서 조우한 것처럼 매우 극단적이고 부끄러움 없는 형식에서 처음으로 조우한다면 여러분은 현실에 결코 자명한 것이 없다는 사실을 알 수 있습니다. 이 대화편에서 플라톤은 이데아론과 함께 진리의 영원하고 불변한 영역에 대한 이론을 제공해 주었습니다. 이것은 칸트의 이성비판까지 여전히 관계합니다. 우리는 이것을 인간사人間事, 즉 선한 것, 올바른 것을 논의하는 도덕원리도 기하학의 명제처럼 의심할 여지 없이 그런 확실한 원칙을 가져야 한다는 것이 자명하다고 말하는 곳에서 발견합니다. 우리가 수학에서 빌려 온 진리의 개념을 인간사에 적용하려 한다면 우리는 강제적으로 추상화함으로써 모든 것을 제거해야 합니다. 이것을 플라톤은 거의 충격 없이 받아들였습니다.[31] 우리가 플라톤과 칸트의 매우 깊은 관계를 정당하게 언급한 바와 같이 나는 칸트의 철학에도 정확하게 반복되는 요소를 이미 지적했습니다. 그럼에도 불구하고 결정적인 곳에서 —칸트와 플라톤 모두에게 어떤 역할을 하고 있는 이데아의 절대적 영역과의 관계에서— 결정적인 차이가 발견됩니다. 칸트의 표현에 의하면 플라톤의 이데아는 구성적konstitutive 의미를 가지고 있고 따라서 이것은 본질적이고 현실적인 것입니다. 반면에 칸트는 이데아를 단지 규제적regulative 원리로서, 따라서 대략적으로 표현하면 '끝없는 과제'로만 타당할 수 있게 하려고 했습니다. 그러나 현실은 결코 이 이데아로 환원될 수 없습니다.

지난 시간에 내가 논의했던 것처럼 여러분은 플라톤과 비슷하게 칸트에게서도 수학의 모델을 발견할 것입니다. 플라톤과 매우 유사하게 현대 인식론의 표현으로 환원Reduktion 방식이라고 하는 그런 방식을 칸트에게서 발견할 것입니다. 이것은 인식에 있어서 일시적인 것, 사라지는 것, 미혹한 것 그리고 가상적인 것은 모두 제거되어야 하고, 그런 후 남는 것으로서 사라지지 않는 것, 절대적으로 확실한 것, 내가 계속해서 확고하게 손아귀에 꽉 잡고 있는 것이 산출되어야 한다는 것을 의미합니다. 이미 언급된 것처럼 나는 전통 철학에 그리고 무엇보다도 바로 칸트 이전의 데카르트와 라이프니츠에게서의 공통적인 진리에 대한 이런 이해를 잔여이론Residualtheorie이라고 불렀습니다.[32] 즉, 진리는 감각적인 것, 사라지는 것, 따라서 미혹한 것을 배제하고 남아 있는 것이어야 합니다. 이것은 경제적으로 표현하면 이윤이 총지출을 제거하고 남아 있는 것과 같은 방식입니다. 왜냐하면 이러한 모든 철학자와 고대의 플라톤 자신도 그들의 방식으로 고백했듯이 감각적 경험 없이는 인식이 제공되지 않기 때문입니다. 경험의 인식 가치는 단지 대체로 전통적인 의미에서 특별하게 문제시되었습니다. 우리는 경험을 출발점으로 보아야 하지만 그렇다고 인식의 실제적 원천으로 간주해서는 안 됩니다. 마찬가지로 칸트도 『순수이성비판』의 서문 첫 문장에서 경험의 이러한 위상적 의미를 다음과 같이 표현합니다. "우리의 모든 인식이 경험과 **함께** 시작하는 것은 의심할 여지가 없다. … 그러나 우리의 모든 인식이 경험과 함께 시작한다고 하더라도 반드시 모든 인식이 경험에서 발생하지는 않는다."[33] 이제 경험으로부터 벗겨 낸 것, 그러나 경험으로부터 발생하지 않는 것, 그런 까닭에 시간 내적이며 변화하는 것으로서의 경험과 함께 스스로 변화하지 않고 사라지지 않는 것, 이것이 아프리오리한 종합판단을 파악할 수 있도록 하고 인식 토대의 반성을 통해 엄밀한 자연과학의 근거를 제공하려는 시도와 연결하는 —지금까지 폭넓게 언급했던 그리고 인식론적으로 느슨하게 언급했던— 본래적인 동기들입니다. 우리는 왜 이런 생각이 일어났는지 한번 반성해야만 합니다. 이것은 특이한 일입니다. 여러분 모두는 현실 속에서 그리고 자신의 실존 속에서 인식하는 자로서 있다면 투키디데스Thukydides의 한 구절에서 언급된 것처럼 이 '영원한 승리'의 표상을 마음에 두고 생각할 것입니다.[34] 반면 여러분이 철학에 관하여 청취한다면 반대로 여러분 모두는 자동적으로 이 진리 개념을 가지고 있다고 생각할 것입니다. 하여튼 우리는 전혀 변명도 하지 않고 이 철학적 이념을 무한하게 수행했습니다. 철학의 과제는, 우리로부터 자동적으로 넘겨받았고, 따라서 실제 반성이 수행하지 않았던 이 철학적 이념은 결국 의식화될 수 없었고 비판적으로 반성될 수 없었습니다. 나는 우리가 아주 진지하게 숙고해야 한다고 말하고 싶습니다. — 칸트 이후의 위대한 철학자, 헤겔과 니체Nietzsche 두 사람은 무서울 정도로 진지하게 진리를 지속성, 영원성, 초시간성과 동일하게 정립하는 것이 진리의 충분한 규정인지를 그리고 이때 진리는 특정의 모델 의미에서, 즉 방법의 적절성 의미에서 그리고 앞으로의 모든 경우를 위한 확실한 학문적 방법의 의미에서 이미 정립되어 있는지 아닌지를 물었습니다. 반면에 가능한 미래의 모든 경우를 위한 방법의 이러한 적절성과 실행 가능성은 방법을 통해 발견되어야 할 진리의 본질에 대하여 결코 아무런 언급도 하지 않습니다.

따라서 우리는 진리가 어떻게 초시간적이고 영원한 인식과 동일하게 정립되는지를 확실하게 물어야만 합니다.[35] 이때 어떤 시민사회의 기원 문제와 마주칠 수 있습니다. 그러나 여기에서 나는 사회학적인 고찰을 하고 싶지 않고, 또한 초시간적 진리의 범주와 같은 그런 범주가 사회적으로 도출되었다고 말하고 싶지도 않습니다. 왜냐하면 이러한 도출 자체는 언제나 다시금 일정한 진리 개념을 요구하기 때문이고 그렇다면 우리가 피해야만 할 순환논리에 빠지기 때문입니다. 다만 나는 여러분에게 적어도 ―여러분을 위해 칸트를 언급하는 것이 나의 과제이고 또는 내가 그것을 나의 과제로 삼기 때문에― 절대적 불변성과 지속성으로서의 진리에 대한 이러한 기이한 생각은 시민적 교환사회를 전개시키는 곳에서 일어나고 있다는 것을 환기시키고자 합니다. 즉, 이 배후에는 새로운 것은 본래 있어서는 안 되고 그리고 새로운 것은 본래 불확실성, 위험성 그리고 불안한 어떤 것의 계기와 같은 것이라는 생각이 숨어 있습니다. 또한 이 배후에는 여전히 태곳적인 어떤 것, 즉 불평등에 대한 불안, 우리의 개념그물에 연결되어 있지 않은 것에 대한 불안, 우연히 마주쳤을 때 일어나는 불안이 숨어 있습니다. 따라서 새로운 것과 변화하는 것에 대한 일종의 금기가 숨어 있습니다. 그 금기는 진리의 권리가 역설적으로 진리임을 끊임없이 과장되게 주장하고 동시에 지속되고 있는 것만을 보존하고 있다는 점에서 명백하게 나타납니다. 반면에 변화하는 것과 새로운 것은 가상적이고 허무한 것으로 그리고 본래 열등한 것으로 미리 평가합니다. 그리고 그것을 넘어서서 이러한 태곳적인 안전성의 욕구는 소유권의 이념으로까지 계속됩니다. 소유권의 이념은 칸트에게 이어지고 그에게도 매우 인상적입니다. 왜냐하면 칸트는 그의 시민성Bürgerlichkeit을 부끄러워하지 않고 오히려 시민성을 표현하는, 그러니까 시민성의 고유한 진리를 표현하는 솔직함을 갖고 있습니다. 여러분은 앞으로 언제나 칸트에게서 집에서 구운 빵처럼 평범한 비교를 ―대략 우리에게 잘 알려진 상상의 300탈러와 실제의 300탈러와의 비교를[36]― 만나 볼 것입니다. 또한 여러분은 우리가 지니고 있는 명제들에 대한 '확고한' 또는 '사라지지 않는' 소유와 이와 유사한 비유를 듣게 될 것입니다. 칸트 철학의 은유적 내용에 대한 원칙상의 분석은 매우 특별하고 유익할 수 있습니다. 왜냐하면 텍스트에 포함된 비유와 그림들은 텍스트에 무관심한 것이 결코 아니고 작가의 깊은 의도와 대부분의 경우에 작가에게 얽힌 의도를 나타내기 때문입니다. 불변을 추구하는 노력의 배후에는 인식으로 변경된 그리고 결코 사라져서는 안 될 확고한 소유의 모델이 자리 잡고 있습니다. 또한 이 배후에는 어떤 다른 것이 숨어 있습니다. 나는 이것을 결정적이라고 간주합니다. 즉 새로운 것은 결코 없다는 이 계기 속에는 어떤 교환관계가 숨어 있습니다. 이러한 종류의 철학! 이것에는 ―내가 믿기로는― 철학의 시민성이라고 말할 수 있는 그런 심연적인 것이 자리 잡고 있습니다. 나는 지금 '시민적'이라는 것을 평가절하한, 그리고 탐미적인 의미에서 주장한 것이 아니라 인류 역사에 그와 같은 사유의 특별한 성격을 규정하기 위해 현상학적으로 단순하게 주장하는 것입니다. … 따라서 그 속에는 인식 행위가 일종의 교환 과정이라는 생각이 깔려 있습니다. 교환 과정에는 등가물들이, 즉 결과와 노력이 채무가 지불되고 빚이 청산되는 방식으로 그리고 일종의 등가 관계가 있는 방식으로 교환됩니다. 이 등가 관계에는 원칙상 이 등가에 들어오지 않는 것은 결코 나타날 수 없습니다. 따라서 원칙상 맨 먼저 정립된 것을 그 후 보상으로서 다시금 변상될 수는 없습니다. 이때 인식의 이 교환관계는, 즉 사고노동과 사유가 지배하는 대상과의 교환이라는 노력과 이 진행 과정의 결과는 교환관계가 이루어진다는 점에서 동일합니다. 이것은 교환의 관점에서 보면 잃는 것이 없는 것으로 그리고 본래 머물고 있는 결과로 간주됩니다.[37]

나는 이미 아프리오리한 종합판단의 개념에 동요Schwankung가 있음을 암시했습니다. 즉, 칸트에게서 일반적으로 언급된 것처럼 아프리오리한 종합판단이 경험으로부터 **독립**하여 타당하다는 것인지 또는 그런 판단이 모든 경험을 위해 타당하다는 것인지의 동요가 있음을 암시했습니다. 외관상 전문용어의 이러한 사소함 속에 매우 결정적인 어떤 것이 숨겨져 있습니다. 여러분은 이것을 배우는 것이 좋습니다. ― 철학이 건전한 상식에 요구하는 그리고 상식이 철학을 상당히 진지하게 생각한다면 결코 피할 수 없는 기대는 철학에 있어서 결정적인 문제들이 항상 이와 같은 미세한 차이 속에 숨어 있다는 것입니다. 그리고 이것은 (내가 여기에서 바로 언급해도 좋다면) 또한 왜 철학의 전 영역에서 소위 공식화의 물음과 언어적 물음이, 즉 주제를 정확하게 말하려는 그리고 엄밀하게 핵심을 파악하려는 노력이 ―흔히 있듯이― 엄청난 의미를 지니고 있는지의 이유입니다. 왜냐하면 이 주제가 숨어 있는 미세함을 정당하게 평가하는 유일한 수단은 최고의 노력과 언어 표현의 엄밀성이기 때문입니다. 따라서 '경험으로부터의 독립'과 '모든 미래의 경험을 위한' 사이에 이런 균열이 감돌고 있다면 이 이면에는 하나의 문제가, 즉 매우 중대한 하나의 문제가 ―내가 생각하기로는― 칸트 철학과 인식론 일반의 핵심 문제가 숨어 있습니다. 나는 여러분에게 이 강의 전체를 떠받치고 있는 이론적 파악을 위한 하나의 모델을 제시하기 위해 이 문제를 극히 간결하게 전개할 것입니다. 다소간 외부를 향해 폐쇄되어 있고 일종의 통일적이고 연역적인 연관성을 나타내는 그와 같은 체계는 실제로 힘의 장Kraftfeld입니다. 그리고 그와 같은 철학에서 서로서로 마찰로 생기는 힘들을 이해한다면, 즉 엄밀한 의미에서 이와 같은 텍스트에 생명을 일깨우는 것이 성공한다면 우리는 그때야말로 올바르게 힘의 장을 이해합니다. 내가 여러분에게 언급했던 경험에 대한 평가절하의 수용은 사실 철학 전체를 관통하고 있으며, 결국 최종 단계에서 정신노동과 육체노동의 분리와 연관되어 있고 그리고 확고한 논리적 형식하에서 정신의 절대화와 연관되어 있습니다. 그리고 이 수용은 아프리오리한 종합판단이 경험으로부터 독립하여 타당해야 한다는 것을 요구하는 것입니다. 그러나 이것은 경험으로부터 나온, 그리고 내가 경험 없이 결코 알지 못하는 모든 가능한 요소들이 계속해서 아프리오리한 종합판단으로 수용된다는 사실과 모순됩니다. 내가 여러분에게 방금 핵심 명제를 한 번 더 낭독했던 『순수이성비판』의 유명한 서문에서, 즉 우리의 모든 인식이 경험과 함께 시작한다고 하더라도 반드시 모든 인식이 경험에서 발생하지는 않는다는 문장에서 이런 모순이 발견됩니다. 그러나 여기에서 문제가 되고 있는 두 계기의 두드러진 대비는 약간의 교의학적인 것Dogmatisches을 갖고 있다고 나는 말하고 싶습니다. 즉 어떤 것이 하나의 사태와 함께 시작한다면 이것은 기원과 함께 어떤 것을 해야만 합니다. 우리가 공간과 시간 또는 우리의 사유 형식은 단순하게 경험으로부터 도출할 수 없고 그리고 논리적 명제는 우리가 물리적 세계에서 했던 관찰과 같은 경험명제가 아니라는 것은 참입니다. ─ 사실 이것이 칸트적 문제에 들어와 있습니다. 다른 한편으로 경험과 같은 어떤 것이 없다면, 즉 경험에 독립된 명제 속에 형식화된 요소들이 경험으로부터 우리에게 귀속되지 않는다면, 소위 경험에 독립된 이 명제는 본래 가능하지 않을 것입니다. ─ 그런 까닭에 우리는 '모든 미래의 경험을 위해서'라고 수정하기에 이르렀습니다. 나는 여러분에게 여기에서 나의 옛 스승인 코르넬리우스Hans Cornelius가 즐겨 주장했던 진술을 인용할 수 있습니다.[38] 즉 『순수이성비판』에서 아프리오리한 종합판단을 주장하고 있지만 그럼에도 불구하고 경험으로부터 독립해서 타당할 수 없습니다. 예를 들어 "오렌지는 빨간색과 노란색 사이의 유사 계열에 속한다"[39]는 명제가 있다고 합시다. 우리가 특정한 표상들을 주로 빨간색과 노란색으로 연결시키는 한 이 명제는 불가항력적 진리의 성격을 띠고 있으며, 그것은 미래의 모든 경험에 유효합니다. 따라서 이 명제는 ─아프리오리한 종합판단이라는 이 정의에 따라— 아프리오리한 종합판단입니다. 그러나 이것은 의심할 여지 없이 경험으로부터 유래하는 것이지 순수 사유로부터 유래하는 것은 아닙니다. 왜냐하면 여러분은 순수 사유로부터 색깔에 관하여 아무것도 알지 못하기 때문입니다. 색깔은 감각적 소여성입니다. 그런데 여러분이 빨간색과 노란색을 보지 않았다면, 여러분은 유사 계열이 무엇인지 알지 못하고 결과적으로 오렌지가 무엇인지 알지 못합니다. 여기서 나는 우리가 바로 개념 규정의 원천과 소위 말해 지시적인 것das Deik-tische의 원천, 따라서 정의될 수 없는 어떤 감각적 현상들에 대한 지시의 원천을 서로 구별해야만 한다고 분명히 말해도 좋을 것입니다. 여러분은 빨간색을 정의할 수 없습니다. 여러분은 기껏해야 무엇이 망막에 어른거린다고 말할 수 있지만, 그럼에도 여러분은 빨간색이 무엇인지 알지 못합니다. 인식의 다른 원천은 우리가 인식을 전통적 논리학에서 정의의 개념 하에 총괄하고 있듯이 우선 개념들을 통한 규정입니다. 그런데 아프리오리의 본질을 갖고 있으면서도 필연적으로 경험에 의존하는 일련의 지시적인 규정들이 존재합니다. 그러나 나는 이 모든 것이 너무 절묘해 보인다고 말하고 싶습니다. 이로써 여러분은 『순수이성비판』의 어떤 난점을, 즉 여러분이 경험을 너무 과소평가함으로써 아프리오리한 종합판단의 영역으로부터, 칸트가 주장하는 것처럼, 분명히 아프리오리의 성격을 지닌 무한한 명제를 배제한다는 난점을 피하게 됩니다. 그러나 그렇게 함으로써 —이때 여러분은 이제 이 철학 일반의 아주 특징적인 것에 도달합니다— 여러분은 바로 지금 이성비판의 의미에서 인식으로부터 배제되어야 하는 것, 즉 경험 자체를 기원으로서, 원천으로서 인식에 도입합니다.

이제 우리는 다음과 같은 질문을 제기할 수 있습니다. 그러니까 이와 같은 아프리오리한 종합판단이 경험에서 유래한다면, 내가 아주 흔한 말로 표현합니다만 플라톤 이래로 관념적이고 합리적인 철학자들이 계속해서 주장해 왔듯이 도대체 왜 경험은 절대적 진리에 대하여 그렇게 질이 낮은 원천에 불과합니까? 내가 칸트를 이런 전통에 포함시킨다면, 물론 나는 이때 본질적인 제한을 가해야만 합니다. ─이로써 어쩌면 나는 칸트에 대하여 특별하게 새로운 점에 도달할 것입니다. 이 특별하게 새로운 점은 ─이렇게 말해도 좋다면─ 칸트가 제시한 테제에 있다기보다는 이 테제를 향한 응시방향Blickrichtung에 있습니다. 따라서 칸트의 새로운 점은 가령 아프리오리한 종합판단에 관한 학설이라기보다는 진리의 참된 권위 있는 모습에 관한 학설입니다. 여러분은 이와 같은 것을 소위 말해 칸트의 전체 이념의 조상이자 원조인 데카르트의 '생득관념eingeborene Ideen'에서 발견할 것입니다. 또는 그것을 조부로 지칭해야만 할지도 모르는 라이프니츠의 '이성의 진리vérités de raison'에서 발견할 것입니다. 그러나 칸트에게서 특징적인 것은 다음과 같습니다. ─이것은 이미 여러분에게 칸트의 출발에 대하여 훨씬 더 특수한 어떤 것을 말해 주고 있다고 나는 생각합니다─ 즉 이 이성 진리는 단순히 그에 의해 도출되거나 그에 의해 설파되거나, 피히테가 명명했음 직한 말로 표현하자면 그에 의해 '정립된gesetzt' 것이 아닙니다. 오히려 이성 진리는 반성된 것reflektiert입니다. 다시 말해 이성 진리는 증명되기 위해, 통용되기 위해 일종의 검사 절차에 맡겨지는 것입니다. 그러므로 여러분은 ─나는 이것이 『순수이성비판』 전체의 가장 중요한 특징이라고 믿습니다─『순수이성비판』의 주제가 이 아프리오리한 종합판단의 또는 이것이 보여 주는 어떤 진리의 사변적 전개, 제시, 산출이라기보다는 오히려 타당성의 검사라고 말할 수 있습니다. 『순수이성비판』에서는 이미 타당한 것으로 전제된 판단들의 타당성을 검증하는 것이 실제로 항상 중요한 문제입니다. 그것은 내가 이미 말했던 것, 즉 칸트는 수학적 자연과학의 존재를 주어진 것으로 전제하고 있다는 것 그리고 『순수이성비판』의 열정은 칸트가 이 이론들의 막강한 힘과 위엄에 대한 확신을 보여 준다는 것과 아주 밀접하게 연관되어 있습니다. 그리고 이제 그가 한 것은 왜 실제로 먼저 전제된 이 인식들이 실제로 거기에 존재하고 그리고 왜 실제로 통용되고 있는지를 입증하려는 일종의 거대한 회계 감사입니다. —그러나 칸트는 이 인식들을 순수 사유로부터 또는 사변 철학으로부터 전개하려고 시도하지 않을 것입니다. 이것이 그에 앞선 철학뿐만 아니라 그에게 동조하며 그를 증인으로 끌어들인 철학과 칸트 철학의 차이입니다. 이러한 절대적 진리 자체가 철학으로부터 나와야 한다는 것이 전혀 중요한 것이 아니라, 일종의 반성 과정Reflexionsprozeß과 일종의 검사 과정이 일어난다는 것이 여기에서는 중요합니다. 이 과정을 통하여 이미 과학의 실증성에 근거하여 받아들인 이 전체 조직의 타당성이 바로 사실적tatsächlich으로 그리고 완전하게schlechterdings 타당한 것으로 견고해집니다. 이것은 칸트에게서 비판이라고 불립니다. 그리고 이후 그의 후계자들이 칸트를 벗어나서 걸어온 도정은 다음과 같은 도정입니다. 즉 내가 이런 종류의 비판을 행함으로써 나는 동시에 늘 비판하는 이성의 덕분으로 비판된 이성이 매번 유한하고 제한된 진리로서 말할 수 있는 것을 스스로 제시하고 생산하고 창조한다고 말하지 않을 수 없다는 것입니다. 타당성의 점검이라는 의미에서 인식에 대한 반성 Reflexion의 계기 그리고 이 비판적 계기는 본래 칸트가 경험주의, 무엇보다 흄과 공유한 계기입니다. 여러분 모두가 언젠가 한번 들어 봤거나 읽어 본 것처럼 칸트는 흄에 관하여 자신을 '독단의 잠'에서 깨웠다[40]고 말한 바 있습니다.

여러분 모두는 일반적으로 교과서나 강의에서 칸트가 거쳐 나온 라이프니츠-볼프학파의 이론과 흄의 경험주의가 칸트에게서 일종의 통합으로 나타났다고 보고 듣는 일에 어느 정도 익숙해져 있을 것입니다. 내가 언급했던 힘의 장을 여러분이 아주 거친 말로 표현하고 싶다면, 그것은 상당히 소박한 형식화에 해당됩니다. 그러나 좀 덜 소박하고 좀 덜 단순하게 칸트 철학에 다가가려면 칸트 철학 자체에서 이 계기가 차지하는 가치를 분명히 하는 것이 매우 중요하다고 생각합니다. 이성 진리는, 아프리오리한 종합판단은, 단적으로 말해, 논박의 여지 없이 참되고, 한갓 논리를 넘어선 인식입니다. 나는 이것을 구운 고기 — 말하자면 라이프니츠나 데카르트적인 구운 고기라고 말하고 싶습니다. 반면에 흄과 영국의 회의Skepsis는 변증법적인 소금으로 작용하고 있으며 따라서 동시에 이러한 검사가 시작되는 방법이라 일컬어진다고 말하고 싶습니다. 그러나 이때 전체 체계의 시도에서 경험주의적 의도 자체는 그리 큰 비중을 차지하고 있지 않습니다. 다시 말해 회의는 과학의 증명된 존재 요구에 이미 표현되고 있습니다. 과학의 존재는 오로지 타당성에서 재검토되어야만 합니다. 칸트 철학은 논박의 여지가 없는 진리로서 눈앞에 있는 것을 더욱더 밝게 나타날 수 있게 의심의 수단과 검사의 수단을 사용합니다. 왜냐하면 이것 역시 회의적인 검사를 통하여 처음부터 끝까지 밝혀지기 때문입니다. 그러나 칸트의 경우에 형이상학적 회의라고 특정지어야 할 것은 없습니다. 따라서 진리 자체의 절대성의 성격을 거부하는 회의는 결코 없습니다. 여러분이 원한다면, 칸트에게서 때때로 미세한 뉘앙스 논쟁이 문제가 되기라도 할 것처럼 보이는 흄과의 차이는 이를 통하여 사실상 전체에 걸쳐 나타납니다. — 일반적으로 철학에서 종종 같거나 동일한 명제들이 목적 노선에 따라, 철학이 그때그때 갖고 있는 열정에 따라 완전히 상이한 의미를 받아들일 수 있듯이 말입니다. 칸트가 보여 주는 해결책은 —그것을 아주 거칠게 특징화하자면— 바로 다음과 같은 점입니다. 즉 그에게 중요한 진리, 즉 그가 진리의 타당성을 의식의 회의적 분석에서 차용한 방법으로 밝힌 진리는 초시간적으로 타당해야 하지만 그러나 그 자체 초시간적으로, 따라서 제한 없이 자유롭게 떠돌아다니는 것이 아니라 경험과의 관계에서만, 요컨대 경험과 분리되지 않은 채 경험을 가능하게 하는 최상의 원칙들로서 타당하다는 것입니다. 그러므로 방법은 인식 능력이 경험 일반을 가능하게 해야 하는 한, 또는 칸트가 그의 언어로 명명하고 있듯이 인식 능력 전체의 방법입니다. 그는 경험과 인식 일반을 구성하는 인식 능력의 계기들 또는 요인들에 관심을 보입니다. 내가 이 시간에 여러분에게 해결하자고 제안하는 것은 아니지만 우리가 난점을 흘려 넘기지 않도록 환기시키고 싶은 매우 어려운 문제가 있다는 것을 여러분은 여기서 이미 알아차릴 것입니다. 왜냐하면 나는 한편으로 칸트에게는 오로지 초시간적으로 타당한 인식들의 구성이 중요하다고 여러분에게 말했기 때문입니다. 그런데 지금 여러분은 갑자기 나에게서 이 인식들이 경험과 같은 어떤 것을 구성하는 한에서만 존재할 수 있다는 말을 듣습니다. 이로써 여러분은 칸트가 이성 진리의 조건으로 제시한 회의의 계기가 말하자면 상처를 남긴 바로 그 지점에 와 있습니다. 그는 한편으로 경험으로부터 독립하여 오로지 초시간적으로 타당한 진리[41]를 구하려고 합니다. 우리는 칸트 철학[42]에서 구원의 의도를 상세히 언급해야 할 것입니다. 『순수이성비판』은 내가 좀 호언장담해도 좋다면 주관주의적 토대 위에서 존재론Ontologie을 구원하려는 참으로 대단한 시도입니다. 그러나 다른 한편으로 이 구원의 시도에도 불구하고 결국 분석은 구체적 의식의 연관 속에 뻗어 나가서 다시금 경험의 계기가 함께 자리 잡고 있습니다. 그는 내용적인 것으로서의 경험과 독립하여서는 이 명제들을 전혀 주장할 수 없습니다. 왜냐하면 어떤 내용적인 계기들이 항상 이 명제들 자체에 접근하기 때문입니다. 이런 까닭에 그는 명제들이 경험을 구성한다는 지극히 기이한 이론에 도달합니다.

지금 나는 여러분에게 우리가 차후에 무엇을 다루어야 하는지를 말하고자 합니다. — 이것은 『순수이성비판』의 실제적인 난점들 중의 하나입니다. 나는 여러분이 그저 '하, 그럼 그가 틀렸군! 추론을 잘못했어! 고루한 칸트는 정말 멍청했어!'라고 말할 것이 아니라, 이것 대신에 여러분이 『순수이성비판』에서 제기할 난점들이 바로 서로 온갖 손실을 입히는 대립된 사유 동기들Denkmotive에서 기인한다고 이해하려 한다면 이 난점들을 가장 잘 마무리할 것이라 생각합니다. 『순수이성비판』 전체는 독특한 미지의 땅에서 전개됩니다. 한편으로 이것은 단순한 형식논리학이 아닙니다. 만일 그렇다면 『순수이성비판』의 중심이 되는 명제들은 종합명제들이 아닐 것이기 때문입니다. 그러나 다른 한편으로 이 명제들은 어떤 실제의 내용을 가져서도 안 됩니다. 만일 그렇다면 이것은 실제로 경험명제들일 것이며, 아프리오리한 종합명제들이 아닐 것이기 때문입니다. 이 특이한 난점을 통하여 여러분은 이제 실제로 칸트의 사고가 전개되는 영역, ―내가 여러분에게 지난 시간에 말 그대로 분석했을 때보다는 비교적 덜 현학적인 의미에서― 선험적 영역이라고 명명될 수 있는 영역에 들어서고 있습니다. 즉 여기에서 사변의 영역이라고 할 수 있습니다. 결코 일치될 수 없는 두 개념들을 어떻게든 일치시켜야 할 필요가 직접적으로 주어진 어떤 것과 실증적인 어떤 것과 관계될 수 없지만 발전적 분석을 통해 동기화되는 사유의 구조들Konstruktionen을 이 영역에서 형성하도록 합니다. 그리고 여러분이 일단 사유의 특이한 이 구조를 칸트와 그의 후계자들의 특징으로 생각한다면, 여러분은 이 전체적인 관념철학 일반을 비로소 올바르게 이해할 수 있습니다. 칸트에 있어서 우리가 일반적으로 소위 코페르니쿠스적 전회라고 부르는 것은 다음과 같은 것을 의미합니다. 즉 전적으로 타당하면서 경험으로부터 독립적인 진리들은 비판의 주제를 형성하고 그리고 이를 통해 비판은 진리의 영역 한가운데에 도랑을 파는 것을 의미합니다. 물론 일부는 그것을 배척하고, 일부는 그것을 타당하도록 합니다만, ― 그리고 이 전체 영역은 더 이상 이 사물들에 대해 직접적으로 무엇인가를 말하고 판단함으로써 바로 찾는 것이 아니라 반성 속에서 찾는 것을 의미합니다. 내가 여러분에게 『순수이성비판』에서 새로운 것은 자기 자신에 대한 이성의 반성이라고 앞서 말했다면, 이것이야말로 바로 코페르니쿠스적 전회입니다. 『순수이성비판』에서 핵심적으로 문제가 된 이 진리들은 더 이상 외부에서 ―가령 플라톤의 이론에서처럼 즉자적으로 존재하는 것으로서als etwas an sich Seiendes― 도출되고 설명되거나 주장되는 것이 아니라 이성이 자기 자신을 향하고 자기 자신의 내부에서 구성적인 계기들을 발견함으로써 입증되어야 합니다. 그리고 이 구성적인 계기를 통해서 보편타당하고 객관적인 인식 일반이 가능합니다. 칸트는 이 전회를 그의 고유한 업적으로 간주했습니다.[43] 이제 여러분이 내 말을 올바르게 이해한다는 것은 다음과 같은 점을 이해하는 것입니다. 즉 중요한 것은 바로 회의주의 및 경험주의 철학에서, 또한 합리주의에서도 이미 이전에 추구하던 단순한 주체로의 전회가 아니라 객관성 자체, 즉 인식의 타당성은 철저히 주관성을 통하여 —말하자면 인식의 메커니즘과 인식의 가능성 및 한계에 대한 반성을 통하여— 본래 수립되어야 한다는 것이 특별히 새로운 것입니다. 여기서 주관 자체는 본래 보증인 —비록 창조자가 아니지만— 어쨌든 객관성의 보증인입니다. 여러분이 원한다면 이것이 본래 『순수이성비판』의 결정적인 주제입니다. 여러분이 이 의도를 잘 따라간다면, 아마도 이것이 여러 면에서 작품의 난점을 극복하는 데 도움을 주리라 생각합니다.

31) 『인식론 메타비판』의 서문에서 아도르노는 플라톤의 『메논』을 철학의 '수학화'에 대한 증거로 인용하였다. "오로지 연속성과 완전성을 관철하기 위해서 판단에서 적합하지 않은 모든 것을 잘라 내어야 한다. 철학적 체계를 결국 허상으로 깎아내렸던 철학적 체계론의 빈곤은 우선 그것의 몰락 징후가 아니라 목적론적으로 플라톤이 반론의 여지 없이 덕성은 기하학적 형상과 마찬가지로 그 도식으로의 환원을 통해 증명되어야 한다고 요구한 방법 자체에 이미 놓여 있다(GS 5, S.18).

32) 아도르노는 『인식론 메타비판』 서문에서 진리의 잔여 이론을 '주관의 격상Er-höhung des Subjekts'에, 기원철학의 끊임없는 모티브에 상응하는 철학자의 자기비하로 이해한다. "그들은 자기 격상을 위해 틀리지 않도록 자신을 비하하고 또한 기꺼이 자신을 지우고 싶어 한다. 그들은 진리로부터 주관을 제거하도록 그들의 주관성을 전환하고 그리고 객관성을 잔여로서 표상한다. 하이데거의 파괴 주장에 이르기까지의 모든 제일철학은 본질적으로 잔여 이론이었다. 진리는 남아 있는 것, 나머지, 가장 멍청한 것이어야 한다(GS 5, S.23)." 거의 동시에 집필된 헤겔에 대한 첫 연구에서 아도르노는 "소위 주관적 요소들의 제거 후에 남아 있는 것에 따라서 객관적인 저 진리의 잔여 이론을 주관과 객관 속에서 인식의 정적 분석과 동일시했다. 이 정적 분석은 오늘날 수용된 과학논리학에게 당연한 것으로 여겨진다"(ebd., S.256).

33) 주 29의 증거와 마찬가지로 앞의 46쪽 참조.

34) 투키디데스 인용문은 녹음테이프에서 분명히 이해하기 어려웠고 여러 개의 마침표와 하나의 의문부호는 녹취록에 표시되어 있다; 이것은 아마도 텍스트에서처럼 보완될 수 있을 것 같다. 판독된 표현 양식은 카를 라인하르트Karl Reinhardt, 투키디데스와 마키아벨리에 따라서 인용되고 있다. in: ders., Vermächtnis der Antike. Gesammelte Essays zur Philosophie und Geschichtsschreibung, Göttingen 1960, S.190.

35) 다음에서 언급되어질 그리고 아도르노에 의해 제시된 잔여 진리에 대한 비판은 본질적으로 『인식론 메타비판』 서문에 있는 해당 구절들을 벗어나 있다(Vgl. GS 5, S.25ff.).

36) 뒤의 82쪽과 주 52에서 칸트의 비교에 대한 원문 참조.

37) 추상적 인식과 교환가치의 보편적 지배와의 관계에 대하여 『부정변증법』에 있

는 '부정변증법. 개념과 범주들' 부분을 참조(GS 6, 137ff. 특히 S.180). 이 부분은 칸트와 연관하여 —이렇게 명명되어도 좋다면— 아도르노의 인식론의 지속적인 발전을 포함한다.

38) 예로서 코르넬리우스의 『칸트의 순수이성비판에 대한 주해Kommentar zu Kants Kritik der reinen Vernunft』(a.a.O. [주 14], S.29)에서 발견된 다음 구절이 인용된다. "금이 물과 다르다는 것을 우리는 오직 경험으로부터만 안다. 그러나 이 인식은 일반적으로 확실하고 필연성 자체의 성격을 지닌다."

39) 이 예 역시 이미 코르넬리우스의 주해에 나타나는데(Vgl. ebd., S.42), 이는 다음의 각주에서 언급된다. "나의 학술적 교수 활동 초에 내가 최초로 나의 강좌에 이용한 이 예는 그 이후 많은 학술발표에서 문헌 제시 없이 넘어갔기 때문에 나는 여기서 그것의 출처를 명확히 확증하는 것이 옳은 일이라고 생각한다."

40) 『학문으로서 등장할 수 있는 미래의 모든 형이상학을 위한 서설』 서문에서 칸트는 다음과 같이 기술한다. "솔직하게 고백하건대 데이비드 흄에 대한 기억은 나에게 여러 해 전에 먼저 독단의 잠을 깨우고 사변 철학의 분야에서 나의 시도에 아주 다른 방향을 제시한 것이었다"(Kant, Werke, a.a.O., Bd.III: 『형이상학과 논리학에 대한 글Schriften zur Metaphysik und Logik』, Darmstadt 1958, S.118).

41) 초안에 이렇게 되어 있다. 그러나 아도르노는 "초시간적인, 단적으로 유효한, 경험과 독립된 진리"라고 아마도 말했다.

42) 앞의 16쪽과 주 3 참조.

43) 앞의 15쪽과 주 1 참조. —『부정변증법』에 의하면 아도르노는 "칸트가 이성에 대해 그것을 도구, 반성의 검열심급으로부터 구성하는 것으로Konstituens 변경 해석하려는 유혹을 받았다는 점에서 그의 비판주의가 이전 비판적 사유에서 자유로울 수 없다고 보았다 …. 도구의 실체화Hypostase는 —오늘날에는 사람들이 당연한 관습으로 받아들이는— 이미 이론적으로 소위 코페르니쿠스적 전회에 놓여 있었다. 칸트의 경우 이것은 내용적 경향에 의하면 이유 없이 천문학적 경향과 반대되는 은유가 아니다"(GS 6, S.196).

어쩌면 여러분들 가운데 아주 짧아진 이번 학기에 무엇 때문에 내가 한 작품을 논하면서 『순수이성비판』의 요구로부터 매우 제한된 인식론적 개념 형성인 아프리오리한 종합판단을 가지고 그렇게 많은 시간을 보냈는지 비난하는 일부 학생들이 있을지 모르겠습니다. 그리고 여러분은 결국은 『순수이성비판』 서문 ―나는 오늘 강의가 끝나면 여러분에게 이것을 전부 읽을 것을 요구할 것입니다― 끝부분에 또 다른 아주 가치 있는 물음, 즉 형이상학의 가능성에 대한 물음이 제기되고 그리고 이 문제가 『순수이성비판』 일반에서 본래 핵심 사항이라는 점을 나에게 상기시킬지도 모르겠습니다. 그러나 나는 일단 나의 습관에 따라 먼저 여기에서 중요하게 다루는 개념들을 정의하는 것이 아니라 개념들의 논의를 통해 이 개념과 이 개념의 생명에 대한 구체적인 이해를 여러분에게 전달하려고 노력할 것입니다. 그 이유는 무엇보다 여기서 언어적 정의에 매달리면 칸트에 있어서 아주 많은 사례들처럼 어려움에 빠지기 때문입니다. 형이상학이라는 개념은 『순수이성비판』에 나타나는 거의 모든 개별적 용어들처럼 ―이 용어들이 이따금 정의되고 있을지라도 그리고 형이상학이라는 개념도 마찬가지이지만― 이중적이거나 심지어는 다중적인 의미로 사용됩니다. 물론 형이상학은 첫째로 우리가 매우 일반적으로 철학을 이해하듯이 그렇게 많은 의미를 지니고 있고, 이런 점은 개별 학문의 한정된 물음들과는 상반되는 것도 사실입니다. 그렇지만 둘째로 형이상학이라고 할 때 그것은 —이것이 바로 『순수이성비판』에서 특별한 의미라고도 하겠지만— 경험과 아주 특정한 관계에 있습니다. 그것은 경험의 가능성을 완전히 넘어서는 인식의 총괄 개념입니다. 그것은 철학의 통상적 언어로 언급되듯이 **초월적**transzendent 인식의 총괄 개념입니다. 즉 이 인식은 경험을 통하여 그때그때 공급될 수 있는 것의 경계를 초월합니다. 내가 여러분에게 칸트적 이념론Ideenlehre의 주제 그러니까 신, 자유, 불멸성, 영혼, 존재와 같은 물음을 상기시킨다면, 여러분은 먼저 이 책에서 대체로 형이상학이 의미하는 것의 어떤 구체적인 표상을 그려 볼 수 있을 것입니다. 실제로 우리는 형이상학의 개념을 **긍정적**positiv 의미에서 이해의 축으로 삼았습니다. 예컨대 마르틴 하이데거Martin Heidegger의 해석[44]이 그러합니다. 하이데거의 해석은 —시간의 문제를 본질적으로 『순수이성비판』의 핵심 문제로 파악함으로써— 형이상학의 개념인 존재와 시간의 관계를 처음부터 『순수이성비판』의 시야 속으로 옮겨 넣었습니다.[45] 그러나 이 시야가 적어도 『순수이성비판』에 직접적인 주제는 아니라고 나는 말하고 싶습니다. 이에 대하여 나는 하이데거를 비난하고 싶지는 않습니다. 왜냐하면 내가 곧바로 여러분들과 함께 수행해 가려는 고찰도 마찬가지로 『순수이성비판』 자체에서 제기된 것이 아니라 어느 정도는 『순수이성비판』에서 추론된 일련의 물음과 관련되어 있기 때문입니다. 그러나 『순수이성비판』을 안내한다는 좀 더 겸허한 의도에서 형이상학의 문제를 거론한다면, 어쨌든 우리는 방법상 우선 일단 내재적으로 다루어야 하고 따라서 개념이 또는 형이상학의 개념들이 작품 자체 속에서 어떻게 관계하고 있는지를 놓쳐서는 안 된다고 나는 생각합니다.

형이상학의 문제와 아프리오리한 종합판단의 문제와의 관계 물음에 (그리고 전자에 대한 나의 표면적인 소홀함에) 관한 한, 이에 대해 나는 두 가지를 여러분에게 말해야만 하겠습니다. 그리고 이 숙고들 중 두 번째 것은 아마도 내용상 우리를 물음 자체로 이끌고 갈 것입니다. 첫째로 여러분은 『순수이성비판』이 주요 부분에서 ―덧붙이자면 목차에 들어 있는 약간 인위적인 배열과는 전혀 부합되지 않는― 두 부문으로 갈라진다고 내가 여러분에게 말했던 것을 기억하십시오. 아주 대략적으로 말하면 그것은 적극적 부문과 소극적 부문으로 갈라집니다. 두 가지는 소위「선험적 원리론Transzendentale Elementarlehre」과 이와 대비되는 사실상 보완의 성격을 지닌「선험적 방법론Transzendentale Methodenlehre」으로 구분됩니다. 이것은 강독 시에 당장에 어떤 어려움 없이 이해가 됩니다만, 다른 한편으로 그것은 작품 자체의 통합적 구성 요소가 아니기 때문에 여러분은 그것의 이해를 위해 방법론을 무조건 필요로 합니다.「선험적 원리론」의 제1부는「선험적 감성론Transzendentale Ästhetik」이며, 제2부인「선험적 논리학」의 제1절은「선험적 분석론」으로, 말하자면 『순수이성비판』의 긍정적positive 부분입니다. 그리고 제1절 제2편의 끝에 있는「원칙의 분석론Analytik der Grundsätze」에서는 (내가 아주 평범하게 표현해도 좋다면) 사실상 『순수이성비판』의 긍정적 결과로 간주할 만한 내용이 등장합니다. 제1절을 끝맺는「원칙의 체계System der Grundsätze」는 본질적으로 ― 직관의 요소들 또는 더 정확히 말해 직관 형식들과 이성비판 속에서 연역된 지성의 형식들, 즉 범주들과의 상호작용에서 어느 정도 완전하게 도출되는 아프리오리한 종합판단의 체계적 정리와 조금도 다를 바가 없습니다. 여기에서 전개된 이 원칙들은 그 자체로 보면 가장 보편적인 원리들을 산출하고 그리고 이 원리들로부터 순수 자연과학의 최고 명제들로서 실제의 아프리오리한 종합판단이 도출되어야 한다고 칸트가 말하는 한, 내가 말하는 것은 전혀 글자 그대로 이해될 수 없습니다.[46] 그러나 이런 도출의 본래적인 작업은 원리들 속에서 실행된 것으로 간주될 수 있습니다. 그런데 칸트 자신은 ―그의 언어로 말하자면― 자연의 완성된ausgeführten 형이상학을,

그러니까 자연과학 최고의 종합적 명제들의 이론을 다루지 않았습니다. 이에 반해 제2절인 「선험적 변증론Transzendentale Dialektik」은 부정적nega-tive 부분입니다. 따라서 이것은 이성이 필연적으로 얽혀 들어가는 모순들을 전반적으로 다루는 『순수이성비판』의 부분입니다. 이와 함께 동시에 함축적인 의미에서 형이상학에 헌정되는 부분이기도 합니다. 왜냐하면 칸트에 의해 형이상학적인 문제가 (우리는 차차 이에 대해 다루게 될 것입니다) 이성이 어쩔 수 없이 필연적으로 얽혀 들어갈 수밖에 없는 모순과 곧바로 동일시되기 때문입니다. 그러나 이성은 동시에 스스로 이 모순을 해결해야만 하는데, 이것이 『순수이성비판』의 가장 기묘한 구성들 중의 하나입니다. ─ 내가 우선 아프리오리한 종합판단에서 그렇게 강조했다면, 나는 어쨌든 이것으로 『순수이성비판』 일반의 긍정적인 측면으로 간주되어야만 하는 것을 숙고했다는 장점을 가지고 있습니다. 나는 이제 제1부 제2편의 세 번째 장인 「모든 대상 일반을 현상체와 지성체로 구별하는 근거Von dem Grunde der Unterscheidung aller Gegenstände überhaupt in Phaenomena und Noumena」가 이미 변증론으로 옮겨 가고 있다는 것을 덧붙여 말하고자 합니다. 여기에 수록되어 있는 아주 중요한 부록 「반성 개념의 모호성Von der Amphibolie der Reflexionsbegriffe」은 엄밀히 말해 「선험적 변증론」의 한 부분을 형성하고 있으며, 본질적으로 더 이상 「선험적 논리학」에 속하지 않습니다. 나는 일반적으로 약간 등한시된 ─「선험적 방법론」과 상반되는─ 이 부분을 주목할 것을 특별히 여러분에게 강조하고 싶습니다. 왜냐하면 이곳이 오늘날 유행하는 형이상학의 문제, 즉 존재의 문제에 대한 칸트의 대답을 아주 본질적으로 표현하고 있기 때문입니다. 그러나 이것은 우선 아프리오리한 종합판단의 관심에 따른 물음을 비교적 피상적으로 대답한 것입니다. 훨씬 더 본질적인 것은 형이상학에 대한 물음이 그 의미에 따라 아프리오리한 종합판단에 대한 물음과 전혀 분리될 수 없다는 사실입니다. 따라서 이는 실제로 『순수이성비판』의 건축학적인 구조가 서로 뒤섞여 교차하고 맞물려 있다는 것을 의미합니다. 그렇기 때문에 내가 여러분에게 제시했던 긍정적이고 부정적인 부분의 배열은 헤겔에 의거하여 모든 분리가 소위 긍정적인 것과 부정적인 것 일반의 성격을 띠고 있듯이 유치합니다. 그리고 내가 이렇게 말한 이유는 작품의 구조에 전혀 익숙하지 못한 여러분들 가운데 몇 사람을 위해 적어도 아주 확실한 근거를 마련해 주려는 의도 때문이었습니다.

그러나 여러분, 나는 우선 칸트 자신에 있어서의 형이상학에 대한 물음과 『순수이성비판』에서 형이상학이 어떻게 배치되고 있는지 다룰 것입니다. 그리고 이와 연관하여 나는 여러분에게 아프리오리한 종합판단과 형이상학의 관계를 개진해 나가려고 합니다. 여기서 우선 우리는 서문과 연관하여, 보다 정확히 말하면 이 물음이 아주 분명하게 제기되어 있는 서문의 마지막 부분에서 살펴볼 것입니다. ─ 나는 정말이지 내심 여러분이 이에 대해 너무 많은 것을 알아차리지 않기를 바라면서 지금까지의 강의에서 여러분에게 『순수이성비판』의 두 머리말과 서문에 나타난 문제성을 본질적으로 설명해 왔고, 물론 어느 정도 거리를 두고 해석해 왔습니다. 그러면 이제 여러분은 형이상학에 대한 물음이 두 가지 물음, 즉 '어떻게 형이상학은 자연성향Naturanlage으로서 가능한가?'와 '어떻게 형이상학은 학문으로서 가능한가?'의 물음으로 나누어진다는 것을 발견하게 될 것입니다. 우리가 지금까지 얻었던 것을 반추하면서 첫 번째 물음을 내가 여러분에게 해석함으로써 여러분의 이해에 약간의 도움을 주려고 합니다. 왜냐하면 『순수이성비판』의 문제 제기는 원칙적으로 심리적인 것이 아니라 선험적인 사유 조건들, 따라서 필연적인 사유 조건들을 목표로 삼고 있다는 것을 여러분은 이미 들었기에 다음과 같이 말할 수 있기 때문입니다. 아니, 도대체 자연적 성향으로서의 형이상학이 우리와 무슨 관계가 있는가라고 말입니다. 이는 마치 『순수이성비판』에서 척추골의 물음이나 다른 어떤 인간학적 물음에 관해 언급하려는 것과 같습니다. 그리고 그와 같은 인식의 비판적-형이상학적 방향성을 지닌 작품에서 지성적인 인간학에 대해 어떻게 말해야 할까라는 물음을 제기하는 것은 완전히 쓸데없는 일입니다. 이런 관점에서 이 물음에 접근한다면, 그것이 전적으로 여러분의 권리라 해도, 여러분은 대단한 어려움에 봉착합니다. 그러나 그와 같은 사유 운동에서 나타나는 사고가 이때 스스로 이중적 운동을 수행하고 있다는 사실이, 즉 사고는 한편으로 이 사유 형성체Denkgebilde에 깊이 빠져들고 따라서 가능한 한 사고에 가장 밀접하게 접근하고, 다른 한편으로 자신을 통제함으로서 이 밀착으로부터 다시금 빠져나와 일정한 거리에서 전체를 응시할 수 있다는 사실이 이미 칸트에게는 ―헤겔에게는 훨씬 높을 정도로― 필연적입니다. ― 왜냐하면 바로 칸트와 헤겔 그리고 또한 피히테와 셸링으로부터 야기된 어려움들 중 대다수는 우리가 너무 텍스트에 가까이 있으면서 의도를 올바르게 인식할 수 없게 되는 데 기인하기 때문입니다. 반면에 우리가 약간의 거리를 두면 훨씬 더 의도를 명료하게 조망할 수 있을 것입니다. 그러므로 이 첫 번째 물음인 자연 성향으로서의 형이상학이 뜻하는 것은 여러분이 ―내가 여러분에게 개괄적으로 말한 것에 따라서― 지금 여기에서 당장에 명료해지는 것은 아니지만, 그러나 심리적인 것과 뒤섞지 않고도 이해할 수 있는 어떤 것입니다. 이성이란 자신의 성향에 의하여 모종의 물음들을 필연적으로 요구하지만, 그러나 다른 한편으로 이 물음들을 결코 해결할 수 없다는 사실을[47] 여러분은 내가 반복적으로 이미 지적했었고 또한 우리가 한 번 더 거론하게 될 부분과 함께 생각해야만 합니다. 그러므로 형이상학적 물음 일반이 제기되게끔 하는 논리학은 여기에서 어느 정도 중요합니다. 따라서 칸트가 로크와 같은 경우에 빈정대며 말했듯이 일종의 정신생리학Physiologie은 전혀 중요하지 않습니다. 계몽주의에서 자주 일어나듯이 우리는 어떤 충동 상수에 근거하여 정신생리학을 이 형이상학적 물음으로 빠트리게 합니다.[48] ― 가령 불안해서든 또는 소망성취를 위해서든 말입니다. 이런 일들은 전혀 중요한 것이 아닙니다. 오히려 이 경우에는 실제로 정신적인 물음, 즉 대체 무엇을 통하여, 어떤 내재적 기제들을 통하여 우리가 형이상학적 문제라고 간주하는 그런 문제에 이성이 내몰리는지가 중요한 것입니다. 그리고 거기에는 근본적으로 —이를 여러분에게 아주 간단하게 미리 말한다면— 다음과 같은 대답이 있습니다. 즉, 형이상학 자체는 본래 절대적으로 자신을 주장하는 이성과 조금도 다르지 않습니다. 따라서 자신에게 그때그때 귀속되는 질료들과는 독립하여 자신의 사용을 진리의 보증으로 간주하는 이성과 조금도 다르지 않습니다.

　나는 칸트가 속하고 있는 관념철학의 역사 내에서 아마도 하나의 관점을, 즉 부정적인 것처럼 보이는 그런 계기를, 다시 말해 관념철학에서 이성이 무엇 때문에 모순에 얽혀 들어가는지를 고려하지 않고 자기 자신과 자신의 법칙을 단순히 따름으로써 비운에 빠져드는지를 여기서 해명해도 좋을 것 같습니다. 이성의 부정적인 면은 칸트의 후계자들에 의하여 바로 —그것이 필연적이기에, 그것이 피할 수 없기에, 그것이 논리학 자체에 놓여 있는 불가피성이기에— 긍정적인 것으로, 즉 진리의 기관Organon으로 기능하게 되었습니다. 칸트에게 단지 부정적인 의미에서 변증론Dialektik이라 불리는 것이 진리의 인식 방법으로서 또한 동시에 스스로 전개되는 진리 자체로서의 변증법Dialektik으로 기능이 전환되었습니다. 이는 본질적으로 칸트와 그와 연관된 독일 관념론 사상가들 사이에 놓여 있는 결정적인 차이입니다. 다른 말로 표현해서, 자연성향에 대하여 여기에서 언급된다면, 그것은 바로 이성이 자신의 결정을 따라감으로써 계속해서 앞으로 나아가서, 이 결정의 제한된 조건들을 넘어서는 것을 의미합니다. 그리고 결국 이성이 무한히 진행하지 않기 위하여 최종적인 원인, 최종적인 존재, 최종적인 본질의 어떤 곳에 경계가 있다는 것을 요청할 수밖에 없으며 그 경계에 모든 것은 자신의 접착점Haftpunkt을 갖는다는 것을 의미합니다. 칸트가 말하고 있듯이 그것은 자체 내에서 완전히 정당하고 불가피한 욕구이며, 이 욕구는 인식을 다른 기초에, 따라서 논리적 구조에 기초하려는 열망에 뿌리를 갖고 있으며 그리고 인식 근거를 지닌 그러한 것 이외에는 우리가 결코 판단할 권리를 줄 수 없다는 데 뿌리를 갖고 있습니다. 그러나 우리가 이성의 매우 정당하고 불가피한 이런 강압 Zwang을 따름으로써 동시에 우리는 이러한 난점에 빠져듭니다. 형이상학에 대한 물음으로서 여기 첫 번째 제목에서 나타난 물음, 즉 자연성향에 대한 물음은 칸트가 형이상학에 요구한 물음을 우리가 제기하도록 강요한 물음과 결코 다른 것이 아닙니다.

두 번째 물음은 이제 형이상학이 과학으로서 가능한가의 물음입니다. 이 물음 역시 나는 여러분에게 이미 개진했던 내용을 반추하면서 파악할 것을 요청합니다. 그러면 이 물음은 여러분에게 지금 들은 것처럼 더 이상 기묘하게 들리지는 않게 될 것입니다. 이 물음은 실제로 서문의 끝[49]에 위치하면서 본래 『순수이성비판』이 대체로 제기하려는 최고의 주제로 ―이를 인정해야만 합니다― 간주됩니다. 이것은 바로 ―이성이 형이상학적 숙고로 몰아붙이는 필연성에 대한 물음과는 상반되게― 형이상학적 판단의 타당성에 대한 물음을 의미하며, 따라서 신, 자유, 불멸성, 영혼, 존재와 무한성에 대한 명제들이 그리고 이와 같은 개념들이 어디까지 본래 타당한지, 어디까지 본래 정당한지의 비판적 물음을 의미합니다. 자, 이제 결정적인 자리에서 과학이라는 표제어가 철학에서 거론되는 한, 나는 이런 맥락에서 철학과 과학 자체의 관계에 문제가 놓여 있다는 것을 우리가 적어도 짧은 숙고에서나마 분명히 하는 것이 필요하다고 생각합니다. 이 문제는 철학의 전체 역사를 지배하고 있으며 그리고 그 후 칸트가 『순수이성비판』에서 ―적어도 칸트에 이르는 철학사에서― 최고조로 그리고 가장 철저하게 표현했던 문제입니다. 어떻게 과학으로서의 형이상학이 가능한가라는 물음은 ―이제 좀 더 멀리 보면, 어느 정도 관대한 시선으로 보면― 실로 근대 철학 전체의 충격을 나타낸다고 말할 수 있습니다. 철학과 과학 사이의 위치는 처음부터, 태고부터 앞서 언급한 모순으로 어려움을 겪었고, 이후 이 모순은 칸트의 물음에서 실제로 명료해진다고 우리는 말할 수 있습니다. 한편으로 철학은 무제약자das Unbedingte를 말하고 싶어 하고, 따라서 철학은 오직 지성의 분업적인 활동성을 넘어서서 제기되는 결정적인 물음들에 대하여 그리고 이 물음들이 인간의 자기보존 활동과 어떻게 관계하는지에 대하여 말하고 싶어 합니다. ─철학은 이제 무제약자가 본래 어떻게 존재하는가, 본질이란 무엇인가, 모든 사물들의 배후에는 무엇이 있는가라는 것에 대하여 말하고 싶어 합니다. 그러나 다른 한편으로 실증적 개별 과학들은 이 무제약자를 목표로 물음을 제기하는 철학으로부터 점점 더 많이 벗어납니다. 가령 여러분이 고대 이오니아의 자연철학자들을 주시한다면, 여러분은 현재의 전문용어에 따라 물리학, 자연과학이나 자연학에 속한 그리고 그 후 발전하는 자연과학과 함께 철학에서 벗어난 수많은 계기들이 그들의 철학에 포함되어 있다는 사실을 발견하게 될 것입니다. 그리고 여러분이 그리스 철학의 정상에 있는 책, 즉 플라톤의 『파이돈Phaidon』과 같은 극단적인 형이상학적 요구를 담고 있는 책을 읽어 본다면, 여러분은 그 안에서 정말 『순수이성비판』에 나타나는 문제들 가운데 하나인 문제, 즉 불멸성의 문제 또는 우리가 영혼의 실체성과 불가분성이라고 말할 수 있는 문제가 중심적으로 다루어진다는 것을 발견하게 될 것입니다. 그러나 동시에 지극히 형이상학적으로 긴장감을 주는 이 책에서 때때로 오늘날의 언어 사용에 따르면 단순히 지리학에 속하는 일련의 진술들이, 즉 대양과 경계를 이루며 지하세계로 흘러 내려가는 강물들과 전적으로 신화적인 것들의 진술이 들어 있습니다. 과학적인 것과 사변적으로 형이상학적인 것이 여기서는 전혀 구분되지 않고 있습니다. 여러분이 과학이 철학으로부터 ─내가 여기서 자신 있게 표현하면 형이상학에서─ 빠져나간 사실을 아주 확실하게 알기 위해서는 플라톤의 강물들에 대한 아주 환상적인 이야기를 일부 읽기만 하면 됩니다. 그리고 여러분이 원한다면 (여러분이 나에게 이 진술을, 비록 그것이 칸트에게 직접적으로 속하는 것이 아닐지라도, 여기서 허용한다면) 이미 아리스토텔레스 철학의 전체적인 구상 속에 과학성의 전형과 형이상학의 전형을 결합시키는 거대한 스케일을 탁월하게 그리고 최초로 시도하고 있음을 볼 수 있습니다.

『순수이성비판』에서 그것은 타당한 과학의 기준으로서 자리 잡은 기준, 즉 가능한 검증 가능성의 기준과 논리적 무모순성의 기준이 철학에 적용되는 그런 방식으로 일어납니다. 이는 철학 자체가 과학의 정신 속에서 반성되지만, 그럼에도 철학의 과학적 요구를 고집한다는 것을 의미합니다. 이런 면에서 칸트 철학은 철학과 실증주의 사이의 정점에 있다고 말할 수 있습니다. 칸트 철학은 자체로 아직도noch 형이상학인 동시에 이미schon 하나의, 말하자면 과학 이론으로서의 철학입니다. 혹은 달리 표현하여 칸트에게는 언젠가 철학, 사변적 형이상학에 속했던 특별히 학적이고 내용적인 단편들의 제거 과정이 —칸트적 의미에서 약간의 이념들만이 단지 남아 있을 정도로 상당히 진척되었습니다만— 있습니다. 그에게 형이상학은 이미 하나의 잔재일 뿐입니다. 그것은 모든 가능한 특정 개별 과학이 자연의 전체성에 대한 마술적-신화적 표상으로부터 유래한 옛 형이상학의 우주인식κόσμος νοητίκος에서 떨어져 나온 이후에 남아 있던 잔재입니다. 칸트가 이제 『순수이성비판』에서 본질적으로 행하는 것은 다음과 같습니다. 즉 그는 이제 과학에서 해결될 수 없는 인식이나 주장, 논제, 명제의 잔재를 검열하고 그리고 확실하게 타당성을 지닌 과학들로부터 얻어진 기준에 의거하여 잔재를 판단합니다. 한 곳에서 그는 과학들 중에 순수 수학과 순수 자연과학이 있고 그리고 이것은 그들의 실제 존재에 의하여 증명된다고 말합니다. 그렇다면 순수 수학과 순수 과학이 실제로 어떻게 존재할 수 있는지를 아는 것이 바로 이성비판의 과제입니다. 이에 대해 내가 방금 여러분에게 말한 것은 『순수이성비판』서문 제

6장[50]에서 나옵니다. 내가 여러분에게 이러한 유형의 모든 철학들에서 진리의 잔여 성격Residualcharakter에 관해 말했던 것을, ―따라서 진리는 우리가 겉으로 보기에 일시적인 것, 덧없는 것, 역사적인 것을 지워 버렸을 때 잔재로서 남아 있는 것임을― 여러분은 여기에서 볼 수 있습니다. 또한 진리의 잔여 성격에 관한 이러한 이념은 진리 쪽에서는 최고의 역사적인 의미를 지니고 있다는 것, 그러므로 여기서 그것은 단순한 논리적 지성에서의 잔재가 아니라, 글자 그대로 개별 과학들이 사방에서 철학으로부터 점점 이탈하여 자신의 영역으로 진입한 이후 여전히 철학에, 그러니까 빈약해진 철학에 남아 있다는 의미에서의 잔재임을 여러분은 여기에서 볼 수 있습니다. 이 놀랄 만한 얄팍함과 빈약함, 그것은 결국 본질적으로 철학의 전체적인 내용일 수밖에 없었습니다. 이런 방식으로 칸트는 철저히 철학의 이러한 잔여 개념에 속하고 있습니다. 그리고 진지하게 이 진리의 잔여 개념을 청산하고 그 자체의 궁색함을 철저히 규명한 철학자는 매우 소수밖에 ―강조하는 의미에서 한편으로 오직 헤겔 및 그의 변증법적 후계자들과 다른 한편으로 니체밖에― 없습니다. 반면에 이런 방식으로 이 물음을 첨예하게 처음으로 제기했던 칸트는 이 궁색함을 분명하게 의식하지는 못했습니다.

그러나 여기서 중요하게 다루는 물음은 ―이로써 나는 강의 초에 여러분에게 약속했던 문제로 되돌아오고 있습니다― 아프리오리한 종합판단에 대한 물음과 불가분의 관계를 맺고 있습니다. 왜냐하면 일단 형이상학이 과학으로 파악되어야 한다면, 형이상학은 순수 자연과학과 동일한 기초를 요구하기 때문입니다. 칸트에 따르면 형이상학의 최고 명제들은 아프리오리한 종합판단이어야 한다는 것입니다. ― 그렇지 않으면 안 된다는 것입니다. 형이상학의 명제들은 분석적 판단들이 아니라는 것, 우리는 이것이 바로『순수이성비판』의 가장 결정적인 전제 중에 하나라고 말할 수 있습니다. 물론 이것을 말하는 것은 쉽습니다. 그런데 여러분이 이런 말을 들으면, 여러분은 어쩌면 이를 그리 대수롭지 않게 생각하며 일종의 형이상학의 명제는 종합적 판단이라고 말할지 모르겠습니다. 우리는 그것을 일단 받아들이기로 합시다. 그러나 나는 여러분이 다음과 같은 사실에 주의를 기울이기를 바랍니다. 즉 이 증명, —따라서 순수 개념들로부터 어떤 내용적인 것이 추론될 수 없으며 오히려 신, 자유와 불멸성의 명제와 같은 내용적인 명제는 단순히 개념 이상의 것, 즉 개념과 그 질료와의 대립을 전제한다는 증명— 이것이 본래『순수이성비판』의 주된 주제들 중 하나이며, 정신적 핵심 주제들 중의 하나입니다. 왜냐하면 전통적인 존재론적 신 존재 증명은 이제 확실히 칸트적 의미에서 형이상학에 속하고 있으며 이 존재 증명은 완전한 본질의 실존Existenz이 완전성 속에 놓여 있는 속성들 중의 하나로서 절대적으로 완전한 본질의 이념에 함께 속해야 한다고 주장하기 때문입니다. 이때 칸트는『순수이성비판』에 있는[51] 가장 인상적인 분석들 중의 하나로서 절대적으로 완전한 본질 자체의 표상은 그것의 실존에 대하여 어떤 것도 함축하지 않는다고 설명했습니다. 그는 가령 300탈러 재산의 절대적으로 충분하고 완전한 표상 자체는 —이것이 칸트가 제시하는 예인데— 내가 이 300탈러를 단순히 상상하고 있는지 아니면 내가 이 돈을 어떻게든 나의 책상 속에 넣어 두었는지[52]에 대하여 어떤 것도 결코 말하고 있지 않다고 설명했습니다. 그러므로 이것은『순수이성비판』에 대한 중심적 모티브이기에 나는 이 자리에서 여러분에게 이것에 특별히 주의를 요구합니다. 따라서 이것은 형이상학의 명제가 내용적인 명제라는 것, 그것도 종합명제이며 당연히 아프리오리한 종합명제라는 것을 의미합니다. 왜냐하면 이런 명제는 절대적으로 타당해야만 하기 때문입니다. 이것이『순수이성비판』의 전제이고 또는 결과라고 말하기가 매우 어렵습니다. 이런 경우 이것은 일종의 순환의 모습과 결부되어 있습니다. 이는 오로지 순수 개념으로부터 이 명제들 일반의 타당성이 귀결되지 않는다는 것을 의미합니다. 왜냐하면 '신은 존재한다'라든지 '영혼은 불멸이다'와 같은 모든 실존판단Existentialurteil에는 신이나 영혼의 순수 개념 속에 아직도 포함되지 않는 어떤 것이 이미 내 포되어 있기 때문입니다. ─ 따라서 구조상 여기에서는 종합명제로 다루 어질 수밖에 없습니다. 칸트 이후의 관념론이 이를 수정했습니다, 그 이 유는 관념론이 칸트에 있어서 비판적 심급으로서 기능하는 이성을, 인식 하고 검사하는 이성을 이제 절대화하고 그리고 절대적인 형이상학적 실 재Entität로 만들었기 때문입니다. 이 문제는 여기에서 도외시될 수밖에 없습니다. 그러나 칸트가 비판하고 있는 모든 형이상학적 명제들은 『순 수이성비판』의 전체 개념의 의미에서 바로 아프리오리한 종합판단들로 간주되어야 한다는 사실을 여러분이 명백히 할 때에만 형이상학 일반에 대한 칸트적 비판이 이해될 수 있다고 나는 믿습니다.

그러나 이를 넘어서서 아프리오리한 종합판단들과 형이상학의 명제 들 사이에는 훨씬 더 깊고 더 내적인 연관 관계가 있습니다. 물론 이 연관 관계에 대해서 나는 이미 여러분에게 말한 바 있습니다. ─이것은 실제로 『순수이성비판』 일반으로부터 주어질 수 있는 특성입니다─ 즉 『순수이 성비판』에서 제기되는 모든 물음에 대한 대답은 인식 주관에로의 되물음 Rückfrage을 통해 발견된다고 나는 말했습니다. 그리고 바로 이것이야말 로 내가 여러분에게 칸트가 자신에 의해 수행되었던 코페르니쿠스적 전 회를 두고 의미하는 바를 아주 자세히 설명하려고 노력했던 것입니다. 그 러므로 순수 자연과학과 같은 것이, 자연 일반에 대한 아프리오리한 종합 판단과 같은 것이 가능하다면, 타당성에 대한 보증은 항상 우연히 외부로 부터 의식에 다가오는 것에, 순수한 질료에 있는 것이 아니라, 오직 주관 적 조건들에 있습니다. 이 조건들을 통하여 나는 인식하고, 그것이 없으 면 인식 일반과 같은 것은 결코 가능할 수가 없습니다. 그러나 자연과학 을 가능하게 하는 이 주관적 조건들은 그 자체로 형이상학을 가능하게 하 는 것과 동일한 조건들입니다. 그러므로 이 점에서 한편으로 자연과학과 메타 타 피지카μετά τά φυσικά, 그러니까 자연과학 '이후에' 오는 것과는 사실 전혀 차이가 없습니다. 달리 표현하면 우리가 칸트에게서 —전적으로 18세기와 계몽주의의 의미에서— 발견한 것은 인식의 여러 영역에서 나타나는 이성의 통일에 대한 특별하고 엄격한, 여러분이 원한다면, 동일한 개념입니다. 이로부터 이제 형이상학에 대한 물음은 본래 이 이성 조건들과, 즉 절대적으로 이성에 놓여 있는 조건들과 —따라서 사유와 필연적인 직관 형식들과— 서로 상이한 질료와의 관계에 대한 물음 이외에는 아무것도 아니라는 결과가 나옵니다. 더 급진적으로 표현하면 질료와 같은 것이 나에게 귀속되는지 또는 이 조건들이 정말 감각적인 것Sinnliches에 항상 적용되는지, 아니면 이 조건들이 말하자면 마구 요동치는지, 헛도는지 또는 이 조건들이 갑자기 자기 자신으로부터 벗어나서 그리고 자신으로부터 결정적인 것을 찾아낸다고 믿는 것인지의 물음입니다. 그러므로 칸트에게서 아프리오리한 종합판단의 물음과 형이상학에 대한 물음 간에 존재하고 있는 통일은 이성 자체의 통일이며, 더 자세히 말해 내가 그것을 경험에 적용한다면 내가 정당화되는 그런 명제들의 통일입니다. 그리고 둘의 차이는 이 이성의 조건들이 이성의 쪽에서 볼 때 다른 것으로, 자신과 같지 않은 어떤 것으로, 비동일적인 것으로 채워지는지 아닌지의 물음에 있으며 — 또는 그것들이 절대적인 동일성 속에 남아 있는지 아닌지의 물음에 있으며 그리고 그것들이 어느 정도 자체로부터 절대적인 것을 생산할 수 있는지 아닌지의 물음에 있습니다.

이와 함께 나는 여러분에게 『순수이성비판』의 이해에 기초가 되는 하나의 문제, 하나의 개념 쌍을 가져왔습니다. 나는 여기에서 적어도 이것이 여러분에게 힘들이지 않고 받아들여지기를 희망합니다. 즉 이것은 인식의 형식과 인식의 내용이라는 개념의 쌍입니다. 칸트에게서 인식의 내용이란, 내가 여러분에게 언급했던 의미에서 그리고 칸트를 지배하고 있는 이성 우위의 의미에서 실제로 항상 외부로부터 나에게 주어지는 어떤 것입니다. 즉, 우연적인 것das Kontingente, 또는 이따금 그에게서 언급되는 바와 같이 혼돈스러운 것das Chaotische이며, 내가 전혀 아무것도 할수 없지만 나의 인식에 연관하고 있는 감각적인 다양성입니다. 더욱이 우리가 감각적인 것을 인식한다는 방식으로 관계하지 않습니다. 우리는 감각적인 것을 인식하는 것이 아니라 감각적인 것을 가지고 있습니다. 그것은 우리에게 주어져 있습니다. 하지만 그것은 불투명한 어떤 것, 맹목적인 어떤 것, 불가해한 어떤 것입니다. 아니 그보다 칸트에 있어 강조된 의미에서 인식이라고 불리는 것은 ― 바로 우리가 조직화의 물음Organisations-frage이라고 부를 수 있는 것, 따라서 우리에게 주어진 감각적 계기들을 우리의 직관 형식뿐만 아니라 우리의 사유 형식들을 통하여 우리가 통합하고 조직화할 수 있는 것인지, 다시 말해 그것을 서로 구별하고 차별화할 뿐만 아니라 통합적 관점하에서 파악할 수 있는지, 그리고 어떻게 하면 그렇게 할 수 있는 것인지에 대한 물음 이외에 아무것도 아닙니다. 그러나 이제 이 내용은 칸트가 파악하고 있는 것처럼 그렇게 철학의 주제에서 부각되지 않는 것으로서 그 자체로 우연적인 어떤 것이자 우발적인 어떤 것 그리고 변화하는 어떤 것이기 때문에, 철학 전체는 사실 형식 분석 Formanalyse일 수밖에 없습니다. 그런데 형식 분석의 이런 계기는 본래 칸트의 철학 전체에 결정적인 것이지만, 덧붙여 말하자면 이것은 칸트 철학이 이전부터 계속해서 가장 혹독한 비판을 받아 왔던 부분입니다. 예컨대 칸트 철학이 윤리학에서 형식주의라고 비난되었다면 ―막스 셸러Max Scheler에게서 일어났던 것처럼[53] ― 이런 비난은 칸트가 선험적인 것, 따라서 아프리오리한 종합판단의 가능성을 다룬 대가로 변제해야 했던 비용을 의미할 따름입니다. 달리 표현하면 그는 변화하는 내용들을 바로 제어하지 못했기 때문에 매번 형식적 구성 요소로 제한할 수밖에 없었습니다. 그러나 여기에는 내가 여러분에게 지시해야만 하고 여러분에게 『순수이성비판』의 특정한 부분을 더 잘 이해할 수 있게 하는 매우 미묘한 문제가 있습니다. 즉 칸트에 의하면 이성은 질료를 제어하지 못한다는 점입니다. 이성비판은 스스로 우리에게 매번 주어지는 감각적 재료들의 혼돈에 관해 그 어떤 것을 결정할 힘이 없습니다. 그러나 이성비판은 인식이 감각적인 것 일반에 적용되는지 또는 그렇지 않은지에 대하여 무엇인가 결정할 것을 —그리고 바로 여기에서 『순수이성비판』이, 여러분이 그렇게 생각해도 좋다면, 독단적으로 요구하는 주장이 있습니다— 요구합니다. 내 말을 올바로 이해하시기 바랍니다. 물론 특정한 개별적인 감각적 요소가 이성비판의 주제가 될 수는 없으며, 개별적이고 특정한 감각적 요소가 이론으로, 인식 비판으로 들어오지 않습니다. 그럼에도 과연überhaupt 절대적으로 타당한 인식과 같은 것이 가능한지의 여부는, 칸트에 따르면, 과연 우리의 인식이 감각적 재료들과 연관하고 있는지 또는 그렇지 않은지에 달려 있습니다. 내가 단지 암시적으로만 말할 수 있는 것은 물론 이 '과연-인지Ob überhaupt'에는 그것의 전제로서 '-라는 것Daß'이 포함되어 있다는 사실은, 말하자면 칸트는 실로 그가 앞서 아프리오리 때문에 인위적으로 배제했던 감각적 질료를 이미 그의 의지에 반해 그 안에 들어오게 했다는 점입니다. 그러므로 여기에 하나의 봉합 지점Nahtstelle이 있습니다. 이것은 우리가 너무 지나치게 신뢰해서는 안 되고 그리고 서로 떨어져 나가려는 봉합선입니다. 그러나 여러분은 이런 점을 어쨌든 이해해야만 합니다. 『순수이성비판』은 —궁극적으로 말해— 의식이 타당한 인식인 한에서, 한편으로는 형식 이론이지만 동시에 다른 한편으로 이 형식들은 특정한 내용과는 관계하지 않지만 적어도 내용이 있다는 사실과 관계하고, 즉 어떤 가능한 내용들 일반과 관계하고 있다는 이론입니다. 그러므로 이런 점에서 형이상학의 물음은 아프리오리한 종합판단의 물음과 동일합니다. 왜냐하면 칸트에 있어서 타당한 판단들과 단순한 형이상학적인 사변들의 차이는 바로 이 감각적인 충족이 일어나는지 또는 아닌지에 따라 나타나기 때문입니다.[54]

44) Vgl. Martin Heidegger, 『칸트와 형이상학의 문제Kant und das Problem der Metaphysik』, 2. Aufl., Frankfurt a.M. 1951.

45) 특히 35장 참조. 「이전에 놓여 있는 근거의 기원성과 형이상학의 문제」라는 곳에 다음과 같이 요약되어 있다. "칸트의 형이상학 정초는 선험적 구상력으로 이어진다. 이것이 감성과 지성이라는 두 줄기의 뿌리이다. 그것은 그 자체로 존재론적 종합의 통일을 가능하게 한다. 그러나 이 뿌리는 기원적인 시간 속에 뿌리내리고 있다. 정초 속에서 명백해지는 기원적 토대는 시간이다. 칸트의 형이상학 정초는 … 존재론 일반의 가능성에 대한 물음이 … 되고 있다. 이것이 존재자의 존재 상태Seinsverfassung의 본질, 즉 존재 일반에 대한 물음을 제기한다. 시간이라는 토대 위에서 형이상학의 정초가 자라난다. 존재에 대한 물음, 형이상학 정초의 근본 물음은 '존재와 시간'의 문제이다. 이 제목이 형이상학 정초로서의 순수이성비판에 대하여 앞서 언급한 해석의 주도적 이념을 포함하고 있다"(Heidegger, Kant und das Problem der Metaphysik, a.a.O. [Anm. 44] S.183f.).

46) 아도르노의 상술은 「순수 지성의 모든 기본 원칙들의 체계」가 「선험적 분석론」의 ―그것을 넘어서서 하나의 부록도 이것의 일부이기에― 제1부 제2권의 3장 중 제2부이므로 문자 그대로 완전히 이해될 수 없다. 따라서 그것은 제2권의 '결론'으로 간주될 수 없다.

47) 아도르노는 이 부분을 ―A의 머리말 첫 부분― 다음 강의에서 인용한다. 98f쪽을 보라.

48) 주 10에서의 증명과 함께 앞의 23쪽 참조.

49) 이는 제2판 서문의 4장에 있음을 말함; Vgl. B 21; W 61.

50) "이 학문들 [즉 순수 수학과 순수 자연과학]에 대해서, 이것들이 현실로 주어져 있으므로, 이제 정말 이것들이 어떻게 가능한지 적절하게 물음이 제기된다. 왜냐하면 그것이 가능해야만 한다는 것은 현실을 통하여 증명되기 때문이다"(B 20; W 59f.).

51) Vgl. 「신 존재의 존재론적 증명의 불가능성에 대하여」(A 592ff., B 620ff.; W 529ff.).

52) 칸트가 존재론적 신 증명의 불가능성에 대한 장에서 진술하는 예는 오히려 다음과 같다. "그런데 이렇게 현실적인 것은 가능적인 것 이상의 것을 도무지 포함하지 않는다. 현실의 100탈러는 가능적인 100탈러보다 조금도 더한 것을 포함

하지 않는다. 왜냐하면 후자는 개념을, 하지만 전자는 대상과 대상의 정립 자체를 의미하기 때문에, 만일 후자의 경우 전자보다 더 많은 것을 포함한다면, 나의 개념은 이 대상 전체를 표현하지 못할 것이고, 따라서 그 대상에 대한 적합한 개념이 아니게 될 것이기 때문이다. 그러나 나의 재산 상태에 있어서는 현실적인 100탈러가 있을 때가 100탈러의 단순한 개념(즉 100탈러의 가능성)보다도 더 많은 것을 포함하고 있다. 왜냐하면 대상이 현실적인 경우에 단순히 나의 개념 속에 분석적으로 포함되어 있지 않고, 나의 개념에 (이것은 나의 상태의 한 규정이기에) 종합적으로 더해지기 때문이다. 그러나 물론 나의 개념 밖에 있는 이 존재를 통하여 생각된 100탈러 자체는 조금도 증식된 것이 없다"(A 599, B 627; W 534). Vgl. 이와 관련하여 아도르노는 『부정변증법』에서 칸트의 탈러 용례를 사용함(GS 6, S.189).

53) Vgl. Max Scheler, 『윤리에서의 형식주의와 물질적 가치윤리. 윤리적 인격주의 정초의 새로운 시도Der Formalismus in der Ethik und die materiale Werteethik. Neuer Versuch der Grundlage eines ethischen Personalismus』, 4. Aufl., Bern 1954(Gesammelte Werke 2). — 이와 관련하여 아도르노는 『부정변증법』에서 이렇게 주장한다. "칸트적 윤리의 형식주의는 셸러 이후 독일 강단 철학이 반작용으로 그에게 낙인을 찍은 저주스러운 가치만은 아니다. 반대로 이것이 보편적인 정의 규범을 분명하게 규정한다. 이런 면에서 그것의 추상성 자체에도 불구하고, 추상성 자체 때문에 평등의 이념이 그 안에 남아 있다"(GS 6, S.234f.).

54) 칸트에게서 형식과 내용에 대해서는 뒤의 155f쪽과 173쪽을 찾아볼 것. 그러나 특히 『인식론 메타비판』 서문에는 다음과 같이 적혀 있다. "의식의 분석은 의식이 그 질료와는, 즉 의식에 '다가오는' 것과는 무관하게 … 첫째의 것을 절대적으로 포함하지 않는다는 것을 밝혀낸다. 존재론적 첫째의 것은 존재론적으로 첫째의 것이 아니며, 이로써 그것의 이념은 동요한다. 이러한 곤경에서 벗어나기 위해 형식과 내용의 차이를 구별하려는 칸트의 시도는 명민하고 의도적이다. 칸트 자신이 시도했고 그리고 사실상 중재를 금지했던 그의 필연성과 모순의 규정은 후기의 관념론과 비교해서 더 이상 화해할 수 없는 진리가 된다. 그러나 제일철학의 옹호자로서 그는 형식의 우위를 위해 계속 싸웠다. 그 자신이 도달한 형식과 질료의 상호 의존성은 체계의 실마리와 관계해서는 안 된다. 그에게 소여성으로서의 형식이 유일하게 절대적인 제일의 것이 된다. 소여성에 대해 선험적 연역의 제2판에 따르면 '더 이상의 근거'를 제시할 수 없다. … 칸트는 어느 정도 역설적인 소여성을 도출할 비밀을 해독하려고 한다. 이때 그는 순수 동일성에, 순수

한 사유 자체에, 모든 내용으로부터 분리된 '순수한 것'으로서 전적으로 비존재적인 것이면서 실체화되는 주관에 이르게 된다. 선험적 연역은 절대적 존재로서의 이성에 도달하고, 선험적 변증론은 이성에 대한 절대성뿐만 아니라 존재의 절대성을 비판한다. 어떤 식으로든 연역은 이율배반의 배후에 잔존하고 있다. 그럼에도 이것은 무한의 '소박하고naiv' 무반성적인 정립으로부터 보호하기 위해 연역을, 범주의 주관적 성격을 전제로 한다. 이미 헤겔과 그리고 다시금 현상학자가 칸트에게 비난했던 형식주의의 후퇴를 통해 그는 비동일적인 것에 명예로움을 주었고, 그것을 잔여물 없이 주관의 동일성으로 흡수하는 것을 거부했다. 이로 말미암아 그는 이질적인 것을 질서 개념으로 분류하는 것 이외는 더 이상 신뢰하지 않았던 진리 자체의 이념을 제한했다"(GS 5, S.37f.).

우리는 지난 시간에 두 부분 간의 통일, 즉 『순수이성비판』의 외적 건축
술에 따른 것이 아니라 의미에 따라서 상호 분리적인 부분의 통일을 고찰
하는 데 주로 관심을 기울였습니다. 그리고 나는 거기서 『순수이성비판』
의 주제에서 최고의 위치를 차지하고 있는 아프리오리한 종합판단의 개
념을 규준Kanon으로서 선택한 바 있었습니다. 나는 이 외에 최종적인 것
하나를 여러분에게 더 말하고자 하는데, 칸트에 의하면 형이상학의 아
프리오리한 종합판단으로 간주되는 명제들은 모두 소위 말하는 불변수
Invarianten라는 사실입니다. 그러므로 그와 같은 명제들은 어떤 변화하는
내용들과 관계되는 것이 아닙니다. 그보다 그런 명제들은 어떤 경우이든
완전히 그리고 모든 시간에 타당해야 할 것을 요구합니다. 이 특성은 형
이상학의 명제들뿐만 아니라 ―모든 경우 칸트와 관련된 전통적인 의미
에서― 아프리오리한 종합판단들에 공통적입니다. 그러므로 존재가 스
스로 활동하는 것, 모순은 본래 존재를 구성하는 것, 말하자면 헤겔의 『논
리학』에서 여러분이 원한다면 불변수로서, 또는 더 좋게 말해 변화시키
는 변형체들variierende Varianten로서 나타나는 이와 같은 명제가 형이상학
적 명제 또는 사변적 명제 자체일 수 있다는 사고는 칸트에게 완전히 낯
선 것입니다. 그리고 형이상학에 대한 물음과 아프리오리한 종합판단의

가능성에 대한 물음 간의 최종적인, 그리고 내가 생각했던 바와 같이 결정적인 일치가 여기에 놓여 있습니다. — 여기서 우리는 칸트가 아프리오리한 종합판단으로서 정초하려는 명제들은 흡사 세속화Säkularisierungen를, 따라서 경험과의 연관을, 경험에로의 변형을 그리고 형이상학의 명제들이 이와 같은 반성과는 무관하게 마치 소박하게, 또는 순진하게 주장했던 것, 바로 그 경험을 구성하는 명제를 표현한다고 역사적으로 부언해도 (이런 언급은 내가 여러분에게 지금 전개한 것보다 학적인 사용 안에서 더 광범위한 결과를 갖게 됩니다) 좋을 것 같습니다. 나는 여러분에게 강조할 필요는 없지만 적어도 다음과 같은 사실을 상기시키고자 합니다. 왜냐하면『순수이성비판』은 형이상학의 직접적인 비판이 아니라는 점이 앞으로 우리가 고찰하는 데 있어서 중요하기 때문입니다. 물론 우리가 이 작품을 이렇게 파악하면 우리가 잘못 이해한 것이라고 말할지도 모르겠습니다. 그러나 소위 말하는 코페르니쿠스적 전회는 무엇보다도 형이상학적 명제들 자체가 비판의 대상이라기보다는 오히려 근거를 갖고 이런 형이상학적 명제를 알리고, 동시에 논증적인 논리의 법칙들에 어긋남 없이 명제들을 설득력 있게 판단하는 우리 이성의 가능성이 비판의 대상이 된다는 점을 내용으로 갖고 있습니다. 내가 여기에서 여러분에게 해석하고 있는 칸트의 형이상학 비판에 대한 이러한 제한은 대단히 광범위한 의미를 갖고 있다고 믿습니다. 왜냐하면 우선 코페르니쿠스적 전회에서는, 즉 주관에로의 전회에서는 급진적인 성향의 장점으로 나타나는 것이, 여기에서는 명백하게 약점으로 나타나기 때문입니다. 즉 직언하자면『순수이성비판』에서는 신, 자유와 불멸성과 같은 주제들에 대해서 이제 더 이상 언급하지 않습니다. 그러므로 아주 단순히 말해,『순수이성비판』에서 중요한 것은 소위 말해 형이상학의 문제라고 알고, 이로부터 신이 있는지, 자유가 있는지, 불멸성이 있는지에 대하여『순수이성비판』에서 무엇인가를 경험할 것이라고 믿기 때문에 이 책을 손에 잡은 정신적으로 무고한 사람은 실망을 하게 될 것입니다. 이러한 직접적인 종류의 진술들은 『순수이성비판』에서 허용되지 않습니다. 왜냐하면 『순수이성비판』은 그와 같은 대상들, 즉 형이상학의 대상들과 전혀 연관되어 있지 않고, 칸트가 말하듯이 단지 그런 대상들을 인식할 수 있는 우리의 능력과 연관되어 있기 때문입니다. 그러나 이는 이제 대상들에 대한 어떤 긍정적인 또는 부정적인 실존판단Existentialurteil이 내려지는 것이 아니라 소위 말해 『순수이성비판』의 부정적인 결과는 일종의 판단 불능non liquet임을 의미합니다. 칸트가 말하기를 이성은 이 최고의 대상들에 대하여 절대적으로 구속력이 있는 어떤 것etwas absolut Verbindliches을 말하기에는 충분하지 않습니다. 따라서 이런 것들은 어느 정도 미해결로 남아 있는 셈입니다. 그리고 바로 주관에로의 전회를 통해 『순수이성비판』의 결과로 나타난 이 기이한 중립성은 그 결과가 —여러분이 이 작품이 보여 주는 더 큰 연관성을 파악하려면 이런 점을 이해해야만 합니다— 한편으로는 과학으로서의 형이상학에 대한 비판을 의미하지만, 다른 한편으로는 소위 다른 층에서, 즉 다른 차원에서 형이상학을 다시금 견지하거나 구원할 가능성을 의미합니다. 내가 말하고자 하는 것은 주관에로의 전회는 직접적으로 인식이 검열되는 대신에 그것의 뿌리에서 인식 능력이 반성된다는 의미에서, 주장의 파격을 뜻한다는 사실입니다. 그뿐만 아니라 다른 측면에서 인식의 물음이 중요한 문제인 한에서, 이 반성이 스스로 형이상학의 본질적인 물음에 대하여 결정을 보류한다는 사실입니다. 여러분이 원한다면 —내가 더 넓은 역사적 연관선상에서 그것을 제시해도 된다면— 여러분은 여기에서 형이상학적이고 신학적인 내용들의 어떤 시민적 중립화bürgerliche Neutralisierung를 보게 될 것입니다. 물론 한편으로 이 내용에 대한 구속력Verbindlichkeit은 거부되지만, 다른 한편으로 이 내용에 대하여 확실한 것도 알지 못하기 때문에 일종의 그림자 존재와 같은 것이 허용됩니다. 이 내용들은 마치 시민의 가족처럼 일요일로 미루어지고 또한 일요일을 위해 남겨져 있습니다.

이런 식의 표현은 칸트에 대해서 매우 불공정하지만, 여러분이 칸트를 계몽주의의 실제 운동과 비교한다면, 이 부분에 본질적인 차이가 놓여 있습니다. ― 비록 계몽주의의 전체 운동 내에서 일반적으로 추정할 만큼 그렇게 형이상학의 비판이 결코 분명한 것이 아니라 언제나 전통적 형이상학에 공간을 허용하는 회의적 의도가 있다고 내가 말하고 싶지만 말입니다. 이것은 특히 볼테르Voltaire에게 해당됩니다. 그는 주지하다시피 본래 유신론을 이어받았고 그리고 나서 어떤 식으로든 그것에 동요되었지만, 그럼에도 어떤 전통적 형이상학의 표상들을 적어도 명시적으로 비판하지 않았습니다.

나는 우리가 수행한 고찰에 따라 이제 칸트의 형이상학에 대한 이해를 어느 정도 확인할 수 있다고 믿습니다. 이에 나는 우선『순수이성비판』재판의 서문에 있는 한 지점을 인용하고자 합니다. 그곳은 다음과 같습니다. "완전히 분리되고 고립되어 있는 사변적 이성 인식에 관계하는 과학인 형이상학은 경험의 가르침을 완전히 넘어서며 그것도 (수학처럼 개념을 직관에 적용함을 통해서가 아니라) 순전히 개념을 통해서만 그렇게 하고자 한다. 따라서 여기에서는 이성 스스로가 자기 자신에게 배우는 학생이 되어야 한다. 이런 형이상학의 운명은 지금까지 과학의 안전한 길로 접어들 수 있을 만큼 호의적이지 않았다…".[55] 그러므로 이 상황이 본래 칸트가 비판하도록 움직였던 것입니다. 여기서 나는 여러분에게 사변적인 것 das Spekulative이라는 개념이 칸트에게 어떻게 나타나고 있는지 그리고 칸트와 연계되는 철학에서의 사변적인 것과 어떻게 다른지를 몇 마디 언급해야겠습니다. 비록 이 개념 내에서 수행된 의미의 변환이 그 자체로 분명하고 그리고 우연한, 순전히 용어적인 변화로서 간주될 수 없을지라도 말입니다. 따라서 칸트에 있어서 사변적 인식은 형이상학과 동일한 의미라고 말할 수 있습니다. 주관적 측면에 따라 고찰한다면 형이상학은 전적으로 사변에 의존하는 모든 인식을 말합니다. 나는 '사변적'이라는 단어를 여러분 자신이 헤겔 철학을 통해 영향받지 않는 사람처럼 그리고 추측하건대 바로 눈앞에 있는 것처럼 실제로 그렇게 단순하게 이해하기를 바랍니다. 즉 경험에 자신의 척도나 재료 또는 비동일적인 것을 갖고 있지 않고 그리고 경험과 모순되거나 불화를 일으키는 계기를 갖고 있지 않고 순수이성으로부터 고유하게 수행된 하나의 인식으로서 이해하기를 바랍니다. 그러므로 사변적 사유는 순수한 사유와 같습니다. 사변적 인식은 사유로부터 순수하게 형성되는 인식이며, 그렇기 때문에 어떤 방식으로든 경험으로부터 나오는 재료에 기준을 삼을 수 없습니다. 내가 만일 ―여러분에게 이미 암시했듯이― 칸트와 연계된 철학자들이 경험의 개념을 더 이상 단순한 질료의 개념, 따라서 질료의 문제, 외부에서 주관에 다가오는 것으로 생각하지 않고, 매우 중대한 이유에서 경험 내용 자체를 정신으로부터 전개해야만 한다고 믿고 있다고 여러분에게 말한다면, 이로부터 사변적인 것의 개념이 아주 다른 의미를 갖게 된다는 것은 설득력이 있습니다. 그렇다면 이는 실제로 이 철학에 따라서 모든 것이 이성이며, 이 이성 자체 내에 질료의 계기를 포함하고 있다는 것을 의미합니다. ― 이성은 자기 자신에 대해 반성함으로써 바로 진리와 궁극적으로 절대적인 것을 단적으로 인식할 수 있어야만 합니다. 따라서 칸트에게서 부정적 개념, 비판적 개념인 사변적인 것의 개념은 긍정적 개념으로 됩니다. 이는 칸트 이후의 철학자들이 칸트 철학에 조준한 비판으로부터 직접적으로 일어납니다, 그러나 여러분은 ―여러분이 여기서 칸트에 앞선 것이 아니라 칸트를 뒤따르는 것과의 연관 속에서 칸트를 볼 수 있게 말해도 좋다면― 마치 살로몬 마이몬Salomon Maimon을 위시하여 적어도 다른 칸트 이후의 철학자들이 칸트가 수행한 비판적 업적을 잊은 것처럼 생각해서는 안 됩니다. 칸트가 『순수이성비판』의 부정적인 부분에서 초월적 명제들이 ―즉 경험의 가능성을 넘어서는 명제들이― 모순에 빠진다는 것을 상세하게 증명한다면 칸트 이후의 철학자들과 특히 헤겔은 그것을 논박한 것이 아니라 단지 칸트에게서 나타나는 것과는 아주 다른 가치를 칸트적 인식에 부여했을 뿐입니다. ― 그들이 유한한 인식과 무한한 인식, 경험과 절대적인 것 사이에 끊임없이 발생하는 모순들이나 충돌, 갈등 그리고 그와 같은 모순 자체는 우리가 인식 일반과 같은 것을 우선 구성하는 기관이고 매개물이라고 말함으로써 말입니다. 나중에 헤겔에게서 제시된 사변의 개념은 다음과 같이 철두철미합니다. 즉 사변적 사유는 모순들이 외부로부터 결정되고 또한 모순들로 인하여 기진맥진하거나 좌초하는 그런 사유가 아니라 모순들을 자기 자신의 내부에서 받아들이고, 사태 안에 있는 모순들을 근거로 자신의 운동을 발견하는 사유입니다.[56]

따라서 이것은 칸트와 완전히 다릅니다. 칸트는 근본적으로 형이상학을 단순한 사변적인 것으로 규정함으로써 형이상학의 개념은 처음부터 이미 문제적 개념으로 규정됩니다. 처음부터 가능한 경험 내지 가능한 내용과 이 개념과의 관계는 견고하게 차단되어 있습니다. 내가 여러분에게 지난 시간에 언급했던 형식과 내용의 분리는 칸트의 경우에 아주 엄격하게 이원론 속에서 ―이 이원론은 직접적으로 두 실체의 데카르트적 이원론을 상기시키는 것처럼― 한편으로는 의식의 영역, 즉 형식의 영역으로서의 사유 영역과 다른 한편으로는 내용들의 영역과 대립하고 있음을 의미합니다. 내용들은 자신으로부터 형식들을 규정하지 못하고 형식들 또한 내용들을 제대로 제어하지 못합니다. 오히려 엄밀한 의미에서 ―나는 이를 격하하자는 것이 아니라 단지 관계를 특징적으로 표현하는 것입니다― 칸트에 있어서 내용과 형식의 관계는 특정한 의미에서 외양적인 것 Äußerliches입니다. 여러분은 형식들을 일종의 용기로 생각하면 됩니다. 이 용기를 통하여 우리에게 외부에서 들어오는 질료가 여과됩니다. 그리고 이 질료가 형식들을 통과한 이후 마지막으로 타당한 인식들이, 즉 아프리오리한 종합판단들이 생겨납니다. ―반면에 두 계기들의 상호 관계, 즉 이 두 계기가 번갈아서 서로 조건화하고 서로 자신을 표출하는 방식은

『순수이성비판』에서는 전혀 고찰되지 않습니다. 그보다『순수이성비판』은 마치 영국의 심리학자들이 생각했던 것처럼 칸트가 생각한다는 점에서 ―여러분이 좋다면― 아주 단순합니다. 예컨대 영국의 심리학자들은 한편으로 이성이, 직관 능력이 그리고 감각적 인상이 ―어디에서 오는지 모르지만― 쏟아져 내리고 있는 일종의 백지로서의 인간이 서 있으며, 다른 한편으로 우리는 이 감각의 질이 무엇인지 전혀 알지 못한다고 생각했습니다. 왜냐하면 감각인상이 여과되는 한에서만 이것은 그 모든 규정을 다시금 받게 되고, 그렇지 않으면 이것은 완전히 무규정적인 것이기 때문입니다. 그러나 칸트는 이를 일상에서 생각하듯이 정말 단순하게 생각하고 있습니다. 우리는 직관과 사유를 갖고 태어난 정신적인 존재이고 그러면 이제 어떤 자극들이(비록 칸트적이 아니라고 할지라도 우리는 거의 감각생리학의 언어로 표현할 수 있습니다) 다가올 것이며, 그리고 이 두 계기들의 충돌, 또는 이 두 계기들의 알력이 바로 인식을 의미한다는 것입니다. 여러분이 칸트를 정말 이해하려고 한다면, 여러분은 인식 구조 일반의 분석을 시작하기 전에 먼저 주관과 객관과의 관계라는 이러한 기본 생각을 일단 칸트에게 인정해 주어야 합니다. 그런데 내가 여러분에게 말했다시피 형이상학에서의 결정적인 사고는 형이상학이 본래 자기 자신을 내용으로 잘못 생각한 형식 이외에 다른 어떤 것이 아니라는 것입니다. 그러므로 실제로는 순전한 사유 규정, 즉 내용이 없는 어떤 규정들이 마치 그 자체가 이미 어떤 것에 대한 타당한 인식인 것처럼 모든 가능한 실현을 넘어서서 무한히 연장시키고 추론하는 것 이외에 다른 어떤 것이 아닙니다. 차후에 나는 여러분이『순수이성비판』일반이 본래 어떻게 정립되는 것인지를 더 잘 이해할 것이라고 생각합니다. 왜냐하면 칸트에게서 형이상학의 개념은 이미 어느 정도 변증법적으로 전개되기 때문입니다. 내가 여러분에게 칸트에게서 사변적인 것의 개념이 부정적인 개념이라고 말했다면, 그것에 덧붙여야 할 것이 있는데 칸트에게서 변증법의 개념은 ―아마도 여러분은 그것을 짐작할 수 있을 것입니다— 마찬가지로 단지 부정적인 개념일 따름이라는 사실입니다.[57] 이것은 칸트에게서 무모순성이 바로 유일한 기준으로 전제되어 있는 반면에 형식과 내용의 대립된 상호 관계를 출발점으로 삼았던 사유는 우선 모순의 의미에 아주 다른 중요성을 부여한다는 것을 의미합니다.

이것을 참작하여 나는 여러분에게 이제 초판 머리말의 첫 문장들에 대하여 —내가 첫 강의로부터 여러분에게 약속했던 것이 여기에서 처음으로 나타난다는 희망 속에서— 몇 가지를 더 여러분에게 말하고자 합니다. 즉 이것은 설득력 있게 확고한 방식으로 언급되기 시작합니다. "인간의 이성은 어떤 종류의 인식에서는 특수한 운명을 지니고 있다. 즉 인간의 이성은 자신이 물리칠 수 없고, 그렇다고 대답할 수도 없는 물음들을 통하여 괴로워한다. 물리칠 수 없는 이유는 이런 물음들이 이성 자체의 본성을 통하여 이성에게 부과되기 때문이며, 대답할 수 없는 이유는 이 물음들이 인간 이성의 능력을 능가하기 때문이다. 이성이 이렇게 곤경에 빠져들게 되는 것이 이성 자신의 책임은 아니다. 이성은 원칙들로부터 출발하며, 이 원칙들을 사용하는 것은 경험하는 과정에서 반드시 필요하고 동시에 이 경험을 통하여 충분히 입증된다. 이성은 원칙들과 더불어 멀리 떨어진 조건들을 향하여 점점 더 높이 상승하게 된다. (이와 같이 점점 더 높이 상승하는 것은 이성 자신의 본성에서 나온다) 그러나 물음들이 결코 중단되지 않기에 이성은 이런 식으로는 자신의 작업이 언제나 미완성의 상태로 머물러 있을 수밖에 없다는 것을 깨닫는다. 이 때문에 이성은 모든 가능한 경험의 사용을 넘어서면서도 평범한 인간 이성조차도 일치할 만큼 확실해 보이는 원칙들로 도피할 수밖에 없음을 안다. 그러나 이를 통해 이성은 혼미함과 모순에 빠진다. 이성은 물론 이런 혼미함과 모순으로부터 어딘가에 숨겨진 오류들이 분명히 기초를 이루고 있음을 간파할 수는 있지만 그럼에도 그 오류를 발견할 수 없다. 그 이유는 이성이 사용하는 원칙들이 경험의 한계를 넘어섬으로써 더 이상 경험이 제시하는 그 어떤 시금석도 인정하지 않기 때문이다. 이 무한한 논쟁의 싸움터가 이제 형이상학이라고 일컬어진다."[58] 나는 여러분에게 우선 형이상학을 '싸움터'로 규정하는 마지막 구절에 진정한 천재성을 지적하고 싶습니다. 여러분은 이 문장에서 위대한 철학은 형이상학 자체보다 그리고 형이상학 자체를 아는 것보다 얼마나 더 위대한가를 볼 수 있습니다. 왜냐하면 칸트가 형이상학이라고 부르는 영역은 이제 정적인 영역이 아니며 완성된 명제들의 퇴적이나 체계가 아니라, 서로 다른 계기들이 잇달아 설득하는 힘의 영역이라고 규정하기 때문입니다. 참으로 이것은 이미 칸트가 『순수이성비판』의 첫 문장의 제시를 통해 부정했던 변증법의 긍정적 규정입니다. 따라서 그의 은유, 즉 싸움터에 대한 그의 은유는 이러한 사유를 자체로부터 본래 요구할 수 있는 것 너머 멀리 밖으로 내몰았습니다. ― 나는 그 밖에도 다음과 같은 점을 덧붙이고자 합니다. 즉 여기에 모순이 있습니다. 이 모순은 한편으로 이성이 자신의 진행을 통하여 최종적 원리에 도달하게끔 강요되고, 다른 한편으로 이성이 이런 진행을 극복할 수 없기 때문에 성립됩니다. 그런데 칸트는 이 충돌과 싸움은 운명적이고 항상 반복하여 일어난다고 계속 말하고 있습니다. 왜냐하면 싸움을 조정할 기관이 결여되어 있기 때문이며, 규정에 따라 ex definitione 중재될 수 있는 유일한 장소 ― 즉 경험이 배제되어 있기 때문이며, 경험을 넘어선 인식이 문제일 수밖에 없기 때문입니다. 자, 여기에서 해당되는 모순이 실제로 형이상학의 법정이거나 형이상학의 첫 번째 명제이거나 첫 번째 원칙인지에 관해서 논란이 있을 수 있다는 것을 완전히 제외하고 ―나는 이것에 관하여 논하고 싶지 않습니다. 이것은 칸트 이후 전개되었기에 이곳에선 해당되지 않습니다― 나는 여러분에게 적어도 여기에 놓여 있는 하나의 문제를 암시하겠습니다. 그리고 동시에 여러분이 예를 통하여 오직 나에게 적절하게 나타나는 방식으로 칸트 텍스트에 접근하도록 하고자 합니다. 즉 텍스트를 뢴트겐으로 검사하듯이 정밀하게 읽을 수 있도록, 따라서 텍스트에 숨어 있는 내용과 숨어 있는 문제성을 마치 옛날의 신비주의 랍비들이 모세 오경을 읽었던 것처럼 그렇게 스스로 투명하게 만들 수 있도록 하고자 합니다. 덧붙여 말하자면 내가 보기에 위대한 철학 텍스트들과의 다른 접근 방식은 전혀 가능한 것 같지 않습니다. 그리고 내가 이와 같은 방식의 '인식 이론'으로서 간주하는 것을 여러분에게 아주 분명하게 말할 수 있게 되기를 바랍니다.

　　우리가 어떤 최초의 그리고 절대적인 인식에 도달하기 위하여 우리의 본성을 통해 항상 멀리 그리고 더욱더 멀리 나아간다고 칸트가 말한다면, 적어도 흔히 말하는 이러한 자연성향에 대한 의심은 지우기 어렵습니다. 또는 내가 이를 거의 인간학적으로 표현하지 않는다면, 사실 칸트도 이를 전혀 인간학적 의미로 사용하지 않습니다. 칸트는 사태 속에 강요가 들어 있다고 믿습니다. 하지만 나는 여러분에게 적어도 자신의 인식을 확실히 하기 위하여 인식된 모든 것의 근거를 최종적인 것이나 최초의 것에 그리고 절대적으로 확실한 것에 소급할 수 있다는 이 믿음이 거짓은 아닌지 물음을 제기하고 싶습니다. 이것은 여기서 칸트에 의해 전적으로 당연한 것이고 그리고 주어진 것으로 입증되는 것이 실제로는 형이상학적 사유가 발견했던 사이비, 본래의 기원적인 기만이 아닌지 물음을 던집니다. 즉 내가 언젠가 '기초 정립의 망상Fundierungswahn'으로 특징지었던 것[59]이 바로 문제가 되는 것이 아닌지 물음을 던집니다. 이것은 소위 어떠한 인식도 인식이 서 있는 그대로의 틀 속에서 받아들여질 수 없다는 것을 의미하여 그것은 오히려 내가 인식을 무한히 소급해 갈 때에 비로소 그 인식에 만족한다는 것, 하지만 나에게 더 이상 아무것도 일어날 수 없다는 것, 어떤 것을 통해서도 더 이상 나에게서 인식을 빼앗아 갈 수 없다는 것을 의미합니다. 여러분은 ─물론 서구 사유의 전체 전통에 의해서 당연하게 지지받고 있는─ 이 요구 속에 처음부터 본래 인식하는 정신과 가능한 인식의 대상들 사이에 모든 인식을 절대적인 것 일반으로 환원시키는 것을 허용하는 적합성Adäquatheit이 있다는 사실이 숨어 있음을 분명히 해야 합니다. 내가 근본적으로 인식의 대상과 인식하는 능력 자체 사이의 어떤 궁극적이고 최종적인 동일성을 받아들이는 형이상학적 가정에서 이미 출발한다면, 나는 인식하는 모든 것이 궁극적이고 기원적인 원칙들에서 증명되기를 당연히 요구할 수 있습니다. 그리고 이 점에서 모든 철학자들의 견해는 사실 서로 일치되어 있습니다. 그것이 이데아를 내세운 플라톤이든, 아프리오리한 종합판단 또는 더 정확히 말하면 실제 최초의 것인 기원적 통각을 내세운 칸트이든, 또는 그것이 기원 자체의 개념을 절대화하고 형이상학적 본질Entität로 만들었던 하이데거이든 말입니다. — 이런 면에서 모두가 아주 동일합니다. 어찌하였든 나는 여러분에게 칸트적 이성비판의 자명한 출발점인 이 지점에 또한 지극히 어려운 문제가 놓여 있다는 사실을 볼 수 있도록 하겠습니다. 이는 우리가 어떤 최종적이고 더 이상 환원할 수 없는 것에로의 환원 충동이 그리고 이 충동 자체가 실로 기만이 아닌지 전혀 확신하지 못한다는 것을 의미합니다. 이 기만 속에는 의식의 절대적인 지배 충동이 —따라서 최종적인 기관에서 우리가 자연에 행사했던 폭력이— 탄탄하게 보루를 구축하고 있어서 내가 여러분에게 언급했던 것처럼 겉으로는 당연해 보이는 가정에 아주 큰 문제점이 이미 숨어 있습니다. 나는 다만 여러분에게 흔히 하는 말처럼 귀에 따끔하게 주의를 주고 싶으며, 덧붙여 여러분이 『인식론 메타비판Zur Metakritik der Erkenntnistheorie』[60]에 관한 나의 책 서문을 참조하기를 바랍니다. 나는 서문에서 바로 모든 인식 이론의 기본 문제로서 이 문제를 매우 원칙적으로 전개하려 했으며, 거기서 현대 철학을 고려하여 언급된 것이 바로 우리가 방금 이야기한 칸트의 시도와도 관련되어 있다고 생각합니다.

나는 더 나아가 칸트의 인용문에서 형이상학과 경험의 분리는 일종의 자명한 것으로 전제되어 있고, 더욱이 이를 통해 형이상학이 지니고 있는 문제의 조정 불가능성이 칸트에 의해 정당화되고 그리고 조정 불가능은 경험을 통한 모든 요구뿐만 아니라 모든 검열 기관을 본질적으로 회피하고 있다는 사실에 여러분이 주의를 기울일 것을 촉구합니다. 이에 반해 오로지 사유할 수 있고 그리고 구체적으로 앞에 놓여 있는 모든 형이상학의 내용은 언제나 항상 경험의 내용이라는 것을 우리는 우선 기억해야 합니다. 따라서 ─칸트가 『순수이성비판』에서 주어진 자연과학에 의존할 수 있다고 믿는 것처럼 만일 내가 언젠가 주어진 형이상학에 의존한다면─ 우리는 칸트에게 상정되어 있는 경험과 이성의 견고한 이 이분법이 전혀 그렇게 존재하지 않는다는 사실과 마주칩니다. 어쨌든 내가 방금 읽었던 것으로부터 엄격한 의미에서 본래 무엇이 『순수이성비판』에서 중요한지가 드러납니다. 즉 비록 칸트가 싸움은 본질적으로 조정되지 않는다고 말하고 있지만, 그럼에도 바로 저 다툼을 조정하는 것이 의도입니다. 그런데 이는 확실한 모순입니다. 한편으로 여기에서 이성이 자신의 제자가 되기를 원한다고 누군가 형이상학을 비난한다면, 물론 이성이 이성에 대한 비판가로 되는 과정에서 적지 않을 만큼 확실히 자신의 제자가 되는 셈입니다. 따라서 하여튼 하나의 문제로서 『순수이성비판』의 기술記述은 이로부터 나온 결과입니다.

칸트에 따르면 근대의 계몽주의 시대에 형이상학이 몰락해야만 하는 무관심은 "경솔에서 생긴 것이 아니라 거짓된 앎을 통해서 더 이상 자신을 유지할 수 없는 당대의 성숙된 판단력에서 생긴 것"이라는 것입니다. ─우리는 여기서 이성이 아무 능력도 없음을 끊임없이 한탄하는 것이 아니라 이성의 힘으로 무엇인가를 해낼 자신이 있는 젊은 시민성의 열정을 지니고 있습니다─ 그리고 "이것은 이성의 업무들 중에서 가장 까다로운 자기인식의 업무를 새롭게 떠맡아서 하나의 법정을 설치하라는 이성에 대한 요구이다. 이 법정은 정당한 요구를 하는 이성을 안전하게 하는 것이고, 반면에 모든 근거 없는 월권들을 강권의 명령을 통해서가 아니라 이성의 영원하고 불변하는 법칙들을 통하여 제거할 수 있다. 이 법정이 바로 순수이성비판 그 자체인 것이다."[61] 여러분이 여기에서 칸트가 제시한 은유법을 숙고해 본다면 그것은 좀 특별한 법정, 즉 재판관, 고소인 그리고 피고인이 모두 동일한 삼자로 구성된 법정이라는 것을 알아차릴 것입니다. 그러나 나는 이를 조롱하는 것이 아마도 약간은 편안할 것이라고 생각하는데, 그 이유는 ―여러분이 좋다면― 이 역설적 복합체가 본래 칸트적인 구상의 중심이기 때문입니다. 따라서 이는 이른바 단순한 전제로서 또는 논리적 오류로서 칸트에게 비난을 가할 수 있다기보다는 오히려 그를 자극하는 동인이 될 수 있다는 것을 설명하고 있습니다. 근본적으로 이 배후에는 ―우리가 칸트의 이론철학을, 따라서 이성비판을 실천철학인 『실천이성비판』과 분리할 수 없다는 점에서― 칸트의 주목할 만한 구상이 들어 있습니다. 이 구상은 통일의 계기를 제시하는 바, 우리는 이 구상을 야유할 것이 아니라 오히려 다음의 사실을 분명히 해야만 합니다. 즉 정신의 자유와 주권은 바로 그가 자율Autonomie이라고 부르는 것이며, 그리고 여기서 이런 일들을 자유롭게 결정해야만 하는 재판관을 표현하는 것이고, 나아가 그것이 동시에 자체 내에서 법을 제정하고, 제한하고, 한계를 설정할 능력이라는 것입니다. 자율이란 글자 그대로 ―자율은 칸트의 도덕철학에서 최고의 개념이자 잠재적으로는 칸트 인식 이론의 최고의 개념이기도 합니다― 자기 스스로 법칙을 부여하는 것입니다. 자율의 개념에는 본래 역설이, 즉 내가 재판관과 피고인이 동일하다고 여러분에게 지적했던 그런 모순이 내재하고 있습니다. 법정은 자유롭고 독립적이며, 그것은 동시에 법칙을 표현하는 법정이기도 합니다. 그것이 이 전체 세계의 기본 구상입니다. 그리고 이 구상은 ―여러분이 그것을 일종의 경험으로 체화하려고 시도한다면, 여러분은 그것을 눈앞에 그려 낼 수 있습니다― 오로지 자율을 통해 사회가 자유로워지고 성년이 되어 후견의 상태에서 벗어난다는 신념 속에 시민적 사회의 경험을 담고 있고,

— 동시에 사회가 오로지 자율을 통해 자신의 삶이 뜻있게 그리고 올바른 방식으로 관리하게 사회를 체계화하고 정돈할 수 있다는 신념 속에 시민적 사회의 경험을 담고 있습니다. 그러므로 합법칙성은 자유의 기능으로서 나타나며 반대로 자유는 합법칙성의 기능으로서 나타납니다. 그리고 자유와 합법칙성은 동일하다는 모티브가, 즉 더 이상 어떤 종류의 후견도 있어서는 안 되지만 자유란 다시금 오로지 법칙들을 통해서 규정될 수밖에 없다는 모티브가 바로 칸트 철학의 핵심인 것입니다. 그것이 실제로 시민사회의 매우 어두운 비밀을 말해 줍니다. 즉 모든 권리 주체들Rechts-subjekte의 형식적 자유는 동시에 바로 모두에 의한 모두의 종속을, 따라서 사회 억압의 특성을 그리고 그것의 합법칙성을 정당화하고 있습니다. 칸트에 있어서 법정으로서의 이성 자체가 피고인으로서의 이성을 재판하는 지극히 기묘한 이론의 배후에 이것이 감추어져 있습니다.

이는 『순수이성비판』의 다음과 같은 규정과 결부되어 있습니다. "그러나 나는 비판이라는 것을 책과 체계의 비판으로 이해하는 것이 아니라, 이성이 모든 경험과는 독립하여 추구할 수 있는 모든 인식과 관련하여 이성 능력 일반의 비판으로 이해한다. 따라서 이 비판은 형이상학 일반의 가능성 또는 불가능성을 결정하고 형이상학의 원천뿐만 아니라 범위와 한계를 규정한다. 그러나 이 모든 것을 원리에 따라 결정하고자 한다."[62] 이것이야말로 『순수이성비판』의 핵심 문제입니다. 나는 우리가 수행한 고찰에 따라서 이 문제 제기가 여러분에게 이제 아주 명백해졌기를 바랍니다. 철학에 낯선 사람으로서 우리가 『순수이성비판』에 관하여 강의를 듣는다면 비판이란 말을 정말 일반적으로 (여기에 그 또한 넌지시 암시하고 있습니다) 특정한 책이나 명제, 또는 그와 같은 어떤 것을 비판한다고 생각하기 때문에 모종의 난관에 봉착한다는 것을 나는 여러분에게 강조해서 상기시켜 주고 싶습니다. 또한 비판받을 어떤 것을 전혀 갖고 있지 않은 비판이 도대체 무엇을 의미하는지 우리가 잘 알지 못한다는 점도 여러분에게 상기시켜 주고 싶습니다. 자, 우선 칸트에게 있어서 함축적으로 문제시되는 문학적 텍스트들에 대한 비판이 인식 능력 자체의 비판으로 이어질 만큼 급진화된다고 우리는 말할 수 있습니다. 그러나 이 비판은 방금 내가 여러분에게 언급했던 것처럼 비판하는 것과 비판받는 것이 근본적으로 동일하다는 역설에 빠집니다. — 그러나 나는 철학사의 변증법적 진행이 철학의 전체 역사가 실제로 비판의 역사, 그것도 아주 명백한 의미에서 비판의 역사라는 점에서 입증되고 있음을 여러분에게 덧붙여 말하고 싶습니다. 마찬가지로 우리는 아리스토텔레스의『형이상학』이 플라톤의 이데아론에 대한 위대한 비판이라고 말하는 것처럼『순수이성비판』도 한편으로는 볼프 철학에 — 따라서 라이프니츠 철학의 체계화에 대한 비판이자, 다른 한편으로는 흄 철학에 대한 비판이라고 말할 수 있습니다. 달리 표현하면 철학적 정신 운동은 비록 급진적인 물음을 제기한 것처럼 그리고 무조건 처음부터 시작하는 것처럼 보일지라도 계속되는 마찰 속에 놓여 있는 철학 텍스트에 대한 비판입니다. 철학자들이 급진적으로 처음부터 새롭게 시작하기das radikale Von-vorn-Anfangen를 찬양하면 할수록 그런 비판은 그만큼 더 많아집니다. 그리고 실증적인 과학의 매우 폐쇄된 모습과 달리 우리가 종종 철학의 혼돈과 상호 대립성 때문에 한탄한다면, 그것은 아마도 경우에 따라서 철학 자체를 타당하게 할 수 있는 통일의 계기, 즉 이런 비판의 통일적 계기, 내가 좀 더 비장하게 표현하자면 문제의 통일적 계기일지도 모릅니다. 철학의 통일은 철학의 해결에 있는 것이 아닙니다. 즉 철학의 통일은 가령 철학의 해결이 하나의 일치된 연관을 재현한다는 점에 있는 것이 아니고, 오히려 철학들이 역사적인 모습에서 이미 서로 뒤섞여 매개되고 있다는 점에 그리고 철학들 사이에 하나의 문제 연관이 존재한다는 점에 있습니다. 그렇지만 이 문제 연관은 무엇보다 되돌아보는 반성 속에서 본질적으로 자체 내에 일치하는 문제 연관과 자체 내에 만장일치의 문제 연관으로 이해됩니다.

나는 이제 다음을 위한 프로그램으로서 칸트가 여기에서 제시하는 이 프로그램이 사실 계몽주의에 대한 프로그램이라는 것을 여러분에게 말하고자 합니다. 여러분이 한 방향에 따라 형이상학의 비판을 인식 능력의 비판으로서 고찰하면, 거기에는 다름 아닌 극단적으로 몰고 간 신인동형주의Anthropomorphismus에 대한 계몽화된 관찰 방식의 형식이 숨어 있습니다. 이것은 형이상학이 부정적인 한 ─이것이 『순수이성비판』의 이념인데─ 형이상학 자신이 말하자면 일종의 거대한 기획으로서, 자체 내에서 스스로 정신을 실체화하는 것으로 파악된다는 것을 의미합니다. 정신은 정신이 객관적 본질성Wesenheiten을 인식할 것이라고 믿을 때, 그럴 때에만 정말로 오직 정신입니다. 그러므로 ─여러분이 좋다면─ 인간만이 정신과 조우합니다. 이런 점에서 일단 『순수이성비판』의 비판적 의도는 계몽의 문제성과 계몽의 주제와 전체적으로 연관되어 있습니다. 그러나 다음 시간에 나는 여러분에게 근본적으로 계몽에 대한 칸트 철학의 입장을 개진하려고 합니다.

55) B XIV; W 24.

56) 칸트의 이성비판이 칸트 이후 관념론자의 사변에로 이행하는 과정은 아도르노의 전체 철학을 관통하는 모티브들 가운데 하나를 형성한다. 여기서는 1932년의 키르케고르-책에서 나온 초기의 예시 중에 하나이며 그것은 저 모티브를 특별하게 보여 준다. 그는 의식의 형식에 대하여 말한다. 의식의 형식은 추상성으로 '값을 치렀다'; 그것은 "보편적인 한", "필연적"이다. 관념론적 체계는 "질료"의 우연성을 제거함으로써 존재론의 상실된 내용들을 다시 끌어오려고 시도했다. 이 질료는 통각의 종합적 통일 자체로부터 도출되고, 주관적 형식으로부터 "내용"으로 전개되며, 이로부터 "존재론"이 연역될 수 있고 그리고 "발전"을 통하여 주관성과 동일시된다"(GS 2, S.106f.).

57) 칸트는 변증론을 "가상의 논리학"으로서 "진리의 논리학"인 선험적 분석론과 대비시킨다.

58) A VIIf.; W 11.

59) 앞의 38쪽과 주 16 참조.

60) 비교. Theodor Adorno, 『인식론 메타비판. 후설과 현상학적 이율배반에 대한 연구Zur Metkritik der Erkenntnistheorie. Studien über Husserl und die phänomenologischen Antinomien』, Stuttgart 1956, S.12ff.; jetzt GS 5, S.12ff.

61) A X I f.; W 13.

62) A X II; W 13.

나는 지난 시간에 이른바 형이상학의 문제를 고려하여 『순수이성비판』의 문제 제기를 여러분들과 함께 추적하면서 동시에 이 문제 제기에 내포되어 있는 칸트 자신의 글을 여러분에게 읽어 주고 간단히 해석하기에 이르렀습니다. 칸트가 본래 의도하고 이성비판이 의미하는 바를 진술한 글의 이 진행 속에는 내가 오늘 기꺼이 논의하고자 하는 문제인 『순수이성비판』과 계몽의 관계에 대한 매우 의미 있는 글이 들어 있습니다. 이와 관련하여 칸트는 이 책에서 형이상학적 물음에 대한 대답은 "독단적으로 망상하는 지식욕이 기대할 수 있는 그런 결과가 일어나지 않는다. 왜냐하면 그것은 아마도 오직 마술을 통해서만 만족될 수 있을 터인데, 나는 그런 것을 이해하지 못하기 때문이다"[63]라고 말합니다. 이는 심령주의를 겨냥하는 그의 유명한 논문 『유령을 보는 어느 사람의 꿈Träume eines Geister-sehers』[64]에 대한 암시입니다. 여기서 그는 모든 심령주의에 반대하는 강렬한 논증을 통해 스베덴보리Swedenborg를 비판하고 있지만 이 논문은 오늘날까지도 미완으로 남아 있습니다. 칸트는 다음과 같이 이어 나갑니다. "하지만, 그것은 또한 우리 이성의 자연적 규정의 의도도 아니었다. 철학의 의무는 비록 매우 칭송을 받고 애호되는 환상이 무너진다 하더라도 오해에서 생겨난 속임수를 폐기하는 것이었다."[65] 이는 두 가지 이유에서 명백하고 확고한 계몽의 공식입니다. 첫째로, 이성의 자연적 규정이 여기에 전제되어 있기 때문입니다. 따라서, 내가 이렇게 말해도 좋다면, 형이상학적 열정이 이성 자체의 개념으로 바뀌어졌기 때문입니다. 이로부터 이성은 특정한 종류의 의도(이렇게 말해도 좋을 만한), 즉 자유나 인간성의 실현에 대한 비밀스런 의도를 겨냥하고 있다는 것이 추측됩니다. 그것은 18세기의 공동 재산이었고 칸트에게 지대한 영향을 미친 루소 철학에서 특히 커다란 역할을 한 사상입니다. 이 영향은 일련의 세밀한 연구들로부터 알려져 있고 칸트 자신도 시인한 바 있습니다. 그러나 둘째로 이 공식은 계몽의 특별한 공식입니다. 왜냐하면 인간의 자연적 규정으로서 무엇보다 강한 긍정을 지니고 있는 이성의 과제는 독단, 망상 그리고 단순한 관습을 척결해야만 하는 것이기 때문입니다. 이것이 종교적 후견에 대항하는 초기 시민계급의 전체적 경향입니다. 시민계급은 종교적 후견에 대해 17세기 후반기와 18세기에 계몽의 매개를 통해 맞서 싸웠습니다. 여기서 칸트는 계몽 운동에 포함되지만, 칸트를 당장에 그렇게 받아들이거나 그를 당장에 계몽주의자로 간주한다면 그것은 지나친 단견이라고 나는 생각합니다. ― 이 관계는 사실 지극히 복합적입니다. 그렇기 때문에 누군가가 칸트의 이성비판과 같은 외관상 전문가적인 인식론적 작품을 상당히 넓은 경향으로 해석하려고 한다면 나는 계몽과의 관계 자체가 복합적이라는 것을 깨닫는 것이 필요하다고 생각합니다. 전통적으로 내려온 철학사도 이 복합성을 피하지 못했습니다. 그러나 이 경우 전통 철학사는 일반적으로 상투어Sonntagsphrase를 사용하는데, 이런 것을 없애는 것을 특히 오늘날 나의 사명으로 삼고 있습니다. 요컨대 칸트가 계몽의 완성자이고 그에게서 동시에 계몽 자체가 극복되었다는 것은 상투어입니다. 이 '극복'이 무슨 의미인지에 대해서 우리는 곧 몇 가지 점을 듣게 될 것입니다. 그러나 칸트가 속해 있는 독일 정신과 독일 철학의 전통에서는 완전하고 본질적인 계몽주의는 일어나지 않았다는 것을 먼저 기억해야만 합니다. 일찍이 우리는 독일에 계몽주의란 결코 없었으며 언제나 계몽화된 신학만이 있었다고 알고 있습니다. ― 이는 매우 적절한 표현이라고 나는 생각합니다. 어떤 식으로든 계몽의 개념과 결부된 독일 정신사에서 가장 유명한 인물들을 보게 되면, 이 구절이 신빙성을 갖고 있다는 것을 발견할 것입니다. 여기서 내가 조망할 수 있는 한, 우리는 독일에서 최초로 이런 경향을 아주 뚜렷하게 나타내었던 라이프니츠를 연관시켜 보든, 계몽화된 신학의 이런 특성을 직접적으로 파악할 수 있는 레싱Lessing을 생각하든 그리고 역시 칸트를 생각하든 마찬가지입니다. 그러나 오늘 여러분에게 이런 역사적 정황을 명백히 하려는 것이 나의 의도는 아닙니다. 나는 사실 여러분에게 『순수이성비판』에 대한 역사적인 소개가 아니라 사실적인 소개를 하는 것을 ―이것은 철학적 문제의 방향을 제시하는 것을 의미합니다― 나의 과제로 삼고 있습니다. 따라서 이러한 문제 제기의 의미에서 나는 칸트에게 계몽의 문제성이 어떤 식으로 표출되고 있는지를 여러분에게 보여 주려고 합니다.

나는 이미 여러분에게 칸트가 독단주의를 비판했다는 의미에서 계몽화되었다고 말한 바 있습니다. 그는 독단주의의 개념을 무엇보다 특이하게 확장하는데, 가령 옛 계몽주의와 서구의 계몽주의가 근본적으로 그랬던 것처럼 단지 본래의 신학에만 적용하는 것이 아니라 내가 여러분에게 설명했듯이 형이상학에도 적용합니다. 이것 역시 칸트가 성숙한 계몽과 공유한 경향입니다. 여러분 가운데 프랑스 문학에 열중한 적이 있는 사람은 누구나 볼테르의 주저 중에 하나가 ―어쨌든 독일에서 가장 유명한 작품인― 『캉디드Candide』임을 알 것입니다. 『캉디드』는 신학의 독단주의보다는 오히려 독일 형이상학 자체의 독단주의, 즉 라이프니츠 변신론의 독단주의를 지적하려고 했습니다. 이런 점에서 독단으로서의 이성 자체에 대한 이 비판은 『순수이성비판』의 주제에 속합니다. 나는 물론 차후에 여러분에게 이성의 독단적 성격에 내재된 특유의 난점을 좀 더 상세히 설명하게 될 것입니다.[66] 그러나 어쨌든 신학이나 형이상학 그리고 소위 영원한 이성의 진리이든, (칸트가 즐겨 언급했던) 합리주의의 형이상학을 비판했던 경험주의의 반대이든 간에 어떤 것도 묻지 않고 받아들일 수 없다는 것, ─ 그것이, 여기서 이성이 비판적이고 반독단적인 업무를 자신의 본질과 자신의 규정에 따라 이성 자신에게 완전히 투명하고 명백해질 때까지 그 모든 것을 확장하는 한, 칸트에게서 계몽의 첨예화된 성격을, 여러분이 좋다면, 특징적으로 보여 줍니다. 나는 이 프로그램이 물론, 근대 서양 사상의 전체 운동에 특유한 것이라고 말하고 싶습니다. 만일 여러분이 데카르트의『방법서설Discours de la Méthode』이 제기한 요구들을 읽는다면, 아마 여러분은 거기서 가장 본질적인 요구들 중의 하나로서 이성에게 분명히 명백하고 현존하는 것 외에는 어떤 것도 받아들여서는 안 된다는 것을 발견하게 될 것입니다.[67] 그러나 어떤 의미에서 이성비판이야말로 처음으로 과거의 이 프로그램에 따른 요구를 실제로 진지하게 받아들여 이성 자체의 이른바 구조 물음Konstitutionsfragen으로 ─여러분이 좋다면, '근본 물음Grundlagensfragen'으로─ 끌어들였다고 말할 수 있습니다.

　잘 알려져 있지 않지만 매우 교훈적인『계몽이란 무엇인가라는 물음에 대한 대답Beantwortung der Frage: Was ist Aufklärung?』이라는 논문에서 칸트는 자신이 이해하고 있는 계몽의 개념을 매우 상세하게 말했습니다. 우리가 칸트의 표명을 우선 아주 단순하게 보면, 우리는 여기에서 몇 가지의 아주 특이하고 놀라운 사태에 부딪치게 됩니다. 그런데 나는 칸트의 표명 중에서 몇 가지를 방법적 근거뿐만 아니라 이 표명 자체 때문에 여러분에게 제시하려고 합니다. 왜냐하면 여러분이 철학에, 아울러 칸트 철학에 몰두한다면 여러분은 무엇보다도 철학에 있어서 논리의 미세한 시각, 즉 미세한 논리적 방법과 같은 것을 적어도 모범적으로, 따라서 적어도 그때그때의 본보기를 배울 수 있을 것이며, 그러면 여러분은 그 자체를 더 폭넓게 응용할 수 있기 때문입니다. 이것은 여러분이 평소에 무엇인가를 읽을 때 보통 상황에 따라 소홀히 하는 표명들을 이 표명들 자체가 말하기 시작할 때까지 상세하고 정확하게 응시하는 것을 배워야 한다는 것을 의미합니다. 나는 철학 일반과 칸트 철학을 특별히 여러분에게 일종의 힘의 장Kraftfeld으로 보여 주는 것을 나의 과제로 생각한다고 이미 말했다면,[68] 이는 바로 방금 말한 미세한 논리적 방법을 지칭합니다. 왜냐하면 표면상으로 ―그러나 나는 조금도 '표면상'으로 말하려는 것이 아니며, 그보다는 명백한 교의에 따라― 확고한 주장을 갖고 나타나는 철학은 어느 것이든 다소간 자체 내에 응집된 연역 관계를 (나의 관점에서 또한 귀납 관계를) 서술하고 있기 때문입니다. 그리고 우리는 이러한 응집성, 균형, 논리적 일체성 속에서 서로 대립하는 힘을 이해하기 위해서 그것의 세밀한 것까지 깊이 생각해야 합니다. 마찬가지로 무시할 수 없을 정도로 잠재적 모순을 안고 있는 철학의 상호 충돌하는 내적 힘을 이해하기 위해 그것의 세밀한 것까지 깊이 생각해야 합니다. 이런 의미에서 철학의 응집성, 고정성, 체계성을 언어화하고 용해할 수 있는 가능성은 그때그때 눈앞에 놓여 있는 개별적 명제들에 대한 어떤 특정한 종류의 체류Verweilen와 어떤 특정한 종류의 집념Insistenz입니다. 우리가 칸트 철학의 모든 가능한 문제들, 부분적으로 넓게 산재해 있는 문제들에 대하여 하나의 생생한 그림을 얻고자 한다면, 루돌프 아이슬러Rudolf Eisler의 『칸트 백과사전』을 ―이 백과사전은 오늘날까지 특별하게 가치 있는 책입니다― 보아야 합니다. 이 책에는 계몽에 대한 칸트 자신의 가장 중요한 일련의 입장들이 실려 있습니다. 예를 들어 여러분은 『순수이성비판』 자체에서 나오는 관점, 그것도 「선험적 방법론」에서 나오는 관점을 발견할 수 있습니다. "이성비판에서 자유는 오로지 이성의 관심, 실천적 관심과 마찬가지로 이론적 관심에 유용하다. 따라서 이성은 다툼 속에 자신을 스스로 맡겨야 하며 강압에 복종되어서는 안 된다. '왜냐하면 이성으로부터 계몽을 기대하여 이성에게 미리 어느 한편에 필연적으로 귀착해야 하는지를 명령하는 것은 매우 불합리한 어떤 것이기 때문이다.'"[69] 이 비판에서 ─어느 정도 철학의 예정된 대답에서─ 칸트는 실제로 사유가 변론적인 한, 그것이 계속해서 빠지게 되는 위험을 매우 통찰력 있고 아주 재치 있게 설명합니다. 이와 관련하여 나는 칸트가 이런 위험을 모든 면에서 항상 모면했는지 결코 확신하지 못합니다. 이 위험은 주제 검증thema probandum의 위험, 따라서 사유 운동이 실제로 미리 결정된다는 위험이며, 우리가 그것이 어떻게 끝나고 무엇이 나오는지를 미리 알고 있다는 위험이며, 철학의 동기 부여와 근거 정립의 관계가 결과로서 도출되어야 하는 것이 그대로 도출되었다는 의미에서 미리 계획되어 있다는 위험입니다. 즉 일반적으로 이것은 인정된 것과 현존하는 것을 정당화하는 형식을 취합니다. 이런 계기가 전혀 없이 사유하는 것이 정말 가능한지, 우리가 어떤 의도도 갖고 있지 않고 그리고 그 어떤 것을 보여 주려고 하지 않는다면, 우리가 정말 사유할 수 있는지에 대하여 나는 잠시 대답을 보류하고자 합니다. 어찌하였든 여기에는 문제가 있습니다. 하지만 확실한 것은 수많은 철학이 지니고 있는 끝없는 지루함은, ─여러분이 내적 기분에서가 아니라 외부로부터 철학에 종사하도록 강요를 받을 때, 아마 여러분들 중에 많은 사람이 느낄지도 모르는 어떤 저항감에 대한 것도─ 그것이 어떻게 끝나는지를 어느 정도 미리 알고 있기 때문입니다. 이것은 전적으로 일찍 고인이 된 미국 대통령 쿨리지Coolidge와 그의 부인 사이의 대화와 같습니다. 부인이 교회에 다녀온 대통령에게 설교 내용이 대체 무엇인지를 물었고 그는 아주 간결하게 죄악에 관한 것이라고 대답했습니다. 그러자 부인이 그가 대체 무슨 말을 했는지 물었고 이에 대해 대통령은 그가 죄악에 반대했다고 대답했습니다. 이와 같은 표명의 위험은 철학에서 어쨌든 항상 있는 일입니다. 그런데 나는 일반적으로 빈말Lippenbekenntnis을 해서는 안 되며 빈말을 멀리하고 이에 저항하는 것이 중요한 과제에 속한다고 말하고 싶습니다. 처음부터 그러한 목적τέλος을 통하여 사고의 운동을 결정시키는 대신에 사태에 순수하게 자신을 내맡기는 것이 본래 철학적 사고 일반의 의무입니다. 그리고 이것은 아마도 현상학과 같은 현대 철학의 운동에 영향을 주었다고 할 수 있습니다. 왜냐하면 그것은 실제로 사태에 순수하게 자신을 내맡기는 것Der-Sache-rein-sich-Überlassen을 요구하거나 주제 검증을 포기하도록 요구하기 때문입니다. 그러나 언급한 바와 같이 이에 도달하기는 매우 어려우며, 그것이 정말 완전히 가능한지는 의문입니다. 나는 다만 실제의 사유가 이 문제에 반성해야 한다고 말하고 싶습니다. ― 따라서 나는 이것이 표현하고자 하는 것, 즉 의도 그리고 미리 확정된 주제 검증을 위해, 단지 그럴싸한 논증의 의미에서 사고과정 조직 사이의 관계를 어떤 경우에도 그 자체로 주제화해야 합니다.

"이성은 이미 이성을 통하여 스스로 제어된다. 이성은 비판을 불러 일으키는 논쟁까지도 매우 필요로 하지만, 비판을 통하여 쟁점들은 저절로 사라진다. '통치자들이 그들 자신의 이익만을 꾀하고 있다면 인류가 지배자들의 이기적인 확장 의도를 끌어내야만 하는 위대한 선이 계몽이다. 그러나 이 계몽은 그리고 계몽과 더불어 계몽적 인간이 완전하게 파악하고 있는, 선으로 받아들일 수밖에 없는 어떤 핵심적인 부분은 점차 권좌로까지 상승하여 그 자체로 통치 원리에 영향을 미쳐야만 한다.'"[70] 따라서 이는 칸트의 역사철학, 즉 『세계시민적 의도에서 본 보편사의 이념Idee zu einer allgemeinen Geschichte in weltbürgerlicher Absicht』에 나타나는 바와 같이 계몽에 대한 하나의 아주 강력한 고백입니다. 결국 칸트는 계몽에 대해 다음과 같이 언급합니다. "계몽은 **스스로 책임 있는 인간이 미성년으로부터 벗어나는 일**이다. 미성년이란 다른 사람의 지도 없이는 자신의 지성을 사용할 수 없는 무능력을 뜻한다. 스스로 책임을 진다는 것은 이러한 미성년의 원인이 지성의 결핍에 있는 것이 아니라 다른 사람의 지도 없이도 지성을 사용할 수 있는 결단과 용기의 결핍에 있는 것이다. '과감하게 알고자 하라Sapere aude! 따라서 네 자신의 지성을 스스로 사용할 용기를 가져라!'라는 것이 계몽의 표어이다."[71] 다른 곳에는 이렇게 말합니다. "스스로 사유하기Selbstdenken란 진리의 최고 시금석을 자기 자신 내부에서 (즉 자신의 이성에서) 찾는 것을 뜻한다. 그리고 언제나 스스로 생각해야 한다는 준칙이 계몽이다."[72] 여러분이 계몽의 개념이 칸트에게서 전개된 것을 알고 있듯이, 그리고 내가 여러분에게 『순수이성비판』에서 칸트적인 방법론의 핵심으로 보여 준 것과 아주 정확하게 일치하듯이, 여러분은 이제 긍정적 측면으로는 계몽의 개념이 본질적으로 이성의 자유로운 사용의 요구와 최고 심급으로서의 이성의 장치에 있다는 것을 알 것입니다. ― 여기서 이성 자신과 논쟁을 포함하여, ―우리가 이렇게 말해도 좋다면― 이성이 뒤얽혀 있는 싸움은 이성 자체의 생명 요소로서 간주됩니다. 그러나 부정적인 측면으로는 아마도 여러분에게 두 가지 점이 떠오를 것 같습니다. 첫째로 계몽은 칸트에 있어서 언제나 전적으로 사유와 연관된다는 점입니다. 따라서 계몽은 항상 스스로 후견의 대상이 될 수 없는 사유를 의미합니다. 자율에 따라서, 따라서 사유 자체의 법칙에 따라서 사유가 가능하듯이 그렇게 스스로 사유할 용기를 갖는 것을 의미합니다. 그러나 계몽은 본래 객관적인 정신의 모습을 결코 비판하는 것이 아니며, 사고 자체가 아닌 것을 비판하는 것은 아닙니다. 그러므로 우리는 칸트에게서 계몽의 개념은 처음부터 어떤 특정한 방식에 의해 주관적으로 제한되어 있다고 말할 수 있습니다. 이는 개별자가 바로 자신의 사고 속에서 순수하게 행동하는 방식으로 제한되어 있는 것과 같습니다. 그러나 이 때문에 정신의 객관화의 물음, 그리고 이와 더불어 세계의 장치와 조직의 물음은 이 계몽의 개념에 의해서 실제로 파악되지 않습니다. 두 번째 것도 이 문제와 밀접하게 연관되어 있습니다. 칸트에게서 아주 중요하게 역할을 하는 실천과 행위의 개념과 계몽 개념 사이에 어떤 결합도 이루어지지 않고 단지 이성의 순수한 행동 방식으로서의 계몽 개념은 철두철미하게 이론적 방식으로만 나타납니다.

이것은 이제 우리에게 하나의 형식화를 가져다줍니다. 내가 믿고 있는 것처럼, 여러분이 이미 칸트의 계몽 문제, 즉 칸트 철학의 계몽 개념을 의미하는 독특한 양가성Amvibalenz으로, 거의 우스꽝스럽고 풍자적인 방식으로 이 형식화를 대면하게 됩니다. "'그의 이성에 의하여 모든 점에서 공적으로 사용할 수 있는' 자유만이 계몽에 속한다. 그것도 예컨대 어떤 직책 때문에 따져서는räsonnieren 안 되는 공직자로서가 아니라 저술가이자 학자로서 그렇게 할 수 있는 자유만이 계몽에 속한다."[73] 여기에서 여러분은 아주 순진무구하게도 계몽의 개념이 현재까지도 매우 중요한 역할을 하고 있는 저 숙명적인 '-로서als'를 통하여 제한되고 있음을 발견합니다. 가령 사람들이 토론에서 '나는 독일인으로서 그것을 할 수 없고 받아들일 수 없다'라고 말하든지 아니면 '나는 기독교인으로서 이런 상황에서는 이렇게 처신할 수밖에 없다'라고 말할 때 이러한 제한이 일어납니다. 이 술어 보족어 '-로서'는 무엇보다 사람들이 처해 있는 분업적 지위의 의미에서 이성의 제한입니다. 그러므로 여기서 문제가 되고 있는 이성의 제한은 실제로 분업의 하나입니다. 순수 이론적 인간은 구체적으로 말하면 자유로운 저술가이며, 따라서 저술가만이 극단적인 의미에서 계몽이 될 수 있는 인간입니다. 그는 특정한 업무를 행하며, 그리고 특정한, 다소 변론적인 견해를 사람에게 전달하는 일로 대가를 받지 않는 사람입니다. 그러나 그가 특정한 기능, 즉 공직자로서의 기능을 갖는 순간 따지기는 중단됩니다. 이것은 이성의 제약 없는 사용이 '따지기Räsonnieren'라는 말의 이중 의미 속에 숨어 있는 바로 그것이라는 의미입니다. 즉 한편으로 일종의 무례한 투덜거림과 다른 한편으로 주어진 제도에 대한 일종의 실천적 비판이라는 의미입니다. 그러면 그는 집게손가락을 들어 공중을 가리키며 다음과 같이 말할 것입니다. "그래, 이런 건 계몽이 아니야. 네가 자족적인 이성의 영역에서 순수하고 자유롭게 머무른다면, 그거야 멋진 일이지. 그러나 그것은 단지 하나의 영역, 즉 분업적 세계 내에서 순수 정신의 영역일 따름이야. 네가 거기서 빠져나와서 이제 직접적으로 그리고 특별하게 너에게 정해진 작용 연관 속에서 네가 자신을 계몽된 사람으로 여기자마자, 그때 그것은 가능한 완전히 다른 사태가 되지." … 그런데 나는 칸트와 계몽의 관계에서 독특한 이중적 의미가 여기서 어느 정도는 드러나고 있으며, 이렇게 말해도 좋다면, 여기서 문제가 되는 것은 『순수이성비판』의 독특한 이중적 위치에서 나타나는 일종의 프로이트적 실수 행위Fehlleistung라고 말하고 싶습니다. 이 실수 행위는 이 경우 최고의 승화Erhebung에 대하여 무엇인가를 진술하고 있습니다. 나는 여러분이 다음의 사실에 주목하는 것을 거부할 수 없습니다. 즉 우리가 헤겔의 변론적이고 단언적인 특성을 항상 비난할 때, 요컨대 그에게서 사변의 무한한 노력이 결국은 현존하는 제도를 방어하는 데만 유용하다고 비난할 때, 또한 헤겔이 이성을 현재 상황의 비판으로 제한할 때, 어디서나 그가 '따지기'라는 단어를 규칙적으로 사용한다는 것을 사람들이 알고 있을 때, 바로 이 자리에 헤겔은 칸트적인 언어 사용을 공개적으로 따르고 있습니다. 이성을 최고의 것으로 신성시하면서도 동시에, 다시금 단순히 '따지기'로 제한하는 이 경향은 이미 자칭 급진적 계몽주의자인 칸트에 뿌리를 두고 있습니다. 그것은 시민적 합리주의 전체의 전통 속에 있습니다. 즉, 한편으로 이성은 인간관계를 조절하는 실로 최고의 것이자 유일한 심급으로 간주되면서도, 그럼에도 다른 한편으로 이것은 이성이 '극단적으로 치달아서는' 안 된다는 이성의 고발에 항상 따릅니다. 물론 이것은 실재하는 사회관계를 표현합니다. 즉 한편으로 세계는 자신이 지닌 전체 자원에서, 생산 과정에서, 개별적으로 이루어진 인간관계의 모습에서, 그리고 이 시민사회에서 계속해서 합리화되어 갑니다. 그리고 우리가 이를 어떤 식으로 명명하든 세계는 끊임없이 높은 단계로 과학화됩니다. 그러나 다른 한편으로 전체의 비합리성, 따라서 권력 게임의 맹목성 그리고 이와 동시에 각자가 삶을 자신의 이성으로 결정할 수 없는 무능력이 이 사회에 유지된 채 남아 있습니다. 그리고 시민사회 자체의 가장 깊숙한 핵심에 이르기까지 특유하게 나타나는 합리성과 비합리성 사이의 이 특별한 양가성은, 이성을 향한 철학의 —바로 가장 위대한 철학의— 양가적 입장에 의해 반영된 것입니다. 이는 누구나 잘 알고 있는 헤겔에게만 해당하는 것이 아니라 바로 칸트 철학 자체에도 해당하고 있다는 것을 확인하는 것이 나에게는 중요합니다. 칸트 철학에는 이성의 열정이 18세기의 의미에서 헤겔에게서보다 더 강합니다. 헤겔에게서는 바로 이성 개념의 객관화를 통하여 칸트 철학의 경우와는 완전히 다른 지위가 그때그때의 현존하는 것에 부여됩니다.

이에 따라 여러분은 아마도 계몽의 극복, 완성 그리고 동시에 일어나는 극복의 주장이 조금은 문제적이라는 것을 이미 알게 되었을 것입니다. 아니, 그보다는 (내가 명명한) 이 상투어가 바로 계몽의 멈춤, 이성 운동의 중지라는 설정을 전제하고 있다는 것을 알게 되었을 것입니다. 그 근거를 나는 처음부터 이미 지적했습니다. 이제 나는 여러분에게 그 근거를 칸트 자신의 사유를 빌려 상세하게 설명하려고 합니다. 달리 표현하면 그것의 본질은 변론의 영역에 속하는 것입니다. 이와 관련하여 나는 이른바 '천박한flach' 또는 '저급한platt' 계몽의 개념처럼 독일 정신사에 몇몇 개념들이 비참하게 되어 버렸다고 생각합니다. 그리고 계몽의 낭만적이고 원래 신학적인 평가절하의 무게 때문에 독일의 계몽적 사유에 번성했던 것들이 반계몽주의자들이 생각했던 것처럼 매우 광범위하게 보였던 것이 이 발전의 가장 치욕스런 저주였는지도 모릅니다. 그러나 나는 『순수이성비판』의 특별한 문제성으로 되돌아가기 위하여 내가 여러분에게 이제까지 서술했던 것보다 더 크고 더 중요한 의미에서 『순수이성비판』은 여전히 서구적 계몽의 전체 맥락에 속한다는 것을 우선 말하고 싶습니다. — 여기서 나는 계몽의 개념을 예컨대 『계몽의 변증법Dialektik der Aufklärung』에 제시되어 있듯이 나름대로는 포괄적으로 파악하고 있습니다.[74] 즉 나는 이 개념을 실제로 서구의 탈신화화의 전체 운동으로 파악하고 있습니다. 탈신화화는 본래 우리에게 전승된 크세노파네스Xenophanes의 단편들과 더불어 그리스 철학에서 시작되었습니다. 이 탈신화화 운동의 전체 경향은 계몽하에서, 우리가 항상 계속해서 확인했듯이, 신인동형주의의 증거입니다. 따라서 이런 증거는 인간이 어떤 주장, 교의, 개념, 표상(그것이 무엇이든 간에)에 객관성, 존재 자체 그리고 절대적 위엄을 부여했다는 데 있으며 ― 이런 것들을 인간에게로 소급시키는 데 있습니다. 우리가 심리학의 용어로 자주 표현하듯이 이런 것들은 단순한 투사Projektionen입니다. 이 개념들을 스스로 만들어 내는 것은 바로 인간이며, 절대적 위엄은 이 것들에게 본래 주어져 있는 것은 아닙니다. 전승된 형이상학적 이념들에 대한 비판을 계몽의 일부로서도 파악하는 것도 아주 엄격한 의미에서『순수이성비판』의 지고한 의도입니다. ― 따라서 이런 의도 속에, 여러분이 좋다면, 계몽의 전체 과정에서 나타나는 최종적이고 최고도로 섬세한 숭고함이 감추어져 있습니다. 그렇기 때문에 이 지고한 형이상학적 개념은 이성의 자기 유희 이외에 다른 것이 아닙니다. 제2부, 즉 부정적 부문에서 『순수이성비판』은 이성이 필연적으로 빠질 수밖에 없는 모순들은 이성이 (내가 이를 표현한 바와 같이)[75] 허공을 달리는데, ― 또는 우리가 이렇게 말할 수도 있을, 미쳐 날뜀Amok laufen에 기인한다는 것을 입증하려고 합니다. 이것은 이성이 순수 형식으로부터 내용을 가진 명제인 아프리오리한 종합판단을 이성 자체가 아닌 어떤 것에, 인간이 아닌 어떤 것에, 따라서 다른 것에, 매우 강조된 의미에서 객체에, 우리에게 본래 대립해서 서 있는 것에 적응하지 않고 찾아낸다는 것을 의미합니다. 그 속에는 비밀스럽게 신인동형주의의 비판이라는 계몽 전체의 동기가 비밀스럽게 놓여 있다고 우리는 말할 수 있습니다. 우리가 이를 어느 정도 칸트와 거리를 갖고 자유롭게 표현한다면 아마도 형이상학의 이념은 ―칸트는 이 이념의 절대적 타당성을 비판합니다― 본래 이성에 의한 인간의 실체화라고 말해도 좋을 것입니다. 형이상학적 이념들은 형식과 동일하지 않은 것, 형식에 내재하지 않는 것과 관련되지 않고 이성 자체에 내재하는 형식을 바로 어떤 절대적인 것으로 바꾸려는 시도입니다. 이런 의미에서 칸트의 지고한 비판적 의도는 전적으로 계몽적 의도라고 말할 수 있습니다.

내가 방금 말했던 것에는 『순수이성비판』의 문제성에 (내가 생각한 것처럼) 매우 결정적인 것을 의미하는 의도가 들어 있습니다. 나는 우리에게 아직 남아 있는 몇 분 동안 여러분의 날카로운 주의를 부탁드리고 싶습니다. 왜냐하면 나는 여기서 여러분이 소위 말해 심도 있게 이 책의 테크닉에 빠져들어 갈 수 있기를 바라기 때문입니다. 여러분은 내가 『순수이성비판』은 본질적으로 형식의 분석이라고 여러분에게 설명했던 것을 기억하십시오. 나아가 나는 그것의 경향은 주관적이라는 것을 여러분에게 보여 주었습니다. 즉 『순수이성비판』이 궁극적으로 의도하고 지향하는 것은, 어떤 본질이나 사물에 대하여 소박하게 판단을 내리는 대신에 이성 자체의 수단으로 이성의 적합함을 판단하는 것입니다. 그러나 다른 한편으로 여러분은 내가 개진했던 저 계몽적 계기를 이제 생각해 보십시오. 즉 비판적 사유는 이성이 자신으로부터 절대적인 것을 만들어 내려고 하는 환상을 포기하려는 것을, 따라서 이는 인식하는 인간으로서의 인간이 동시에 절대자라는 환상을 포기하려는 것을 의미합니다. 그렇다면 여러분은 이제 『순수이성비판』 내에서 나에게 실로 핵심적으로 나타나는 다음의 문제점을 발견할 것입니다. 한편으로 『순수이성비판』은 —여러분이 좋다면— 일종의 동일성 사유입니다. 동일성 사유는 아프리오리한 종합판단과 궁극적으로는 조직화된 모든 경험 그리고 객관적으로 타당한 모든 경험을 주관 의식의 분석에로 환원하려고 합니다. 그 이유는 —아마도 이후의 관념론자가 이를 거론하게 되었을지도 모릅니다만— 매개되지 않을 것은 이 세계에 아무것도 없기 때문입니다. 이것은 우리의 이성을 통해서든, 스스로 아는 존재로서든 이것으로부터 벗어나서 우리는 결코 아는 것이 없다는 것을 의미합니다. 그러나 다른 한편으로 이 사유는 동시에, 인간 자신이 자신에게 내재하는 어떤 이념들을 절대화하고 전체 진리로 간주하는 신화로부터 벗어나고 싶어 합니다. 이런 면에서 칸트적인 사유는 비동일자das Nichtidentische의 계기를 가장 강력하게 통용시키려는 사유입니다. 그것은 존재하는 모든 것의 근거를 자신에로 환원하는 일에 소진하지 않는 사유입니다. 오히려 그것은 모든 지식이 인간 속에 포함되어 있다는 미신을 계몽적으로 미신과 같다고 비판하고 그리고 인간 존재의 절대화는 실제로 자신의 주관적인 주술임에도 불구하고 자신들의 제식을 의미심장하게 객관적으로 간주하는 주술사의 관습과 크게 다른 종류가 아니라고 말하고 싶어 합니다. 이제 『순수이성비판』에서 위대한 점은 이런 두 가지 의도가 이 작품에서 서로 충돌하고 부딪친다는 사실입니다. 내가 이를 아주 극단적으로 강조해도 좋다면, 그것은 동일성 철학이자, ―이것은 결국 존재를 주관에서 근거 지으려고 하는 철학을 의미합니다― 동시에 주관과의 충돌을 통하여, 즉 주관의 인식에 마주치는 블록Block을 통해 이 동일성의 요구를 다시금 제한하려는 비동일성의 철학입니다. 어쩌면 이러한 이중성을 여러분은 『순수이성비판』의 이중적 조직에서 인식할지도 모릅니다.

그러나 덧붙여야 할 것이 있습니다. 우리는 『순수이성비판』에 대하여 계속 특정한 종류의 모순을 (우리는 이에 대해 앞으로 더 상세히 논의할 것입니다) 지적했습니다. 이 모순들 중에 가장 잘 알려진 것은 칸트가 한편으로는 나 자신에게 직접 현전하고 '주어져' 있는 것에서 출발하여 모든 초월적 전제들을 배제하려고 하면서도 동시에 촉발에 대해 거론한다는 점입니다. 따라서 나에게 직접 주어진 것, 즉 나의 감각 자료들이 나를 자극하는 외부 세계로부터 기인한다는 것을 거론한다는 점입니다. 이 차이 내지 불일치는 근본적으로 어떤 어린아이라도 명백하게 알아차릴 수 있을 만큼 단순합니다. 그러나 나는 이제 여러분이 칸트에게 나타나는 바로 이 모순이 아주 좋은 의미를 내포한다는 것을 이해할 수 있다는 사실이 매우 흥미롭다고 생각합니다. 이는 칸트가 한편으로는 형식의 분석을 수행했지만, 동시에 모든 인식이 형식에 지나지 않는 경우에, 모든 인식이 주관에서 퍼 올릴 경우에 그것은 정말이지 비할 바 없는 하나의 거대한 동어반복에 불과할 수도 있다는 것을 의미합니다. 즉 인식하는 주관은 계속해서 단지 자기 자신만을 인식할 따름입니다. 그런데 주관의 단순한 자기 자신의 인식Sich-selbst-Erkennen은 어쩌면 계몽주의자인 칸트가 반대했던 바로 저 신화적 사유에로의 회귀일지도 모릅니다. 이를 끝내기 위하여 그는 오히려 ―아마도 가장 심오한 근거를 갖고 나는 말하게 될 것입니다― 한편으로는 불합리한 언행을 감수합니다. 그는 물자체에 대하여 우리는 전혀 아는 것이 없으며, 사물이란 우리가 구성하는 어떤 것, 즉 우리의 범주 형식을 통하여 성취하는 어떤 것이라고 말하고 있지만, 그러나 그 후 다시금 우리의 촉발은 물자체로부터 기인한다고 말하고 있습니다. 왜냐하면 이렇게 함으로써 그의 인식론 자체에서 비동일자의 계기가 ―따라서 순수 정신 내지 순수이성으로 존재하는 것에서 퍼 올릴 수 없는 계기가― 허용되기 때문입니다. 이를 통해 이 계기가 비로소 그의 사유에 나타납니다. 『순수이성비판』의 실수처럼 보이는 이 사유, 즉 모순이 객관적으로 이미 변증론의 전체 물음을 포함하고 있고 그리고 동일성과 비동일성의 관계 물음이 『순수이성비판』 전체에서 계몽의 두 가지 측면으로 나타나고 있다고 말해도 좋습니다. 한편은 이성에서 증명되지 않은 어떤 것을 받아들이는 인식론적 독단주의의 제거입니다. 그러나 다른 한편은 인간에 의해 만들어진 것을 제한하는 것입니다. 즉 인간이 산출한 것은 객관성으로 오인되어서는 안 되며 그리고 이것은 한갓 인간 내적인 것으로 그리고 이런 점에서 본래 제한된 것으로 인식되어야 합니다. 물론 동일성을 주장하는 계몽에 대한 두 번째 계기, 즉 비판의 계기에는, 따라서 존재하는 모든 것이 이성 속에서 퍼 올리고 그리고 소진된다고 주장하는 계몽에 대한 비판의 계기에는 ― 객관적으로 이성과 계몽에 대항하는 변화와 전환의 가능성이 이미 포함되어 있습니다. 내가 칸트의 사유가 계몽과의 관계에서 양가적이라고 말했다면, 그것을 그저 피상적으로, 단순한 사유 규정의 의미에서, 즉 이 철학의 단순한 성향의 의미에서 이해해서는 안 된다고 여러분에게 요청합니다. 오히려 내가 여러분에게 서술하려고 했던 사실적인 문제 속에 바로 그것이 필연적으로 들어 있습니다. 이성이 저런 이유에서 자기 자신을 비판적으로 제한하고 그리고 좋은 동기를 갖고 제한하는 순간, 이성에게는 동시에 자기 자신에 대항할 잠재력이, 따라서 부정적인 의미에서 자신의 물음을 숙고해야 할 잠재력이 또한 필연적으로 부가되고, 필연적으로 첨가됩니다. 이런 일이 일어나는 방식, 이것은 물론 반주지주의와 결부되어 있는 가장 특징적인 방식입니다. 이 반주지주의를 『순수이성비판』은 프로테스탄티즘의 전통과 함께 공유하고 있습니다. 이에 대해서는 다음 시간에 언급할 것입니다.

63) A XIII; W 14.

64) Vgl. Kant, 『유령을 보는 어느 사람의 꿈, 형이상학의 꿈을 통해 해명하다Träume eines Geistersehers, erläutert durch Träume der Metaphysik』, Königsberg 1766; jetzt in: Kant, Werke a.a.O., Bd. I: Vorkritische Schriften bis 1768, Darmstadt 1960, S.921ff.

65) A XIII; W 14.

66) 뒤의 137쪽 이하 참조.

67) 아도르노는 데카르트가 1637년의 『서설Discours』 제2부에서 기준으로 삼았던 네 가지 규칙들 중 첫 번째 것을 염두에 두고 있다. "첫 번째 규칙은 내가 그 자체로서 명증적évidement으로 인식한 것 이외에는 어떤 것도 참된 것으로 받아들이지 않는 것, 즉 모든 속단과 편견을 아주 조심스럽게 피할 것, 그리고 내가 의심할 여지가 조금도 없을 정도로 내 정신에 아주 명석하고 판명하게 나타나는 것 외에 어떤 것도 내 판단 속에 받아들이지 않는 것이다"(René Descartes, 『방법서설Abhandlung über die Methode』, Übers. und mit Anmerkungen hrsg. von Artur Buchenau, Leipzig 1922, S.15). ― 그는 이 규칙을 『형식으로서의 에세이Der Essay als Form』에서 유일하게 다루지 않았다(Vgl. GS II, S.22ff.).아도르노는 "bei Kant: Kritik"이라는 방주가 달린 Buchenau판의 견본에서 그것을 간과했다.

68) 앞의 19쪽, 59쪽과 그 밖에.

69) 『칸트 백과사전. 칸트의 총 저서, 편지 그리고 유고를 위한 사전Kant-Lexikon. Nachschlagewerk zu Kants Sämtlichen Schriften, Briefen und handschriften Nachlaß』, bearbeitet von Rudolf Eisler, Hildesheim 1964 (Nachdruck der Ausg. Berlin 1930), S.49. ― 마지막 문장은 A 747, B 775, W 636f.에 나타난다. 반면에 이전 문장은 칸트 입장에 대한 아이슬러Eisler의 요약이다.

70) 『칸트 백과사전Kant-Lexikon』, a.a.O. ― 단지 간단한 인용부호 속에 들어간 곳은 『세계시민적 의도에서 본 보편사의 이념Idee zu einer allgemeinen Geschichte der Menschheit in weltbürgerlicher Absicht』으로부터 인용된 것이다(Kant, Werke, a.a.O., Bd. VI: Schriften zur Anthropologie, Geschichtsphilosophie, Politik und Pädagogik, Darmstadt 1964, S.46f.). 반면에 첫 문장은 아이슬러의 칸트-요약에서 나온다.

71) Kant, Werke, a.a.O., Bd. VI, S.53(『계몽이란 무엇인가라는 물음에 대한 대답 Beantwortung der Frage: Was ist Aufklärung?』).

72) Kant, Werke, a.a.O., Bd. III, S.283, 주석(『사유 속에서 올바른 방향을 찾는다는

것은 무엇인가?Was heißt: Sich im Denken orientieren?』).

73) Kant-Lexikon, a.a.O. [주 69], S.50. — 단순한 인용부호 속에 들어간 곳은 『계몽이란 무엇인가라는 물음에 대한 대답』에서 나오는 자구적인 인용이며(Werke, a.a.O., Bd. VI, S.55), 나머지는 아이슬러의 요약이다.

74) Vgl. 예컨대 『계몽의 변증법』의 첫 부분: 진보적 사유의 가장 포괄적인 의미에서 계몽은 인간으로부터 두려움을 몰아내고 인간을 주인으로 앉힌다는 목적을 추구했다. … 계몽의 프로그램은 세계의 탈마법화이다. 계몽은 신화를 해체하고 앎을 통하여 상상력을 붕괴시키려고 한다(GS 3, S.19).

75) 앞의 84쪽 이하 참조.

지난 시간에 나는 여러분에게 『순수이성비판』이 자신의 대상인 이성 자체를 수용하는 데 매우 심오한 동기가 있는 것처럼 보이는 독특한 이중적 태도Doppelstellung에 대하여 몇 가지 말한 바가 있습니다. 그리고 동시에 나는 여러분에게 『순수이성비판』이 한편으로는 이성 자체의 분석으로부터 구속력을 지닌 보편타당한 인식을 얻으려고 노력하는 한, 동일성 철학의 요소를 자체 내에 포함하고 있지만, 다른 한편으로 그것은 비동일성의 동기를 그만큼 강력하게 밀고 나간다고 설명하였습니다. 이는 그의 계승자들이 바로 그들의 더 큰 일관성 때문에 확실하게 더 이상 보지 못했던 문제를, 즉 동어 반복으로서의 인식의 문제를, 따라서 인식되는 모든 것이 근본적으로 인식하는 이성 자체와 전혀 다른 것이 아니라면 결코 인식은 있지 않고 다만 일종의 이성 자체의 반영만 있을 따름이라는 문제를 칸트가 의식했다는 것을 의미합니다. 실제로 여기서 중요한 것은 ─우리가 칸트에게 그렇게 간주하고 있듯이 단순히 일관성 있게 숙고되지 못한 잔재물이 아니라─ 칸트가 분명하게 철학적으로 의식하고 있다는 사실입니다. 그것은 그의 위대한 첫 계승자 피히테를 통해, 이성비판의 해석에 대한 그의 열정적인 저항에서 역사적으로 드러난 바 있습니다. 피히테는 자신을 철저한 칸트학파로 간주했으며, 이는 어느 정도 정당합니다.

피히테와 달리 칸트는 분명히 이성비판의 독단적인 잔재를, 그러니까 의식 영역 일반의 외부에 부착할 수밖에 없지만 그럼에도 불구하고 우리의 감성을 촉발시키는 물자체를 주장했습니다.[76] 이를 통해 『순수이성비판』은 다른 한편으로 —따라서 이러한 균열 속에 예고되는 깊이를 도외시하고— 정말로 취약한 상태에 빠져 버린다는 것, 그리고 이로써 『순수이성비판』은 스스로가 극복하지 못하는 모순에 휩쓸려 든다는 것, 이것은 내가 지금 주저하지 않을 만큼 전반적인 칸트의 서술에서 너무나 자주 부각되었고, 잘 알려져 있습니다. 나는 우리가 이 모순들이나 균열들을 고려해 볼 때 그것이 본질적으로 칸트와 연결된 가장 일관된 방법, 즉 헤겔적 방법의 핵심이라고 규정해도 좋다고 말하고 싶습니다. 헤겔적인 방법은 이제 이 모순들 자체를 —칸트에게 그것이 이미 구상되어 있듯이— 필연적인 모순으로 규정했습니다. 헤겔의 방법은 이성비판의 시도에서 불가피하게 포함된 바로 저 모순의 분석을 통하여 인식 문제의 해결과 결국 철학 일반에 제기되었던 문제의 해결에 도달하고자 합니다. 이때 그것은 —내가 이렇게 말해도 좋다면— 내가 동일성 철학의 계기로 간주했던 동어 반복의 계기가 결국 헤겔에 의하여 명백하게 받아들여진다는 것을 말합니다. 헤겔에 있어서 궁극적으로 철학의 결과, 즉 '절대정신'은 —여기서 모든 것이 이 동어 반복을 향하는 진행 속에 전이된다는 것을 제외하면— 이 철학이 출발한 절대자와 같은 것입니다. 그러나 여기서도 마치 그것은 철학의 의지에 반하고 단순히 철학의 아포리아로서 칸트의 개념에 머물고 있는 요소들, — 그 요소들은 철학 자체에 의식화되고 마치 인식의 도구로 달구어져 연마되었다는 것을 말합니다. 하지만 나는 지금 이것들에 머물고 싶지 않습니다. 비록 내가 적어도 폭넓게 파악된 『순수이성비판』 입문의 과제하에 여러분이 칸트와 연계된 철학사에 대하여 무엇인가를 얻을 수 있도록 처음부터 설명하는 것이 합당하다고 생각할지라도 말입니다. 왜냐하면 이제 모든 각각의 철학적 개념이 하나하나 고립된 채 단순히 독립적으로 다루어질 것이 아니라, 말하자면 이 역사가 칸트 자신에게 내재되어 있음을 제시하기 때문입니다.

그러나 내가 여러분에게 아무튼 암시하고 싶었던 이 관점보다 더 중요한 것은 우리가 지금 서 있는 맥락에서 『순수이성비판』이 대상으로 간주한, 즉 이성의 독특한 이중적 지위이며, 또한 내가 여러분에게 말했던 계몽에 대한 본질적인 양가성입니다. 나는 지난 시간에 적극적인 ―단순히 이성비판과 계몽의 동일시라는 의미에서 '적극적인'― 계몽적 요소들을 여러분에게 설명했으며 동시에 칸트에게서 본래 계몽적 계기란 사유에서 그리고 무엇보다 주관적 사유에서 증명되지 않는 어떤 것도 참된 것으로 간주될 수 없다는 것을 보여 주었습니다. 그러나 이성에 대한 이런 입장은 이제 『순수이성비판』의 유일한 입장이 아닙니다. 여러분은 『순수이성비판』에서 가장 유명한 구절들 중에 하나의 공식화된 문구Formulierung를 만나게 될 것입니다. … 나는 무엇이 중요한 문제인지를 여러분이 아주 자세히 알 수 있도록 여러분에게 이 문구를 읽어 주려고 합니다. 여기서 중요한 것은 『순수이성비판』에서 단지 부정적으로만 알려진 ―즉 이론적으로 인식될 수 없는― 신, 자유와 불멸성이라는 형이상학의 최고 범주들입니다. 이에 대해 제2판의 머리말에는 다음과 같이 언급되어 있습니다. "따라서 내가 사변적 이성으로부터 동시에 엄청난 통찰의 월권을 박탈하지 않는다면, 나는 나의 이성의 필연적인 실천적 사용을 위하여 신, 자유와 불멸성을 결코 상정할 수 없다. 왜냐하면 사변적 이성이 이런 통찰에 도달하기 위해서" ―다른 말로 순수 사유로부터 신, 자유와 불멸성의 존재가 입증되어야 하는 명제에 도달하기 위해서― "사실상 경험할 수 있는 대상에만 확장하는 원칙들을 사용해야 하기 때문이다. 그럼에도 불구하고 그러한 원칙들이 경험의 대상이 될 수 없는 것에 적용될 때에는 이러한 원칙들은 항상 이 대상을 현상으로 변화시키게 마련이며, 따라서 순수이성의 모든 실천적 확장을 불가능한 것으로 선언하기 때문이다."[77] 만일 이성이 최고의 재산을 ―철학의 오래된 언어에서 그렇게 불리어졌듯이― 자기 자신으로부터 입증할 수 있다고 믿는다면, 이 '항상 현상으로 변화시킨다'는 구절에는 ―무엇이 배후에 감추어져 있는지를 여러분이 자세히 숙고한다면― 사실 이성을 모독하는 비난과 비슷한 것이 놓여 있습니다. 그렇다면 그것은 자연의 빛의 월권일 수밖에 없습니다. 이 '자연의 빛'[78]은 자신에게 주어져 있는 것, 즉 유한과 현상의 세계를 스스로 초월할 수 있고 동시에 절대자를 지배할 수 있습니다. 그러나 이때 자연의 빛은 절대자의 절대성 속에 전제되어 있습니다. 이것은 이제 다음과 같은 유명한 문장에 아주 분명하게 상술되어 있습니다. "그러므로 나는 믿음에 양보하기 위하여 앎을 중단하지 않으면 안 되었다. 그런데 형이상학의 독단주의는, 순수이성의 비판 없이도 형이상학을 진전시키려는 편견은 도덕성을 거스르는 언제나 매우 독단적인 모든 불신의 원천이다."[79] 따라서 여러분은 여기서 칸트의 아주 다른 측면, 즉 이성을 제한하려는 측면을 발견할 것입니다. 왜냐하면 이성은 자신의 자연적 속성을 통하여 자연적인 것에만 관계하는 것을 통해 바로 초자연적인 것의 가치를 해칠 수 있기 때문입니다.[80]

　　이를 통해 물론 칸트는 그의 실천철학을 위해 특별하게 의미 있는 전통에, 즉 독일 프로테스탄티즘의 전통에 빠져들게 됩니다. 여러분도 알다시피 여기서 이성의 개념은 믿음을 위하여 지극히 제한됩니다. 칸트는 지식과 자연적 이성을 ―전성기 스콜라철학의 해석, 즉 성 토마스 아퀴나스Thomas von Aquino의 해석과 대립하여― 평가절하함으로써 그는 가톨릭과 대립했던 믿음의 개념에 역점을 두게 되었습니다. 여러분 모두는 마르틴 루터Martin Luther의 '매춘부 이성Hure Vernunft'[81]이라는 문구에 대하여 무엇인가를 알게 될 것입니다. 이 문구는 여기서도 암시적으로 표현됩니다. 그런데 철학의 언어에서 이성을 어느 정도 제한하고, 이성의 월권을 훈계하는 것이 중요한 문제라면 그것은 ―성적인 영역에서 나온 이런 표현들이 매춘부 이성이라는 루터의 이런 표현 방식으로부터 반복되고 있듯이— 특이한 일입니다. 이에 대해 칸트가 『순수이성비판』에서 이성의 한계를 지적한 곳에 —따라서 이성은 오로지 현상에만 적용되고 절대자에 적용되어서는 안 된다고 말하는 곳에— '지성계로 빗나가는 것Ausschweifen in intelligible Welten'[82]이라는 표현이 있습니다. 마치 스스로 절대자로까지 가려는 정신의 사변적 경향이 벽으로 절대자를 차단할 수 없다는 이 표현은, — 그것이 마치 처음부터 일종의 성적 호기심과 연결되어 있다는 것과 어느 정도 어울립니다. 그런데 이후의 심리학은 바로 이 문제를 놓고 인식 충동 일반과 근본적으로 성적인 것을 지향하는 호기심 사이에 깊은 관계가 있다는 것을 실제로 보여 주었습니다. 이것은 처음 호기심이 일어날 때 이 호기심이 머리통을 쥐어박는 권위적인 힘을 통하여 중단된다면, 바로 인식 능력의 손상도 일어난다는 것을 의미합니다. 즉 그의 의지에 반하여 신경증적 몽매함의 증상이 일어날 수 있는데, 이런 경우에 칸트도 바로 이런 입장에 동조하고 있습니다. 이 이외에도 여러분은 동일한 유형의 이러한 은유를 헤겔이 칸트에 대하여 문제를 거론할 때 만나게 됩니다. 헤겔 자신이 원하고 있듯이, 그는 철학이 이제 절대자를 사유한다면, 이때 철학은 '그릇된 집들'이 있는 곳으로[83] 간다고 말합니다. 이러한 현상은 다시금 반복됩니다. 이에 대하여 나는 여러분 자신의 생각에 맡기겠습니다.

나는 이러한 이성의 훼손이 (나는 여러분에게 이미 지난 시간에 이를 지적한 바 있습니다)[84] 그림자처럼 자신을 보존하는 이성에 따라다닌다고 이미 말했습니다. 이는 이성이 자연을 지배하고 세계에 일종의 질서를 창출하는 곳에서 정당해야 하고 인내해야 하지만 이성이 이를 넘어서고 본래의 근거를 건드리자마자, 순간적으로 불법과 무모한 호기심이 이성에서 일어난다는 것을 의미합니다. 이는 우리가 예전부터 이미 그노시스에 대하여 탈선적이고 이율배반적이며, 따라서 불법적이고 법을 훼손하는 것으로 계속 비난해 왔던 것과 유사합니다. 칸트가 이성을 비판하는 능력으로 간주하면 할수록, 따라서 판단 일반의 가능성에 대하여 무엇인가를 진술할 수 있는 심급으로 간주하면 할수록, 그가 이성에게 더 많은 것을 부가하면 할수록, 그는 주관적이고 개별적인 이성에게 더 많은 것을 빼앗고 이성을 더욱더 비판받는 것으로 간주한다고 우리는 말할 수 있습니다. 그리고 여러분은 그에게서 이성의 열정은 완전히 추상적인 이성 개념에 몰두하고 개인적, 이성적, 현실적인 개별 인간으로부터 분리시키는 경향이 있음을 언제나 발견할 것입니다. 반면에 지난 수업에 인용한 것처럼[85] 공직자에게서 요구될 수 있는 그런 방식으로 행동하지 않고 제멋대로 이성을 사용하고 있는 개별 인간은 '궤변을 늘어놓기Vernünfteln'[86]와 비슷한 것이라고 비난받습니다. 여기서 철저한 비판적 사고에 대한 오랜 비방은 칸트 자신에게서는 궤변적 사고로서 비난됩니다. 이곳에 반유토피아적인 계기, 있어서는 안 되는 계기가 감추어져 있습니다. 본래 칸트의 형이상학이 제기한 최상의 개념, 즉 무한성의 개념에서 여러분은 유토피아 일반에 대한 칸트 입장의 독특한 이중적 의미를 아주 분명하게 지각할 수 있습니다. 한편으로 이성의 요구가 채워지기를 항상 바랄 만큼 그는 철저히 계몽주의자입니다. 그리고 비록 그가 이성을 본질적으로 형식적인 원칙으로서 항상 간주할지라도 그는 결국 불가피하게도 (나는 이렇게 말하고 싶습니다) 이성이 본래 현실화해야만 할 구체적이면서도 이해할 수 있는 요구들을 제공합니다. 가령 『실천이성비판』에서는, 또는 역사철학의 글에서는 ―가령 『영원한 평화를 위하여Zum ewigen Frieden』라는 논문에서는― 바로 인류의 절대적인 화해와 동시에 민족과 개인 사이의 절대적인 화목을 제시합니다. 그러나 동시에 이념의 특성은 ―막스 베버가 기독교적 도덕에 관하여 거론한 것과 유사하게 그것이 인간에게 끊임없고 지속적인 노고를 요구한다는 것을 제외하면― 무한히 미루는 과제의 특성을 가지고 있습니다. 우리는 주체가 휴식을 취하지 못한 채 이 이념을 위하여, 말하자면 무한에 이르기까지 몸부림칠 수밖에 없습니다. 그 후 이 모티브는 피히테에게서 극단적으로 상승되었습니다. 동시에 다른 한편으로 무한성이라는 개념에는 본래 우리가 열망하는 유토피아의 성취가 동시에 결코 성취되어서는 안 되며, 그것은 단순한 꿈으로만 남아 있다는 부정성이 들어 있으며, 그래서 그것은 본래 단지 꿈으로만 남아 있어야 한다고 말할 수 있을지도 모릅니다. 그런데 바로 칸트의 실천적 저서가 제시하는 특별한 어려움은 그의 저서 내부에 계속 이 두 개의 동기가 서로 부딪친다는 데 있습니다. 즉 한편으로 그럼에도 불구하고 이성의 현실화를 위해 노력하는 유토피아적-계몽적인 동기와 다른 한편으로 비판적 —따라서 계몽적이기도 한— 동기와 교차된 (프로테스탄트적 신학의 의미에서의) 신학적 동기가 서로 부딪칩니다. 신학적 동기는 모든 것의 현실화를 방해하고 모든 프로테스탄트적 의미에서는 결국 —그것이 무엇이든지— 주어진 상황에 종속 그리고 지배권과 통치권에 종속하기를 실제로 요구합니다. 이런 의미에서 칸트 철학은 (지난 수업의 주제를 여기에서 완결하기 위하여) 우리에게 늘 설득하듯이 참으로 계몽의 극복과 완성을 가져온다기보다는 오히려 칸트 철학 내에서 계몽적 사유 자체의 이중적 의미가 외견상 완결되고 그리고 이율배반에까지 이르게 된다고 말할 수 있습니다. 계몽적이고 계몽화된 사유는 한편으로는 유토피아, 따라서 이성의 현실화를 목표로 삼지만, 다른 한편으로 이성의 개념에 비판적이고 동시에 자신의 타당성을 스스로 제한하고 유토피아의 완전한 산출과 같은 것과 절대자를 스스로 금지합니다. 우리가 만일 이 독특한 이중적 의미에서, 철학의 기묘한 퇴보에서 그리고 이 퇴보에서 특별한 장점으로 아직도 보려고 한다면, 그것은 이미 특정한 종류의 그리고 매우 독단적인 깊이Tiefe의 개념을 전제하고 있습니다. (나는 이 때문에 —여러분에게 이 자리에서 강조된 깊이의 개념에 대하여 몇 가지라도 말하기 위하여— 특히 '깊은' 철학으로 간주되는 칸트 철학과의 관계에서 이제라도 기회가 있을 때 여러분에게 깊이 개념의 내적 관계에 대하여 그리고 그것의 정당성과 부당성에 대하여 몇 가지 원칙과 동시에 무엇인가를 말하려고 했습니다. 그러나 이에 도달하기에는 우리는 아직도 너무 멀리 떨어져 있습니다)[87]

사람들은 일반적으로 다른 모든 것처럼 이성 역시 도그마가 될 수 있다고 —이 말은 자체로 계몽적인 그 무엇을 또한 지니고 있습니다— 말하곤 합니다. 그리고 여러분은 바로 『순수이성비판』을 신학적으로 파악할 때 계속해서 다음과 같은 사실에 부딪칩니다. — 그래, 종교적인 믿음이 존재하듯이 이성의 믿음도 존재한다. 그리고 이 이성의 믿음이 어떤 '소박한 믿음'으로 제한됨으로써 참된 믿음의 문이 열린다고 말입니다. 나는 이런 견해를 잘못이라고 간주합니다. 실제로 나는 여기에 믿음 자체의 개념에는 일종의 모호성이, 즉 이중 사용의 의미가 있다고 믿습니다. 아마도 이런 맥락에서 설명해야 할 것입니다. 우리가 정확한 의미에서 믿음에 대하여 언급한다면, 우리는 어떤 것이 참된 것으로 간주되는 경우만을 생각합니다. 왜냐하면 우리의 이성이 —혹은 우리의 이성일지라도— 그것에 도달하지 못하기 때문입니다. 또한 그것은 이성과 대립되기 때문이며 또는 강조된 것은 아니지만 일상적인 경우에 이성은 그것을 자기 것으로 만들지 못하기 때문입니다. 즉 이성은 그것의 진리 또는 비진리를 결정할 수 없기 때문입니다. 그러므로 믿음이라는 개념에는 지식과의 대립이 있습니다. 우리가 이제 믿음이라는 이 특정한 종류의 개념을 마치 믿음이 모든 존재의 승인을 자체 내에 참된 것으로 포함하듯이 사용한다면, 우리는 바로 특별한 차이differentia specifica를, 즉 믿음이란 본래 이성에 정초됨이 없이 승인된 것이라는 사실을 놓치게 될 것입니다. 반면 이성에 의하여 주어진 것의 승인은 아주 다른 특성, 즉 믿음 자체의 개념에는 필연적으로 들어 있지 않는 투명성이라는 확실한 특성을 지닙니다. 그런 까닭에 그것은 (내가 우리의 이전 주제를 도입하기 위하여 이를 말해도 좋다면) 『순수이성비판』의 의도와 일치될 수 없습니다. 이와 관련하여 칸트는 믿음의 공간을 넓히기 위하여 지식을 제한했다고 말합니다. 왜냐하면 이성 자체에 명백한 것이 아닌 어떤 것도 통용되어서는 안 된다는 것이 그의 요구이기 때문입니다. 칸트는 계몽에 대한 글에서 대표적으로 절대적 성년의 표상을 나타냈습니다. 그것에 대해서 나는 지난 시간에 여러분에게 몇 가지 주요 명제들을 낭독한 바 있습니다.[88] 물론 인식의 이러한 제한은 이제 갑자기 이성의 본질에 따라 지식과는 반명제에 해당하는 인식의 권리 원천을 끌어들이는 ─그것이 실천적 인식일지도 모르는─ 관점과는 전혀 결합될 수 없습니다. 이 강조된 의미에서 철학은 이성을 통한 이성의 제한을 인정할 수 없고, 다른 한편으로 철학은 믿음의 개념을 사고에서 독립적이고 또한 사고보다 우위에 있는 범주로서 인정할 수 없습니다. 왜냐하면 철학은 그렇게 하는 순간에 철학 자체의 범위를 단지 넘어서는 계기를 제공하기 때문입니다.

그런 까닭에 단지 철학을 포기했든지 또는 키르케고르처럼 철학의 적이 되어 버렸던 신학자들은 이런 관점에서 반쯤 신학화된 철학의 전통을 대표하는 사람들보다 ─쇼펜하우어와 칸트도 이에 속합니다만[89]─ 아주 훨씬 더 철저하며 더 깊이가 있었습니다. 이 대표자들은 우리가 이성의 사변적 사용으로서의 철학 틀 안에서 믿음의 범주를 위한 장소를 발견할 수도 있을 것이라 생각했습니다. 내가 여러분에게 말했던 이 이중적 의미의 전달 수단은 이성비판의 비판적 결과를 명백하게 드러내지 못합니다. 따라서 이 결과가 절대적으로 명백하지 않다는 것은 신 존재의 찬반에 대하여 결코 말하지 못한다는 것을 뜻합니다. ─ 그것은 다시금 이 결과가 방법론적인 특성이라는 사실, 즉 이 결과는 오로지 이 사물들을 인식하는 능력과 관련되는 것이지, 이 사물들 자체, 즉 본질들과 관련된 것이 아닙니다. 칸트에 의하면 방법에 설정된 블록Block은 사라지지 않는 것 nicht Aufgehenden, 비동일적인 것의 수용이며, 계몽의 부정적인 측면입니다. 이런 측면은 자기 자신을 절대적으로 정립하는 이성의 교만을 어느 정도 완전히 깨트릴 정도의 깊이와 탁월함을 지닙니다. 다른 한편으로 이런 측면은 맹신에 대하여, 그러니까 미신에 대하여 더 이상 심급이 아니라는 놀랄 만한 취약함과 미심쩍음을 갖고 있습니다. 가령 철저한 실증주의의 추종자들은, ―실증주의는 근본적으로 절대적 자기 제한의 합리주의인데― 실증주의의 대변자들은 바로 미신에 결코 감금되지 않는다는 것 그리고 그들이 신비한 현상에 대하여 아무렇지도 않게 보는 것은 결코 우연이 아닙니다. 그것은 마치 사변 철학자가 ―우리가 헤겔의 관록에 관해 말한다면― 신비한 현상을 지적하지도 인정하지도 않는 것과 같습니다. 그렇지만 다른 측면에서 말할 수도 있습니다. 이런 사물들은 특별히 복합적이어서, 나는 이 사물이 실제로 있는 그대로 복합적으로 서술해야 하지만 사실 무한히 복잡한 힘의 영역에 있는 거칠고 원초적인 모습을 나는 제시하지 못합니다. 또한 다른 측면에서 블록Block의 칸트적 구조를 통하여, 그리고 더 나아가 이성이 절대로 주장될 수 없다는 이 신학적 동기를 통하여 우리는 근원적인 장벽을 봅니다. 이 장벽은 이성에게, 정신에게 최후의 심급에서 육체적인 작업으로부터 분리되는 것을 방해하고 그리고 주장되는 것을 절대적으로 방해합니다. 장벽은 자연 속에 깊숙이 얽혀 들어간 어떤 것이 마치 자연 저편에 있는 초월적 범주인 것처럼 행동하는 것을 방해합니다. 우리는 정신이 자신의 자연적 야생성을 망각하며, 진실로 그리고 강조된 의미에서 자신을 절대자로 주장하고 그리고 동시에 자연적 야생성의 오만을 통해 비로소 퇴락한다고 말할 수 있습니다. 이는 정신이 맹목적이고 야생적인 자연에 뿌리내리는 것이 유용하다는 것을 뜻합니다.

그러나 나는 이 자리에서 여러분에게 이제 칸트 철학의 구조와 전체적으로 관련된 어떤 것을 말하려고 합니다. 여러분이 계몽주의와 이성에 대한 이 이상한 양가성이 칸트적인 체계 일반의 두 구분과 단순하게 일치한다고 생각한다면 여러분은 실수를 저지르는 것입니다. 이런 가정은 비교적 쉽게 오류를 일으킵니다. ― 즉 여러분은 계몽주의자 칸트가 바로 『순수이성비판』의 칸트라고 생각한다는 것입니다. 그는 불가지론자로서 우리는 단지 현상의 세계만을 인식하고 조직화할 수 있으며, 신, 자유와 불멸성에 대해서는 우리가 올바른 어떤 것도 알지 못하기 때문에 이것에 대해 판단해서는 안 된다고 말했습니다. 그러나 이 이념들을 규제적 이념으로 도입했던 실천철학의 칸트는, 그 후 이 이념을 어떤 의미에서 다시 몰래 끌어들였습니다. 이 점에 있어서 실천이성의 칸트는 반계몽적인 칸트였습니다. 그러나 문제는 이렇게 단순하지 않습니다. 나는 우리가 어느 정도 칸트의 전체 시스템 내에서 『순수이성비판』의 관계에 관해 숙고한다면, 여러분이 지금 잘하고 있다고 생각합니다. 또한 내가 여러분에게 언급했던 균열이 칸트 체계를 가로질러 관통하고 있다는 것, 그리고 이 균열이 단순히 칸트에게서 이론적이고 학적인 인식과 실천적, 그러니까 도덕적 인식 사이의 균열이 아니라는 것을 분명히 한다면 여러분이 잘하고 있다고 생각합니다. 한편으로 이론이성이 물론 ―바로 반독단적으로서 그리고 가능한 경험의 한계를 넘어서려는 것을 저지함으로써― 계몽적 모티브를 확립하고 있음은 분명합니다. 그러나 다른 한편으로 저러한 블록을 정립한 이론이성은 블록을 통해 이성이 앞으로 나아가는 것을 방해합니다. 칸트에 있어서는 이성 자체를 제한하는 것이 본래 이론이성입니다. 이성의 본원적 업무를, 즉 절대자를 사유하는 것을 이성에게 방해하는 것이 이론이성입니다. 반면에 이론이성은 절대자의 사유가 어떻게 학문적으로 가능한지의 물음을 오직 학문의 측면에서 해결하고 그리고 근본적으로 학문적 진리 이외의 어떤 다른 진리를 인정하지 않습니다. 이런 점에서 ―여러분이 좋다면― 반계몽적인 측면, 즉 이성을 마비시키고 속박하면서 이성에게 조직화된 학문을 강요하는 계기가 바로 『순수이성비판』에 대단히 강하게 포함되어 있습니다. 그렇기 때문에 다른 한편으로 『순수이성비판』에서 비판되었던 신학적 범주가, 즉 전체의 계몽이 반대했던 신학적 범주가 『실천이성비판』에 다시금 실제로 등장하고 있습니다. 그렇지만 신학적 범주가 『실천이성비판』에 재등장함으로써 우리는 실천이성에서 유토피아적이라고 간주할 수 있는 모든 계기들, 따라서 인간성의 회복, 인간 상호 간의 연대성이 허용될 수 있는 것입니다. 여러분은 이 계기들이 『실천이성비판』의 마지막 부분에 공식화되어 있음을 발견하지만 『순수이성비판』에서는 전혀 논의되지 않습니다. 따라서 여러분은 내가 앞에서 암시했던 이 구조가 어떤 구조인지를 알게 될 것입니다. 이 구조는 본질적으로 칸트 철학 일반의 기본 구조이자 (나는 이렇게 말하고 싶은데) 시민적 사유 일반의 기본 구조로 간주될 수 있으며, 칸트 이성비판의 거대한 두 부분의 균열 속에서 비스듬하게 반영된 구조입니다.

자유주의 시대liberale Epoche의 초기에 우리가 칸트적 사유를 배정한다면 우리는 칸트 사유에 결코 단순한 사변이 아닌 사변을 첨부할 수 있을지 모르겠습니다. 시민적 사유는 그의 초기에, —그러니까 18세기와 19세기의 전환기 무렵에— 바로 시민적 사유인 동시에 시민적 사유 그 이상이었습니다. 하나의 계급이 본질적으로 역사의 주체가 되는 순간에 이 계급의 사유는 동시에 언제나 이 계급을 넘어서는 어떤 것Über-dieser-Klasse-Hinausweisen이기도 합니다. 이것은 이 계급이 낡은 사회적 생산관계를 돌파하여 나오는 순간, 실질적으로 당연하게 인간성의 집행자로 느낀다는 것을 의미합니다. 그리고 이 이중성은 『순수이성비판』에서 놀라울 정도로 강렬합니다. 한편으로 여러분은 도처에서 어느 정도의 고루한 시민적 합리성을 느낄 것이고 또한 칸트의 후계자들과는 달리 칸트에게서 매우 특징적인 인간성, 신중함, 정의, 숙고와 같은 수많은 시민적 덕성을 느낄 것입니다. 동시에 여러분은 칸트에게서 철저히 다음과 같은 인상을 갖게 됩니다. 즉 이 계급은 그들의 이상을 스스로 규정하는 순간, 그것도 자기비판적으로 규정하는 순간, 자신의 개별적 지평을 넘어서서 어느 정도 인간성의 대변자로 등장합니다. 이는 칸트가 동시대의 사회 이론 분야의 위대한 사상가들, 가령 프랑스의 사회 이론가 생시몽Saint-Simon

과 전적으로 공유했던 특성이기도 합니다. 나는 한편으로 반유토피아적인 것, 억압적인 것 그리고 의무, 정해진 과제, 이 모든 계기들에게 선서하는 것과 다른 한편으로 세계 자체가 이성적이 되어야 한다는 사고 사이의 이 기묘한 이중성과 여러분이 칸트 철학의 이 계기들 사이에서 발견하는 긴장은 바로 마지막 심급에서 이러한 역사철학의 순간으로 되돌아간다고 생각합니다. 개별적인 것das Partikulare은 역사적으로 다가오는 순간에 단순히 개별적인 것으로 머무는 것을 중지하고, 헤겔이 말한 것처럼 세계정신의 목소리가 되며 그리고 나서 이 목소리는 재빨리 다시금 상실됩니다.

내가 오늘 그리고 부분적으로 지난 시간에 시도했던 것을 관찰해 보면, 나는 통상적 의미에서 칸트-해석이라고 불리는 것을 물론 훨씬 넘어섰습니다. 따라서 나는 텍스트에 있는 것을 과감하고 우직하게 해석했으며 또한 칸트의 비교적 어려운 표현들을 ―나의 과제로 볼 수 없지만― 더 쉽게 여러분에게 전달한 셈입니다. 또한 나는 칸트가 그의 사유 자체에서 생각한 것, 내가 철학에 대하여 매우 대수롭지 않은 것으로 간주한 것을 여러분에게 설명하려고 하지 않았습니다. 그보다는 오히려 다음과 같이 말하고 싶은 영역을 다루었습니다. 이 영역은 칸트 철학이 이무엇을 객관적으로, 그리고 더욱이 역사철학적으로 표현하고 있는지의 물음입니다. 이와 동시에 나는 여러분에게 '역사철학적'이라는 단어를 매우 의미 깊게 받아들이기를 부탁합니다. 이는 칸트가 역사의 어떤 위치에 ―정신 역사이든 실재적 역사이든― 있는가를 말하는 것이 아니라 (이런 문제 제기는 나에게는 비교적 원초적이고 실로 철학 이전vorphilosophisch의 물음이 될 것 같습니다) 정신 자체의 운동에 대하여, 그러니까 ―우리가 말해도 좋다면― 진리의 내적 역사에 대하여 칸트 철학이 진리의 해시계에서 무엇을 표현하였는가를 말하는 것입니다. 그러므로 나는 칸트 철학에 텍스트의 직접적인 의미 이상의 것이 담겨 있는 것을 명확히 언급합니다. ― 이는 헤겔이 그의 위대한 글에서 언급한 것처럼 특정한 명제는 (헤겔에 있어서는 동일률의 명제 또는 모순율의 명제입니다) 그것이 언급하는 것보다 더 많은 것을 자체 내에 포함하고 있다는 것과 같습니다.[90] 이것이 내가 원래 여기서 시도한 것입니다. 나는 여러분에게 철학자들이 자신의 철학에서 무엇을 생각했는지 그리고 우리는 무엇을 재구성할 수 없는지를, 더욱이 칸트가 철학사 속에서 라이프니츠와 독일 관념론 사이에 어떤 위치를 차지하고 있으며 또한 여러분이 모든 텍스트에서 무엇을 이럭저럭 찾을 수 있는지의 쓸데없는 짓을 보여 주려고 한 것이 아닙니다. 오히려 나는 칸트 철학이 자기의 견해를 넘어서서 무엇을 객관적으로 표현하고 있는지를 보여 주려고 합니다. 따라서 짜임 관계Konstellation로서 ―이 짜임 관계는 내가 여러분에게 반복적으로 언급한 힘의 장과 결코 다른 것이 아닙니다― 그와 같은 철학에 정제되어 있는 것, 이것이 결정적인 것입니다. 이렇게 함으로써 나는 분명히 여러분에게 아주 무리한 요구를 하고 있다고 생각합니다. 말하자면 나는 문헌학뿐만 아니라 법학에서 ―예를 들면 주지하듯이 나의 개인적인 주장에 따라서 지나치게 신비스러운 '입법자의 의지'가 아주 특이하게 역할을 하고 있는― 특별한 법의 해석에서 벗어나서 다른 어떤 것을 하고 있습니다.

따라서 나는 여러분에게 여기서 방법론적 물음, 즉 나 자신의 방법론의 물음에 대하여 해명해야 한다고 생각합니다. 그 이유는 물론 두 가지 때문입니다. 첫째로 여러분이 어떤 토대 위에 있는지를 알기 위해서, 즉 여러분이 헤엄을 치다가 심연 저 너머로 갑자기 끌려간다는 느낌을 갖지 않기 위해서입니다. 그러나 다른 이유도 있습니다. 칸트에 의하여 철학에 요구된 지적인 성실성의 덕목을 훼손하려 하지 않으려면, 소홀히 지나쳐서는 안 되는 정말 특정한 난점들이 여기서 발생하기 때문입니다. 나는 방법론적인 문제를 여러분에게 아주 예리하고 간결하게 말할 수 있다고 생각합니다. 한편으로 누군가가 사유할 때 일반적으로 사유한 것이 얼마나 사소한 일인지 확실합니다. 그러므로 중요한 것은 그의 사유에서 무엇이 객관적으로 표현되고 있는지, 진리 내용이 무엇인지, 그곳에서 주장된 것을 넘어서서 그것이 어떤 의미를 지니고 있는지입니다. 나는 철학에 있어서 정말 중요한 것은 바로 그것이며, 철학자의 주장을 추론하는 것이 아니라는 것은 확실하다고 생각합니다. 왜냐하면 철학자가 갖고 있는 주장의 단순한 추론은 근본적으로 그 주장의 사실적 의미를 이미 전제하고 있기 때문입니다. 철학자가 주장한 것이 이제 객관적으로 중요한 어떤 것이라는 것을 먼저 확실하게 알 때 비로소 주장은 의미를 가지게 됩니다. 그것은 선제후나 단테Dante와 같은 소위 위대한 철학자들을 판테온에 보관했던 철학사에서 일반적으로 기계처럼 되풀이된 것입니다. 그러나 의미 자체의 입증은 사태적인 파악으로부터 벗어나는 것입니다. 다른 한편으로 여러분은 아주 당연히 이렇게 말할 수 있습니다. 그래, ─ 지금 네가 여기서 말하는 것은 완전한 자의가 아닌가. 그것은 단지 (흔히 말하듯이) 단순한 사변적 해석이 아닌가. 그렇지 않다면 그것은 이 사유를 어떤 사회적 흐름에 편입시키는 일종의 지식사회학이 아닌가. 이런 사회적 흐름에서는 그것이 사태와 무슨 관련이 있는지를 전혀 입증하지 않은 채 완전히 의문으로 남겨 놓고 있다고 말입니다. 나는 일단 여기서 자의적 해석에는 어떤 한계가 있다고 말하고 싶습니다. 텍스트가 설정한 이 한계는 ─텍스트가 어떤 종류인지와 상관없이─ 이 한계는 (나는 이 자리에서 문헌학자와 동의한다는 것을 알고 있습니다) 텍스트가 설정한 한계입니다. 이것은 텍스트에 있는 명제를 명확하고 분명하게 근거로 내세울 수 있는 그런 종류의 분석만이 있다는 것을 의미합니다. 만일 내가 여기서 칸트 해석에 대한 나의 방법을 어떤 다른 방법, 마찬가지로 사변적인 방법과 ─즉 마르틴 하이데거학파의 방법과─ 대조해도 좋다면(나는 이렇게 할 의무가 있다고 생각합니다), 그것은 정확히 내가 『순수이성비판』과 같은 텍스트에 있는 것을 쉽게 왜곡하고 뒤집는 것을 허용할 수 없다고 간주하는 것입니다. 그러나 더 중요한 것은 이런 해석이 텍스트에 있는 것보다 더 많은 것을 말하는 것이 합법적인 근거를 가지고 있는가의 물음입니다. ㅡ 나는 여러분에게 이런 점을 지금 암시할 수 있습니다. 이 합법적 근거는 바로 이런 사유의 내재적인 긴장의 입증과 전혀 다르지 않습니다. 해석의 방법은 보외법 Extrapolation의 방법입니다. 달리 표현하면 그것의 본질은 우리가 동일성과 비동일성의 모티브뿐만 아니라 이러한 모순들이 어떻게 텍스트 자체에 정착되어 있고 그리고 어떻게 이것이 텍스트의 독특한 성격을 결정하고 있는지를 확인하는 데 있습니다. 그렇다면 우리는 이 모순들을 단순히 사유의 불일치로만 받아들이는 것이 아니라 이 모순들이 이런 사유의 층에서 어떻게 동기화되어 있는가를 보여 주려고 노력함으로써 이런 사유가 제시하는 것, 즉 이런 힘의 장이 표현한 것보다 더 많은 것을 이해할 수 있게 됩니다. 그리고 만일 여러분이 이런 힘의 장을 규정하고 또한 사실에 따라 내재적으로 힘의 장에서 서로 갈등하고 있는 힘들과 동일시한다면, 물론 우리는 그들의 이름에서 이 힘을 부를 자격을 갖게 됩니다. 만일 우리가 그렇게 한다면, 우리는 여기 텍스트에 각각 있는 것을 뛰어넘어서게 됩니다. 내가 여기서 칸트 철학을 가능한 자체 안에 완결적이고 모순 없는 전체로서 서술하는 것이 ㅡ나는 독일에서 어느 정도 권위를 얻고 있던 최근의 칸트 해석의 방법, 즉 에빙하우스Ebbinghaus[91]와 특히 클라우스 라이히Klaus Reich로 대변되는 (이렇게 말해도 좋다면) 마르부르크의 신칸트학파의 방법과 대립되고 있음을 알고 있습니다ㅡ 내가 여러분에게 제시하려는 과제는 아닙니다. 여러분은 이와 같은 경향이 클라우스 라이히가 저술한 판단 표의 완전성에 관한 책에서 아주 철저하게 이행되고 있음을 발견할 것입니다.[92] 그러나 반대로 파괴나 모순이 오히려 나의 관심을 칸트에게 유도하고 있습니다. 나는 이 파괴와 모순을 통일성보다 훨씬 더 위대하다고 생각합니다. 왜냐하면 모순의 완화나 표피적인 종합이 우리에게 성취를 가져다주는 반면에, 진리 자체의 생명은 파괴와 모순 속에서 표현되기 때문입니다.

76) 『지식론』에 대한 칸트의 거부적 입장에 피히테 자신은 『지식론의 두 번째 서론 Zweite Einleitung in der Wissenschaftslehre』에서 언급한 바 있다; Vgl. Johann Gottlieb Fichte, Sämmtliche Werke, hrsg. von I. H. Fichte, 1. Abt., Bd. 1, Leipzig o. J. [ca. 1844], S. 469.

77) B XXIXf.; W 33.

78) 토마스 아퀴나스 이후 라이프니츠에 이르기까지 '이성의 빛'은 '자연의 빛Lumen naturale'이라는 용어와 더불어 지칭된다. 그 의미는 데카르트의 "자연의 빛을 통한 진리 탐구inquisitio veritatis per lumen naturale"에서 차용되는데, 그것의 제목은 아도르노가 사용한 Buchenau의 번역에는 다음과 같이 적혀 있다. "순수하게 자체로부터 그리고 종교와 철학의 도움 없이 그의 의식에 나타나는 모든 사물들에 대하여 올바르게 사유하는 인간의 필연적 관점을 결정하는, 그리고 지극히 보기 드문 학문들의 비밀로 파고드는 자연의 빛을 통한 진리 탐구." — 칸트는 이 개념을 더 이상 사용하지 않았던 것 같다.

79) B XXX; W 33.

80) 아도르노는 헤겔의 『철학 백과사전Enzyklopädie』에 있는 칸트의 반정립에 대한 명제를 훨씬 더 날카롭게 비판한다. "헤겔은 칸트의 겸허에서 퇴행적이고 폭력적인 면을 감지했으며, 칸트의 계몽이 반계몽주의로 자주 사용된 우리에게 너무나 잘 알려진 다음과 같은 명제에 반발했다. '나는 신앙에 자리를 양보하기 위해서 지식을 중단해야만 했다. 왜냐하면 형이상학의 독단주의, 즉 순수이성의 비판 없이 형이상학을 진행시키려는 편견은 도덕성에 상반되는 모든 불신의 진정한 원천이기 때문이다.' 이에 대한 헤겔의 반명제는 다음과 같다. 우주의 닫힌 본질은 인식의 용기에 저항할 수 있을 어떤 힘도 자체 내에 갖지 못한다. 그것은 인식의 용기 앞에서 열려야 하며 그것의 풍부함과 그것의 깊이를 인식 앞에 똑똑히 보여주고 즐거움으로 가져와야 한다." 이런 공식화된 문구 속에 초기의 시민적이고 베이컨적인 열정이 성공할 만큼이나 성숙한 인류에게로 확장된다(GS 5, S. 307).

81) 『비텐베르크에서의 마지막 설교Letzten Predigt in Wittenberg』에서. "그런데 내가 매우 무도한 죄인 욕정에 대하여 말한다면, 이런 것은 이성에 의해서도 이해될 수 있다. 왜냐하면 이와 같은 것은 영적인 선물을 지닌 하나님을 비방하고 모욕하며, 끔찍한 수많은 간음죄를 갖고 있기 때문이다. 왜냐하면 그런 것은 매춘부이기 때문이다. ⋯ 너 천하고 나병처럼 추악한 매춘부여, 너 신성한 이성이여 그

말을 들어 보라…"(Martin Luther, Werke, hrsg. von Buchwald, Kawerau u. a., 3. Folge, Berlin 1905, S. 97 u. 99; zit. nach Friedrich Wilhelm Pohl/Christoph Türke, Heilige Hure Vernunft. Luthers nachhaltiger Zauber, Berlin 1983, S.60).

82) 주 9를 참조.

83) 출처 미상.

84) 6강 끝을 참조. 앞의 122쪽 이하.

85) 앞의 117쪽 참조.

86) 『순수이성비판』에서 칸트는 "한갓 궤변적(변증적) 개념"(A 644, B 672; W 565) 에 대하여 논하면서 '순수이성의 변증적 추리'는 "이성 추리라기보다는 오히려 궤변적 추리라고 말해야 한다"고 언급한다(A 339, B 397; W 339f.). ─『부정변증법』은 칸트의 언어가 이율배반에 대한 더욱 광범위한 경향의 증거를 제공한다고 한다. "자각 없이 순응적인 자기보존의 순수한 논리적 결과는 그 자체로 기만적이고 비이성적이다. 궤변에 대한 혐오스러운 칸트의 어법과 헤겔의 '이성적 사유 Raisonnieren'의 어법은 확실한 차이의 근거 없이 이성을 지탄하는 것이다. 그리고 이러한 실체화는 모든 이성적 목적을 넘어 명백한 모순에도 불구하고 유지된다. 이성Ratio은 비이성적 권위가 되어 버린다"(GS 6, S.258).

87) 깊이의 개념에 대한 추후의 상술은 뒤의 317쪽 이하, 353쪽 이하와 375쪽 이하를 참조. 그 밖에 아도르노가 철학에서의 깊이에 대한 담론의 이데올로기와 진리에 대한 그의 최후 진술을 한 『부정변증법』 서문과 비교될 수 있다(Vgl. GS, S.28f.).

88) 앞의 115쪽 이하 참조.

89) 아마도 아도르노는 쇼펜하우어가 반복적으로 강연했던 의미를 염두에 둔 것 같다. 그에 따르면 칸트는 신학을 도덕에서 새롭게 정초하기 위해 신학을 와해시켰다(Vgl. etwa Arthur Schopenhauer, Sämtliche Werke, hrsg. von Wolfgang von Löhneysen, Bd.111: Kleinere Schriften, Darmstadt 1962, S.638 [Grundlage der Moral, &2] und Bd. V: Parerga und Paralipomena II, Darmstadt 1965, S.260 [Paralipomena, &115]).

90) Vgl. Hegel, Werke in 20 Bänden. Red.: Eva Moldenhauer und Karl Markus Michel, Frankfurt a.M. 1969, Bd. 6: Wissenschaft der Logik II, S.45: "그러므로 … 결과적으로 밝혀지는 것은 첫째로, 차이와는 대조적으로 단지 추상적인 동일성만을 참된 것으로서 표현해야만 하는 동일성이나 모순의 명제가 사유법칙이라기보다는 오히려 그것의 반대라는 것이며, 둘째로, 이 명제들은 그것이 주장된 것보다 더 많

은 것을, 즉 이 반대를, 절대적 차이 자체를 포함한다는 사실이다."

91) Julius Ebbinghaus(1885-1981); über Kant vgl. vor allem die erste Abteilung seiner 『논문, 강연 그리고 연설 모음집Gesammelten Aufsätze, Vorträge und Reden』(Darmstadt 1968).

92) Vgl. Klaus Reich, 『칸트 판단 표의 완전성Die Vollständigkeit der kantischen Urteils-tafel』, Berlin 1932; 2. Aufl., 1948.

나는 우리가 지난번 시작했던 방법적 고찰을 계속하겠습니다. 아마도 토론에서 여러분은 사람들이 사태를 논의하기보다는 여러분이 말하고 있는 것에 모순을 범하고 있음을 분명히 지적하는 일이 발생했을 것입니다. 이것은 여러분이 개념을 일관성 있게 다루지 않고 여러 의미로 다루었다는 것을 의미합니다. 또는 어떤 특정한 개념을 —보통은 강한 흥분에 휩싸여 있는 그런 개념을— 놓고 담소를 나누기 이전에 이에 대해 먼저 깔끔하게 정의를 내려야 한다는 것을 의미합니다. (예를 들어 죄의 문제가 중요한 사안이라면, 항상 듣게 될 것입니다. 그렇습니다, 죄, — 이에 대하여 말할 것이 아니라 먼저 정의를 내려야 하며, 그렇지 않으면 논리적 모순이 발생합니다)[93] 가령 여러분이 니체의 저서에, 최근에는 슈펭글러Spengler의 저서에 붙어 다니는 어떤 종류의 조야한 철학적 비판에 특별한 관심을 가지고 해당 저자들의 소위 말하는 논리적 모순을 입증하면서 그것에서 쾌감을 느끼고 있다는 것을 깨닫게 될 것입니다. 하지만 예를 들어 니체와 같은 저술가에 대하여 최소한의 것조차 얻었다는 감정이 조금도 없이 말입니다. 나는 이런 방식의 심리학을 지금 전혀 다룰 생각이 없습니다. 그것은 근본적으로 일종의 속 좁은Schächtelchen 사유입니다. 나의 방식으로 표현하면 이것은 소인의 사유이며 소시민의 사유입니다. 소시민의 사유에는 그의 기계 장치 내에 어떤 장애도 발생하지 않고 그리고 사유 과정이 가능한 한 마찰 없이 매끄럽게 진행된다면, 모든 것은 깨끗한 분위기를 이루며 그의 마음은 완전히 진정됩니다. 그러나 그것은 철학이 정말 거기에 무엇 때문에 존재하고 있는지, 그리고 무엇이 우리가 철학에서 추구하는 정당성을 ―이런 정당성이 정말 존재한다면― 재현하는지를 망각할 것입니다. 즉 그것은 우리가 도박을 카드로 하듯이 우리가 개념을 깨끗하고 깔끔하게 이리저리 던지려고 하는 것이 아니라, 우리는 개념을 통하여 무엇이 사태 자체에 본래적인지를 ―그것이 무엇이든― 표현하고 그리고 생명을 불어넣도록 도우려고 하는 사실을 망각할 것입니다. 이때 끝없는 난점은 우리가 호주머니 속에 사물 자체인 것을, 그것의 생명인 것을 가지고 있지 않다는 점입니다. 그럼에도 불구하고 철학의 노력은 개념적 해명을 통해, 소위 어떤 내용에 대한 모순 없는 매끄러운 표현을 통하여 잃어버렸던 것을 회복한 것입니다. 이것이 나에게는 텍스트의 철학적 해석이 텍스트의 무모순성, 체계적인 일관성을 겨냥해야만 하는 것이 아니라 반대로 모순을 ―하지만 이 모순 때문에 이런저런 불평을 늘어놓을 것이 아니라 모순에서 균열과 갈라진 틈새를 발견하기 위하여― 겨냥해야만 하는 가장 깊은 정당화이며 가장 깊은 이유입니다. 등산에 비유하면 우리는 갈라진 틈새를 이용하여 그 속에 자신을 단단하게 고정시키고 문제가 되는 지형을 넘어 활짝 열린 전망과 산 정상을 비교할 수 있습니다. 나에게는 텍스트의 철학적 해석이 바로 이런 방법에 도달하는 것이라고 생각됩니다. 제발 여러분은 내가 개념적인 깔끔함과 질서를 소홀히 했다는 의미로 잘못 이해하지 않기를 바랍니다. 절대로 그렇지 않습니다! 소위 실증과학에서는 정확히 파악된 개념과 무모순성의 논리학 없이는 지탱될 수가 없다는 것은 당연합니다. 그러나 아리스토텔레스가 정의한 바와 같이[94] 실제로 '사유의 사유'가 중요한 철학에서는, ― 따라서 논리학과 실증과학 자체의 사유 과정에서는 다시 한번 비판적으로 재고될 수 있습니다. 이것은 우리가 그런 방식을 너무 확고하게 신뢰해서는 안 된다는 의미입니다. 나는 철학의 깊이란, —이 개념에 대해서 나는 여러분에게 다음 강의 중에 근본적인 것을 말할 수 있길 기대합니다— 이 철학이 모순을 어떻게 잘 다듬어서 매끄럽게 할 수 있는지보다는 오히려 사태 자체에 놓여 있는 모순을 어떻게 깊게 드러나게 할 수 있는지, 어떻게 깊게 모순을 의식으로 고양시킬 수 있는지, 그리고 철학이 이런 모순을 의식으로 고양시키면서 동시에 그 모순을 필연적으로 어떻게 깊이 인식할 수 있게, 즉 모순이 본래 의미하는 것을 어떻게 깊게 인식할 수 있는지에 있다고 주장하고 싶습니다. 그리고 이성에 대한 칸트의 이중적 태도와 연관된 (내가 최근에 하나의 관찰 표본 Modellbetrachtung으로 여러분에게 보여 주었던) 관찰은 내가 어떻게 생각하고 있는지의 관점을 이미 여러분에게 우선적으로 제시했습니다.

이 모티브를 좀 더 근본적으로 정당화하기 위하여 나는 여러분에게 아주 단순한 생각을 말하고자 합니다. 내가 이런 일을 논하려고 하는 이유는 바로 여러분 모두가 —우리 모두라고 말하고 싶습니다— 어느 정도는 무모순성의 요구로 인해 제약되어 있고 조건화되어 있다는 것을 알고 있기 때문입니다. 그것은 우선 정말이지 일단 철학이 우리에게 제기하는 것 가운데 가장 가혹한 요구로 우리는 이를 떨쳐 버릴 수밖에 없습니다. 이로 인하여 여러분이 —어떤 다른 방식으로가 아니라— 내가 진행하는 것처럼 왜 내가 그렇게 진행하고 있는지를 이 자리에서 나에게 설명해 줄 것을 요구하는 것은 당연합니다. 이 방법을 선택하도록 한 가장 깊숙한 근거와 동기는 우리가 사유하는 사태 자체가 무모순적이라는 것이 우리에게 결코 보장되어 있지 않다는 것입니다. 만일 우리가 무모순성을 전제한다면, 이것은 실제로 이미 끝없는 영향력을 가진 철학적 선결일지도 모릅니다. 이 영향력은 우리가 인식의 이런 무모순성을 강요할 때 우리가 이 사태를 일반적으로 의식하지 못한다고 결코 누그러지지 않습니다. 말하자면 이러한 전제를 주장함으로써 우리는 유언장에 일종의 조항을 제시하듯이 이미 다음의 사실을 협정할지 모릅니다. 즉 우리의 인식이 관계하는 것, 실재 자체는 우리의 인식 자체와 동일하다는 것, 마지막 심급에서 실재 자체가 단절 없이 우리의 인식에 떠오른다는 것을 전제할지도 모릅니다. 이와 더불어 우리는 현실이 우리와 동일하다고 선결을 함으로써 바로 인식 문제의 해결을 ㅡ현실적인 것을 인식하는 것이 우리에게 말하자면 정말 가능한 것처럼ㅡ 이미 예단했던 것인지도 모릅니다. 왜냐하면 인식되어야만 하는 것과 인식하는 것이 서로 일치하기만 한다면, 우리는 인식이 무모순적이라고 생각할 수 있기 때문입니다. 나아가 모든 모순이 우리 인식의 통일에서 깨끗하게 조정되고, 논리적 사고의 통일에서 조화를 이룬다고 생각할 수 있는 까닭은 우리가 인식하는 것이 우선 우리 자신의 사유의 통일에 따르기 때문입니다. 그러나 내가 보기로는 우리가 이 조항을 전제할 수 없습니다. 이와는 반대로 우리의 전체 경험은 ㅡ이미 정돈된 학문적 경험 이상의 확실히 살아 있는 이른바 학문 이전의 경험은ㅡ 이러한 전제를, 이러한 가정을 의심하도록 합니다.

이것은 나를 사유에서 모든 것을 일치시키고 상호 통합하려는 시도보다는 오히려 모순의 해석에 주의를 기울이게 합니다. 궁극적으로 모든 것이 서로 어울리도록 철학을 다듬는 것은 어려운 일이 아닙니다. 그것은 헤겔을 빌려 말하자면 '금세 배워 익히는 걸음마'와 같습니다. 그러나 첫째로 밀집된 사유의 표면 아래 철학자가 조화시키려고 했던 상호 대립적인 동기들이 어떻게 상이한 것으로 활동하고 있는지를, 그런 다음 그것의 특수한 짜임 관계Kostellation가 실제로 무엇을 의미하는가를 알아차리는 것은 그리 쉬운 일이 아닙니다. 이것은 아주 핵심적인 방법론적 포인트로서 나는 사유의 자기반성은, 따라서 사유의 본질을 발견하기 위해 자신의 내부로 들어가는 사유는 바로 이 물음을 선취하고 있다는 것을 보여 주기 위해, 헤겔『논리학Logik』에 나오는 ㅡ그것도「본질논리학」에 나오는ㅡ 두 문장을 여러분에게 읽어 드리겠습니다. 이것은 어떤 권위에 호소하려는 것이 아니며, 내 행위의 정당성을 위하여 바로 타인의 지식으로 자랑하려는 것이 아닙니다. 나아가 내가 여기서 행하는 것은 진보된 변증법적 논리학의 통찰로서 역으로 철학 자체에 적용하려는 것입니다. 헤겔 『논리학』 제2권 1장에 다음과 같이 쓰여 있습니다. "다양한 것들은" —다양한 계기들로, 다양한 대상들로 여러분은 보완해야 합니다— "비로소 서로서로 활발하고 생생하게 모순의 극단으로 내몰리게 되고, 모순 속에서 자기운동과 생동성의 내재적 맥박인 부정성을 얻게 된다."[95] 계속해서 헤겔은 다음과 같이 말합니다. "사태에 어떤 모순이 지적될 수 있다면 그것이 자체로 사태의 손상이나 결손, 결핍이 아니라는 것은 일반적으로 모순이 지닌 본성의 관찰로부터 추론된다."[96] 이런 의미에서 내가 칸트의 모순성에 대하여 앞으로 전개할 것을 여러분이 이해해 주기를 부탁합니다. 앞서 나는 여러분에게 니체를 두고 모순에 대한 이런저런 비난이 가해진다고 말한 바 있습니다. 가장 널리 알려진 모순은 니체가 자신을 계몽의 극단적인 완성자로 느끼는 것을 당연하게 생각하면서도 동시에 이성을 어떤 의미에서는 거부하고 심지어는 '삶에 적대적인 것'으로 격렬히 반대했다는 사실입니다. 또는 니체가 자신을 데카당스적인 인물로 보면서도 데카당스와 니힐리즘을 격렬히 반대했다는 사실입니다. 내가 니체에 대하여 이런 종류의 비판이 정말 저급하다고 말했다면, 이것은 니체 자신도 부주의나 부주의에서 나온 이런 모순들을 간과하지 않은 것이 아니라, 이와는 반대로 그의 사유가 상당히 높은 의미에서 매우 조화롭고 일관적이며 또한 자체로 철저하게 구성되어 있다는 사실과 연관될 수 있습니다. 요컨대 니체의 모순을 비난한[97] 리케르트Rickert 유형의 유능한 철학 교수들만큼이나 니체도 이 모순을 확실하게 알고 있었습니다. 니체에 있어서 이 모순들은 우리가 인식하는 것이 본래 논리학의 규칙에 속하는 것이 아니라 오히려 우리가 논리학을 통하여 대상 모두를 특정한 방식으로 조직화한다는 그의 잘 정초된 기본 명제와 관계합니다. 이에 대하여 그의 사유는 이제 아주 솔직하고 의식적으로 인식을 이런 조직의 진행과 고유한 논리성의 가상으로부터 치유하려는 시도를 재현시켜 줍니다. 그럼에도 불구하고 그는 이를 위해 논리학을 매개로 삼습니다. 부언하자면 바로 이 부분에 헤겔과 니체 사이에 —그런데 니체는 놀랄 만큼 헤겔에 대해 잘 알지 못했습니다— 대단히 깊은 일치와 대단히 깊이 있는 관계가 지배하고 있습니다. 이는 사유가 자신의 대상들에게 입힌 상처의 치유야말로 본래 철학적 자각의 과제임을 나에게 암시해 주는 것 같습니다.

　미리 말해 두지만 나는 이제 여러분에게 적어도 (내가 여러분에게 지난 시간에 말했듯이) 칸트 철학이 말한meinen 것 이상으로 칸트 철학이 표현하는ausdrücken 것, 즉 처음부터 자기 자신 내부에 이러한 모순적 성격이 존재하는 것으로 간주했던 것 중에서 몇 가지를 개진하려고 합니다. 그렇습니다. 이것의 표현 가치, 이것의 표현력은 이런 모순성에서야 비로소 해독될 수 있습니다.[98] 이를 위해 나는 칸트 시대에 그리고 그 후 아주 오랫동안 확실히 울려 퍼졌을 만큼 충격적이었지만 오늘날에는 더 이상 충격적이지 않은 어떤 것을 첨예화하려고 합니다. 나는 지금까지 강의가 진행된 후에도 여러분에게 원칙적으로 새로운 것을 분명히 말하지 않았지만, 그러나 나는 여러분에게 주제적으로 중요한 것을 말하고 있습니다. 나는 여러분에게 이 특별한 계기를 제시할 것입니다. 왜냐하면 나는 우리가 이 특별한 계기를 우선 단순하게 해명함으로써 전체적인 『순수이성비판』의 열쇠를 소유한다고 믿기 때문입니다. 칸트의 이성비판은 —서방의 다른 나라들에서보다 훨씬 더 오랫동안 독단적인 성격을 유지해 왔던— 독일의 철학 전통에서 여러분 모두가 알고 있듯이 본질적으로는 부정적인 수행으로 —추후에는 아마도 이렇게 말하게 되었을— 해체적이거나 파괴적인 수행으로 인식되었습니다. 여러분은 단지 클라이스트Kleist의 유명한 표현[99]을, 아니면 사람들이[100] 칸트에게 지어 준 '모든 것을 깨부수는 자Alleszerschmetterer'라는 별명을 생각해 보십시오. 그럼에도 불구하고 시간이 흘러감에 따라 칸트의 작품에서 정확히 반대의 것이 부각되고, 칸트의 작품에서 정확히 반대의 것이 해독될 수 있다고 나는 생각합니다. 전체적인 칸트 철학의 의도는 —본래 그의 비판서, 즉 『순수이성비판』의 의도는— 구원, 그것도 아주 특정한 의미에서 존재론의 구원을 목적으로 합니다. 따라서 역사의 흥망으로부터 항상 타당할 뿐만 아니라 오로지 '이성적으로 사유하는raisonnierend' 이성의 비판으로부터 완전하게 보호되어야만 한다고 칸트가 말했을지도 모르는 특정한 정신적 기본 태도와 기본 구성의 구원을 목적으로 합니다. — 나는 우선 한 번쯤 놀랄지도 모르는 이성비판 의도의 규정이 『순수이성비판』의 어떤 문구에 근거할 수 있지만 그러나 이것이 칸트의 다른 문구들과 모순되는 관계에 있다고 생각합니다. 가령 "비판은 학문으로서의 근원적인 형이상학을 촉진시키는 데 필수적으로 요구되는 것을 예비적으로 마련하는 것이다"[101]라는 제2판 서문에 나오는 공식이 그러합니다. 이런 진술은 학문으로서의 이러한 형이상학을 '준비'한다는 것이 결국 칸트에 따르면 긍정적 의미에서 언급된 것과 같다는 것을 (우리가 말을 충실히 따르고 왜곡하지 않는다면) 의미합니다. 비록 형이상학이 학문으로서 가능한 것이 아니라 순전히 규제적 이념의 총괄 개념으로서, 동시에 단순히 실천적 규율로서 가능하다고 주장하는 것과 상반된 의도임에도 불구하고 말입니다. 따라서 앞서 사용했던 일종의 존재론의 '구원'에 대한 표현을 나는 칸트적인 어법으로 무리 없이 요구할 수 있다고 생각합니다. 단지 이 경우에 한해서 우리는 칸트에게서 존재론 개념의 틀을 보아야만 합니다. 그렇다면 한편으로 『순수이성비판』은 존재론의 구원을 겨냥하지만, 다른 한편으로 어떤 경우에 그것의 긍정적 가능성에 의문을 제기한다는 이러한 모순성의 계기가 따라서 중요하며 바로 여기에서 칸트가 본래 계획하고 있는 특수성이 놓여 있다고 생각합니다. 이것은 칸트의 형이상학이 —나의 방식으로 말하자면— 이 두 가지 계기들, 즉 결코 통일할 수 없는 계기들 사이의 짜임 관계Konstellation를 제

시하고 있음을 의미합니다.[102]

이제 여러분은 『형이상학의 진보Fortschritte der Metaphysik』에서 저 존재론의 정의를 들을 것입니다. "존재론은 모든 지성 개념과 원칙의 체계를 결정하는 (형이상학의 부분으로서의) 학문이다. 단 지성 개념과 원칙은 감각에 주어진 따라서 경험을 통하여 확보될 수 있는 대상들과 관계하는 한에서이다. 그것은 형이상학의 최종 목적인 초감각적인 것을 다루지 않는다. 존재론은 따라서 단지 예비학으로서, 본래적 형이상학의 회랑으로서 또는 현관으로서만 형이상학의 일부에 속한다." ―따라서 여기에서는 형이상학이 긍정적으로 가정되어 있습니다. "그런데 존재론은 선험철학이라고 불리는데, 왜냐하면 그것은 모든 우리의 아프리오리한 인식의 조건들과 첫 번째 요소들을 포함하고 있기 때문이다."[103] 여러분은 여기서 칸트의 아프리오리 개념이 기능적으로 인식 일반 가능성의 조건으로 이해될 수 있으며, 인식의 구성 및 경험의 근거 제시와 고려하여 이해될 수 있다는 것을 분명하게 알 수 있습니다. 그뿐만이 아니라 이를 넘어서서 칸트에 있어 일종의 존재론적 의미는, 따라서 칸트가 구원하려고 했던 일종의 이념적 존재 자체는 이 기본 개념들, 범주들 그리고 직관 형식들에 달려 있다는 것도 역시 알 수 있습니다. ― 여기서 이념적 존재를 구원하려한다는 것은 칸트가 그것을 모든 경험으로부터 독립적인 것으로, 즉 경험의 변화에 의존하지 않는 것으로 생각한다는 의미입니다. 그렇지만 이이념적 존재는 순수한 존재 자체ein reines An-sich로 있는 것이 아니라, 대자ein Für-anderes로 있을 때만 존재합니다. 이것은 이념적 존재가 다른 것에 의해 구성되는 한에서, 다시 말해 경험을 통해 충족되었을 때에 한해서 타당성을 갖지, 경험 너머에서는 타당성을 갖지 못한다는 의미입니다. 여기에서 소위 말해 여러분은 핵심에 와 있습니다. 아마도 니체는 칸트의 '재치Witz'에 와 있다고 말했을 것 같습니다. 그리고 여러분은 이제 아주 정확히 칸트에 있어서 매우 특이한, 여러분이 좋다면, 매우 역설적인 존재론의 짜임 관계를 보게 됩니다. 여러분은 내가 언급한 이 구원을 가장 큰 곤경에서의 구원처럼 생각해야 합니다. 따라서 계몽의 이 단계에서는 사실 말하자면 제때Haaresbreite에 구원하는 것이 중요합니다. 구원하는 것은 거의 익사 상태에 놓여 있습니다만 칸트가 오로지 최소한으로 물 밖에 나올 수 있게 했습니다. 이것으로 나는 다음과 같은 것을 말하려고 합니다. 한편으로 이런 종류의 경험에서 벗어난 그리고 상대화로부터 제거된 완전한 타당성의 개념이, 그것이 무엇이든 간에, 있어야만 합니다. 그렇지만 다른 한편으로 개념들에 대한 즉자An-sich-sein는 실체화의 의미를 갖고 있는 것은 아니라, 오히려 칸트에게 있어서 이 순수 이념들의 존재론적 위엄은 이것들이 존재자와 관계 맺음으로써 규정됩니다.

만일 내가 이것을 '존재론적 차이' ─따라서 순수 존재와 존재자의 차이를 언급하는 오늘날의 친숙한 어법으로 표현해야 한다면, 아마 칸트에게도 (그는 존재 개념을 비판했기 때문에 아주 낯선 어조로) 존재와 같은 어떤 것이 있다는 것은 사실이지만 이 존재는 존재자와 관계할 때만 존재한다고 말했을 것입니다. 그리고 존재가 존재자와의 관계에서 벗어나는 순간, 즉 공간과 시간적인 것, 개체화된 것 그리고 현존하는 것과의 관계를 상실하는 순간 바로 순전한 선-판단Vorurteil이 되어 버린다고 말했을 것입니다. 따라서 이는 존재론적 차이가 칸트에 의하여 존재자τὰ ὄντα는 존재 ὄv를 통하여, 즉 순수 존재를 통하여 규정되지만 반대로 순수 존재는 존재자τὰ ὄντα와 관계하는 한에서 진리를 얻게 된다는 것을 의미합니다. 후일 칸트로부터 변증법적 철학이 전개되었다면, 여러분은 이 두 계기들이 어떻게 서로 관련되고 있는지를 아주 명백하게 인식할 수 있을 것입니다. 이는 철학이 여기에서 고양시킨 최고의 개념들이, 즉 순수 형식의 개념과 현존재의 개념이 가장 내적인 의미에서 이미 서로 뒤섞인 채 매개되어 있다는 것을 말합니다. ─단지 이 매개 자체는 칸트에 의해 반성되고 있지 않습니다. 그러나 매개는 실제로 그 안에 들어 있습니다. 왜냐하면 한편으로 어떤 현존하는 것, 어떤 사실적인 것이 우리의 형식을 통하여 구성되지 않는 것은 없기 때문입니다. 사실적인 것은 형식을 통하여 매개됩니다. 형식으로부터 분리된 사실적인 것은 완전히 무규정적인 것이라고 할 수 있습니다. 헤겔적으로 말한다면 그것은 무Nichts일지도 모릅니다. 그러나 정반대로 형식 역시 존재자를 통하여 다시금 매개됩니다. 이는 형식이 그 자체로 통용되지 않으며, ―어떤 논리절대주의나 범주절대주의가 존재하지 않는다는 것[104]을 의미합니다. 형식은 절대적 지위를 가질 수 없습니다. 말하자면 형식은 물화될 수 없습니다. 오히려 형식은 형식들 중에 사유된 것과 관계하는 한에서만, 실제로 경험과 관계하는 한에서만 자신의 본질을 갖습니다. 이런 점에서 변증법의 모티브는 사실 객관적으로 단순히 칸트 이론의 의미에서 볼 때 칸트 이론 자체 내에 이미 포함되어 있다고 말할 수 있습니다. 비록 칸트 스스로가 ―원래 변증법적인― 이 계기를 형식과 내용의 지나친 이원주의로 방치했지만 말입니다. 그러나 칸트가 형식에 부여한 규정은 형식이 내용과 관계할 때에만 참될 수 있으며, 그럴 때에만 존재할 수 있습니다. 다른 한편으로 내용은 이 형식을 거치지 않는 한, 완전히 무규정적이며 그리고 사유될 수 없습니다. ― 이는 형식과 내용이라는 두 최상위 개념들이 서로 뒤섞여 매개된다는 것을 사실 이미 표현하고 있습니다. 그러므로 여러분은 여기서 변증법과 함께하는 이것은 마법이 아니라는 것을 볼 수 있으며, 오히려 변증법에로의 이행은 원래 칸트 철학 자체의 객관적 형태에서 나온 필연적인 결과로 볼 수 있습니다. 나아가 그의 구원의 형태에서 (내가 여러분을 위해 여기서 다루는) 모순은 순전한 순수 사유의 모순이 아니라 변증법적 모순이라는 것도 볼 수 있습니다. 이는 칸트에게서 존재론을 구원하는 것이 이 변증법적 모순의 형태에서만, 존재와 존재자의 상호-교환적-지시 관계Aufein-ander-wechselfältig-Verwiesensein의 형태에서만 가능하지 존재자와 완전히 대립될 수 있는 순수한 존재로서의 추상적인 존재론은 결코 구원될 수 없

다는 것을 의미합니다.[105]

　나는 지금까지 『순수이성비판』에서 객관적으로 가장 중요한 것이 존재론을 구원하려는 시도라고 주장했습니다. 그러나 내가 여러분에게 지금까지 논의했던 것이 나의 이런 주장을 정당화하기에는 아직 불충분합니다. 왜냐하면 여러분은 당연히 ―그리고 나는 이를 무마시키고 싶어 하는 마지막 사람입니다― 내가 여러분에게 여러 차례 낭독한 형이상학과 존재론에 대한 긍정적 문구들보다는 실제로 부정적인 문구들을 발견할 수 있을 것입니다. 그리고 우리가 위대한 철학적 저술가에서 그 자신이 스스로 언급한 것의 단순한 전거를 찾으려고 하는 한, 논증과 반증은 끝이 없습니다. 내가 여러분에게 이미 말했듯이 사유에 있어서 자기 자신에 대해 사유하는 것이 가장 가치가 없는 것입니다. 이와 마찬가지로 예술작품에 있어서 그것이 저술된 의도나 그리고 무엇인가를 직접 표현하려는 의도가 가장 가치가 없는 것입니다. 내가 『순수이성비판』에서 존재론의 구원이 중요한 문제라고 말할 때, 나는 좀 더 분명한 대답을, 무엇보다 칸트의 단순한 '언급'보다도 사태 자체에 근거한 더 객관적인 대답을 여러분에게 제시해야만 합니다. ―나는 이제 여러분에게 데이비드 흄 철학과 대조하여 『순수이성비판』의 입장을 구체적으로 상기시킴으로써 아주 쉽게 대답을 제공할 수 있다고 생각합니다. 데이비드 흄은 ―여러분이 칸트 강의를 이해하기 위해 듣는다면 여러분이 알고 있듯이 또는 알아야만 하듯이― 그의 경험주의적 비판을 통하여, 그러니까 우리의 경험 형식의 연관성을 분석함으로써 세 개념, 세 범주를 전반적으로 해체했습니다aufgelöst. 그는 ―지금 우리가 사용하고 있는 언어로 표현한다면― 존재론에 해당하는 어떤 실체적인 것은 단순한 관습에 불과하다고 말한 바 있습니다. 그에게 있어서 이 세 개념은 사물의 개념, 인과성의 개념 그리고 자아의 개념입니다. 여러분은 『순수이성비판』의 긍정적인 의도들 가운데 하나이며 동시에 우리가 그것의 존재론적 주제로 볼 수 있는 곳은 흄의 비판을 받아들이고 수행하는 데 있음을 분명히 해야만 합니다. 그러나 동시에 칸트는 흄의 논증 자체에 이의를 제기함으로써 자아, 인과성과 물자체라는 세 개념을 구원하고 있습니다.[106]

우선 자아 개념과 연관하여 칸트는 흄에 대하여 매우 엄격하고, 매우 강력한 논증을 지니고 있다고 말할 수 있습니다. 나는 여러분이 이성비판의 아주 후면에 위치하고 있는[107] 이 논증을 다음과 관련하여 명백히 하는 것이 중요하다고 생각합니다. ―즉 연상법칙 내지 관습법칙과 같은 것은 또는 변화하는 의식 내용들을 상호 연관시키는 모든 계기는 의식의 통일에서가 아니라면 전혀 표상될 수 없습니다. 이로써 여러분은 지금까지 다루지 않았지만 지금 실제로 전체적인 칸트의 해법의 열쇠인 『순수이성비판』의 핵심적인 개념에 ―바로 의식의 통일 개념에 ―도달했습니다. 여러분은 ―만일 칸트가 흄의 심리학적 비판에 대하여 말한다면― 흄이 발견한 그리고 자아의 전제를 뿌리째 흔들었던 모든 심리학적 사실을, 만일 여러분이 이것을 '통각의 종합적 통일Synthetische Einheit der Apperzeption'에 또는 '나의 모든 표상들을 수반하는 나는 생각한다(생각하는 자아)'에 포함하지 않는다면, 전혀 생각할 수 없습니다.[108]

통각의 종합적 통일의 개념과 '나의 모든 표상들을 수반하는 나는 생각한다'의 개념을 우리는 이 자리에서 아직 완전하게 전개할 수는 없지만, 나는 그 대신 일단 여러분에게 적어도 칸트의 논증이 도대체 어떤 방향을 겨냥하고 있는지를 간단하게 암시를 줄까 합니다. 여러분은 일단 ―여러분이 형이상학적 또는 사변적 의미에서 '나는 생각한다'를 생각하기 이전에― 여러분 자신의 개인적 의식의 통일이란 제목하에 가장 단순한 경험으로부터 알고 있는 것을 생각해 보십시오. 예를 들어 여러분이 말하고 있는 체험들을 여러분 자신의 체험으로 생각하지 않는다면, 여러분은 연상법칙들에 대하여 ―따라서 여러분이 표상들을 (흄이 거론한 연상법칙들 가운데 두 가지를 여기서 언급하자면)[109] 서로 유사하기 때문에 또는 서로 인접하기 때문에 연관시킬 수 있는 법칙들에 대하여— 전혀 말할 수 없을 것입니다. 이는 여러분이 오늘 치통을 앓는데 어제는 누군가가 다른 치통을 앓았으면서 이를 여러분에게 말하지 않았다면, 여러분은 현재 치통을 어제 앓은 다른 사람의 치통과 비교할 수 없다는 것을 의미합니다. 오히려 여러분 자신은 어제 치통을 앓았을 때에만, 이 치통 간의 (사정이야 어떻든) 강도의 유사성과 차이를 확인할 수 있습니다. 이것은 놀랍게도 원초적이고 기본적입니다. 그러나 개별 인간의 관계가 존재하는 만큼만 인식 관계가, 인식과 같은 것이 존재할 수 있다는 가장 기본적인 사실이 일단 칸트 전체를 이해하는 데 중요한 열쇠입니다. 그런데 '나는 생각하다'가 나의 모든 표상들을 수반한다고 그가 말한다면, 물론 이 안에는 그 이상의 어떤 것, 즉 여러분이 다음 시간에 듣게 될 자발성 또는 활동성의 표상이 들어 있습니다. 그러나 이때 우선 '나의 모든 표상들을 수반하는 것' 안에는 나의 모든 표상들이 —어떤 종류이든 전혀 상관없이— 내가 이 표상들을 소유함으로써, 적어도 무엇인가를 서로 공유한다는 사실, 즉 그 표상들은 나의 표상들이고 다른 어떤 누군가의 표상들이 아니라는 사실 이외에 아무것도 들어 있지 않습니다. 우선 심리학에서 유래된 이 아주 단순한 통일은 칸트에게 일종의 존재론적 의미를 갖습니다. 만일 모든 계기들을 총괄하는 개인적 의식의 이 통일이 없다면, 인식이란 도대체 없을 것이며, 오로지 혼돈스러운 것만이 있을 것입니다. 그러나 이 계기는 사실 존재하며, 이것 때문에 자아가 여기서 실제로 일종의 인식 자체의 존재론적 근본 요소인 것입니다. — 내가 첨언하려는 것은 다만 여기서 그것이 어떤 주관인지의 문제가 어떤 방식으로도 해결되지 못한다는 점입니다. 왜냐하면 이성비판은 경험적 사태를 전제하는 것이 아니라, 그것을 근거 지으려는 과제로 제시했기 때문입니다. 그러므로 사실 여기서 경험적 자아, 즉 이 강의실에서 각자 존재하고 있는 개별 인간은 전혀 전제될 수 없습니다. 그러나 반면에 모든 것이 서로 연관 맺고 있는 개별화된, 특수한 의식의 전제는 칸트적인 이성 비판의 의미에서는 단연코 필수적입니다. 칸트는 지금 여기 놓여 있는 (내가 말한 것에 대해 여러분이 그것을 칸트의 뻔뻔한 비난으로서가 아니라 그 반대로 간주하리라고 생각합니다.) 모순을, 즉 한편으로 주관성의 개념은 개인적 주관 없이는 생각할 수 없지만, 다른 한편으로 개인적 주관 자체는 결코 전제되어서는 안 되지만, 그러나 첫째로 구성된 주관이라는 모순을 무지하게 고민했다고 나는 말하고 싶습니다. 그는 항상 여러 작품들의 새로운 형식에서, 그리고 『순수이성비판』과 용어를 다르게 한 『철학 서설 Prolegomena』에서도 이 모순을 해결하려고 합니다. — 따라서 이것이 우선 칸트에게서 소위 말하는 주관 개념의 존재론적 의미라 할 수 있겠습니다. 작품의 전체 윤곽으로부터 도출될 수 있는 실제의 결과는 모든 것이, 즉 내가 어떤 종류이든지 간에 인식할 수 있게 하는 모든 특수한 형식들이 이 의식의 통일로부터, 즉 나의 모든 표상들을 수반하는 이 '나는 생각한다'로부터 귀결되어야 한다는 것입니다. 또한 사유된 모든 것이 종속되어 있는 최고의 형식인 이 통일로부터 이제 개별적 형식들의 —직관 형식들과 범주들의— 다양성이 우선 생겨나야 한다는 것입니다. 『순수이성비판』의 가장 유명한 핵심 부분인 「순수 지성 개념의 연역」에 관한 한, 이제 여러분은 여기서 무엇이 중점으로 다루어지는지를 아주 쉽게 이해할 수 있을 것입니다. 여기서 중점으로 다루어지는 것은 범주들, 따라서 내가 나의 경험을 조직화하는 개별적인 중요한 기본 개념들은 다른 어떤 것으로부터 도출되어서는 안 되고, 오로지 이 개인적 의식의 통일로부터 도출되어야 한다는 것입니다. 이것이 소위 말해 대략적으로 『순수이성비판』의 구조에 기초가 된 전략입니다.

인과성에 대해서 나는 지금 길게 언급하고 싶지 않습니다. 칸트에 있어 인과성은 개인적 의식의 통일로부터 수반된 하나의 범주입니다. — 그러나 칸트에게서 인과성은 내가 시간 속에서 연속되는 동일한 사물의 현상들을 종합하고 통합적으로 생각하도록 강요하는 가장 일반적인 법칙성의 형식일 따름입니다. 그가 흄과 일치하는 것은 그 역시 흄처럼 인과성을 물자체의 특성으로 돌리거나, 인과성을 자연주의적으로 생각하지 않는다는 것입니다. 반면에 그는 흄과는 반대로 정돈된 인식, 연속적인 것의 합법칙성은 이 형식하에서만 가능하다고 주장합니다. 흄이 인과성이란 단지 주관적일 뿐이라고 말한다면, 칸트는 그것이 단순히 주관적일 뿐이지만, 그러나 소위 오인된 이 '단순한' 주관성은 객관성이 오로지 최초로 실현될 수 있는 필수적인 조건이라고 말할 것입니다. 이런 의미에서 칸트에 있어서 인과성의 범주는 흄의 비판과는 상반되게 존재론적 의미를 지니고 있습니다.[110]

드디어 우리는 가장 난해한 문제로 남아 있는 사물 개념에 도달해 있습니다. 여기서 나는 여러분에게 먼저 칸트에 대한 여러분 자신의 노력에 작은 도움이라도 주고 싶습니다. 칸트에게서 사물 또는 대상의 개념은 수많은 칸트의 개념들처럼 이중적입니다. 그런데 우리가 이 강의에서 그렇게 하듯이 개념들의 다의성 또는 이중성이 우연한 것이 아니라, 사태의 생명력과 관련되어 있다고 확신할지라도, 그러나 이러한 만족스런 확신이 우리로 하여금 용어의 서로 다른 의미를 쉽게 알아차리게 하지 않습니다. 그러므로 다음과 같은 점을 분명히 하시기 바랍니다. 즉 『순수이성비판』에서 '물자체'는 일단 우리에게 전혀 알려지지 않고 불확실한 우리의 현상들의 원인, 촉발의 원인, 감각적 자료들의 원인과 같은 의미를 가지고 있습니다. —내가 여러분에게 말한 바와 같이 칸트에 있어 감각적 자료들도 또한 알려지지 않은 사물을 통해 야기된 전혀 규정되지 않는 것으로 파악됩니다. 나는 어떻게 칸트가 이런 알려지지 않은 사물을 요청하고 심지어는 그것과 우리의 경험들 사이의 인과성을 가정하게 되는지에 대해 여러분에게 지금 다시 말하고 싶지 않습니다. 칸트에게서 인과성은 오직 내재적 범주, 그러니까 우리 현상의 질서에 관한 범주이지 결코 초월적인 것, 경험에 접근하기 어려운 것과 관련된 범주가 아닙니다. 칸트에게서 독단처럼 보이는 사물의 전제는 그가 어느 정도는 인식의 반복을 피하기 위해 발생한 것이지 다른 이유가 없다는 것을 여러분에게 보여 줌으로써 나는 이에 대해 이미 충분하게 설명했다고 생각합니다. 그는 동일하지 않은 현실의 개념, 따라서 단순히 의식 자체와 일치하지 않는 현실의 개념을 고수하려고 했습니다. 그러나 칸트에게는 이 초월적transzendent 물자체 개념과 대립하여 ―신칸트학파는 이 개념을 수학적 의미에서 한계 개념으로 해석하려고 했습니다― 대상 또는 사물의 두 번째 개념, 즉 우리가 내재적immanent 사물 개념이라고 지칭할 수 있는 개념이 존재합니다. 즉 이 개념에 따르는 사물은 개별적 현상들, 나의 의식의 개별적 소여들이 종속되는 합법칙성 이외의 다른 어떤 것이 아닙니다. 그런데 칸트가 현상은 오직 이 법칙하에 나에 의해서 통합될 수 있지만, 그 외에 강요, 필연에 의해 다른 것과 관계할 수 있다고 말함으로써, 그는 한편으로 사물 개념을 비판적으로 거부했거나 또는 규정되지 않는 것으로 만들어 선험철학의 문밖으로 추방했습니다. 그러나 그는 두 번째의 사물 개념을 ―이 사물 개념을 완전히 배척하는 데이비드 흄과는 상반되게― 긍정적인 것으로서 선험철학에 받아들였습니다.

93) 여기서 아도르노는 의심의 여지 없이 자신의 경험을 염두에 두고 있다. 그는 몇 년 전에 "단체 실험"과 관련하여 —사회연구소das Institut für Sozialforschung가 1950/51에 수행했던— 강제수용소, 테러, 유대인 말살, 침략 전쟁과 같은 주제들에 대한 리서치 참가자들의 반응을 질적으로 분석하고 그리고 「죄와 방어」라는 단일 논문을 썼다(vgl. GS9·2, S.121ff.).

94) 보니츠Bonitz의 번역에 따르자면 "이성νοὑς은 자신이 가장 탁월한 한 … 자기 자신을 사유하며 그리고 사유는 사유의 사유νόησις νοήσεως이다"(Aristoteles, Metaphysik X11, 9[1074b 33ff.]).

95) Hegel, a.a.O. [Anm. 90], Bd. 6, S.78.

96) ebd., S.78f.

97) 출처 미상.

98) 칸트 철학의 '표현Ausdruck'의 모티브는 아도르노의 청년기로 소급되며, 1964년에 발표된 에세이에 따르면 그는 지그프리트 크라카우어Siegfried Krakauer에게 영향을 받았다. "수년에 걸쳐서 그는 나와 함께 『순수이성비판』을 … 읽었다. 내가 이 책을 읽는 것이 나의 학문적 스승보다 그가 미친 영향이 더 크다고 말해도 나는 조금도 과장하는 것이 아니다. 교육적으로 특별히 재능을 갖춘 덕분에 그는 나에게 칸트를 활기차게 만들어 주었다. 처음부터 나는 그가 주도하는 것에 따라 이 저서를 단순한 인식론, 학문적으로 타당한 판단조건의 분석이 아니라, 정신의 역사적 상황이 해독될 수 있는 일종의 암호화된 저서로 경험했다. 그럴 때마다 나는 거기서 진리 자체에 대한 그 무엇을 얻을 수 있으리라는 막연한 기대에 차 있었다. … 그는[크라카우어는] 이성비판을 단순히 선험적 관념론의 체계로만 설명하지 않았다. 오히려 그는 객관적-존재론적 그리고 주관적-관념론적 요소들이 어떻게 그 안에서 충돌하는지, 이 저서의 웅변적인 구절에서 이론의 갈등으로 남아 있는 상처가 어떻게 되는지를 내게 알려 주었다. … 나는 이에 관해 완전히 해명할 수 없었지만, 크라카우어를 통해 처음으로 철학의 표현적 모티브를 발견했다: 머리에 떠오르는 것을 말해 보라. 반대의 요소, 엄격성과 사고에 객관적 강요는 그다음으로 위치한다. 내가 대학에서 철학의 실천으로부터 처음으로 사고의 엄격성과 객관적 강요와 마주하고 오랫동안 충분히 학술적으로 생각한 후에야, 철학이 생명을 갖게 되는 긴장은 표현과 구속력 사이에 있으며 철학의 중심은 표현과 구속력 사이에 있음을 발견했다"(GS II, S.388f.).

99) "최근에 나는 현대의 소위 새로운 칸트 철학을 알게 되었다. … 만일 모든 사람들이 눈 대신에 녹색의 유리를 가지고 있다면, 그들은 그것을 통해 바라보는 대상들을 녹색이라고 판단하지 않을 수 없을지 모르는데 − 그들은 눈이 그들에게 사물이 어떤지를 보여 주는지 또는 사물에 속하는 것이 아니라 눈에 속하는 어떤 것을 사물에게 보태 주는 것이 아닌지 결코 결정할 수 없을지도 모른다. 지성이란 그런 것이다. 우리는 진리라고 부르는 것이 진실로 진리인지 또는 우리에게 단지 그런 것처럼 보일 뿐인지 결정할 수 없다. 단지 우리에게 보일 뿐이라면, 우리가 여기서 수집한 진리는 우리의 죽음 후에 존재하지 않을 것이다. −그리고 우리의 무덤 속으로 뒤따라 들어올 재산을 획득하려는 모든 노력은 헛된 것이다− … 나의 유일한 최고의 목적은 가라앉았고, 나는 이제 더 이상 아무것도 갖고 있지 않다−"(Heinrich von Kleist, Sämtliche Werke und Briefe, hrsg. von Helmut Sembdner, 5. Aufl., München 1970, Bd. 2, S.634 [22. 3. 1801, Brief an Wilhelmine von Zenge; ähnlich auch im Brief vom 23. 3. 1801 an die Schwester, vgl. ebd., S.636]).

100) 이 별명은 모제스 멘델스존에 거슬러 올라간다. 그는 1785년에 발행된 『신의 현존에 대한 아침 시간 또는 강의Morgenstunden oder Vorlesungen über das Dasein Gottes』에 대한 '사전 보고'에서 공식화했다. "나는 그 사이에 형이상학에서 두각을 나타낸 위대한 사람들의 글들을, 즉, 람베르트Lambert, 테텐스Tetens, 플라트너Platner와 모든 것을 깨부수는 칸트의 작품을 단지 내 친구의 불충분한 보고나 거의 교훈적이지 않은 학술적 통지로부터 … 알고 있다"(Moses Mendelssohn, Schriften über Religion und Aufklärung, hrsg. von Martina Thom, Berlin 1989, S.469). 이어서 쇼펜하우어에게서도 "칸트, 모든 것을 깨부수는 자"라는 말이 나온다 (Schopenhauer, Sämtliche Werke, a.a.O. [주 89], Bd. IV: Parerga und Parlipomena 1, Darmstadt 1963, S.59 [Parerga, Fragmente zur Geschichte der Philosophie, &4], auch ebd., S.211 [Parerga, Über die Universitäts-Philosophie]).

101) B XXXVI; W 36.

102) 존재론의 비판과 구원의 뒤섞임을 아도르노는 이미 『키르케고르』(1932)에서 칸트의 이론철학의 중심에 위치했다. 『순수이성비판』은 합리적 존재론의 비판, 역사적으로는 볼프의 존재론 비판으로 불렸다. 이것은 가장 어려운 검증에, 즉 범주적으로 도출될 수 없는 직관 질료Anschauungsmaterial의 우연성에 대한 검증에 노출된다. 그것이 경험의 내용으로서 구원될 수 없다면, 그것의 형식으로서는 구원될 수 있다. 그것이 요청Postulate의 안전하고 무기력한 초월에 추방되지 않는 한, 그것은 아프리오리한 종합판단 안으로 축소된다. 원칙들의 체계 속에서

내면과 우연적인 외부 사이에서의 비약은 제어된다. 통각의 종합적 통일에 의해 주관적으로 생산된 원칙들은 의식의 내재성에 속한다. 이것들은 모든 대상적 인식의 구성적 조건으로서 객관성의 성격을 갖는다. 이중적 의미에서 존재론이 유지된다. 말하자면 자발적인 중심의 체계적인 힘을 통해 우연성으로부터 보호되고, 경험적 타당성을 통해 사변적 기만이 방지된다. 이를 위해 이것들은 추상성을 지불하고, 또한 이것들은 "보편적인" 한에서만 "필연적"이다(GS 2, S.106f.).

103) Kant, Werke, a.a.O., Bd. III, S.590(『현상 문제에 대하여: 독일에서 라이프니츠와 볼프 시대 이후로 형이상학이 이루어 낸 실제적 진보는 어떤 것인가?Über die Preisfrage: Welches sind die wirklichen Fortschritte, die die Metaphysik seit Leibnitzen und Wolffs Zeiten in Deutschland gemacht hat?』).

104) Vgl. 아도르노의 「후설에 있어서 논리절대주의의 비판Kritik des logischen Absolutismus bei Husserl」, 그의 『인식론 메타비판』의 첫 장(GS 5, S.48ff.).

105) 아도르노는 그의 첫 번째 헤겔-연구인 『헤겔 철학의 관점』에서 말하기를 새로운 변증법의 출생증명서를 다음과 같이 소위 정형화한다. "그의 [즉 헤겔의] 관념론에 이성은 칸트를 또 다시 비판하는 의미에서, 부정적이며, 그렇지만 고정된 요소들의 정체 상태Statik를 운동하게 하는 근거이다. 칸트에 의하여 서로 대립된 양극, 즉 형식과 내용, 자연과 정신, 이론과 실천, 자유와 필연성, 물자체와 현상은 모두 반성에 의해 이 규정의 어떤 것도 최종적인 것으로 멈춰 있지 않는다. 모든 것은 사유되고 사유되어 있을 수 있도록 자신으로부터 다른 요소를 필요로 한다. 이에 반해 칸트는 모든 것에 이러한 요소를 반대한다(GS 5, S.257). 그런데 아도르노의 부정변증법은 『부정변증법』의 범주 부분이 '존재자 없는 존재는 없다 Kein Sein ohne Seiendes'라는 파격적인 문구로 시작한다면 헤겔의 『논리학』 못지않게 여전히 칸트의 선험철학과 관련이 있다"(GS 6, S.139).

106) 자아, 인과성과 물자체라는 개념들의 '실마리'를 놓고 흄 철학에 대한 이성비판의 입장에 아도르노는 그의 스승 코르넬리우스의 해석을 따른다. "그와[칸트와] 그를 포함하는 전체 유럽의 대륙철학을 사로잡았던 독단적인 잠은 본질적으로 ―우리의 인식과는 상관없이― 즉자 대자적an und für sich으로 구성되어 있다. 학문 이전의 사유로부터 이어받은 실존하는 사물, 원인과 정신적 인격성의 개념들이 세계 전체의 통일적 설명을, '형이상학'을 정초하기 위해 너무나 무비판적으로 사용되었다는 점이다"(Cornelius, Kommentar zu Kants Kritik der reinen Vernunft, a.a.O. [주 14], S.2).

107) 즉 「순수한 지성 개념의 선험적 연역」에서; 이전 강의에서 아도르노는 본래 두

머리말과 서문을 다루었다.

108) 무엇보다 제2판에서 「순수 지성 개념의 연역」을 참조, 특히 16장 「통각의 기원적인 종합적 통일에 관해」를 참조. "내가 **생각한다**고 함은 나의 모든 표상들을 동반할 수 있어야 한다. 만일 그렇지 않다면 전혀 생각될 수 없는 것이 나에게 표상될지 모른다. 이런 일은 표상이 불가능하다거나 적어도 나에게 아무것도 아니라고 말하는 것과 같은 의미이기 때문이다"(B 131f.; W 136).

109) 뒤의 330쪽과 이에 해당하는 주 238 참조.

110) 아도르노는 칸트의 인과 개념의 비판을 『부정변증법』에서 추가로 제시했다. "유명한, 칸트의 지극히 형식적인 인과성의 규정은 일어나는 모든 것은 이전 상태를 전제로 하며, '그것은 규칙에 따라 이 상태를 필연적으로 따라간다'고 한다. 역사적으로 이 규정은 라이프니츠학파와는 방향을 달리한다. 이것은 존재 자체로서 내적 필연성으로부터 상태들을 뒤따른다는 해석과는 다르다. 다른 한편으로 그것은 흄과도 차이를 보인다. 흄은 관습, 우연적인 것으로부터 위임받은 사유의 규칙성 없이는 일치된 경험은 가능하지 않다고 본다. 하지만 흄은 관습을 당연시하기 위해 즉시 인과를 말하지 않을 수 없었다. 반면에 칸트의 경우에 인과성은 주관적 이성의 기능이 되며, 이로써 관습하에 표상된 것은 점점 감쇄된다. 그것은 한 편의 신화처럼 녹아서 사라진다. 인과성은 이성 원리, 규칙에 의거한 사유에 근접한다. 인과관계에 대한 판단들은 동어 반복으로 바뀐다. 이성은 어쨌든 법칙에 의해 그 자체가 무엇을 가져오든지 그들에게서 발견한다. … 객체들의 내적 규정에 대한 금기처럼 인과성이 언제가 그렇게 철저히 탈마법화되면, 그것은 자체 내에서 해체된다. 흄의 부정에 앞에서 칸트의 구원은 오직 흄이 일소한 것을 이성에 천부적인 것, 말하자면 비록 인간학적 우연성은 아닐지라도 이성이 지닌 속성의 필요로 간주한다는 것을 전제로 한다. 인과성은 당연히 대상들과 대상들의 관계에서가 아니라 주관적 사유의 강요에서 생겨나야만 한다. 하나의 상태가 그다음의 어떤 본질적인 것, 어떤 특수한 것과 원인관계가 있을 수 있다는 것도 칸트는 독단적인 것으로 간주한다(GS 6, S.245). ― 인과성의 개념에 대하여 뒤의 191쪽, 246쪽 이하와 주 181 참조.

나는 오늘 여러분에게 제시할 상세한 분석에 정확한 가치를 부여하기 위해 짧게나마 사고의 큰 줄기를 상기시켜 주려고 합니다. 나는 여러분이 비판의 중심에서, 비판을 무릅쓰고, 그리고 비판을 통해, 처음부터 끝까지 칸트는 『순수이성비판』에서 존재론을 구원하기 위해 노력하고 있다는 것을 보아야 한다고 ─이것은 『순수이성비판』이 표현한 형이상학적 경험에 속합니다만─ 말했습니다. 동시에 나는 여러분에게 존재론의 개념을 설명하였습니다. 또한 나는 존재론의 핵심적 개념들이 이른바 자연주의적인 개념들[111]로서 흄의 비판에 희생되었다는 것을 보여 줌으로써 존재론의 구원이 명백하게 설명될 수 있다고 나는 말했습니다. 이는 존재론의 개념들이 흄을 통한 논의에서 객관성에 대한 모든 요구를 상실하였고, 그리하여 단순한 관습주의Konventionalismen가 되어 버렸음을 의미합니다. 그리고 나는 이 개념들이 어떤 의미에서 칸트에 의해 객관성을 회복하지만 철저히 주관을 통해 객관성을 회복한다고 말했습니다. 나는 이것을 우선 자아의 개념을 가지고 여러분에게 보여 주었고 ─나중에 이 주관의 개념을 우리는 아주 상세하게 다시금 언급할 예정입니다─ 또한 계속해서 짧게 인과성의 개념과 사물의 개념을 가지고 보여 주었습니다. 칸트에 있어서 범주에 의해 구성된 객관성을 통해 ─따라서, 여러분이 좋다면, 주관적 객관성을 통해— 구원되어야만 하는 소위 이 세 가지 자연주의적인 개념들 중 세 번째 개념인 사물 개념이 뛰어난 역할을 수행합니다. 물론 여러분이 이 핵심적 개념의 역할을 명백하게 할 수 있으려면 여러분도 기억하듯이 『순수이성비판』의 전체 의도는 칸트가 객관적 인식 기제들을 그 자체를 위하여 분석하고 분해하려는 것이 아니라는 의미에서 객관적이라는 것을 먼저 알아야 합니다. 그는 사유나 인식의 단순한 심리학을 제시하려는 것이 아니라 오히려 우리가 객관적으로 타당한 인식을 파악할 수 있기를 기대하며 인식 기제들을 분석하려고 합니다. 이제 이것은 실제로 자연의 인식과 연관되어 있습니다. 왜냐하면 『순수이성비판』은 사실 인식하는 주관의 반성을 통해 인식의 타당성이 전제된 수학적 자연과학에서 자연의 인식 타당성을 증명하려고 한다는 것을 여러분이 계속해서 기억할 것이기 때문입니다. 그러나 그것은 두말할 여지 없이 자연의 총괄 개념이 ―칸트적인 의미에서 인식의 대상이 어떤 자연으로 나타나든지― 또는 세계의 총괄 개념이 사물 개념, 즉 존재하는 모든 사물 일반의 최고의 종합, 최고의 총괄이라는 것을 밝혀 줍니다. 그러므로 칸트가 추구했던 진리 증명의 성공은, 즉 객관적 진리 증명의 성공은 실제로 주관적으로 구성된 사물의, 개별 사물의 객관성에 대한 분석이 성공되었는가에 달려 있다고 주저 없이 말할 수 있습니다. ―여러분은 여기로부터 계속해서 사물들의 연관 관계와 궁극적으로 객관적으로 타당한 세계 개념으로 나아갈 수 있습니다. 여러분은 나중에 비로소 분명하게 깨닫게 되겠지만, 내가 오늘 적어도 여러분에게 두 번째 고찰을 덧붙일 수 있습니다. 즉 구성하는 주관성의 개념이, 따라서 내가 지난번에 상세히 언급했던 의식의 통일을 성립시킨 이 주관성의 개념이 바로 칸트적인 구상의 핵심 내용입니다. ― 의식의 통일은 본래 사물의 통일, 대상의 통일과 상관관계 속에서 사유됩니다. 즉 칸트가 본래 선험적 기제로서, 즉 주관적 통일을 정초하는 기제로서 표현한 이 기제는 실제로 우리가 사물을, 객관적으로 실존하는 존재를 동일한 것으로 인식할 수 있게 하는 기제 이외에는 아무것도 아닙니다. 그렇기 때문에 여러분은 『순수이성비판』 전체에서 항상 인식 객관과 인식 주관의 이 두 개념을 상관적으로 사유해야만 합니다. 사물의 객관적인 인식 가능성은 실제로 구성적 주관성을 통찰하게끔 하고, 반대로 우리는 오직 이 주관적 요인들을 통해서만 사물의 객관적인 존재에 도달합니다. 이에 대해서는 추후에 또 언급하겠습니다.

그러나 나는 —칸트에 있어서 존재론 또는, 나의 방식대로 말한다면, 절대적으로 타당한 객관적 인식의 가능성이 어떤 의미에서 구원되는지를 여기서 여러분에게 보여 주는 것이 나의 임무이기에— 여러분에게 이제 칸트의 사물 이론을 좀 더 설득력 있게, 좀 더 분명하게 해야 한다고 생각합니다. 나는 여러분에게 지난번 강의에서 이미 칸트가 사물 문제에 제시한 대답이 사물이란 그것의 가능한 현상들의 법칙이라는 명제로 요약될 수 있다고 말했었습니다.[112] 철학의 결정적인 물음에서 항상 그렇듯이 반대 입장의 차이는 근본적으로 최소한의 차이입니다. 여러분이 흄과 칸트의 핵심 개념에서 특별한 차이를 명백하게 인식하려면 여러분은 참으로 칸트에게서 '법칙'이라는 표현을 —즉 어떤 것이 필연적으로 서로 결합된 것으로 생각되는 형식으로서— 아주 확실하게 이해해야 합니다. 언급한 바와 같이 여기서 소위 말하는 자연주의적 개념과 그것의 선험적 구원의 물음에 중요한 것은 바로 데이비드 흄의 『인간 본성론Treatise』[113]에 대한 『순수이성비판』의 반성적 논박입니다. 이 자리에서 서로 극단적으로 대립되는 두 사상가의 핵심 개념은 흄의 경우에 느슨한 의미에서 —그러나 로크의 경우에 전혀 느슨한 의미가 아니라 오히려 칸트적인 견해에 가까운 의미에서— 사물의 객관성을 구성하는 합법칙성이 언급될 정도로 서로 근접합니다. 흄이 지속적인 사물, 지속적인 존재 일반을 언급하는 우리의 습관을 —내가 여러분에게 지난번에 말했듯이— 연상이나 인접 또는 그 밖의 것과 같은 심리적 사실로 소급한다면, 이때 분명히 중요한 것은 우리가 인간의 의식을 분석할 때 반드시 찾아낼 수 있어야 하는 어떤 규칙성입니다. 사실 여기서 차이는 '규칙Regel'과 '법칙Gesetz'이라는 두 표현 사이의 뉘앙스로 소급됩니다. 말하자면 흄에 있어서 이 규칙성은 순전히 경험적인 것으로 간주됩니다. 이 규칙성은 있을 수 있고 마찬가지로 없을 수도 있습니다. 그렇기 때문에 흄에 있어서 심리적 합법칙성이 이끌어 내는 객관성은 우연성의 특성을 갖습니다. 그렇다면 우리는 객관성이 한갓 주관적이고 심리적인 연관 조직의 우연적 성질에 의존한다고 말할 수 있습니다. ― 반면에 칸트에 따르면 이 합법칙성은 다음과 같은 종류입니다. 즉 이 합법칙성이 없으면 우리의 통일적 의식은 표상될 수 없고 이와 더불어 현실 일반에 대한 통일적 경험은 표상될 수 없습니다.

아마도 여기서 여러분에게 놀라우리만큼 미세하게 나타나는 것, 즉 인식 이론가들이 경험적 규칙과 근본적으로 논리적 합법칙성과의 최소한의 차이를 두고 벌어지는 탈무드적인 논쟁에서 나타나는 것, 이것은 그럼에도 그 결과에 따라 실제로 전체를 좌우하는 차이입니다. 그 이유는 칸트가 이 합법칙성을 통일적 의식과 동시에 통일적 대상 일반의 필연적 조건으로 이해했기 때문입니다. 그런 까닭에 자연 인식의 객관적 타당성, 사물 인식의 객관적 타당성, 실재의 객관적 타당성과 같은 것이 존재하며 또는 칸트가 유명한 문구에서 표현하듯이 '경험적 실재론'의 객관적 타당성과 같은 것이 존재합니다. 왜냐하면 내가 여러분에게 지금 표현하고 싶은 이 연관성에 대한 칸트의 규정은 여러분 모두 아마도 언젠가 듣게 될 규정으로서, 선험적 관념론transzendentaler Idealismus/경험적 실재론empirischer Realismus[114]이기 때문입니다. 이는 선험적 의미에서, 그러니까 아프리오리한 종합판단의 가능성 조건의 의미에서 중요한 것은 관념, 따라서 순수하게 정신으로부터 유래하는 것이라는 의미입니다. 따라서 객관성은 정신에 근거를 두고 있습니다. 그러나 다른 측면으로 이 선험적 조건과 우리의 소여성과의 상호작용이 실제로 우리의 경험세계로서 우리를 에워싸고 있는 세계 전체를 구성하게 하는 한, 그것은 경험적 실재론입니다. 만일 우리가 칸트의 관념론을 무우주론Akosmismus, 경험적 실재의 거부, 현실성의 거부로 파악하려고 한다면 우리는 그것을 아주 잘못 이해한 것입니다. 또는 우리가 ─주지하듯이 데카르트가 그의 『성찰Meditation』[115]에서 했듯이─ 세계를 하나의 꿈일 수 있음을 그가 가정한다고 비난하려 한다면 이 또한 마찬가지입니다. 이 가능성을 칸트는 경험적 관념론 또는 버클리Berkeley의 관념론에 대한 그 유명한 논쟁에서 '공상적 관념론träumerischen Idealismus'이라는 이름으로 아주 날카롭게 조롱했던 것입니다.[116]

여러분은 칸트에게서 주관성의 객관성 요구를 이해하기 위하여 합법칙적 연관의 개념을 매우 엄밀하게 받아들여야만 합니다. 왜냐하면 이러한 합법칙성하에서만 조직화된 의식과 같은 어떤 것, 자체 내에서 논리적으로 일치하고 연관성을 갖는 의식과 같은 어떤 것, 그리고 동시에 자체 내에서 연관성을 갖고 논리적으로 일치하는 대상성 일반과 같은 어떤 것이 가능하기 때문입니다. 『순수이성비판』에서 가장 보편적인 그리고 여기에서 타당한 명제는 현상 법칙이란 나의 표상들의 결합을 규정하는 법칙이라는 명제입니다. 나는 이제 이 문제와 관련되고 여러분이 이해할 수 있는 제2판의 「선험적 연역」에서 나온 칸트의 다음과 같은 비판적 입장을 여러분에게 제공하려고 합니다. 물론 여러분이 여기에서 이 연역 자체의 기본 개념을 ─범주가 의식의 통일과 어떻게 연관되는지를─ 세부적으로 알 수 없겠지만 말입니다. "범주는 현상에게, 모든 현상들의 총괄 개념으로서의 자연(질료적으로 보아진 자연)에게" ─따라서 특정한 질료에서 내용적으로 지각된 자연─ "아프리오리한 법칙들을 지정하는 개념이다. 여기에 생기는 문제는" ─이것이 바로 『순수이성비판』에서 중심적 문제인데─ "아프리오리한 법칙이 자연으로부터 도출되지 않고 또 표본으로서 자연을 따르는 것이 아니기 (그렇지 않으면 아프리오리한 법칙은 순전히 경험적이기에) 때문에 자연이 아프리오리한 법칙에 따라야 한다는 것이 어떻게 이해될 수 있는가이다." 이것이 『순수이성비판』의 중심적인 역설Paradoxen입니다. 정신이 자연에게 법칙들을 규정한다는 것은 정신이 함축적 의미에서 규칙에 따르는 현상의 합법칙적인 연관으로서 사물성Dinglichkeit을 구성한다는 것을 의미합니다. "즉 법칙들이 자연의 다양성의 결합을 자연으로부터" —따라서 내용, 인식의 질료로부터— "취함이 없이 어떻게 아프리오리하게 규정할 수 있는가이다." 칸트에 의하면 "여기에 이 수수께끼의 해답이 있다. 현상들 자체가 아프리오리한 감성적 직관의 형식과 일치해야만 한다는 것은 자연에서 현상의 법칙들이 지성과 그것의 아프리오리한 형식, 즉 다양성 일반을 결합할 수 있는 능력과 일치해야 한다는 것보다도 더 이상한 것은 전혀 없다."[117] 그러므로 우리는 우리가 가지고 있는 소여성을 이 지성 개념에 귀속시키고 그것을 이 지성 개념과 결합할 수 있다는 것에서 전혀 기이한 것도 없으며 우리의 개별적인 감각적 자료들이 우리에게 감성 일반의 형식인 공간과 시간에 주어져 있다는 것에서 전혀 기이한 것도 없다고 칸트는 말하고 있습니다.

물론 이 자리에서 매우 확실하게 이의를 제기할 수도 있을 것입니다.[118] 즉 어떻게 우리가 통제하지 못하는 소여das Gegebene가 우리의 주관적 형식과 모순 없이 일치되는지, —이 일치를 통하여 객관적으로 타당한 인식과 같은 어떤 것이 실제로 성립되는지— 그것은 정말 매우 특이한 것입니다. 여러분에게 낭독했던 문장에서 나타나듯이 칸트 자신도 이 문제를 그리 쉽게 해결하지 못했지만 이 문제를 아주 잘 의식하고 있었다고 나는 여러분에게 말하는 바입니다. 이것은 '도식론Schematismus'의 매우 심원하고 난해한 문제입니다. 나는 이에 대해 다음 강의 중 적당한 시간에 여러분에게 알려 줄 생각입니다.[119] 그러나 나는 여기서 우선 여러분을 이 심연으로 끌어내리는 것이 아니라 칸트가 주장한 바를 훨씬 더 단순하게 설명하고자 합니다. 즉 우리는 우리의 감각적 소여를 지성의 형식을 통해 결합할 능력이 있으며 이를 통해 객관성이 이루어진다는 점에서 말입니다. ― 그 점에는 전혀 놀라울 것이 없습니다. 이것에 해 줄 수 있는 대답은, 여러분이 좋다면, 종합적 판단의 의미에서, 새롭게 덧붙일 수 있는 인식의 의미에서의 대답이라기보다는 근본적으로 내가 여러분에게 설명했던『순수이성비판』의 전체적인 전제와 관계합니다. 그것은 ―내가 왜 여러분에게 그것을 상세하게 설명했는지를 지금 보게 될 것입니다― 말하자면 형식과 내용에 대한 차이의 전제와 관계합니다. 나는 이 차이가 칸트에 있어서 대단히 철저하며 그것도 모든 규정들이 ―이를 통해 소여는 존재가 됩니다― 형식의 측면으로, 주관의 측면으로 받아들여진다는 의미에서 철저하다고 여러분에게 말했었습니다. 주관에 의해 일어난 규정들을 배제하면 직관의 형식에 포섭되고 의식 통일의 형식을 통하여 결합되어야 할 이 소여는 전적으로 무규정적인 것이며, 이 소여성의 기원이라고 할 물자체와 마찬가지로 (이렇게 말할 수 있을 것 같은데) 무규정적입니다. 그것은 완전히 무질서하고, 완전히 정돈되어 있지 않으며, 그것은 현존하고 있다고 말해질 수 없습니다. 그것의 현존에는, 그 현존의 주장에는 이미 그것이 주어져 있는 주관의 관계가 포함되어 있습니다. 칸트는 그것을 '직관 속의 포착Apprehension in der Anschauung'[120]이라고 부릅니다. 이것은 이를 통해 이미 그것의 현존이 매개된다는 것을 말합니다. ― 인식의 최종적 소여성이어야 하는 이 순수 존재는 하나의 무이고 그리고 존재와 마찬가지로 무도 존재해야만 한다[121]고 헤겔이 말했을 때, 이것은 칸트를 뛰어넘어 최소한의 한 걸음 나아간 것뿐입니다. 여기서 내가 어떤 것과 무에 대한 물음을 도외시한다면, 우리는 어쨌든 인식을 구성하는 질료의 완전한 무규정성이 바로 칸트 체계에 상응하는 부정적 관점을 갖는다고 말할 수 있습니다. ― 그것은 어쩌면 철학적 고찰에서 일반적으로 무시되기 쉬운 사실일지도 모르겠습니다. 즉 객관성에 대한 요구, 다시 말해 인식의 타당성에 대한 요구는 질료나 형식에 긍정적으로 주어진 것보다는 오히려 결여 상태στέρησις에, 부정적인 것에, 결여된 어떤 것에 매우 자주 기인한다는 사실이 무시되기 쉽다는 것입니다. 이러한 질료가 사실 형식과 내용의 데카르트적인 균열로 인하여 이렇게 절대적으로 무규정적이어야 한다는 것은 여기에서, 여러분이 좋다면,『순수이성비판』과 너무나 잘 맞습니다. 왜냐하면 이러한 포섭에 —따라서 지성을 통한, 나의 의식 통일의 형식을 통한 결합에— 무엇이 결합되든지 어떤 방해도 없다는 것을 의미하기 때문입니다. 그 이유는 이 결합과 관계하는 것이 자체 내에서는 완전히 무성적qualitätslos이어서 그것은 무한히 형식에 의하여 조형될 수 있기 때문입니다. 칸트에 따르면 —『순수이성비판』에 명시적으로 표현되어 있지 않지만 우리는 이 사실을 생각해야만 합니다— 무성성과 인식에 있어서 질료의 무규정성은 우리에게 어떤 장애도 없이 소여성을 상호 결합할 수 있도록 질료에게 조형성Plaszitität을 부여합니다. 이것은 질료의 무규정성 때문에 정신은 절대권을 갖고 이 소여성을 처리할 수 있다는 것을 의미합니다. 그런데 이것은 정신이 오직 어떤 것을 깨물어야 하는데 그것은 어떤 맛도 있을 필요가 없고, 오로지 깨물어야만 한다는 것으로 충분하다는 것을 가정하고 있습니다. 그러나 나는 이 완전히 추상적인 것에 경험과 같은 것을 가공한다는 요구가 들어 있습니다. 이때 내가 치아 사이에 무엇인가를 갖고 있다면, 나는 완전한 절대권을 가지고 소위 내가 원하는 것을 할 수 있습니다. 그렇다면 그 속에 절대적이고 창조하는 정신의 엄청난 요구가 근본적으로 이미 들어 있습니다. 이것은 이후에 피히테와 셸링에 의하여 알려졌습니다.

나는 계속해서 여러분에게 칸트로부터 이에 관련된 부분을 낭독하겠습니다. "왜냐하면 현상은 자체로 존재하는 것이 아니라 감관을 지니는 한에서 주관에 관계해서만 존재하듯이, 법칙은 현상 안에 존재하는 것이 아니라 현상이 내재해 있는 주관이 지성을 가지고 있는 한에서 그 주관에 관계해서만 법칙이 존재하기 때문이다."[122] 따라서 칸트는 다른 말로 표현합니다. 즉 여기에는 인식의 대립적 양극단에 놓여 있는 법칙성의 개넘과 소여성의 개념 사이에 존재론적으로 말해 ―그러니까 그것의 절대적인 본질에 따르면― 대단히 큰 차이는 없다고 말입니다. 왜냐하면 나는 주관을 전제하지 않고 주어진 것을 언급할 수 없듯이 ―주관 없이 소여성에 대해 언급하는 것은 무의미합니다― 바로 이 법칙을 사유하는 사유를 전제하지 않고 나는 대립된 지성의 측면에서 법칙을 거론할 수 없기 때문입니다. 또한 왜냐하면 합법칙성은 전적으로 사유 규정이며, 필연적으로 사유로, 그리고 이와 함께 주관으로 환원되는 논리성 (여러분은 이렇게 말할 수 있습니다) 자체이기 때문입니다. 따라서 이러한 한에서 우리가 사물의 객관성을 주관에 돌린다고 해서 칸트에 따르면 결코 역설이 성립되지 않습니다. 왜냐하면 객관성의 보증은 합법칙성과 결코 다른 어떤 것도 아니기 때문이며, 또한 우리 사유의 합법칙성이 아니라면 우리는 결코 합법칙성을 거론할 수 없기 때문입니다. 이는 어떻게 정신이 자연에게 법칙성을 지시할 수 있는지의 물음에 대한 핵심적인 대답입니다. "물자체"는, 이는 초월적인 사물을 의미하는 것으로서, 우리가 실제로 접하는 경험의 사물이 아니라 유명한 그러나 결코 알려지지 않은 현상의 원인입니다. 이 원인은 마치 알지 못하는 위대한 자가 법정에 나타나서 그리고 어느 누구도 본 적이 없지만 가능한 모든 것이 그에게 기인되는 것과 같습니다. "물자체는 사물을 인식하는 지성과는 별도로 자신의 합법칙성을 필연적으로 가지고 있을지도 모른다. 그러나 현상은 사물의 표상일 뿐이다. 물자체는 그 자체대로 우리에게 알려져 있지 않다. 그러나 순전한 표상으로서의 현상은 결합하는 능력이 지정하는 결합법칙 이외에는 아무 결합법칙에도 종속되지 않는다. 그런데 감성적 직관의 다양성을 결합하는 것은 구상력 Einbildungskraft이다." ―여기서 구상력이란 다른 말로 표현하여 현전하지 않는 것을 현전하는 것으로 사유하는 능력입니다― "구상력은 그것의 지성적 종합의 통일에 관해서는 지성, 그리고 포착의 다양성에 관해서는 감성에 의존한다. 모든 가능한 지각은 포착의 종합에 의존하고, 이 경험적 종합은 선험적 종합에, 즉 범주에 의존한다. 그렇기 때문에 모든 가능적 지각은, 따라서 경험적 의식에 도달할 수 있는 모든 것은, 즉 자연의 모든 현상은 그것의 결합에 관해서는 범주에 종속하지 않을 수 없다. 자연은 … 그것의 필연적 합법칙성의 기원적 근거로서 … 범주에 의존한다."[123] 이것이 칸트의 입장입니다.

이런 의미에서 종합은 소여성의 혼돈이 통일의 조건하에 있다는 것과 조금도 다르지 않습니다. 이때의 통일은 ―내가 여러분에게 지난번에 이미 말했듯이― 우리의 의식 통일과 다르지 않습니다. 보다 정확히 말하면 이것은 연속적과 동시적이라는 이중적 의미에서 이해될 수 있습니다. 이때 여러분은 아주 명백하게 의식을 자신의 의식이라고 확신하는 것으로, 동시에 의식의 흐름으로 생각해야만 합니다. ― 현대적 용어로 사용하면 일종의 내적 독백monolog intérieur이라 할 수 있습니다. 따라서 모든 개별자에게 일어나는 것들, 즉 표상, 소망, 체험의 전부를 끊임없이 흘러가는 흐름으로 생각해야만 합니다. 이에 따라 칸트는 다양성의 종합은 연속적이거나 또는 동시적으로 일어난다고 말합니다. 동시적Simultan이란 내가 이미 여러분에게 표제어로, 즉 '직관의 포착'이라는 형태에서 말했던 것을 의미합니다. 여기서 직관의 포착은 나에게 주어진 산만하고 혼돈스러운 요소들을 내가 하나의 통일적인 현상으로 지각한다는 것을 그리고 통일적인 지각 일반과 같은 것에 도달한다는 것을 뜻합니다. 나는 여기서 심리학적인 논쟁에 ―비록 심리학적인 논쟁이 이 자리에서, 포착에 대한 학설이 현대의 게슈탈트 이론Gestalttheorie과 일치되든 아니든, 인식론적 논쟁과 분리될 수 없습니다만― 관여하고 싶지 않습니다. 현대의 게슈탈트 이론은 개별적인 감각적 소여성에 대한 산만함과 혼돈의 특성에 반대할 것이며 그리고 자아는 처음부터 이 산만한 요소를 동시에 하나의 통일로 지각한다고 말할지도 모르겠습니다. 그런 만큼 이 이론은 표면적으로 『순수이성비판』과는 대립합니다. 그러나 나는 (내가 이것을 여러분들 중에 특별히 인식심리학에 흥미를 가진 분들을 위해 말해도 좋다면) 이 차이가 이미 여러분에게 암시했듯이 순전히 표면적인 것이라고 생각합니다. 왜냐하면 여러분이 이 동시적 종합을 —여러분은 감각적 소여성을 의식의 통일로, 통일적인 것으로 파악한다는 것을— 칸트의 주장에 따르면 추후적인 것으로 생각해서는 안 되기 때문입니다. 또한 칸트의 주장에 따르면 우리가 정신적 장애가 없는 한 다양성을 동시적으로 지각하기보다는 우리가 어느 정도 다양성을 통일시키고 이 통일을 통해 조직화함으로써 그것을 지각할 수 있습니다. 우선 이 통일은 전혀 부가된 것이 아니라 모든 지각이 아프리오리하게 성립되기 위한 조건입니다. —만일 칸트가 이렇게 말한다면, 그는 여기서 실천적으로 게슈탈트 이론과 (내게는 어쨌든 이렇게 생각됩니다) 일치하게 되는 셈입니다. 다만 그는 여기서 게슈탈트 이론과는 달리 한 가지를 덧붙여 말할지도 모르겠습니다— 인식론적 반성에 따라 이 점에서 그는 나에게 정당한 것처럼 보입니다. 즉 게슈탈트 이론이 다루는 직접적 소여성의 형상, 형태, 구조는 하나의 매개, 다시 말해 주관의 매개가 필요합니다. 이는 파악하는 주관성이 존재하는 한에서만 그것들이 존재한다는 것을 의미합니다. 이런 조건은 게슈탈트 이론에 은폐되어 있습니다. 또한 이것은 과학적 연구 분야에서 일어나고 있습니다. 즉 심리학은 그 대상과 마찬가지로 당연히 주관성과 관계하고 있지만 심리학이 다루는 모든 것은 무엇보다도 주관성 내에서 이루어지기 때문에 심리학에서 주관성은 특별하게 주제화되지 않습니다. 그러나 철학은 (내가 여러분에게 거듭 말하지만) 바로 주관성과 객관성의 관계를 반성한다는 점에서 다릅니다. 이것은 의미를 부여할 수 있는 가능한의 주관과 형태의 관계가 철학에 있어서 왜 중요한가를 또한 설명합니다.[124] 그런데 여기에서 철학은 현대 심리학에 어떤 계기를, 즉 주관적 매개의 계기 또는 칸트식으로 말한다면 주관적 조건의 계기를 덧붙이고 있습니다. 이것은 비록 칸트가 원자론적 심리학atomistische psychologie에 빠졌는지도 모른다고 말하는 것이 (이에 대해 사람들이 영국인들을 비난한 것은 올바른 것이었습니다만) 타당하지 않지만 확실히 남아 있습니다. 왜냐하면 칸트에 있어서 인식의 가장 기본적인 단계가 ―직관 속에서 다양한 것을 포착하는 직접적인 지각이― 종합, 통일이기 때문입니다. 더욱이 그것이 무의식적 종합, 그러니까 우리가 혼돈으로 인하여 사유하고 반성하고 완성하지 못한 종합이기 때문입니다. 그보다는 우리가 혼돈을 우리의 것으로 만듦으로써, 우리가 그것을 자기화함으로써, 우리가 그것을 무엇인가로 사유함으로써 우리는 그것을 동시에 통일시키기 때문입니다. 게슈탈트 이론에 따르면 현상의 구조적 통일을 도외시할 수 없듯이 우리는 이 통일을 도외시할 수 없습니다. ― 통일이 경험에 있는 만큼이나 동시적 통일도 그렇습니다.[125] 연속적 통일성에 관한 한 그것은 우리가 현상을 단순히 지금과 여기로 지각하는 것이 아니라 우리가 그것을 보았거나 들었던 것에, 그리고 우리가 장차 보거나 듣게 되는 것에 관계시키기만 하면 성립됩니다. 그러므로 이는 소여성 자체가 시간의 지평 내에서 이루어진다는 것을 말합니다.

포착의 일차적 통일을 제외하면 이제 전체 사물 이론Dingtheorie은 실제 아주 철저한 방식에서 시간의 지평에 달려 있습니다. 우리는 경험의 실재 속에 살고 있으며, 따라서 사물들은 우리의 경험 대상으로서 실제로 존재하지만 이것의 현실성은 우리의 주관성 형식에 근거한다는 칸트의 논증은 다음과 같습니다. 이와 관련하여 나는 여러분이 소위 말하는 『순수이성비판』의 견고한 핵심을 남김없이 확실하게 파악할 수 있게 아주 광범위하고 직설적으로 표현하려고 합니다. 여러분은 지금 강의실을 눈앞에 보고 있다고 상상해 보십시오. 그러면 이때 여러분은 순간적으로 파악할 것입니다. 예를 들어 강의실이 폭격을 맞아서 뒤쪽에 벽이 없다거나 또는 여러분이 공중을 응시하지 않으면 강의실의 천장이 없을지도 모릅니다. 하지만 여러분이 고개를 돌리면 두 번째의 지각에서 다행히도 강의실에 뒷벽과 천장이 있다는 것을, 따라서 그것은 어떤 특정한 방식으로 '관계를 맺고 있다'는 것을 발견할 수 있습니다. 여러분은 이 수업이 끝나자마자 밖으로 나가 강의실과 복도 또는 아름다운 건물의 다른 건축 부속물 사이의 관계를 명백히 주시함으로써 결국 강의실이 여기 이 대학교에 있다는 사실을 확인할 수 있습니다. 이때 여러분은 매 순간 오로지, 여러분이 좋다면, 하나의 부분적인 지각만을 가지고, 또는 (사람들이 현대 인식론의 언어로 표현했듯이) 대상, 사물, 이 강의실이 여러분에게 매번 오로지 특정한 음영Abschattung[126]으로만 주어집니다. 그러나 법칙은 여러분이 고개를 돌리면 여기에서 벽을 발견할 것이라는 점 등을 알려 주고 또한 여러분이 이 모든 작업을 착수하면 여러분은 현상의 통일적 관계를 발견할 것을 알려 줍니다. — 따라서 여러분이 기억과 기대를 통하여 과거의 것, 미래의 것을 결합하는 개별적이고 순간적인 지각들 간의 관계를 총괄하는 개념이 —여러분이 말할 수 있을지 모르겠습니다— 사물입니다. 그러므로 사물은 여러분이 현재 지각된 어떤 것을 결합함으로써 과거와 미래의 지각과 그리고 여러분이 품고 있는 기대를 합법칙적으로 결합하도록 알려 주는 법칙과 전혀 다른 것이 아닙니다. 그렇다면 앞으로 일어나게 될 것과 이미 있었던 것을 알려 주는 법칙, 이 법칙이 바로 여러분이 여기서 관계를 맺고 있는 사물입니다. 이것이 본래의 칸트적인 사물 개념입니다. 이것은 전적으로 관념적인 사물 개념이자 더 좁은 의미에서 볼 때 거의 인식론적 사물 개념이라고 말해도 좋습니다. 이 사물 개념을 비판하려면 할 말이 아주 많지만, 나는 모든 경우마다 여러분에게 비판을 제공하는 것을 과제로 삼지 않습니다. 그보다 사물 개념의 진리가 어떤 것인지에 대하여 반성하기 전에 여러분은 우선 사물 개념을 한번 머릿속에 생생하게 생각해 보아야 합니다. 나는 우리가 —칸트뿐만 아니라 흄을 고려하여— 이 사물 개념을 세련시키고 정제시킴으로써 그리고 사물의 개념을 현상들의 기능적 통일로서 이해함으로써 그 후 우리는 마지막에 사물 개념 자체를 수학적으로 기능 개념으로, 즉 해당 현상에 대한 함수방정식

Funktionsgleichung으로 이해했다는 것을 첨언하는 바입니다. 더욱더 좁은 의미에서 이 사물 개념의 기능적 이론은 이미 칸트에 의하여 수행되었습니다. 칸트가 이미 사물 개념의 기능적 특성을 ─칸트가 언급한 것처럼─ 한갓 관계의 개념으로 보았다는 것을 나는 여러분에게 보여 줄 것입니다. 달리 말하면 그는 여기서 우리가 사물을 전적으로 존재자로서가 아니라 관계로서 표상한다는 결정적인 어려움을 보았습니다.

그러나 나는 우선 여러분에게 『순수이성비판』의 후반부에 있는 ─즉 「반성 개념의 모호성Amphibolie der Reflexionsbegriffe」의 장에 있는─ 사물 이론에 대한 매우 특징적인 부분을 강독하고 해석하려고 합니다. 그것은 「선험적 변증론」으로 가기 위한 중간 단계로 순수 지성의 대상과 현상의 혼동을 다루는 장이라 말할 수 있습니다. 이 부분에서 여러분은 내가 앞서 지적했던 어려움의 논의와 마찬가지로 기능 연관으로서의 사물 규정을 지금 발견하게 될 것입니다. 이 부분은 사실 사물 이론과 깊게 연관되어 있지 않고 그리고 내가 지금 논의하고 싶지 않지만 사물 이론에 뻗어 있기 때문에 사물 이론을 밝히는 데 특별히 중요합니다. "우리가 단지 질료에 대하여 알고 있는 것은 순전한 관계일 뿐이다(우리가 질료의 내적 규정이라고 부르는 것은 비교적으로 내적일 뿐이다)…." 그러므로 '순전한 관계' 란 (칸트의 말에 따르면) 우리가 개별적 현상들, 주관으로서의 개별적 체험들을 상호 관련시키고 이 관계를 통하여 비로소 사물성의 의식에 도달하는 한, 외적입니다. 반면에 그것 자체는 사물인지, 그러니까 자체 내에서 우리와 무관한지, 사물로서 규정되는지 ─ 그것은 우리가 전혀 알지 못하는 어떤 것입니다. 왜냐하면 그것은 칸트가 말하고 있듯이 물자체가 아니라 단지 현상이기 때문입니다. "…그러나 그중에는 자립적이고 지속적인 것이 있는데, 이를 통해 우리에게 일정한 대상이 주어진다."[127] 그리고 상대적으로 자립적이고 지속적인 것, 즉 이 기능 개념을 통하여 표현된 것과 관련된 이 관계는, 그러니까 기능 개념은 사물입니다. 이런 의미에서 사물과 사물 개념 사이에 아무런 차이가 없습니다. 오히려 현상을 연결하기 위한 법칙으로서의 사물은 바로 그 자체로 개념인 것입니다. "내가 이 관계를 도외시한다면 나는 더 이상 사유할 것이 전혀 없다는 사실이 현상으로서의 사물 개념을 무효화하지 않으며, 또한 추상적 대상이라는 개념을 무효화하지 않는 것은 아니다. 하지만 한갓 개념에 의해서만 규정될 수 있는 것, 즉 지성체Noumenon의 모든 가능성을 무효화한다."[128] 따라서 이는 내가 이 관계를 도외시하는 순간에, 예를 들면 강의실의 서로 다른 현상들 간의 관계, 즉 경험에 주어진 이 강의실의 계기들 간의 관계를 나와 연관시키지 않고, 여기 이 강의실의 순수 존재에 대하여 무엇인가를 말하려는 순간, 정말 나에게 아무것도 남아 있지 않다는 것을 말합니다. 그것은 내가 경험적으로 언급하는 사물은 사실 현상의 측면에 속한다는 것, 따라서 그것은 현상들의 결합이며 그리고 물자체가 아니라는 것을 증명합니다. 이와 연관하여 여러분에게 주의를 당부했던 그리고 칸트가 공식화했던 난점을 여러분은 발견할 것입니다. "사물이 전혀 관계들로만 성립해야 한다는 말을 듣는 사람은 의아해할 것이다. 그러나 사물이라는 것은 한갓 현상이다. 그것은 순수한 범주에 의해서만 생각될 수 없다. 사물은 어떤 것 일반과 감관과의 순수한 관계에서만 성립한다."[129]

　　나는 하나의 용어에 주목하면서 강의를 마치려고 합니다. 현상이라는 용어는 칸트에게도 서로 다른 의미로 나타납니다. 여러분은 『순수이성비판』의 강독을 협의의 의미와 광의의 의미로 머릿속에 생생하게 그려 봄으로써 훨씬 더 단순화할 수 있다고 생각합니다. 협의의 현상은 지각의 의미에서의 현상입니다. 내가 거칠게 자연 그대로 말해 본다면, 여러분이 순간적으로 이 강의실에서 포착한 것, 여러분이 지금 자신 앞에 펼치고 있는 시야, 그것은 말 그대로 직접적인 의미에서의 현상입니다. 그것은 여러분의 사유가 첨가되지 않고 여러분에게 나타난 것입니다. 그러나 칸트에 있어서는 이것을 뛰어넘어 서서 현상은, 여러분이 대상 또는 사물에 어떤 초월적인 '물자체'를 표상하는 것이 아니라 개별적인 지각들 간에, 개별적이고 직접적인 소여성 간에 나의 지성을 통하여 합법칙적으로 파악된 이 관계를 표상하는 한에서, 이 대상 또는 이 사물을 말합니다. 따라서 사물은 가능성에 따라 전적으로 나의 경험 자체에서 경험에 의하여 증명될 수 있고 위증될 수 있습니다. 칸트에 의하면 이런 면에서 우리가 살고 있는 전체 세계 내지 전체 경험세계, 즉 현상은 쇼펜하우어가 세계는 '나의 표상'이라는 명제를 주장했던 것과 거의 유사합니다. 표상이라는 쇼펜하우어의 이 개념은 현상의 광의적인 의미와 상당히 일치합니다. 그리고 이 광의적인 의미에서 사물, 경험적 사물 또는 경험적 대상은 칸트에 의하면 사실 현상입니다. 칸트가 현상으로서의 사물을 언급한다면 이는 일반적으로 상당히 안일한 표현 방식입니다. 이 안일한 표현 방식에서, 여기에서 사물이란 바로 지성을 통하여 개별적이고 직접적인 소여성들 간에 확정되고 규칙화되고 그리고 구성된 관계를 의미합니다. — 또는 사물이란 자신의 개별적 현상들의 종합과 전혀 다르지 않은 어떤 것을 의미합니다.

111) 한스 코르넬리우스의 설명에 따르면 그는 학문 이전의 사유로부터 이어받은 즉자 대자적으로 —우리의 인식과 독립하여— 존재하는 사물, 원인과 정신적 인격의 개념들을 다음과 같이 부른다. "나는 이 개념들을 '자연주의적 개념들'이라고 했다"(Cornelius, Kommentar zu Kants Kritik det reinen Vernunft, a.a.O. [주 14], S.2). 그는 『철학 서문』에서 자연주의적 개념은 "모든 비판에도 불구하고 계속해서 새롭게 생기를 갖게 하는 저항력을 가진 형이상학적 체계 형성 자체를 제공하는 '독단적 설명의 원천'을 형성한다"고 기술한 바가 있다(Cornelius, Einleitung in der Philosophie, 2. Aufl., Leipzig, Berlin 1911, S.48).

112) 앞의 161쪽 이하 참조.

113) 이것은 아마도 글자 그대로 이해될 수 없을 것이다. 호르크하이머에 따르면 칸트는 흄의 이론철학을 … 단지 작은 『탐구Enquiry』에서 알게 되었을 것이라고 한다(Horkheimer, a.a.O. [주 3], S.470). 최근의 연구는 물론 칸트가 적어도 하만Hamann이 1771년 익명으로 『인간 본성론Treatise』 첫 권의 마지막 장으로부터 발표했던 부분 번역을 알고 있었다고 추정한다(vgl. Gerhard Streminger, David Hume, 2. Aufl., Reinbek bei Hamburg 1992, S.131).

114) Vgl. A 367ff.; W 374ff.

115) 즉 『제일철학의 성찰Meditationes de prima philosophia』의 첫 번째 성찰에 근거한다(vgl. René Descartes, Meditationen über die Grundlagen der Philosophie mit den sämtlichen Einwanden und Erwiderungen Übers. und hrsg. von Artur Buchenau, Hamburg 1972, S.12f.).

116) 버클리의 관념론에 대한 칸트의 쟁점에 관해서는 B 274f.와 W 254 참조. 물론 몽상적 관념론의 개념은 여기서 발견되지 않는다. 아도르노는 그것을 칸트가 『철학 서설Prolegomena』에서 버클리에게 사용했던 "신비적이고 공상적인" 관념론과 혼동했을 가능성이 있다(vgl. Werke, Bd. III, a.a.O., S.157).

117) B 163f.; W 156.

118) 아도르노는 나중에 『순수이성비판』에서 '중심적 문제'에 대한 해결책의 '반대 의견'을 『부정변증법』에서 공식화했다. "그것이 [이성이] 자연에게 법칙들을 규정하거나 아니면 더 나아가 법칙들은 이성의 통일하에 포섭한다는 것 이상을 의미한다. 이성은 자신의 동일성의 원리인 통일을 객체들에게 양도하고 그것을 객체의 인식으로 바꿔친다(GS 6, S.245). 그리고 칸트의 제일원리, 즉 통각의 종합적

통일에 대하여 … 대상의 모든 규정은 성질 없는 다양성에 대한 주관성의 투자이다. 이것은 선험적 논리학의 자발적인 실행을 위해 그가 취하는 특정한 행위가 자신의 것이 아닌 요소에 익숙해진다는 사실을 고려하지 않는다. 즉 자신으로부터 허용되고 요구되는 것만이 종합될 수 있다는 사실을 고려하지 않는다. 적극적 규정은 순수 주관적인 것이 아니다. 그렇기 때문에 자연에게 법칙들을 규정하는 절대적 주체는 공허하다"(GS 6, S.142).

119) 뒤의 230쪽 이하, 또한 주 165 역시 참조.

120) A 98ff., B 161f.; W 162f. und 154f.

121) 『대논리학Wissenschaft der Logik』의 처음 부분에 대한 풍자, vgl. Werke, a.a.O. [주 90], Bd. 5, S.82f.

122) B 164; W 156.

123) B 164f.; W 156f.

124) 아도르노는 1957/58년의 인식론에 대한 강의에서도 게슈탈트심리학Gestalt-psychologie의 인식론에 대해 상세히 다루고 있다. vgl. 우선 해적판 Theodor W. Adorno, Vorlesung zur Einleitung in die Erkenntnistheorie, Junius-Drucke, frankfurt o. J., S.104ff.

125) 이후의 강의에서 아도르노는 칸트의 포착Apprehension과 총괄Zusammennehmen의 개념에 대하여 다음과 같이 상세하게 설명한다. 그에 따르면 "일종의 종합은 재생산과 재인식의 간접적인 기능에 접근하기 이전에 이미 직접성에서 이루어진다"(vgl. Adorno, Philosophische Terminologie. Zur Einleitung. Bd. 2, hrsg. von Rudolf zur Lippe, 5. Aufl., Frankfurt a.M. 1989, S.143): "우리는 일종의 수동적 종합과 같은 것이 … 있다고 거의 말할 수 있을지도 모르는데, 이것은 부적절한 것은 거의 아니다. 게다가 우리는 매우 어려운 칸트의 포착 개념이 직관 속에서 그것을 목표로 삼는다고 믿고 싶어 한다. 동시에 나는 이 '나의 것'…, 이 '나의' 의식에 떨어져 들어오는 것, 형태의 질과의 연관이라고 생각하며 직접적인 연관과 직접적인 관계는 개념을 통한 재인식과 기억처럼 간접적인 관계보다 본질적으로 이미 존재한다고 생각한다"(Vgl. ebd., S.142).

126) 음영Abschattung의 개념은 후설에게서 유래한다. vgl. 예컨대 『Ideen zu einer reinen Phänomenologie und phänomenologischen Philosophie』의 41장(Edmund Husserl, Gesammelte Schriften, hrsg. von Elisabeth Ströker, Hamburg 1992, Bd. 5, S.83ff.).

127) A 285, B 341; W 302.

128) A 285, B 341; W 302.

129) A 285, B 341; W 302f.

칸트의 『순수이성비판』이 갖고 있는 어려움을 우리는 두 그룹으로 나눌 수 있습니다. 첫째로 그것은 소위 말해 표면에 놓여 있기에 유용한 요점만 제시한다면 극복될 수 있는 어려움입니다. 둘째로 사태와 사고 자체에 놓여 있는 어려움입니다. 후자와 관련하여 나는 단지 어려움을 줄이는 것보다 강화하는 것을 강의의 과제로 삼을 수 있습니다. 이것은 여러분에게 해결책이 있는 것처럼 보이는 곳에 문제점들을 보이게 하는 것을 의미합니다. 그러나 극복할 수 있는 어려움의 첫 번째 그룹에 관하여 나는 가능한 한 어려움을 완화하는 것이 입문 강의의 의무라고 말해도 사실 좋을 것 같습니다. 그것은 본질적으로 다의성을 해결하는 데에 있습니다. 따라서 서로 다른 사태에 동일한 단어를 사용할 때 그 의미를 해명함으로써 읽을 때마다 항상 이해력을 갖고 해당된 곳에서 무슨 뜻인지를 구분할 수 있는 데에 있습니다. 하지만 이 경우에 나는 이번 강의뿐만 아니라 다른 강의에서도 이미 여러모로 강조할 기회가 있었다는 점을 여러분은 상기하시기 바랍니다. 즉 논리실증주의자 및 의미론자의 방법은 이와 같은 어려움을 해결함에 있어서 다의성을 제거하고 이게 모두라고 말하는 방식으로 ―그러니까 이것으로 문제가 세상에서 사라졌다고 생각합니다― 일을 끝내는데, 이는 충분치 않습니다. 그보다 다의성이 있는 곳, 따라서 동일한 용어가 여러 사태를 생각하게 하는 곳에는, 일반적으로 동일한 용어를 통하여 숙고된 사태들 간에는 어떤 실질적 관계가 있습니다. 나는 지난번에 여러분에게 칸트에 있어서 현상이라는 단어의 다의성에 대하여 언급했다고 생각합니다. 보다 정확히 말하자면 나는 이 문제와 함께 강의를 시작했고 이제 이 문제와 함께 강의를 속행하려고 합니다. 바로 여러분에게 도움을 준다는 의미에서 말입니다. 그러나 여기서 내가 미리 말해도 좋다면 내가 구분하고 있는 현상의 두 의미는 그것이 내재적일 때에 한하여 사실 공통점을 갖습니다. 이것은 이 두 의미가 의식의 영역과는 독립적인 것으로 표상된 어떤 존재와 연관되는 것이 아니라, 의식의 통일을 통하여 형성된 영역과 서로 연관될 때에 한에서 공통점을 갖는다는 의미입니다. 현상에 대한 첫 번째 의미는 상당히 엄밀하고 협소합니다. 그것은 칸트가 여러 곳에서 암시하고 있듯이 여러분이 완전히 성질이 없는 것으로서, 혼돈스러운 것으로서, 여러분이 좋다면, 추상적인 것으로 표상하든지 아니면 여러분이 포착론Lehre von der Apprehesion에 암시되어 있듯이 이미 구조화된 것으로 표상하든 상관없이, 순간적인 지각이거나 또는 아마도 좀 더 일반적으로 파악한다면 단적으로 직접적인 소여일지 모릅니다. 그러나 다른 한편으로 칸트에게서 ㅡ이는 내가 불식시키고 싶어 하는 어려움입니다만ㅡ 현상은 실제로 종종 객관을, 그러니까 지난 시간에 상세히 말했던 바와 같이 내재적으로 구성된 사물을 뜻합니다. 이 사물은 물자체, 즉 나의 현상의 어떤 알 수 없는 원인이 아니라, 우리가 들었던 것처럼 소여성의 결합을 위한 법칙과 결코 다른 어떤 것이 아닙니다.

내가 앞으로 낭독하려는 곳에서 칸트는 이것을 또한 현상이라고 부릅니다. 이것은 여러분이 현상에 대한 이러한 사용을 주목하게 하기 위해서입니다. 나는 다음의 사실을 거의 받아들이고 싶습니다. 즉『순수이성비판』의 텍스트가 앞으로 더 진행되면 될수록 그리고 감성의 수용성의 단순한 영역으로부터 점점 더 멀어질수록, 현상의 두 번째 개념은 더 포괄적인 의미를 갖게 된다는 사실 말입니다. §17 '모든 지성 사용의 최고 원칙'으로서의 '통각의 종합적 통일 원칙'에 관한 「선험적 연역」에서는 이렇게 적혀 있습니다. "일반적으로 말해 지성은 인식의 능력이다. 인식은 주어진 표상이 객관에 맺는 특정한 관계이다." 여기서 객관은 상이한 표상들이 연관되고 통합되는 통일의 요소와 전혀 다른 것을 뜻하지 않습니다. 그렇다고 객관이 칸트에 있어서 우리가 사물 개념의 한 가지 의미로서 말했던 초월적 의미에서의 물자체를 뜻하지 않습니다. "그러나 객관은 어떤 주어진 직관의 다양성이 개념 속으로 결합되어 있는 것이다. 그러나 표상들의 모든 결합은 표상들의 종합에 있어서 의식의 통일을 요구한다." 이는 우리가 상이한 것을 바로 하나로, 동일한 것으로 사유한다는 것을 뜻합니다. "그러므로 의식의 통일만이 표상이 대상에 맺는 관계를 형성한다. 그렇기에 표상의 객관적 타당성을, 즉 표상이 인식으로 되는 것을, 결정하는 것이다. 따라서 지성의 가능성 자체까지도 이것에 좌우된다."[130] 따라서 여러분은 여기에서 객관으로서의 사물에 대한 두 번째 개념을 아주 분명하게 알게 됩니다. 나는 순서를 바꾸어서 『순수이성비판』의 중심 부분인 이곳에서 아주 멋있게 부각된 것을 여러분에게 주목시키고자 합니다. 그것은 한편으로 의식의 통일 개념과 다른 한편으로 객관의 통일 개념 사이에 성립되는 특유한 상호작용입니다. 바로 이 통일은 우리의 사유를 통하여, 그러니까 최종 심급에서 논리적 통일을 통하여 산출되어야 하기 때문에, 발생적genetisch 의미에서 ―구조의 의미에서― 주관이 바로 이 객관의 산출에서 우선권을 갖는 것은 당연합니다. 그러나 여러분이 이 곳을 자세히 보면 여기에 이미 의식의 통일 자체가 사물의 통일의 모델에 따라 표상되고 있음을 볼 것입니다. 그러므로 두 요소, 즉 한편으로 자체 내에서 일치하는 통일적 의식과 다른 한편으로 자체 내에서 일치하는, 자기동일적인 사물은, ― 이 두 요소는 상호 의존적입니다. 물론 사물은 의식의 통일을 통하여 구성되지만, 다른 한편으로 의식의 통일, 종합의 통일은 사물 일반의 통일과 같은 어떤 것이 있어야 할 것을 요구합니다. 따라서 칸트가 ―다시금 자연과학에서처럼― 경험으로부터, 따라서 물리학이 전통적인 방식으로 해 왔던 것처럼 현상의 다양성에 대립하여 동일한 사물들의 소여성으로부터 출발한다면, 바로 그때부터 그는 반대로 의식 통일의 기제가 사물의 통일과 같은 것을 산출하듯이 의식의 이러한 통일을 받아들이도록 강요될 수밖에 없다고 우리는 말할 수 있습니다. 그런 까닭에 "그러나 이제 표상의 모든 결합은 표상의 종합에서 의식의 통일을 요구한다"라는 칸트의 규정은 매우 특징적입니다. 이는 우리가 경험에서 사물에 대한 우리의 의식에서 갖고 있는 것처럼 표상이 그렇게 결합된다면, 내가 여러분에게 몇 시간 전에 설명했던[131] 의미에서 의식의 통일과 같은 어떤 것이 존재해야만 한다는 뜻입니다. 즉 이것은 그때그때의 소여성이 어떤 다른 의식의 소여성으로 대치될 수 없는 개인적 의식의 통일이 존재해야만 한다는 뜻입니다. 왜냐하면 그렇지 않을 경우 종합은 일어나지 않기 때문입니다. 이것은 예를 들어 여기 직접 내 앞에 앉아 있는 신사의 어제의 의식적 사실로부터 그리고 그 신사가 알지 못하는 나의 오늘의 의식적 사실로부터 대상의 통일을 가져다주는 종합을 산출하는 것은 불가능하다는 뜻입니다. 이것은 아주 간단한 사고입니다.

그러므로 이제 칸트에 의해 현상세계로 받아들여지는 이 객관은, 다시 말해 칸트가 현상의 법칙과 결코 다른 어떤 것이 아니라고 생각하는 객관은 중대한 의미에서 현상체Phaenomenon, 또는, 우리가 이렇게 말할 수도 있는, 현상들의 축약Abbreviatur으로 특징될 수 있습니다. 따라서 그것은 우리가 일반적으로 덧없음이라고 간주하는 속성을 갖고 있습니다. ― 즉 그것은 필연적인 확실성의 성격을 갖는 것이 아니라 매번 기만과 실망으로 나타나며, 그런 만큼 변화에 맡겨져 있습니다. 한편으로는 법칙으로서 동일하게 구성된 것과 다른 한편으로는 이것과 결합된 기대의 실망 가능성, 그러니까 법칙이 지배하는 변화 가능성 간의 결합이 칸트에게 인과성의 범주를 끌어들이게끔 강요하고 있습니다. 이는 변화된 것이 이와 같은 합법칙성으로 이해될 수 있기 위해서는 변화된 것이 변화의 법칙이 되어야만 한다고 요구하는 것을 말합니다. 그런데 칸트에게서 인과성이란 가장 보편적인 법칙과 결코 다른 어떤 것도 아니며, 우연한 것으로 생각될 수 없는 사물의 존재에서 모든 변화는 이 법칙에 따라 수행될 수밖에 없습니다. 그러므로 여러분은 현상의 덧없음과 구별되는, 다른 한편으로 그 자체로 현상세계에 포함되어 있는, 경험의 대상이자 변화될 수 있는 인식 가능한 사물을 갖게 될 수 있습니다. 그것은 칸트가 일반적으로 객관 또는 대상이라고 간주하는 사물입니다. — 나는 여러분에게 이런 경우에 해당하는 부분을 이미 읽어 준 바 있다고 생각합니다. 이 부분 이외에 더 있습니다. 그것은 '우주론적 변증론의 해결'에서 나옵니다. "감성적 직관 능력은 본래 어떤 방식으로 표상에 의해 촉발되는 한갓 수용성일 뿐이다. 이 표상의 상호 관계는 (우리 감성의 단순한 형식인) 공간과 시간의 순수 직관이며, 또 표상이 (공간과 시간이라는) 이 관계에서 경험을 통일하는 법칙에 따라 결합되고 규정될 수 있는 한, 대상이라고 불린다. 이 표상의 비감성적 원인은" —따라서 본래 물자체는— "우리에게 전혀 알려져 있지 않다…."[132] 여러분은 칸트에게서 대상으로서 또는 객관으로서의 사물에 대한 이 이원성을 우리 현상들의 현상체의 규칙적 결합 및 우리 의식의 소여성의 규칙적 결합으로, 그리고 현상을 산출하는 것으로 추정해야 하는 절대적 사물로 간주해야만 합니다.

　사물 개념의 이중성으로 인해 인식론에 있어서 확실한 어려움이, 정확히 말하자면 대단히 큰 어려움이 생겨난다는 것은 두말할 나위 없이 분명해 보입니다. 이는 세계가 이런 식으로 이중적이 된다는 것을 의미합니다. 이것은 더욱이, 여러분이 좋다면, 역설적인 방식입니다. 즉 참된 존재는 완전히 불확실하고 추상적이며, 무Nichtige인 것으로 사유되어야 하는 반면에, 정반대로 우리가 알고 있는 것, 규정적인 것, 긍정적 존재는 어떤 방식에서는 현상의 단순한 기만, 우리가 갖고 있는 단순한 현상체의 결합이어야 합니다. ― 그리고 우리에게 참된 존재에 대한 결정적인 해결책은 전혀 허용되지 않습니다. 이것이 바로 철학자들이 계속적으로 공격했고 또한 니체가 익살스럽게 표현했던 칸트 철학의 특이한 이중 구조의 원인입니다. 니체는 산간벽지에 살고 있는 변경의 주민Hinterwäldler이라는 미국적 표현으로 칸트를 '배후세계인Hinterweltler'이라 부르며 칸트 철학을 조롱합니다.[133] ― 이는 우리가 경험세계 배후에 있는 다른 세계를 전혀 알지 못하는데도 이 두 번째 세계인 배후세계를 가정하는 사람을 의미합니다. 사물의 이중성이, ― 결과적으로 세계의 이중성이 크나큰 인식론적 어려움을 초래하리라는 것은 아주 명백합니다. 왜냐하면 세계는 원래 모든 사물 존재를 포괄하는 가장 최상의 통일과 다른 어떤 것이 아니기 때문입니다. 즉 이중성은 실제로 우리가 아는 모든 것을 동시에 불확실할 수밖에 없다고 하는 일종의 불가지론으로 이끌거나 또는 우리가 아는 것은 실재세계의 단순한 반영이거나 또는 우리가 이 두 관계 자체에 관하여 어떤 정확한 것을 말할 수 없음에도 불구하고 실재세계, 본래적 세계의 단순한 모사일 수밖에 없다고 하는 어려움을 초래합니다. 우리가 모사를 지각하면서 세계 자체를 지각하지 못한다는 두 세계의 이러한 표상은 여러분에게 여기서 인용할 필요도 없이 도처에서 불합리성을 초래합니다. 여러분이 후설의 『이념Ideen』과 『논리연구Logische Untersuchungen』에서 인식론의 그림 이론 및 기호 이론을 참조하면,[134] 이런 불합리성에 관한 모든 것을 발견하게 될 것입니다. 그렇습니다. 세계의 이중성이라는 이 어려움은 『순수이성비판』에서도 너무나 명백하게 나타나고 있고 그리고 (나는 여러분에게 꼭 말해야겠습니다) 칸트 자신도 여러 곳에서 이 이중성에 대하여, 객관적 존재 자체의 이중성에 대하여 말하고 있습니다.

그러나 칸트에게 있어서 이중성에 대한 언급은 이중적인 것으로 보일 수밖에 없는 사물 개념과 연관되어 나타날 뿐만 아니라 『실천이성비판』에서도 다시 나타납니다. 나는 이 이중성을 칸트 철학의 전체 구조에 중심적인 것으로 간주하기에 여기서 특별히 『실천이성비판』에 접근할까 합니다. ― (『실천이성비판』의 뒷부분에 있는) 양심 이론에서 양심이란 주관이 자기 자신을 집행하는 일종의 법정이라고 언급됩니다. 여기에서 주관은 재판관인 동시에 피고인으로서 이중화된 인간으로 표상될 수 있습니다. 한편으로 물자체, 절대적인 것에 상응하는 예지적인 특성, 그리고 다른 한편으로 경험적이고, 사실적인 사물에 상응하는 경험적 특성이 이런 이중성을 의미합니다.[135] 나는 여러분에게 바로 이런 점에 주의를 기울이라고 말하고 싶습니다. 왜냐하면 이 언어 사용이 ―덧붙여 말하자면 칸트 자신이 여러 차례 강조한 사물 개념의 이중성이― 바로 실제로 내가 여러분에게 원래 설명하려고 한 것, 그리고 이를 위해 내가 칸트의 사물 이론 일반에 대하여 매우 세부적으로 해설했던 것을 암시하고 있기 때문입니다. ― 그것은, 여러분이 좋다면, 배후에 있을지도 모르는 형이상학적 경험을 위한 것입니다. 왜냐하면 이 형이상학적 경험이 바로 이중성 자체와 일치하기 때문입니다. 그러므로 이중성의 배후에는 일단 경험세계인 우리의 세계는 사실상 우리와 친밀한 세계이며, 우리가 경험자로서 살아가는 세계는 더 이상 수수께끼 같고 이해할 수 없는 것에 지배되는 것이 아니라는 생각이 있습니다. 우리는 처음부터 우리 자신의 합리성에 맞지 않는 것은 이 세계에서 조우하지 않는다는 의미에서, 우리는 이 세계를 전적으로 우리의 세계로서 경험합니다. 말하자면 우리는 두 발로 굳건히 땅 위에 서서 악마의 공포 없이, 마술적이고 신비로운 근심도 없이 자신의 세계에 정통해 있다는 이 경험, 그것은 한편으로 칸트가 지니고 있었던 내재적인 사물 개념을 통하여 표현됩니다. 세계는 더 이상 파편에, 형이상학적 의미의 조각과 같은 것에 의해 침투되지 않습니다. 이때 말하는 형이상학적 의미는, 그것이 바로 파편과 같은 형태나 유령처럼 이리저리 떠도는 형태를 가지고 있을 때에는, 악마적이고 불안한 성격을 취하게 됩니다. 그것은 지금 여기 우리와 관계하고 있는 바로크 시대의 철학과 예술에서 본질적으로 나타났습니다. 세계의 탈마법화가, 여러분이 좋다면, 세계에 내재된 섬뜩함을 제거합니다. 실러Schiller가 『빌헬름 텔』에서 부유한 시민 슈타우파허Stauffacher를 통해 "나는 여기 내 집에 서 있다"[136]라는 시민의 표제어를 말했다면, 그에 의하여 표현된 이 시민적 요소, — 이것은 따라서, 우선 경험세계는, 우리가 경험하는 사물의 세계는 내 자신의 산물이며 그 세계는 내 자신의 세계이어야만 한다는 것을 표현한 것입니다. 그러나 그것은 결정적인 모티브이며, 내가 생각하기로 객관적 모티브이고 형이상학적 경험의 모티브입니다. 이것은 이 이중성의 논리적 어려움을 확실히 잘못 생각하지 않았지만, 그럼에도 불구하고 칸트가 이중성의 이 개념을 선취하게 만든 세계사적 정점welthistorischen Sonnenuhr의 위치에 서 있게 한 모티브입니다. 경험세계, 내재성, 현존das Diesda이 우리에게 통약 가능해짐으로써 그리고 경험세계가 말하자면 우리의 세계가 됨으로써, 이를 통해 동시에 급격한 형이상학적 소외와 같은 것이 초래됩니다. 혹은 '초래되다'라는 표현은 어쩌면 미세한 어감 때문에 이미 너무 관념적인지도 모릅니다. 이런 표현은 마치 전적으로 철학적 반성의 산물인 것처럼 너무 지나치게 객관적 사태를 기술하고 있는지도 모릅니다. 세계가 객관적 의미를 더욱더 단념하고 그리고 완전히 우리의 범주로 떠오르면 떠오를수록, 따라서 완전히 우리의 세계가 되면 될수록, 의미 일반은 동시에 그만큼 더 우리의 세계로부터 제거됩니다. 그리고 우리는 그만큼 더 —이를 현대적으로 표현하자면— 우주의 밤과 같은 어둠 속으로 휩쓸려 들어가게 됩니다. 탈마법화 내지 탈주술화는 —막스 베버Max Weber로부터 빌려 온 표현을 사용한다면— 말하자면 우리가 에워싼 폐쇄된 존재의 의식, 어두움의 의식과 일치합니다. 내가 다음 강의 시간에 언급할 칸트의 '블록Block' 이론과 이 블록이 지닌 의미를 미리 설명한다면, 근본적으로 블록의 의미는 다음과 같습니다. 즉 우리가 사는 세계, 경험

세계가 통약 가능해지면 질수록 이에 반해 절대자는 그만큼 더 통약 불가능해지고 그만큼 더 어두워지면서 위협적이 됩니다. 그런데 우리는 절대자로부터 이 경험의 세계는 하나의 단면이라는 것을 알고 있습니다. 이는 마치 인식이 존재자 자체의 비극, 우주적 비극의 한가운데서 진행되는 일종의 호모 사피엔스의 목가시라면 이에 반해 우리는 완전히 버려진 것처럼 보입니다. 예컨대 그것은 칸트가 살던 시기에 나온 작품『헤르만과 도로테아Hermann und Dorothea』에서 (나는 이 비교가 어울린다고 생각합니다) 마치 목가적인 행복이 거대한 세계사적 운명의 어두움의 대가로 얻어진 것과 비교됩니다. 목가적 행복은 이런 운명의 어둠에서 잘려져 나온 것입니다. 이제 이 어둠이란, 따라서 이 의식이란 우리가 우리의 세계에서 더 안전하게 소요하면 할수록, 더 안전하게 생활을 꾸밀수록 동시에 우리는 절대자 속에서 그만큼 불확실하게 된다는 것을 의미하며 동시에 우리가 우리의 세계와 친밀하면 친밀할수록 형이상학적 절망이 가중된다는 것을 의미합니다. ― 이것이 바로 칸트의 세계의 이중성에서 표현된 역설입니다. 이것은 아주 불확정적이고 어두운 세계가, 여러분이 좋다면, 악마적인 세계가 배후세계로서 전제되어 있다는 것을 의미합니다. 이 경우 우리는 근본적으로 우리가 경험자로서 살아가는 세계와 이 배후세계와의 관계에 대하여 어떤 것도 알지 못합니다.

그러나 이제 여러분이 우리가 처해 있는 경험세계도 중립적이지 않다는 것을 분명히 깨닫는 것이 중요하다고 나는 생각합니다. 왜냐하면 우리가 그것을 단지 '현상'으로, 단지 현상체로서, 불확실한 것으로 멸시하기 때문에 그것을 그림자의 특수한 성격으로, 한갓 마치-처럼Als ob의 특수한 성격으로 받아들일 위험에 빠지기 때문입니다. 여러분은 칸트의 아주 중요한 해석자이자 분석가 중의 한 사람인 한스 파이잉어Hans Vaihinger가 자신의 철학 저서를 "마치-처럼의 철학Die Philosophie des Als ob"[137]이라고 이름 붙인 것을 알 것입니다. 그런데 정통 칸트주의자는 '절대 가치'를 고집하는 『순수이성비판』의 이런 상대주의적인 오해에 대해 신랄하게 조롱했습니다. 그러나 나는 내재적인 세계 역시 의식을 통하여 얻어지는 이 특수한 그림자의 성격과 관련하여 그것은 전혀 참된 세계가 아니라고 말하고 싶습니다. 내가 여러분에게 객관적으로서 ―칸트의 의식에서가 아니라― 칸트의 배후에서 객관적으로 영감을 주는 힘으로서 재현하고자 하는 이 형이상학적 경험은 항상 솔직하고 그리고 19세기를 풍미한 파이잉어의 문구를 보면 그렇게 잘못되게 묘사되어 있는 것 같지 않습니다. 그렇다면 세계는 사실 일종의 알지 못하는 것의 은폐로, 정말 일종의 한갓 이중 인간Doppelgänger으로, 가상이나 환영으로 됩니다. 우리는 칸트 철학에서 객관적으로 표현된 지층은 정신분열증 환자나 극단적인 정신적 긴장 속에 있고, 극단적인 심리적 상황 속에 있는 인간들의 의식과 어느 정도 유사성을 갖고 있다고 말해도 좋을 것 같습니다. 왜냐하면 정신병자의 의식 형태와 역사의 의식 형태 간에 아주 깊은 관계가 있기 때문입니다. 이 극단적인 심리적 상황에서 우리는 모든 사물이, 존재하는 모든 것이 보들레르Baudelaire가 규정한 바와 같이,[138] 단지 기호, 시그널, 알레고리에 불과할지 모른다는 느낌을 갑자기 갖게 됩니다. 이것은 실제로 우리가 그것들이 무엇인지 말할 수 없는 상태에서 그것들이 있는 그대로와는 다른 어떤 것을 말한다는 의미입니다. 오늘날 여러분은 실존철학에서의 부조리 이론에 관하여 많은 것을 듣고 있습니다. 여러분 모두는 넓은 의미에서 카프카가 부조리 이론과 연관되어 있다는 것을 알고 있습니다. 또한 여러분은 ―프랑스 실존철학자들 중에 유명한 한 사람인― 알베르 카뮈Albert Camus의 철학에서 바로 이 부조리 개념이 전적으로 형이상학적 진리의 매개물로 고양된다는 것을 알고 있습니다. 철학적 '기분Stimmungen'을 묘사하려는 것이 아니라 아주 냉정하게 인식 기구의 분석을 고수하는 철학에서 부조리의 경험과 같은 개념이 나타난다는 것은 ―혹은 객관적 용어의 도움으로 표현되는 것은― 우리가 부조리와 같은 이런 범주를 따로 분리시켜서 그것을 이제 어느 정도 모든 것을 설명해야만 하는 추상적 원리로 만들고 이를 통해 결국 아무것도 설명하지 못하는 것보다 훨씬 대단한 것처럼 보입니다. 일반적으로 스스로 경험에만 호소하지 않고, 경험에 강하게 침전되지 않고 오히려 사고와 사고의 힘을 신뢰하는 철학에서 경험의 내용이, (오늘날 우리가 이렇게 말해도 된다면) 실존적 내용이 도처에 경험을 주제로 하는 철학에서보다 더 많이 나타난다고 나는 생각합니다. — 물론 이와 같은 철학은 지금 여기에서 경험하는 것의 어떤 우연적 특성을 받아들이지만 이와 같은 방식에서 칸트에게서 경험은 우연적 성격을 갖고 있지 않습니다.

칸트가 『순수이성비판』에서 객관적으로 표현하는 것처럼 이 경험적 상태와 대비하여 우리는 —내가 고찰의 초기에 여러분에게 말했던 것에 대하여 우리는 지금 이 순간 고찰의 정점에 도달해 있지만— 『순수이성비판』이 매우 의미심장한 의미에서 구원으로 이해될 수 있다고 말할 수 있습니다. 즉 내면에 열중함으로써, 또한 주관에 열중함으로써 이 형이상학적인 밤을 뚫고 새어 나오는 저 빛을 통하여 어떤 것이 발견될 수 있다는 의미에서 구원으로 이해될 수 있다고 말할 수 있습니다. 여러분 모두는 이미 오랫동안 진부하게 되어 버린 명제, 즉 우리에게 경외심을 자아내는 두 가지 사물이 있는데 (『실천이성비판』에 나옵니다) 그것은 우리 머리 위에 별이 총총한 하늘과 우리 마음속에 도덕법칙[139]이라는 명제를 알 것입니다. 이제, 우리 머리 위에 별이 총총한 하늘과 함께 우리는 이 『순수이성비판』의 결과에 따라 경외심에 중점을 너무 많이 부여할 필요가 없습니다. 왜냐하면 우리는 목적론적 신 존재 증명을 —따라서 세계의 합목적성을 근거로 창조주를 연역한 신 존재 증명을— 칸트에 따라 구속력 있는 증명으로서, 인식의 사실로서 받아들일 수 없기 때문입니다.[140] 그리고 그 후 다른 모든 것에서와 마찬가지로 헤겔은 그것을 칸트적 비판의 방향에서 진일보시켰습니다. 헤겔은 '양적 숭고함'을 중단하고 그것을 '잘못된 무한성'이라 부르면서 위대함에 대한 경외심을, 우리 자신 내에 있지 않은 한, 처음부터 매우 약한 어떤 것으로 간주했습니다.[141] 칸트 자신도 우리 머리 위에 별이 총총한 하늘에 대한 언급을 우리 마음속에 있는 도덕법칙에 대한 언급만큼 그렇게 진지하게 받아들이지 않았는지 모릅니다. 그는 제3비판서인 『판단력비판』의 (내가 생각하기에) 가장 중요한 장소에서, 말하자면 우리 머리 위에 별이 총총한 하늘에 대한 체계적 장소가 있는 곳에서 —즉 자연적 숭고와 전적으로 연관된 '숭고의 미학'에서— 실제로 숭고의 감정은 우리와 마주쳐 있는 맹목적이고 양적인 힘과 자연의 거대함에 기인하는 것이 아니며, 숭고의 감정은 그보다 참으로 우리 자신의 능력에 근거한다고 말했습니다. 즉 숭고의 감정은 도덕법칙의 힘으로, 내가 신학적으로 표현했듯이, 내면을 향한 빛의 힘으로 맹목적이고 양적인 힘과 자연의 거대함에 맞서 우리 자신을 주장할 수 있는 능력에 근거한다고 말입니다.[142] 이 계기는 참으로 강한 것입니다. 내가 말했듯이 우리가 칸트에게서 구원에 관해 말하려고 한다면, 칸트에게는 근본적으로 다음과 같은 믿음이 있다는 것을 전제로 해야 합니다. 즉 객관적 본질을 향한 세계 질서의 의미에서 객관적으로 버림받고, 형이상학적으로 거주지가 없어진 인간이 (나는 지금 매우 칸트적으로 말하고 있습니다) 누울 자리를 보고 다리를 뻗을 때 스스로 가정을 꾸려 나갈 수 있다는 믿음 말입니다. 이는 인간이 한번 발견한 곳에서 그리고 완성할 수 있는 곳에서, 절약해서 쓰고 올바른 길을 찾는다면 스스로 가정을 꾸려 나갈 수 있다는 것을 말합니다. — 나아가 그는 절대자의 보증, 본래적 진리의 보증을 그에게 낯선 것, 다시 말해 그의 외부에 설정된 객관 속에서가 아니라, 자기 자신 속에서 찾을 때, 그는 스스로 가정을 꾸려 나갈 수 있다는 것을 말합니다. 이것이 본래 나에게 이중 이론의 의미인 것처럼 보입니다. 그런데 우리가 이중 이론은 논리적으로 불합리하다고 말한다면 —실제로 아주 많은 근거에서 이렇게 말할 수 있습니다— 우리는 이것이 확실히 불합리하다고 말할지 모르겠습니다. 하지만 바로 이 불합리 자체가 오늘날 즐겨 말하듯이 인간 조건condition humaine에 상응합니다. 이는 이 불합리 자체가 다음의 사실을 표현하고 있다는 의미입니다. 즉 우리는 사실 이성적이고 합리적인 존재이지만, 우리가 더욱더 이성적이고 합리적이 될수록 우리는 동시에 객관적인 비이성을, 세계의 소외를 지속적으로 확인하지 않을 수 없습니다.

이제 이것으로 나는 인식론적 고찰로 되돌아가려고 합니다. 내가 여기서 칸트의 이 이중 이론의 핵심으로서 여러분에게 설명하려고 시도했던 세계의 낯섦, 세계의 소외 자체는 바로 특별한 칸트적 인식론의 모습과 무관치 않은 어떤 것입니다. 오히려 우리는 소외 구조를 분석할 수 있고, 우리가 이렇게 말하고 싶다면, 그것을 칸트의 인식론 자체에서 포착할 수 있습니다. 더욱이 다음과 같은 의미에서 소외는 물화 자체와 불가분의 관계에 있습니다. 즉 소외의 증가는 한편으로 우리가 알지 못하는 그 무엇인가 거기에 있다는 지식과 그리고 다른 한편으로 바로 이 지식에 대하여 알지-못함이 숨어 있다는 의미에서입니다. ─이때 소외는 소외의 측면에서 하나의 관점일 뿐입니다─ 나는 관점이라고 말하지 결과라고 말하지 않습니다. 특히 우리는 그와 같은 사변적 사고 영역에서 원인과 결과와 같은 단어를 매우 조심스럽게 사용해야 합니다. 그러나 어쨌든 그것은 물화와 분리될 수 없이 결합되어 있습니다. 이제 나는 이렇게 말할까 합니다. ─ 이것으로 내가 어쩌면 여러분에게 많은 것을 요구하고 있다는 것을 알고 있습니다. 그러나 내가 여러분에게 『순수이성비판』의 비밀을 밝혀 줄 것이라 믿습니다. 우리는 우선 칸트 철학이 수행하고 있는 주관화는 물자체의 현실성을 소박하게 믿고 있는 소박한 실재론과 대립하고 있다고 생각해야만 했습니다. 소박한 실재론의 경우 나는 사유하는 자이자 받아들이는 자로서 물자체와 마주하고 있습니다. 또한 이에 비하여 칸트와 피히테가 대변하고 있는 관념론의 철학은 아주 적은 정도의 물화를 의미하며, 이 철학은 세계를 훨씬 많은 과정으로, 훨씬 적게 고착화된 것, 물화된 것으로 이해합니다. 그런데 피히테가 공들였던 칸트 해석은 바로 이런 의미에서 이해될 수 있습니다. 즉 그는 세계를 주관에 의해 정립된 것으로 (아마도 피히테에 따른다면) 이해하지 않는 것은 관념론적이 아니고 이런 파악은 고정적이고 사물적이며 그리고 실제로 살아 있는, 또는 여러분이 좋다면, 실제로 형이상학적이고 인간 가치적인 파악은 바로 관념론적이라고 말했습니다. 그러나 나는 ―바로 이 부분에서 피히테가 수행한 분석은 매우 납득할 만하고 설득력 있지만― 이때 그가 본질적으로 기만했다고 생각합니다.

이전에 내가 여러분에게 의식의 통일과 같은 어떤 것을 가능하게 하는 통일점으로서의 사물 규정과 다른 한편으로 그것의 통일을 통하여 사물을 가능하게 만드는 의식 규정 사이의 차이를 말했습니다. 따라서 나는 여러분에게 방금 전에 칸트가 이러한 차이를 승인한 것처럼 보이는 몇 가지 문구에서 그것을 강조하려고 했습니다. 그러나 지금 나는 급진적 의미에서 철학의 주관화와 물화 사이에 대립 관계가 없을 뿐만 아니라 물화가 주관화의 기능이라고 해석해도 좋다고 생각합니다. 달리 표현하면 철학에서 주관화가 있는 만큼 물화도 본래 그만큼 많이 있습니다. 현상하는 모든 것, 발생하는 모든 것을 어떤 통일적인 기준점과 연관시키려는 시도는, 따라서 이 모든 것을 자신과 동일하고 고정된 통일에 종속시키고 바로 이를 통해 격동을 제거하려는 시도는 물화의 성질을 갖고 있습니다. 또한 사유의 규칙과, 근본적으로 주관성 자체의 구성 요인이 불변적이라는 사실에서 불변의 존재를 정초하려는 경향도 물화의 성질을 갖고 있습니다. 그러나 나는 이를 넘어서서 우선 이로 인해 주관화의 증대와 함께 물화의 증대가 일어나고, 따라서 주관화를 통한 인식의 양극이 ―자아와 비자아가― 점점 더 격렬하게 벌어진다고 말해야 할 것 같습니다. 따라서 주관 자체에 더 많이 끼워지면 질수록 우선 주관은 인식 일반을 그만큼 더 많이 구성하고, 이와 동시에, 여러분이 좋다면, 규정에 있어서 그만큼 더 객관으로부터 벗어나게 되고 이를 통해 양자는 서로가 그만큼 더 벌어집니다. 물론 여러분은 이것을 칸트보다 근대 합리주의적 관념론의 기원인 데카르트 철학의 확실한 형식에서 훨씬 더 잘 볼 수 있습니다. 데카르트 철학에서 두 실체 —사유하는 실체와 연장된 실체— 는 그야말로 벌어져 있습니다. 다만 두 실체는, 오늘날 우리가 그렇게 생각할지 모르는, 상당히 유치한 기습을 통하여 그리고 자연적 영향 관계influxus physicus[143] 학설을 통해 추후에 서로 연관될 수 있었습니다. 그런데 데카르트 이후의 모든 철학자가 진지하게 생각했던 것처럼 칸트는 아주 확실하게 관념론의 기원에서 발견될 수 있는 극단적이고 거친 물화의 형식을 극복하려고 했습니다. 그러나 나는 칸트의 훌륭한 인식론도 물화의 유령을 피할 수 없다고 말하고 싶습니다. 그 이유는 무엇보다 칸트 철학에서 세계는, 전체로서의 실재는 사실 하나의 산물, 즉 **노동** 또는 노력의 산물이 되었기 때문입니다. 자발성으로서의 사유, 그것은 바로 우리가 행하고 있는 것, 노동과 전혀 다른 어떤 것이 아닙니다. 이때 우리가 무엇인가를 행하고, 무엇인가를 만듦으로써 사유는 수용성과 감성과 구별됩니다. 이제 분석이 실제로 역동성의 온힘을, 역동적 특성을 완전히 주관의 측면으로 옮겨 놓기 때문에, 세계 자체는 점점 노동의 단순한 결과로 되어 버립니다. 이것을 우리는 응축된 노동이 된다고 말할 수도 있습니다. 주관이 생동하면 할수록 —생동성이 오로지 주관에만 있기 때문에— 세계는 점점 더 죽어 가는 어떤 것으로 변합니다. 바로 이를 통해 세계의 '상품의 성격 Warencharakter'이, 세계의 경직화가 지속적으로 증가합니다. 따라서 우리는 두 개념을, 즉 한편으로는 주관화, 주관의 행동에서 세계의 해체, 다른 한편으로는 이 주관과 대립된 것으로서의 세계 자체의 물화와 대상화를 갖고 있습니다. 나에게 —이것은 소외 현상과 아주 깊은 관계가 있습니다— 이 두 개념은 동일하게 그리고 끊임없이 증가하고 있는 것으로 보입니다. 더욱이 주관화와 물화의 증가 속에 시민적 이율배반과 같은 것이, 시민사회 일반의 이율배반과 같은 것이 나타나고 있습니다. 이율배반에 따르면 한편으로 인간의 합리성은 갈수록 발전되고, 따라서 인간은 세계를 갈수록 자신의 모습으로 만들었으며 세계는 갈수록 인간의 것으로 되었습니다. 그럼에도 동시에 세계는 갈수록 인간을 지배하는 세계가 되어 버렸고 이 세계에 대하여 인간은 이질적인 존재로서 결국은 더 이상 이 세계에 대처할 수 없습니다. 그렇다면 오늘날 사유하는 우리들이 세계와 대립하고 있듯이 인간은 결국은 세계와 이렇게 무기력하게 맞서 있습니다. 세계는 우리뿐만 아니라 우리가 세계에 대하여 할 수 있는 우리의 사유보다도 우월한 힘을 가지고 있습니다.[144]

이것은 칸트의 사물 이론의 해석에 대한 것입니다. 나는 지금 다른 근본 경험들, 칸트 철학에 침전되어 있는 객관적 경험들에 들어가기에 앞서, 다음 시간에는 여러분에게 내가 오늘 여러분에게 언급했던 이 특별한 '구원'의 또 하나의 관점을 개진하고자 합니다. 이것은 여러분이 여기서 중심 문제가 되는 것이 단순히 어떤 변론적인 것Apologetisches, 여러분이 좋다면, 어떤 반응적인 것Reaktionäres이라고 생각하지 않도록 하기 위함입니다.

130) B 137; W 139.

131) 앞의 158쪽 이하 참조.

132) A 494, B 522; W 462.

133) Vgl. Friedrich Nietzsche: 『차라투스트라는 이렇게 말했다Also sprach Zarathustra』, in: Sämtliche Werke. Kritische Studienausgabe, hrsg. von Giorgio Colli und Mazzino Montinari, Bd. 4, 3. Aufl., München 1993, S.35ff. ("배후세계인에 관해Von den Hinterweltlern"). ― 이 쪽수에는 칸트에 대한 언급이 없다. 아마도 아도르노는 니체의 '배후세계인'을 『우상의 황혼Götzendämmerung』에 나오는 다음 구절과 혼동한 것 같다. "나는 독일인들에게 칸트와 ―내가 부르는 것처럼― 그의 '매춘부의 철학'에 대하여 모독할 것을 덧붙여 말한다. ― 그것은 지적인 공정Rechtschaffenheit의 유형이 아니었다"(Nietzsche, a.a.O., Bd. 6, München 1988, S.121).

134) Vgl. 예컨대 『이념들』 43장에서 "사물의 초월은 그림Bild 또는 기호Zeichen의 초월이라는 사고로 오인될 수 있다. 종종 그림 이론Bildertheorie은 강력하게 논쟁의 대상이 되는데, 기호 이론Zeichentheorie이 이를 대치한다. 그러나 전자나 후자가 모두 옳지 않을 뿐만 아니라 불합리하다. 우리가 보는 공간 사물은 그 모든 초월에도 불구하고 지각된 것이며, 그것의 신체성Leibhaftigkeit에서 의식적으로 주어진 것이다. 그것 대신으로 그림이나 기호가 주어지지 않는다"(Husserl, Gesammelte Schriften, a.a.O. [주 126], Bd. 5, S.89f.).

135) Vgl. Kant, Werke, a.a.O., Bd. 1V, S.223f.

136) 슈타우파허Stauffacher가 아니라 텔Tell 자신이 연극의 최종 앞 장면에서 말한다. "나는 다시 돌아왔다! 이것이 나의 오두막이다! / 나는 다시 내 집에 서 있다!"(Friedrich Schiller, Sämtliche Werke, hrsg. von Gerhard Fricke und Herbert G. Göpfert, 4. Aufl., München 1965, Bd. 2, S.1023 [『빌헬름 텔Wilhelm Tell』 V/2, v. 3134f.]).

137) Vgl. Hans Vaihinger, Die Philosophie des Als ob. System der theoretischen, praktischen und religiösen Fiktionen der Menschheit auf Grund eines idealistischen Positivismus. Mit einem Anhang über Kant und Nietzsche, 4. Aufl., Leipzig 1920.

138) "나를 위한 모든 것은 알레고리가 된다Tout pour moi devient allégorie"(Charles Baudelaire, Œvres complètes. Texte établi, présenté et annoté par Claude Pichois, Paris 1975, Bd. I, S.86 ["Le Cygne II"]).

139) "내가 두 가지 사물에 자주 그리고 지속적으로 몰두하면 할수록 그 두 사물은 점점 더 새롭고 증가하는 감탄과 경외심으로 나의 심성을 가득 채운다: 나의 머리 위에 별이 총총한 하늘과 나의 마음속에 도덕법칙이"(Kant, Werke, a.a.O., Bd. IV, S.300).

140) Vgl. A 620ff., B 648ff.:『자연신학적 증명의 불가능성Von der Unmöglichkeit des physikotheologischen Beweises』.

141) Vgl.『대논리학』제1권에서. "무한히 큰 것 또는 무한히 작은 것으로서의 무한한 양量은 그 자체로 무한한 진행이다. 그것은 큰 것 또는 작은 것으로서의 양이자 동시에 양의 비존재이다. 따라서 무한히 큰 것과 무한히 작은 것은 더 가까이에서 관찰되면 공허한 안개와 그림자로서 보여 주는 표상의 그림이다. … 정도로서의 양은 단일하게, 자신과 연관되고 그 자체로 결정된다. 이 단일성을 통하여 타자와 타자의 결정성이 지양됨으로써 이 결정성은 그에게는 외적이다. 타자는 그의 외부에 그의 결정성을 갖는다. 이 자기 외적 존재는 우선적으로 양 일반의 추상적 비존재, 즉 악무한성이다(Hegel, Werke, a.a.O. [주 90], Bd. 5, S.276f.). — 헤겔은 목적론적 신 존재 증명과 칸트를 통한 그의 비판을『종교철학강의Vorlesungen über die Philosophie der Religion』제2권에서 다룬다(vgl. Hegel, Werke, a.a.O. [주 90], Bd. 17, S.501ff.).

142) 아마도 아도르노는『미적 반성적 판단의 해명에 대한 일반적 주해Allgemeine Anmerkung zur Exposition der ästhetischen reflektierenden Urteile』를 생각하는 것으로 보인다. "순수하고 무조건적인 지적 만족Wohlgefallen의 대상은 그 위력에서 도덕적 법칙이다. 이 도덕적 법칙은 우리의 내부에서 모든 그리고 그때그때의 법칙에 선행하는 심성Gemüt의 동기에 대하여 그 위력을 행사한다. 그리고 이 위력은 본래 희생을 통해서만 자신을 미적으로 알려지는 것이기 때문에 … 그 만족은 미적 측면에서 (감성과 관계에서) 보면 소극적이지만, 즉 만족은 이러한 관심에 반한 것이지만 그러나 지적 측면에서 보면 적극적이며 하나의 관심과 결부되어 있다. 이로부터 이 지적인 그리고 그 자체에 있어서 합목적적인 (도덕적-)선은 미적으로 판정할 때 아름답다기보다는 오히려 숭고하게 표상될 수밖에 없다. 그럼으로써 그것은 사랑이나 친밀한 애착의 감정보다는 (매력을 거부하는) 존경의 감정을 일깨운다. 왜냐하면 인간의 본성은 자발적으로가 아니라, 이성이 감성에 가하는 강제력을 통해서만 저 선과 조화를 이루기 때문이다. 반대로 우리가 우리 밖의 자연에서 또는 (가령 어떤 격정처럼) 우리 내부에서도 숭고하다고 부르는 것은 인간 원칙들을 통하여 감성의 어떤 장애를 극복할 수 있는 심성의 위력이라고

표상되며, 또 이를 통해 관심을 끄는 것이 될 것이다"(Kant, Werke, a.a.O., Bd. V: Kritik der Urteilskraft und Schriften zur Naturphilosophie, Darmstadt 1957, S.361f.).

143) 데카르트에서 자연적 영향Influxus physicus은 인간의 영혼이나 천사가 육체를 움직이는 힘으로 표현된다(René Descartes, Die Prinzipien der Philosophie, übers. von Artur Buchenau, 7. Aufl., Hamburg 1955, S.52). 데카르트주의에서 '상호주의 Influxioismus'의 가르침이 기회원인론Okkasionalismus에 대한 반대 운동으로서 큰 의미를 얻었다. 칸트는 초판의 오류 추리 장에서 자연적 영향의 체계를 예정조화설과 초자연적 협력설과 함께 '영혼과 육체 사이의 유대에 대한 세 가지 가능한 이론들' 중 하나로서 비판했다(vgl. A 390ff.; W 389ff.). 아도르노는 오래전 1957/58년의 인식론 강의에서 다음과 같이 거칠게 서술한 바 있다. "두 실체 사이의 매개는 데카르트의 경우에 이미 가장 큰 어려움이 되었는데, 그는 그것을 본래 매우 인위적이고 그러나 이미 그의 시대에 거의 설득력 없는 이론으로 해결할 수 있었다. 이것이 이른바 자연적 영향설, 즉 물리적 영향설이다. 이 학설은 물리적 세계와 같이 육체적 세계가 영혼에 영향력을 미칠 수 있다는 것이다. 그런데 그는 동시에 어느 정도는 신화적이고 대담한 허구를 만들어 냈다. 특정 분비선이, 즉 송과선이 마법처럼 육체가 영혼에 영향을 미치게 하는 매개 능력을 갖추고 있는 것이다. 우리는 그가 지나치게 독단적인 방식으로 이런 능력을 인정했다고 말할 수밖에 없다"(Vgl. den Raubdruck der Einleitung in die Erkenntnistheorie, a.a.O. [주 124], S.84f.).

144) 『부정변증법』에서 물화에 대한 사고는 주관화의 기능으로서 그리고 노동은 사유의 가장 내적인 비밀로서 받아들여지고 촉진되는 것으로 나타난다. "자아가 존재하는 것을 넘어서서 더욱더 독단적으로 비약할수록, 자아는 자신도 부지중에 더욱더 객체가 되면서 아이러니하게도 그의 구성적 역할을 폐기한다. 존재적으로 순수 자아는 순수 지성 개념의 연역 제1판의 모델로서 명백하게 드러나는 경험적 자아를 통해서 매개될 뿐만 아니라 철학이 존재자에 대하여 첫 번째 원리를 차지한다고 믿는 선험적 원리 자체를 통하여 매개된다. 알프레드 존-레텔Alfed Sohn-Rethel은 우선적으로 그것 안에, 즉 정신의 보편적이고 필수적인 활동성 내부에 사회적 노동이 필연적으로 포함되어 있다는 것을 환기시켰다. 선험적 주관의, 행동하는 비존재자의 아포리아적인 개념은, 다시 말해 특수한 것을 경험해야만 하는 보편자의 아포리아적인 개념은 거품과도 같은 것으로, 필연적으로 개인적 의식의 자립적인 내재성의 관계로부터는 결코 창출될 수 없을 것이다. 하지만 이 의식에 비하여 이 개념은 더욱 추상적인 것뿐만 아니라 그의 각인된 힘

에 의해 더욱 현실적인 것을 표상한다. 동일성 철학의 마법적인 원의 저편에 선험적 주관은 자신이 스스로 의식하지 못하는 사회로서 해독될 수 있다. … 『순수이성비판』 이후로 선험적 주관의 본질은 기능성, 즉 개별 주관들의 이행에서 성취되고 동시에 이것을 넘어서는 순수 활동성이다. 그것은 기원으로서의 순수 주관에 자유롭게 떠돌아다니는 노동의 투영이다. 선험적 주관이 자신에게 속하는 질료가 없다면 허무하고 공허하다고 선언함으로서 칸트가 주관의 기능성을 제한했다면, 그럼에도 불구하고 그는 사회적 노동이 그 무언가의 노동이라는 것을 확고하게 스케치했다. 그의 뒤를 잇는 관념론자들의 더 큰 결과는 그것을 주저 없이 제거했다. 그러나 선험적 주관의 보편성은 사회의 기능 관계의 보편성이다…"(GS 6, S.178-180).

지난번에 나는 전체적으로 칸트적 구원의 시도라고 일컬을 수 있는 것에 관해 여러분에게 몇 마디 덧붙이고 싶다고 예고한 바 있습니다. 여러분은 구원을 시도하는 여기저기에서 ―존재론의 구원이든 아니면 명백한 의미에서 현상 너머에서 인과적으로 작용하는 물자체의 구원이든― 단순하게 신학적인 또는 독단적인 흔적이 있다고 생각할 것입니다. 이것은 신학적인 또는 독단적인 잔재로, 말하자면 의식의 전반적인 진보적 운동에 대한 반동적인 모티브로 쉽게 보여질 수 있습니다. 계몽의 전통에서 급진적인 비판, 특히 니체는 실제로 칸트에게 이런 반론을 제기했습니다. 그러나 나는 이 부분에서 여러분에게 '변론적=반동적'과 '비판적-계몽적=진보적'과 같은 양자택일을 너무 단순하게 생각함으로써 어떤 위험에 빠지는 것을 경고하고 싶습니다. 이 점이 여러분을 정신적 상황의 원칙적인 사태에 좀 더 기울이게 하는 나쁘지 않은 계기라고 나는 생각합니다.

19세기에 우리는 처음부터 가장 넓은 의미에서 ―이는 독일 전통과 일치하지만, 그렇다고 독일 전통 중에 가장 우수하고 고상한 것은 분명히 아닙니다― 관념론이라는 닻을 달고 항행했던 모든 것을 긍정적이고 인정할 가치가 있다고 보았습니다. 당시에 『관념론을 향하여Hinauf zum Idealismus』라는 책도 있었습니다. 저자의 이름이 디트리히 만케Dietrich

Mahnke였는지 확신할 수는 없지만, 그런 것 같다고 생각합니다.[145] 관념론과 대조적으로 염소 무리가, 즉 우리가 유물론, 회의주의, 실증주의, 경험주의 등으로 지칭했던 온갖 방향들이 있었습니다. 이런 것은 실제로 제3제국 시대에 늙은 독일인에 대해 묻는 위트처럼 그렇게 유행했습니다. 즉, 당신은 늙은 독일인에 대해 뭐라고 말할 것인지의 물음이었는데, 이때 그저 최고지요. 선생님! 하는 것이 대답이었습니다. 관념론이 논의되었을 때에는 모든 것이 영광스럽고 멋졌습니다. 그러나 비판적 사고는 처음부터 넓은 의미에서 파괴적인 것으로서 배척당했습니다. 내가 여러분에게 언젠가 언급했던 설명은, ─즉 칸트는 계몽을 완성함과 동시에 극복했다는 것─ 그리고 이와 같은 모든 불합리는 이것과 연관되어 있습니다. 덧붙여 말하자면, 나는 독일적 사유의 매우 위험한 전통의 징조는 피히테에 의하여 제공되었다고 생각합니다. 그의 철학이 어떤 철학인지는 그가 어떤 사람인가에 달려 있고 그리고 이와 직접적으로 연관하여 그는 바로 관념론자는 선한 자요, 고상하고 숭고한 자이며, 비관념론자는 ─따라서 의식과 무관하게 사물의 존재를 믿는 자는─ 악하고 가증스럽다[146]고 쓰고 있습니다. 여러분이 웃는 것을 보니 이 전통은 오늘날 완전히 사라졌나 봅니다. 그럼에도 나는 여러분에게 꼭 해야 할 말이 있습니다. 가령 우리가 국가 시험에 질문을 제기하고 국가 시험 논문을 읽을 때, 우리는 내가 이 논문의 독자로서 이 논문을 평가하는 것보다 철학자에게 훨씬 더 엄격한 점수를 준다는 것을 발견할 것입니다. 여기에서 우리는 관념론의 전통이 우리가 우선 생각할 수 있는 것만큼 아직도 완전하게 청산되지 않았다는 불신을 피할 수 없습니다. 그러나 내가 여러분에게 지금 경고하고 싶은 것은 (이것으로 나는 독일의 전체적인 현상을 설명할 것입니다) 갑자기 정반대의 믿음으로 급변하지 말라는 것입니다. 따라서 가장 넓은 의미에서 실증주의적인 모든 것이 사실을 고수하며, 관념론의 환영을 타파하고, 이것이 진리의 왕국이자 진보적인 것이며, 다른 모든 것은 단지 반동적일 뿐이라는 믿음을 나는 경고하고 싶은 것입니다. 그것은 실로 독일 정신사에 아주 깊은 뿌리를 갖고 있는 하나의 특성이지만, 그 근거를 오늘은 추적할 수 없습니다. 그러나 그것은 다른 한편으로 분명히 가장 대단한, 독일 정신의 변증법적 덕목과 관계가 있습니다. — 독일 정신은 어떤 극단에서 다른 극단으로 가려는 경향이 있습니다. 나는 오늘날에도 '관념론을 향하여'라고 불렀던 유산을 물려받으려는 경향이 있다고 거의 말하고 싶습니다. 물론 그것은 다른 것과 마찬가지로 나에게 미심쩍어 보입니다. — 나는 이제 이것을 칸트에게 적용할까 합니다.

내가 칸트에게서 여러분에게 보여 주려고 노력했던 구원 또는 보존의 의도는 궁극적으로 전승되어 온 신학적 표상의 변호만이 아닙니다. 오히려 그것은 이성 자체의 구원을 의미합니다. — 여러분이 칸트를 더 자세히 파악할수록 그것은 사실입니다. 우리는 시민사회의 운명 속에 깊숙이 드리워져 있는 어떤 것을 말하고 있습니다. 여기에서 나는 시민사회의 발전과 정신의 자율적 발전 사이에 어떤 예정조화가 지배한다고 거의 말할 뻔했습니다. 한편으로 이성과 그 지배력이 조화를 더 많이 강조할수록 다른 한편으로 이 지배력은 그것을 파괴합니다. 마찬가지로 이성이 유일한 권위로서 더욱 많이 작동되면 될수록 동시에 이성의 멸시는 더욱더 증가합니다. 나는 여러분에게 이전의 강의에서 이 의도가 칸트에서 어떻게 작동하는지 상세하게 보여 준 바 있습니다.[147] 또한 내가 여러분에게 주의를 끌었던 칸트의 특징조차도 이성에 대립된 이 요소를 자체 안에 갖고 있습니다. 여기에서 나는 물자체의 절대적 인식 불가능성과, 이와 관련된 모든 것을 언급했습니다. 이제 이 비합리적 요소는 이성의 원칙이 주관의 형식적 평등의 원칙으로 더욱더 확산되는 사회 경향과 함께 동시에 이성이 실재세계에 현실화시키지 못하고 인간들 사이에서 근본적으로 매우 비합리적인 관계가 여전히 널리 퍼져 있습니다. 이런 연관성을 나는 어떤 변명으로 생각하지 않습니다만 내가 이 문제를 엄밀하게 분석하려고 한다면 아마 이 강의의 틀을 크게 벗어날 것입니다. 이성비판, 우리가 계몽의 변증법이라고 불렀던 전체 운동은 여전히 이런 일들에 대해 아직 논의되고 있지 않은 채 있습니다. 다른 말로 표현하면 표면적으로 진보적, 비판적, 반권위적, 해체적인 것처럼 보이는 운동은 운명 속으로, 인류 전체의 발전사 속으로 휩쓸려 들어가고 그리고 이를 넘어서서 이 운동은 이것들을 다양하고 상이한 기능으로 받아들입니다. 16세기에 몽테뉴Montaigne는 어떤 특정한 종류의 회의를 대변하고 있었는데 이 회의가 관용, 인간애와 잔혹함의 폐기를 가져다주었다면,[148] 이 회의는 그 실체에 따라 우리의 시대가 시작될 무렵에 파레토Pareto와 같은 사상가에서 발견될 수 있는 것과는 완전히 다른 어떤 것을 의미합니다. 그는 단순하게 객관적 진리 일반의 가능성을 논쟁하였습니다. 그는 모든 사고를 이해관계의 순수한 표현이라고 주장하였고, 이를 통해 그는 결국 이해의 맹목적이고 비이성적인 지배를, 즉 맹목적인 힘의 작용의 문을 직접적으로 열었습니다.[149] 그러므로 회의의 개념, 진리의 해체 개념이나 또는 과거의 전통적 의미에서 합리주의의 해체 개념은 두말할 여지 없이 진리 자체의 발전으로 평가될 수 없으며, 그보다 여기에는 악마적인 것이 놓여 있습니다. 니체는 한편으로 이를 실행했으면서도 다른 한편으로는 다음과 같이 매우 솔직하고 날카롭게 지적하였습니다. 즉 진리를 추구함에 있어서 이성의 범주 자체는 (여러분이 그것을 어떻게 부르든) 피해를 입었고 비판되었으며 결국 진리의 객관적 개념과 이성의 객관적 개념과 같은 개념은 점점 더 피해를 입었습니다.

칸트가 구원을 시도했다면, 이 구원 시도는 단순히 변론적인 의미만을 갖고 있다고 우리가 생각해서는 안 됩니다. 오히려 그것은 이성의 비관론에 저항하려는 —나는 이렇게 말하고 싶습니다— 의미를 갖고 있습니다. 따라서 구원의 시도는 이성이 변화를 받아들이고 역사적 제약에 영향을 받음에도 불구하고 모든 비판이 발생하는 권위를 단독으로, 그리고 참되게 고수하려는 의미를 갖고 있습니다. 여러분은 칸트에게서 비판의 대상이 되는 이성과 비판하는 이성 간의 균열에서 이 이중성을 명백하게 인식할 수 있습니다. 한편으로 이성은 계몽의 의미에서 전적으로 비판되어야 합니다. 칸트는 이성의 독단적 절대화에 반대하는 회의적 논증을 매우 많이 축적했습니다. 그러나 그는 동시에 —이성이 스스로 자신을 비판함으로써— 이성의 이념과 아울러 객관적 진리의 이념을 또한 고수하였습니다. 그런데 여러분은 칸트에게서 망설임, 논리적 모순, 여러분이 좋다면, 매끄러운 진행 행로를 따르는 것에 마음을 내키지 않는 것을 발견할 것입니다. 나는 매우 강조하는 의미에서 어떤 특별한 종류의 분별력과 성실성, 놀랄 만한 진지함이 들어 있다고 말하고 싶습니다. (또한 나는 이 것을 사물 이론을 연관하여 그의 모순에 대하여 여러분에게 분석했습니다) 이는 계몽의 발전적 운동 한가운데서 계몽의 고유한 의미, 즉 진리의 이념을 고수하는 것이 성공된다면, 따라서 이 이념의 기초가 되는 변증법적 운동의 한가운데서, 우리가 오늘날 표현하는 것처럼, 진리의 이념이 동시에 굳게 지켜진다면, 이 운동 자체는 영광스럽게 될 것이라는 의미입니다. 그리고 이렇게 아주 훌륭한 모티브는 칸트에게 내재되어 있습니다. 나는 여러분이 서로 뒤얽혀 교차하는 이 두 계기들을 칸트에게서 실제로 감지하기만 한다면, 여러분은 —여러분이 일단 텍스트에 너무 밀착하지 않고 어느 정도 멀리서 사태를 관찰한다면— 칸트를 올바르게 이해할 수 있다고 생각합니다. 이 두 계기란 한편으로는 변론적인 것 또는 독단적인 것, 세속화된 프로테스탄티즘이라고 불리던 계몽된 신학의 계기이며, 그러나 다른 한편으로 계몽의 자기 숙고의 계기, 계몽의 자기비판의 계기 —계몽은 이 계기를 통해서만 자신의 개념에 만족할 수 있습니다— 입니다. 만일 칸트가 계몽을 극복했다고 칸트에 대하여 내용 없이 말했다면, 이는 칸트가 믿음의 공간을 만들기 위해 지식을 제한했다는 좋지 못한 명제의 의미에서 매우 잘못된 것입니다. 그러나 이것에도 진리의 어떤 계기가 있습니다. 그것은 그가 계몽의 자기반성을 통해 계몽으로부터 일종의 자기의식을 제공했다는 점에서 그러합니다. 이를 통해 계몽은 자신의 고유한 개념, 이성의 개념과 진리의 개념을 고수하는 것이 가능해집니다. 이후에 헤겔은 이 대신에 '소멸의 푸리아'라고 불렀던[150] 것만이 실제로 지배한다고 합니다. 실제로 진리의 모든 개념이 해체되면, 결국 남는 것은 오로지 순수한 존재자의 맹목적 지배뿐입니다. 왜냐하면 여러분은 여기에서 어려움을 잊어서는 안 되기 때문입니다. 한편으로 이데올로기에 저항하는 것이 정당화되고, 이데올로기를 불신하는 의식이 정당화되고 그리고 배후에 자신을 감추기 위해 이데올로기 속에, 공허한 빈말 속에, 관념론적인 가상 속에 지배 관계의 전선을 보는 것이 정당화되면, 이와 반대로 다른 한편으로 엄밀한 의미에서 인간이 개념 또는 진리로 반론을 제기함이 없이 예속되어 버린 ―그대로 드러나고 이데올로기에서 자유로운 것처럼 보이는― 단순한 사실성들의 지배도 마찬가지로 적대적인 위협입니다. 그런데 칸트는 이미 문턱에, 역사적 문턱에 서 있습니다. 거기서는 ―나는 이렇게 표현하고 싶습니다― 파괴적인 잠재력, 타율의 잠재력, 단지 사실인 것의 수동적인 수용이 위협적으로 지평에 나타나는 동시에, 지평의 다른 쪽에는 낡은 독단주의의 그림자가 바야흐로 물러나고 사라지고 있습니다. 나는 서로 대립되는 철학사적 모티브들이 일종의 동등한 상태에 도달하여 서로 균형을 이루고 이러한 사유 내에서 지극히 복합적인 짜임 관계로 들어가는 순간, ― 그것이야말로 변증법적인 모습이고 칸트가 이해될 수 있는 역사적 짜임 관계[151]라고 생각됩니다. 나는 그것을 단순한 정신사적 반성의 의미에서 말하는 것이 아니라, 이 철학 안에서 수정처럼 결정화되면서도 자기 자신 속에서 역사적으로 규정된 진리를 고려해서 말하는 것입니다.

『순수이성비판』에서 중요하게 표현되었던 경험에 대하여 여러분에게 계속해서 말하겠습니다. 그러자면 여러분은 일단 주관성을 통하지 않고서는 ―헤겔이 매개되지 않은 것은 아무것도 없다고 말했듯이― 더 이상 진리, 존재, 타당한 것이 전혀 없다는 결정적인 경험을 ―구원의 시도에 따르면― 기억해야만 합니다. 주관에로의 전환은 칸트에 있어서 엄청난 힘, 엄청난 권력을 지닙니다. 왜냐하면 칸트는 이 전환을 진리에 대한 권위의 부정이라는 의미로 이해하지 않고 오히려 진리의 실체성과 사물 자체의 실체성을 동시에 주관 안으로 전위시키지 않기 때문입니다. 이에 대하여 여러분은 내가 여기에서 칸트를 넘어서서 나의 신념을 무리하게 적용시킨다고 항변할지도 모르겠습니다. 아마도 나는 불법의 방식으로 그의 추종자들이 고찰한 것에 끼어들어 그것을 임의로 칸트 안으로 가져왔다고 비난받을지 모르겠습니다. 그것은 주관을 통한 보편적 매개의 계기, 다시 말해 헤겔이 그의 저서에서 말하고 있듯이,[152] 의식은 자신의 '고유한 왕국einheimisches Reich'에 속한 것으로 경험하지 않는 것을 참된 것으로, 존재하는 것으로 허용할 수 없다고 하는 계기입니다. 그러나 나는 이런 비판을 받아들일 수 없습니다. 나는 단지 짧게 여러분에게 내가 이 비판을 받을 수 없음을, 그리고 그 이유를 기억시키고자 합니다. 이때 나는 『순수이성비판』에서 주관에 속하지 않는 것이 가장 많은 영역, 즉 칸트가 감성 또는 수용성의 영역이라고 말하고 있는 곳을 강조하겠습니다. 여러분이 수용성 또는 감성과 자발성 또는 지성이라는 이 두 개념이 무엇을 의미하는지 아주 분명하고 확실하게 알 수 있도록 여러분에게 간단히 설명할 기회를 갖는 것도 좋을 것 같습니다. 가령 여러분이 누워서 자고 싶은데 너무 시끄러운 거리에서 살고 있기에 소음이 들려온다면, 이 소음은 여러분이 막을 수 없는 어떤 것입니다. 따라서 외부 세계의 일부가 여러분에게 다가오고, 특정한 인상들이 여러분을 사로잡을 것입니다. 이때 여러분 자신의 노력은 필요 없을 뿐만 아니라 이런 일은 여러분의 의지를 거역합니다. 여러분은 그저 수용할 따름입니다. 여러분이 느끼는 것은 감정적 인상과 유사하며, 어느 정도까지는 시각적인 인상입니다. 물론 여기서, 내가 덧붙여 말하자면, 내가 강렬한 음악을 청취할 때 여러분에게 연상시켰던 것처럼 그렇게 단순하게 경계를 그리는 것은 쉽지 않습니다. 우리는 무엇인가를 주의 깊게 쳐다보거나 특정한 방식으로 집중하여 바라볼 수 있는 것도 사실입니다. 또한 사람들은 귀로써 강렬하게 활동하거나 귀로도 사유할 수 있는데, 키르케고르는 '사변적인 귀spekulatives Ohr'[153]를 말합니다. 그럼에도 여러분은 정상적인 경우[154]를 한번 받아들이십시오, 그러면 여러분은 수용성으로서의 감성이 무슨 뜻인지를 표상할 수 있을 것입니다. 이것은 나에게 감관을 통하여 다가오는 질료, 소여성은 일단 나에게 순전히 자신을 드러내는 어떤 것으로 드러내 보인다는 것을 의미합니다. 이때 나는 비교적 수동적으로 이것과 대립하고 있습니다. 다른 한편으로 여러분은 특별하게 정신적 기능이 필요할 때, 따라서 숙고가 필요할 때에는 마찬가지로 당연히 무언가를 '해'야 한다는 것을 쉽사리 이해할 수 있습니다. 만일 여러분에게 어떤 과제가 주어지거나 또는 무엇인가를 기억해 내려고 한다면, 여러분은 집중해야 하고 어떻게든 자신의 힘을 다 발휘해야 합니다. 이때 여러분은 무언가를 '행'하는 것입니다. 특별하게 정신적 기능이 필요한 순간에, 바로 우리는 아주 다른 스케일로 행동합니다. ─ 내가 이 부분에서 여러분에게 그것을 아주 명백하게 하기 위하여 무비판적으로 말한다면, 즉 단순한 선험적 주관에 관해서가 아니라 귀를 갖고 그리고 개인적 지성을 가진 육체적이고 경험적인 인간으로서의 우리에 관해서 무비판적으로 말한다면, 그것은 칸트에 있어서도 마찬가지라고 나는 말할 수밖에 없습니다. 칸트 역시 우리는 촉발되고, 우리의 감성은 인상을 갖고, 우리는 보고 우리는 듣는 등 한다고 말합니다. 그러므로 내가 이 부분에서 이런 더 높은 의미에서 실수를 범한다면, 적어도 칸트 역시 이런 실수를 범하는 것입니다. 나는 여러분에게 다음 시간에 이 실수는 결코 실수가 아니라는 것을 보여 주겠습니다. 왜냐하면 우리가 인식론에서 이러한 자연주의적 어투를 결코 피할 수 없는 이유의 불가항적 모티브가 존재하기 때문입니다.

　그러므로 칸트 이론은 우리의 감성은 촉발된다는 것, 우리의 감성은 공간과 시간이라는 형식을 지닌다는 것, ―나는 여러분에게 이 이론을 하나씩 개별적으로 분석해 줄 것입니다[155]― 그리고 인상들과, 우리가 이 형식을 통해 받아들이는 소여성은 사유에 의해 어떤 특정한 방식으로 가공된다는 것을 주장하는 이론입니다. 물론 이 이론은 매우 외면적이지만 여전히 어떤 객관적인 것을 전제하고 있습니다. 나는 지금 초월적인 물자체의 전제에 대해 언급하는 것이 아니라, 내재철학에서 거의 문제가 되지 않는 것, 즉 우리 의식의 어떤 직접적인 자료의 사실에 대해, 따라서 우리에게 주어진 어떤 직접적인 소여성의 사실에 대해 언급하고 있습니다. 여러분은 내가 전개하려 했던 주제를 기억하십시오. 즉 내가 방금 공식화했듯이, 이 주제는 형식상 실제로 헤겔로부터 나온 것이지만, 칸트에게서도 이미 직접적인 것이 매개된 것입니다. ― 그러면 체계적 논리학의 의미에서 우리가 이 증명을 자아가 가장 명백하게 보이는 곳, 따라서 자아가 순전한 소여성에만 관계해야 하는 곳에서 제시되어야 한다는 것은 두말할 여지 없이 분명합니다. 그러나 이럴 경우 여러분은 매우 특이한 사태에 도달하게 됩니다. 여러분은 소여성은, 즉 우리 의식의 이 직접적인 자료는, ―나는 이 이론이 대충 어느 정도는 이미 알려져 있다고 추정해도 좋다고 생각하지만, 여러분은 지금 이런 점을 재빨리 예측해야만 합니다― 그리고 칸트가 명명하고 있듯이, 우리의 촉발은 그 자신의 이론에 따르면 공간과 시간이라는 직관 형식들을 통하여 걸러진다는 점을 잊어서는 안 됩니다. 그러므로 여러분이 이제 매개되지 않은 것, 순수한 직접성에 대하여 언급하려고 한다면, 달리 표현하여 여러분이 주관성이 전혀 개입되지 않는 것에 대하여 언급하려고 한다면, 뺄셈Subtraktion의 과정을 ―나는 의도적으로 추상Abstraktion이 아니라 뺄셈이라는 말을 쓰고 있습니다― 응용해야만 합니다. 즉 여러분은 이 소여성으로부터 주관적 첨가물, 즉 공간과 시간 그리고 우리가 범주들을 통해 부여하는 규정들을 빼내어야만 할 것입니다. 그러면 일종의 객관적 최소치 또는 주관을 벗어난transsubjektiv 최소치로서, 리케르트가 나중에 명명했던[156] 일종의 '이질적 연속체heterogenes Kontinuum'만 남을 수밖에 없습니다. 이것은 순수한 직접성이라고 할 수 있습니다. 나의 관점에서 이것이 칸트에게서 원래 순수한 직접성이 없다는 증거입니다. 그러나 여러분이 이와 같은 방식으로 주어진 어떤 것에 주관적 요소들을 정화하려고 하면, 그로부터 완전히 무규정적인 것이 남아 있게 됩니다. 그러므로 칸트의 이론에 따르면 우선 어떤 것은 공간과 시간 안에 있습니다. 왜냐하면 우리는 우리 '심성Gemüt'의 형식인 공간과 시간이라는 형식적 조건이 없으면 전혀 아무것도 지각할 수 없기 때문입니다. 여기서 우리는 생각해 볼 수 있습니다. 이것은 종종 칸트에게 질적qualitativ이라는 단어로 ―이를 말로 표현하는 것은 대단히 어렵습니다― 표시될 수 있는 것이 있다는 암시를 주기도 합니다. 그것은 모든 것을 포괄하는 추상화와 함께 보편화하는 기구의 바깥으로 떨어져 나간 어떤 것으로, 소위 말해 야생적인 것, 가공되지 않은 것으로 표상되어야 합니다. 따라서 이것이 바로 순수한 소여성입니다. 나는 여러분에게 이 사실을 더 단순화시키고 싶지 않습니다. 그리고 지름길을 통해 칸트 자체에서 표현된 것보다 더 단순하게 그리고 단정적으로 설명하고 싶지 않습니다. 그러나 질적인 어떤 것이 우리에게 주어져 있다는 이런 생각에 관해서 그 무엇이 『순수이성비판』에 스며들어 있습니다. 그러나 여러분이 공간과 시간을 도외시하고 이 순수하게 소여된 것에, 즉 우리로부터 어떤 첨가물도 없이 우리의 의식에서 발견될 수 있는 어떤 것을 묻는다면 여러분은 그러한 규정들이 이미 칸트에 의해 범주적 규정들로서 사유되었다는 것을 발견하게 될 것입니다. 그러므로 예를 들면 내가 여러분에게 방금 말했던 질적인 것의 개념은 '원칙들의 체계'[157] 속에 나타나는데, 하나의 범주인 '질Qualität'입니다. 존재하는 모든 것은 질을 갖고 있다는 것은 바로 순수이성의 원칙들 가운데 하나이자 아프리오리한 종합판단이며, 달리 표현하여 칸트의 의미에서 주관적 구조 일반을 통하여 가져온 어떤 것입니다. 따라서 마지막으로 남아 있는 것은 ―내가 이것을 매우 첨예하게 말해야만 한다면― 칸트 철학의 구체화의 극Konkretionspol이, 그러니까 가공의 기구, 개념적 기구, 주관의 추상화의 기구가 조금도 파고들어 가지 못하는 지점입니다. 이는 흡사 이 주관의 껍질 위에 있는 것, 절대적인 물자체의 가장 가까이에 있어야 하는 것, 최고의 구체적 존재 ens concretissimum는 완전히 추상적이라는 것을, 그것도 '순수한 나는 생각한다'라는 가장 추상적이고 가장 보편적인 개념처럼 추상적이라는 것을 의미합니다.

여러분은 어떤 내용도 없이 '순수한 나는 생각한다', 즉 순수한 기능에 대하여 어떤 규정도 ―이 규정이 관계라는 특성을 갖고 있다는 사실을 제외하고― 거의 말할 수 없듯이 여러분은 이 '모든 것이 관련된 것'에[158] 대하여 어떤 규정도 거의 말할 수 없습니다. '모든 것이 관련된 어떤 것'이라는 이 반대편 극은 그의 방식에서 무규정적이고, 질이 없으며, 이것과 대립된 개념이 그러한 것처럼 추상적입니다. 따라서 헤겔이 나중에 그것을 완전히 무적인 것, 비존재적인 것으로 지칭했다면,[159] 이 부분에서 칸트 철학이 이미 암시한 것의 언어적 변형이라고 나는 거의 말하고 싶습니다. 그러나 만일 경우가 그러하다면, 그것은 실제로 우리가 의미 있게 말할 수 있는 그 무엇, 어떤 긍정적 의미에서 판단의 대상이 될 수 있는 그 무엇, 진리의 물음을 의미 있게 적용할 수 있는 그 무엇에 대하여 무매개적인 것을 언급할 수가 없음을 의미합니다, 이는 우리가 항상 진리 요구를 말할 수 있는 곳에는 주관이 이미 들어 있다는 것을 뜻합니다. 내가 여러분에게 앞서 언급했던 뺄셈의 시도는, 다시 말해 매개되지 않은 것, 순수한 직접성을 의식의 분석을 통하여 정제하려는 시도는 실패로 판명되었습니다. 물론 이 시도는 『순수이성비판』 자체의 사고 과정의 의미에서 실패로 판명되었습니다. 그러나 순수한 직접성에 대한 이러한 표상이 사고 과정에서 유령처럼 떠돌아다니지만 그럼에도 불구하고 그것은 동시에 칸트 자신이 시도한 비판적 숙고를 통하여 이미 평평하게 되고, 제거되며, 말소됩니다.

　　이로써 나는 칸트 철학의 구조와 관련하여 매우 중요한 문제에 접근하고 있다고 생각합니다. 이 문제는 칸트 철학에서 유명론Nominalismus과 실재론Realismus의 관계 문제, 따라서 개념들이 순전한 사유의 부가물인지 또는 어떤 것이 사물 자체에서 개념과 일치하는 것인지, 또는 개념들이 사물 자체의 토대인지의 문제입니다. 나는 여러분이 칸트 사유의 출발점은 예나 지금이나 유명론이며, 이 유명론은 개념의 실재론적 입장을 반대하는 중세 철학 말기 이후부터 관철되었다는 사실을 우선 확실하게 해두는 것이 좋다고 생각합니다. (나는 앞으로 실재론을 개념실재론의 의미에서 사용할 것이며 관념론과 반대되는 의미로 사용하지 않겠습니다) 칸트에게 있어서 개념 자체는 사유의 산물들이라는 것입니다. ― 여러분은 이 사실을 우선 놓쳐서는 안 됩니다. 『순수이성비판』 전체에 기초가 되는 종합의 개념, 따라서 산재된 것을 하나의 통일로 총괄하는 개념, 산재된 것을 하나의 통일에로 연결시키는 개념은 칸트에 있어 본래 경험의 실현을 정당화시킵니다. ― 이 종합 개념은, 여러분이 좋다면, 최고의 추상화로 이끄는 유명론의 이론일 따름입니다. 이 유명론은 최종적으로 개념들뿐만 아니라 의미심장하게 거론될 수 있는 모든 것을 사유 행동의 결과로 간주합니다. 칸트가 형이상학과 최고의 형이상학적 개념들의 절대적 타당성에 가한 비판에는 어느 정도 보편 개념에 대한 유명론의 옛 비판이 여전히 살아있습니다. 이러한 옛 유명론의 비판이 보편 개념에 대하여 이것은 순전한 '목소리의 입김Hauch der Stimme'에 불과하다고 말했다면, 이것은 우리가 경험에서 주어진 요소로부터 종합을 통하여 결합하는 것 외에 우리가 의미 있게 말할 수 있는 것은 전혀 없다고 칸트가 말한다는 점에서 그에 의해 되풀이된 것입니다. 따라서 여기까지 칸트 철학의 토대는 전적으로 유명론이라고 나는 생각합니다. 그러나 칸트는 철저하게 유명론으로 이끌었던 의식이 ―우리가 그렇게 말해도 좋다면― 자기 자신에게 이의를 제기하기 시작하는 발전의 문턱에 서 있습니다. 아니면 여러분은 나에게 이렇게 표현하도록 허락해 주십시오. 즉 보편 문제를 고려할 때 칸트의 의미는 그가 보편 개념과 보편 개념에서 파악된 특수의 관계를 최초로 변증법적 관계로 파악했다는 점입니다. 나는 칸트가 객관적으로 그것을 변증법적인 것으로 이해했다고 말하고 싶습니다. 이것이 의미하는 바는 그의 이론의 내용이 그와 같은 변증법으로 귀결된다는 것입니다. 그러나 그에게는 변증법적이지 않습니다. 이것은 이와 같은 변증법이 여전히 모든 면에서 그의 의식에 낯설다는 뜻입니다. 그러나 이것은 『순수이성비판』에서 어느 정도는 그의 의지에 반하게, 또는 그의 생각과 상관없이 수행됩니다. 이 계기는 칸트가 한편으로 세계의 객관성, 세계의 개념적 객관성, 경험의 구성을 종합의 문제로서 그리고 동시에 주관적 이행으로 간주하는 데 있습니다. 그러나 그것은 다른 한편으로 주관적 종합이, 그가 언젠가 말한 바와 같이, 우리에게 전적으로 '자연스러운' 특정한 종류의 개념들에 의해서만 일어난다는 데 있습니다. 그는 이념이 ―그는 이것을 초월적 이념, 그러니까 옛 존재론의 대상이라고 주장합니다― 범주가 우리에게 자연스러운 것과 마찬가지로 우리에게 자연스럽다고 말합니다. 그리고 그는 다른 곳에서 이 이념을 매우 설득력 있고 단순하게 해석하지만, ―여기서는 여러분에게 체계적 통일을 부여합니다― 본래 이념은, 그러니까 세계의 이념, 영혼 및 불멸성의 이념은 초월적으로 되어 버린 범주이외의 다른 것이 아닙니다. 이것은 이념이 경험 가능성의 저편에서 사용되는 한, 범주들과 조금도 다를 바 없다는 의미입니다. 이념이 필요한 이유는 우리 자신의 의식이 이 범주 없이는 전혀 나올 수 없기 때문입니다. 그러므로 여러분은 여기에서 ―나는 『순수이성비판』의 가장 내적인 구조를 다루고 있다고 생각합니다— 내가 칸트 철학에서 유명론과 실재론 사이에 놓인 높은 산길로 설명하고 싶은 이 특유의 이중성을 느끼고 있습니다. 이것은 한편으로 여러분이 종합의 개념에서 자체로 존재하는 모든 개념은 이 개념을 산출하고 초래하는 사유로 환원되고 있음을 알고 있다는 의미입니다. 따라서 이 개념은 플라톤적인 의미에서 자체로 존재하는 이념이 아니라 우리에 의해 만들어진 어떤 것입니다. 그러나 이것은 다른 한편으로 우리의 사유가 사유에 내재하고 있는 특정한 개념의 배열에 의하지 않고서는 결코 사유일 수 없을 만큼 조직화되었다는 것을 의미합니다. 그러므로 이러한 한에서 이 주관성의 한 가운데 존재론적인 것이 동시에 들어 있습니다. 이는 주관성 자체, 즉 선험적 통일 자체는 자체적으로 존재하는 개념과 함께 있으며, 자체적으로 존재하는 개념의 짜임 관계에 있다는 것을 말합니다. — 그리고 이 개념은 자체적으로 존재하는 것으로 간주될 수밖에 없습니다. 왜냐하면 이 개념이 없으면 우리의 사유와 같은 어떤 것, 따라서 우리의 활동성과 같은 어떤 것도 표상될 수 없기 때문입니다.[160]

이것으로부터 여러분이 『순수이성비판』의 중심 주제를 실제로 이해할 수 있으리라 나는 생각합니다. 아주 광범위하게 다시금 시도된 이러한 해석의 의미에서 『순수이성비판』의 중심 주제는 다음과 같습니다. 즉 우리는 어떻게 유명론과 실재론과의 물음, 즉 주관성으로서의 사유와 범주 또는 개념의 관계를 객관적으로 타당한 것과 절대적으로 필요한 어떤 것으로서 이해할 수 있는가입니다. 이 관계의 해명, 그러니까 주관성 속에 감추어진 객관성, 가장 내적인 핵심 속에 그리고 주관성의 원자 내부에 감추어진 객관성의 해명은 칸트가 '상당히 깊은 지반 위에 서 있다'[161]고 매우 기분 좋게 말하고 있는 순수 지성 개념의 연역에 대한 장에서 해결하려고 시도했던 것으로, 그것은 정말 이 영역에서 사유된 것 중 가장 심오한 것입니다. 이 장은 이중적 움직임을 포함하고 있습니다. 즉, 한편으로 그는 의식의 통일에서 ―따라서 다른 말로 표현하면, '순수한 나는 생각한다'에서― 이 모든 규정이 필연적으로 생긴다는 것을 보여 줍니다. 이때 이 모든 규정은 범주로서 원칙의 기초가 되고 그리고 종국에는 소위 특권 영역으로서 존재론이 살아남게 되는 영역인 이념이 됩니다. 그렇지만 반대의 경우에 ―우리는 이것을 간과해서는 안 됩니다― 그는 사유를 분류하는 개념을 매개하지 않는다면, 사유라는 것 자체가 전혀 성립될 수 없다는 점을 보여 주고 있습니다. 이는 주관성이 필연적으로 이 개념을 전제하고, 즉 자신의 선결 조건으로서 이 결합의 필연성을 전제하고 있으며, 그리고 이런 종류의 개념성Begrifflichkeit 없이는 주관성 일반과 같은 어떤 것도 전혀 존재할 수 없다는 것을 뜻합니다. 주관성에서 객관성을 정초하려는 칸트의 노력은 이 두 계기를 동일화시키려는 시도에서, 따라서 한편으로 생산적 주관성과 다른 한편으로 모든 비판의 너머에 있는 최종적 소여성으로서의 이성의 기초 개념을 동일화시키려는 시도에서 칸트의 시도는 정점을 이루고 있습니다. 그런데 객관성이 (여러분이 철학 강의에서 일반적으로 그렇게 배우듯이) 단순히 주관성으로 환원된다는 의미에서가 아니라, 정반대로 객관적인 것 자체, 객관성의 힘 자체가 본래 주관성의 비밀로서 주관의 가장 내면적인 것으로 드러난다는 의미에서 나는 다시 한번 『순수이성비판』의 객관적인 기본 의도를 여러분에게 상기시키려고 합니다. 매개되지 않은 것은 아무것도 없으며, 주관성을 통하여 여과되지 않는 것은 아무것도 있어서는 안 된다는 요구는 칸트 철학에서 엄청난 열정을 드러낸다고 내가 여러분에게 말했다면, 이와 같은 열정은 최고조로 나타나고 가장 두드러지게 보이는 자리에서 객관성의 개념이 바로 주관적 개념으로 간주된다는 점에서 특이한 성격을 지닙니다. 이는 내가 여러분에게 강의를 시작할 때 구원의 의도를 말했던 것과 밀접한 관계가 있습니다. 왜냐하면 칸트가 객관적 진리의 개념과 객관적 이성의 개념을 강하게 강조했다면, 그는 유명론의 가장 내적인 핵심으로서 나타나야만 하는 실재론의 힘으로 그렇게 했기 때문입니다. 따라서 이는 객관성이란 주관성의 비밀이란 뜻이 됩니다. — 더 고양된 의미에서 객관성의 비밀은 주관성으로 존재합니다. 또한 내가 언젠가 흄과 칸트의 차이는 뉘앙스의 차이라고 말했다면, 이 자리에서 그 차이는 물론 더욱 현격합니다. 왜냐하면 지금 칸트를 흄, 즉 흄의 회의주의와 결정적으로 구별해 주는 것은 정확히 말해 다음과 같은 시도를 보여 주는 데 있습니다. 즉 우리가 객관성이라고 부르는 것은 흄과 칸트에게서 평가될 수 있는 만큼 우리가 서로 다르게 평가할지 모르는 주관적 기구들을 통하여 생겨난다는 것을 보여 주기도 하지만, 그보다는 중요한 것은 특정한 종류의 객관성이 주관성 일반의 선결 조건임을 보여 주는 것입니다. 이런 종류의 객관성 모델은 물론 논리적 객관성입니다. 달리 표현하면 여기에서 함축하고 있는 것은 진리의 법칙에 관계하는 논리학과 우리가 갖고 있는 사유법칙에 관계하는 논리학의 이중적 관점입니다. 그러므로 이것은 우선 내가 여러분에게 주관적인 것을 통한 모든 객관적인 것의 매개에 관해 말했던 것을 확증 또는 분석하기 위한 것이며, 동시에「순수 지성 개념의 연역」에 있는 원래의 제안을 설명하려는 것입니다.

145) 전직 주임교사였던 디트리히 만케Dietrich Mahnke는 "독일 관념론의 보이지 않는 왕국"이라고 썼다(Halle 1920); 아마도 아도르노는 이 제목을 생각했던 것 같다.

146) Vgl. 『지식론 제1 서문Ersten Einleitung in die Wissenschaftslehre』 "누군가가 어떤 철학을 선택할 것인지는 … 그가 어떤 사람인지에 달려 있다. 그럴 것이 철학 체계란 우리가 마음대로 떼어 놓거나 받아들일 수 있는 생명 없는 생활용품이 아니라 그것을 가지고 있는 인간의 영혼을 통하여 고무되기 때문이다. 천성적으로 활기 없거나 정신의 노예근성을 통하여 학자적인 사치와 허영심 때문에 무기력하고 비틀린 성격은 결코 관념론으로 고양시키지 못할 것이다"(Johann Gottlieb Fichte, Sammtliche Werke, a.a.O. [주 76], 1. Abt., Bd. 1, S.434). ― 아도르노의 복사본은 첫 번째 문장에 다음의 방주를 제시한다. 아님. 실존적 동기. 키르케고르; 두 번째 문장의 가장자리에 그는 좋지 못함이라고 썼다.

147) 앞의 117쪽 이하 참조.

148) 앞의 문장에서 『계몽의 변증법』을 암시하듯이, 아도르노는 여기서 의문의 여지 없이 1938년 호르크하이머의 논문 『몽테뉴와 회의의 기능Montaigne und die Funktion der Skepsis』을 암시한다(vgl. Horkheimer, Gesammelte Schriften, a.a.O. [주 3], Bd. 4: Schriften 1936-1941, S.236ff.).

149) 아도르노의 『이데올로기론에 대한 기고Beitrag zur Ideologienlehre』에 파레토에 대해서 유사하게 다음과 같은 글이 있다. "파레토는 사회학적 상대주의의 완벽한 결과를 이끌어 낸다. 정신적 세계가 기계적인 자연과학 이상이라면, 모든 진리의 성격은 그 세계에서 박탈된다. 그 세계는 이해관계 상황의 단순한 합리화, 생각할 수 있는 모든 사회단체들의 정당화로 해체된다. 이데올로기 비판으로부터 정신의 정글 법칙이 생성되었다. 진리는 그때그때 관철되는 힘의 단순한 기능으로 축소된다"(GS 8, S.467f.).

150) Vgl. 『정신현상학』의 「절대적 자유와 공포」의 장에서. "긍정적 일이나 행위도 … 보편적 자유를 이끌어 낼 수 없다. 그런 자유에는 단지 부정적 행동만이 남는다; 그것은 단지 소멸의 푸리아일 뿐이다"(Hegel, Werke, a.a.O. [주 90], Bd. 3, S.435f.).

151) 변증법적 이미지와 짜임 관계의 개념은 발터 베냐민에 의해 철학에 도입된 개념이며 이를 아도르노는 특징적으로 수정했다. Vgl. zu Benjamins Gebrauch

der Begriffe Rolf Tiedemann, Dialektik im Stillstand. Versuche zum Spätwerk Walter Benjamins, Frankfurt a.M. 1983, S.32ff.; zu Adornos Utopie der Erkenntnis, in: Frankfurter Adorno Blätter 11, München 1993, S.92ff.

152) 『정신현상학』에는 이렇게 쓰여 있다. "자기의식을 가지고 우리는 … 이제 진리의 고유한 왕국으로 들어섰다"(Hegel, Werke a.a.O. [주 90], Bd. 3, S.138).

153) 출처 미상. — 키르케고르가 정말 이 문구를 사용했다면, 그가 이것으로 말하려고 했던 것은 『이것이냐 저것이냐Enter/Oder』의 어느 곳에서 차용되었으리라 생각된다. 아도르노는 그가 소유하고 있는 책의 이 부분에 밑줄을 그어 놓았다. "매개로서의 언어는 단연코 정신적으로 결정된 매개이며 그렇기 때문에 이념의 본래적 매개인 것이다. … 언어는 결코 다른 어떤 매개도 하지 않는 것, 즉 귀를 향한다. 귀는 최고도로 정신적으로 결정된 의미이다"(Sören Kierkegaard, Gesammelte Werke, Bd. 1: Entweder/Oder. 1. Teil, übers. von Wolfgang Pfleiderer und Christoph Schrempf, Jena 1911, S.60f.).

154) 원본에는 아마 잘못된 것 같다: 극단적이고 정상적인 경우라고 적혀 있다.

155) 마지막 강의, 뒤의 381쪽 이하 참조.

156) 리케르트Rickert는 개념을 다른 의미로 사용한다. "시간과 공간 내에 있는 현실에 대한 반사적 인식을 생각할 때, 우리의 의식에 들어온다는 것은 그때그때의 장소에 있는 현실이 그때그때의 다른 장소에 있는 것과는 다르게 구성되어 있으며 따라서 우리는 그것이 우리에게 얼마나 많이 새롭고 미지의 것을 보여 줄 것인지를 결코 알지 못한다. 우리는 이 때문에 현실적인 것을 비현실적이고 수학적인 동질적 연속체와 구별하기 위해 이질적인 연속체라고도 부를 수 있다…"(Heinrich Rickert, Die Grenzen der naturwissenschaftlichen Begriffsbildung. Eine logische Einleitung in die historischen Wissenschaften, 3. u. 4. Aufl., Tübingen 1921, S.28).

157) 정확하게: '범주표에서'; vgl. A 80, B 106; W 118.

158) 아도르노는 순수 지성 개념의 선험적 연역(B 131ff.; W 136ff.)의 제16장이 수강자들에게 익숙하다고 전제하는 것처럼 보인다. 그러나 여기서 테이프 기록이나 옮겨 쓸 때 한 구절이 탈락되었다고 생각해 볼 수도 있다.

159) 헤겔 논리학의 시작에 대한 암시. "존재, 순수한 존재, — 계속된 모든 규정 없이. … 존재, 규정되지 않은 직접적인 것은 사실상 무이며, 더도 덜도 아닌 무이다. … 무는 이와 같은 규정이거나 아니면 오히려 규정 없음과 동시에 순수 존재인 것과 같은 것이다"(Hegel, Werke, a.a.O. [주 90], Bd. 5, S.82f.).

160) 칸트 철학에서 유명론과 실재론의 문제에 대하여 카를 하인츠 하그Karl Heinz Haag의 교수 자격 논문 제1장 참조(Kritik der neueren Ontologie, Stuttgart 1960, S.10ff.).

161) Vgl. A XVI; W 16.

지난 강의 동안 우리가 숙고한 의미는 칸트에게 모든 인식의 주관적 매개
가 얼마나 광범위하게 이루어졌는지 그리고 객관적인 것의 주관성에 대
한 사고가 얼마나 철저하게 객관적으로 진행되었는가를 여러분에게 보
여 주는 것이었습니다. 그것은 형식과 질료의 차이와, 이와 함께 주관적
인 요소와 객관적인 요소들의 차이는, 따라서 칸트 사유의 지형학에서 매
우 뚜렷하게 묘사되고 있는 이원성은 칸트 사유의 동력학에서 —내가 이
것을 지리학과 지형학과 한번 대립시켜도 좋다면— 계속하여 상대화되
고 계속하여 사라진다는 점에서 중요한 의미를 지닙니다. 우리는 그의 의
도나 그 명제에 반하여 그에게서 소여 자체의 개념은 이미 폐기되었다고
말할 수 있을 것 같습니다. —이것이『순수이성비판』의 몇 가지 매우 어
려운 문제를 불러일으킨다는 것은 의심할 바 없습니다. 그중에 하나를 나
는 여러분에게 이미 설명한 바 있습니다.『순수이성비판』의 사실적이고
자세한 상술을 통해 입증된 것은 주관과 독립된 어떤 것, 외부로부터 주
관에 다가온 어떤 것은 완전히 공허하고 무적인 것에 불과하다는 것입니
다— 그러므로 여기에서『순수이성비판』이 물자체와 현상을 구분하는 것
이 그리 중요한 문제는 아닙니다. 왜냐하면 물자체는 브레히트의『서푼
짜리 오페라Dreigroschenoper』에서 노래되듯이 '장점ein schöner Zug'으로서

남아 있기 때문입니다. 이는 물자체는 주관적 인식이 모든 것을 이야기할 수 없음을 상기시켜 주지만, 더 이상의 결과도 남아 있지 않다는 의미입니다. 이 어려움과 함께 두 번째 어려움이 발생합니다. 내 기억이 정확하다면 내가 여러분에게 강의를 시작할 무렵 언젠가 암시했던[162] 문제입니다. 이것은 인식 자체의 개념이 문제된다는 것입니다. 그 이유는 형식뿐만 아니라 형식 개념의 극단화를 통하여 인식된 것 자체의 총괄 개념이 주관에 통합되기 때문입니다. — 이렇게 함으로써 인식된 것의 개념 또한 문제가 됩니다. 어떤 것이 그 자체로서 완전히 무규정적인 것이고 그리고 인식이 주관성의 총괄 개념 이외에 아무것도 아니라고 지금 조금 강하게 표현한다면, 어떤 것을 인식한다는 것이 도대체 무엇을 말하는지 우리는 물어볼 수 있습니다. 이 모순은 칸트에게 객관성이 주관성으로 이전하는 데 있지만, 이 문제는 그에게 전혀 언급되지 않고 있습니다. 그리고 이에 대하여 상당히 오래 된 물자체das gute alte Ding an sich가 아마도 칸트에게 위로가 되었을 것입니다. 물자체는 결국 인식과 관계하는 저 다른 것으로서 역할을 했을지도 모르겠습니다. — 이 위로는 우리가 장례식에서 보통 경험하는 위로처럼 마음을 달래 주는 것입니다. 이것은 내가 구성하고 내가 배열하는 현상들이 최종 심급에서 물자체에 의하여 야기되기 때문에 우리의 모든 인식은 결국 물자체와 연관된다고 우리가 주장하는 것과 같은 방식입니다. 그럼에도 다른 한편으로 인식 과정과 인식 내용이 플라톤적 의미에서 분리χωρισμός를 통하여 인식될 수 없는 이 물자체와 철저하게 분리되기 때문에, 물자체 일반에 대한 이런 사고는 나의 실질적 인식에 아무 소용이 없습니다. 이는 내가 객관으로서 인식하는 것은 바로 앞에서 상세하게 논의된 의미에서 객관일 따름이며 물자체가 아닙니다. 이로써 언제나 주관에 의해 구성된 것만 남아 있습니다. 그러므로 유일한 동어 반복으로서의 인식 문제, 따라서 내가 한번 아주 거칠게 말해야 한다면 주관은 본래 자기 자신만을 인식할지 모른다는 문제가[163] 남아 있습니다.

　나는 이 어려움이 『순수이성비판』에서 주제화되어 있지 않지만, 우리가 다루었던 사물 개념의 이중성과 매우 확실하게 관련되어 있다고 여러분에게 말한 바 있습니다. 그러나 내가 여기서 여러분에게 방금 언급한 어려움을 우리가 구체적 형태로, 칸트 사유의 구체적 형태로 드러내고 관철하는 것을 추적하지 않는다면 ―칸트에게서 어떤 모순을 찾아낼 때 종종 그런 것처럼― 그것은 칸트적 숙고의 위력을 과소평가한다는 것을 의미합니다. 우선 우리는 『순수이성비판』의 구조를 대략 다음과 같이 표상해야 한다고 여러분에게 말했습니다. 즉 우리는 어떤 질료가 기제에 빠져들어 가서 이 기제에 의해 가공되고, 그런 다음에 이 가공의 결과로 생겨나는 것이 소위 말해 나의 인식이라고 우리는 표상해야만 합니다.[164] ― 실제로 (가장 넓은 의미에서 이해한다면) 질료의 순전한 질서, 일종의 개념적 조직화, 본래 단지 하나의 그물망, 그리고 부분적으로 나에게 주어진 것을 약분한 것, 이런 것은 그러나 본래 인식되어야만 하는 것의 단순한 외양이며, 본래 인식되어야만 하는 것과는 전혀 관계가 없습니다. 내가 여러분이 거칠지만 전체적으로 『순수이성비판』의 건축술을 분명하게 하기 위해 우선 이런 표상을 확고히 해야 한다고 했을 때, 나는 이유 없이 그 당시 말하지 않았습니다. 그리고 여러분은 지금 바로 형식과 내용의 구별에 해당하는 이 조잡한 구별을 잘 지키고 있습니다. 그럼에도 여러분은 칸트를 정당화하기 위해서 이것으로 끝나는 것이 아니라는 것을 알아야만 합니다. 『순수이성비판』에는 완전히 다른 종류의 모티브가 있습니다. 그것은 인식이 실제로 권위를 갖기 위해서 인식은 질료에 자신을 맞추어야 한다는 점입니다. 외양성Äußerlichkeit의 특성, 한갓 분류하는 사유의 특성… 나는 지금 조금도 목소리를 낮추지 않고 자연과학의 규정이 베이컨 시대에 자연과학을 지배하기도 했던 소위 말하는 사물의 내적 본질로부터 자유롭고 그 대신에 관찰된 현상을 외적인 개념들로 총괄하는 데 익숙했던 것처럼 외양성에 관해 언급하고 있습니다. … 따라서 여러분은 내가 외양성에 대하여 말할 때 이를 오해하여 내면성의 값싼 독일적 자부심의 의미에서 이해하지 마십시오. 칸트적 외양성의 측면은 소위 말해 현대 자연과학사의 모든 열정을, 그리고 자연과학이 이루어 낸 모든 승리를 포함하고 있습니다. ― 지나가는 길에 덧붙여 말하자면 그렇습니다. 그러나 어쨌든 칸트는 인식 이론가로서 이 외양성에 만족한 것이 아닙니다. 그보다 그는 이제 질료와 형식의 공동 작용에서 ―인식하는 의식의 내재성에서― 소재 또는 질료와 형식이 어떻게 서로 관련을 맺어야만 하는지, 인식이 이것들을 인식하는 것에 자신을 어떻게 맞추어야만 하는지의 문제에 직면하고 있습니다. 칸트가 주의를 기울였던 의식의 내재성 영역 안에 있는 문제는 바로 종합적인 것의 사고, 비동어 반복적인 사고, 즉 인식은 순전히 자기 자신보다 더 많은 것을 인식해야만 한다는 사고입니다. 그것은 인식 형식 일반으로부터 단순히 반성된 것보다 더 많은 것을 해야 합니다.

이 기이한 문제는 『순수이성비판』의 가장 어려운 장들 중 하나에서 나옵니다. 나는 여러분에게 지금 이 장의 내용을 설명하지 않으려고 합니다. 다만 나중에 우리가 설명할 시간을 가지길 나는 바랄 뿐입니다.[165] 나는 그 대신 여러분에게 특별하게 난해하고 파악하기 힘든 이 장을 그것의 기능에 맞추어서 이해할 수 있도록, 따라서 그것이 본래 무엇이어야 하는지를 ―일반적으로 통상의 해석에서 전혀 명쾌하게 해명되어 있지 않는― 이해할 수 있도록 할 것입니다. 왜냐하면 만일 질료가 오고, 그 후이 질료가 마치 '누에가 고치를 치듯이' 그렇게 단순하다면, 칸트는 이 계기들의 매개에 대해 전혀 사고할 필요가 없었을 것이기 때문입니다. 그러나 그는 이런 사고를 했습니다. 그리고 이 사고의 표현이, 따라서 질료와 형식이 본래 어떤 식으로 결합되는지의 문제가 순수이성의 **도식론**의 주제입니다. 여기에서 여러분은 도식론의 문제를 우리의 인식은 자신의 질료에 외양적인 것이며, 동시에 우리의 인식이 자신이 분류한 것의 성질에, 직접 주어진 것의 성질에 적합하기 때문에 진리임이 어떻게 가능한가의 물음으로 파악해야만 합니다. 따라서 달리 표현하면, 여기서 중요한 것은 내가 언급한 인식의 두 주요 흐름인 수용성과 자발성 사이를 어떻게 결합할 것인가의 물음입니다. 이 두 가지의 결합이 대체 어떻게 가능합니까? 이 물음은 내가 직관된 어떤 것을 생각하면서 그것을 개념에 총괄한다면, 내가 이 직관된 어떤 것을 그것 자체에 외적인 방식으로 조직화하고 개념에 포섭하고 있는가라는 단순한 물음이 아닙니다. 오히려 이 물음은 이를 넘어서서 이 개념들이 사태 자체와 어떻게 일치하고 있는가라는 물음입니다. 덧붙여 말하자면 이 문제는 철학 자체만큼이나 오래된 것이고 그리고 이 문제에 관한 최초의 위대한 이론적 표현은 개념의 타당한 분류에 관한 플라톤의 이론에서 발견됩니다. 플라톤은 이 개념들이 (만일 우리가 오늘날 말하게 된다면) 논리적 체계의 의미에서, 따라서 단순히 분류의 관점에서 배열되어서는 안 되며, 개념적으로 파악된 것의 본질에 맞게 배열되기를 요구했습니다. 플라톤의 표현처럼 개념은 사물의 본질에 자연스럽게 일치해야 한다는 것입니다.[166] 따라서 여기서 근본적으로 중요하게 다루어지고 또한 칸트가 도식론의 장에서 핵심적으로 제기하는 물음은 바로 범주와 대상의 이질성입니다. 그는 직관과 개념 사이의 중간 단계로서 일종의 형상Bild, 즉 우리가 직관해야만 하는 것을 인식할 수 있는 그때그때의 직관 대상의 모형이 존재한다고 생각함으로써 이 물음을 해결하려고 했습니다. 나는 지금 이 형상이, 그가 '영혼의 깊이 속에'[167] 감추어진 기제로 소급시키고 있는 이 도식이 무엇을 뜻하는지를 상세하게 다루지 않겠습니다. 그것은 하나의 아포리아적인 개념, 처음부터 이미 곤란함이나 어려움을 표현하는 개념입니다.[168] 반면에 나는 여러분에게 적어도 이 문제와 직결되는 칸트의 몇 가지 사고를 말하고 해명하고자 합니다. 여기서 이 문제란 전적으로 주관성에 의해 규정되는 공간 내에서 그럼에도 어떻게 주관적이지 않은 것, 주어진 것이 도대체 통용되는가 하는 것입니다.

이에 대해 칸트는 다음과 같이 말합니다. "대상을 개념하에 모두 포섭할 때 전자와 후자의 표상은 **동종적이어야 한다**. 즉 개념은 그것 아래 포섭되어야 하는 대상에 표상되는 것을 포함해야만 한다…"[169] 자, 여러분은 개념이 대상 자체에서 표상되는 것을 포함해야만 한다는 점에 유의하십시오. 이는 개념이 어떤 식으로든 직관의 질료에 일치해야만 한다는 것을 의미합니다. 개념은 그것을 훼손해서는 안 됩니다. 개념은 자의적으로 그것을 다루어서는 안 되고, 어떤 의미에서는 자기 스스로가 그것과 상응하는 성질이 되어야만 합니다. 또는 우리가 고대 철학에서 이 사실을 유사하게 말했듯이, 개념은 어떤 의미에서 직관과 유사해야만 합니다.[170] 그런데 칸트의 경우 직관과 개념의 이러한 동종성의 요구, 따라서 직관과 개념의 유사성 요구에는 수용성과 자발성이라는 두 근원의 분리가 본질적으로 자의적 분리라는 의식이 숨겨져 있습니다. 한편으로 우리가 칸트에 있어 이미 직접적으로 주어진 것 자체는, 따라서 겉으로는 순전히 수용적인 것처럼 보이는 것은 직관 형식뿐만 아니라 어느 정도 사유도 ―즉 특정한 직관으로의 결합인 종합도― 자체 내에 포함하고 있다는 것을 항상 알았다면, 다른 한편으로 우리가 (우리가 첨언해야 할 것 같습니다) 개념이 자의적인 것이 아닌 참된 개념이 되기 위해서 자체 내에서 필연적으로 자신과 관계된 것의 성질과 일치해야만 한다는 것을 항상 알았다면, 여러분은 그것을 명확하게 단순히 설명할 수 있습니다. 『순수이성비판』의 건축에서 자발성과 수용성의 절대적 분리로 인하여 칸트가 칭한 이 두 '인식의 줄기들' 간의 관계 계기는 완전히 무시되었지만, 칸트는 이를 만회하려고 시도합니다. "이렇게 접시의 경험적 개념에서 생각된 원은 원의 순수한 기하학적 개념에서 직관되기 때문에 동종성을 갖는다."[171] 이 명제는 약간 어렵습니다. 왜냐하면 '원'을 사유한다고 하는 것이 원이 동시에 직관되지 않을 때는 어려운 문제를 갖고 있기 때문입니다. 원을 사유한다는 것, 그것은 여러분이 분석적 기하학에 따라 원의 방정식을, 따라서 어떤 주어진 점, 즉 중심으로부터 동일한 거리를 지닌 모든 점들의 기하학적 지점을 제시할 수 있다는 것을 말합니다. 그러나 기하학적 표상에 대한 분석적 기하학이 우리에게 제공하는 것처럼 원의 개념 또는 원의 표상은 이런 방정식 속에 들어 있지 않습니다. 칸트는 경험적 개념들에 대해서는 이것을 미해결로 놓아두지만, 그 대신에 그는 최고의 개념이자 가장 보편적 개념인 범주들에 대해서는 이것을 그만큼 더 단호하게 주장합니다. 왜냐하면 이 개념들은 모든 직관적인 것으로부터 아주 순수하게 벗어난 개념들이어야 하기 때문이라는 것을 여러분은 기억해야 합니다. 개념들이 구성적이라는 사실, 따라서 아프리오리한 종합판단은 개념들을 통해 가능해야만 한다는 사실, 개념들이 전적으로 필연적인 인식을 제공해야만 한다는 사실은 이 순수성의 덕분이며, 직관적 요소로부터 벗어났기 때문입니다. 이 결과로 인해 ─칸트가 예리하게 추론하고 있듯이─ 다른 한편으로 다시 개념에게 감성적 성질을 양도하는 것은 불가능합니다. 달리 표현하면 개념은 따라서 자신이 포섭한 것과 전혀 유사하지 않습니다. 하지만 그것이 정말 그렇다면, ─칸트는 소위 말해 자신의 관심과, 자신의 체계에 대한 관심에 반하여 이것을 표명할 만큼 순수성을 지닌 사람입니다─ 정말 그것이 그렇게 필연적이라면, 따라서 순수한 지성 개념이 직관으로부터 완전히 순수하고 또 직관이 개념으로부터 완전히 순수하다면, (개념에 대한 순수 직관의 순수성을 칸트는 선험적 감성론에서 매우 정밀하게 증명한 바 있습니다)[172] 도대체 이 두 가지가 어떻게 결합되는지를 묻는 것은 지극히 당연한 일입니다. 이는 개념 속에서 자신의 일에 적합하고, 동시에 개념 속에서 소여성에 적합한 그런 인식이 있다는 가능성을 ─주어진 것이 단순하게 폭력적으로 처리되지 않을 뿐만 아니라 그렇게 통용되지도 않을 것입니다─ 우리는 도대체 어떻게 생각할 수 있는지를 말합니다. 이것이 본래 『순수이성비판』에서 주관적 매개에도 불구하고 그리고 주관적 매개를 통하여 주관에 고유하지 않은 것이 타당하도록 만드는 가장 심도 깊은 핵심입니다. 이런 의미에서 여러분은 도식론-장의 전체적 시도를 이해해야만 합니다. — 덧붙여 이 장은 시간을 직관과 개념의 결정적인 통합 계기로 보고 있습니다.

　이것에 대해 상술하기 전에 이 문제에 대한 칸트 자신의 의식을 보여 주는 데 가장 근접한 문장을 나는 여러분에게 읽어 드리겠습니다. "그러나 이제 순수한 지성 개념들은 경험적 … 직관들과 비교할 때 완전히 이종적이며, 어떠한 직관 속에서도 결코 발견될 수가 없다. 그렇다면 후자가 전자에 포섭될 수 있는가? 따라서 현상에 범주를 어떻게 적용할 수 있는가? 예컨대 인과성이 감성을 통하여 직관될 수 있다거나 현상 중에 포함되어 있다거나 하는 말을 할 사람이 없기에 말이다. 이 매우 지당하고 중요한 물음이 판단력의 선험적 이설이 필요한 이유이다. 이 이설이 바로 순수한 지성 개념들이 어떻게 현상들 일반에 적용될 수 있는지의 가능성을 보여 준다."[173] 주의하십시오. 이것이 단지 정돈의 문제에 불과하다면 우리는 이 개념들을 거리낌 없이 적용할 수 있습니다. 그렇다면 이 적용은 자의적이라고 말할 수 있습니다. 왜냐하면 개념들은 —내가 여기에 전혀 어울리지 않는 옛 철학에서 나온 말로 표현해도 좋다면— 사물 안에 근거를 가지고 있지 않고, 사태 자체의 어떤 것도 그것과 상응하지 않기 때문입니다. 이에 대하여 칸트는 (저 모형이나 저 형상의 물음은 제외하고) 소여성의 도식화, 지성의 도식화는 현상과 그것의 단순한 형식을 고려할 때 시간이라고 대답하는데, 그 이유는 본래 시간이 사유와 직관에 공통적인 요인이기 때문입니다. 이는 한편으로 시간은 우리 자신의 체험이 우리의 모든 사유와 상관없이 현재, 과거 그리고 미래라는 일차원적 연속의 형식으로 우리에게 주어진다는 의미에서 직관의 형식이지만, 다른 한편으로 우리의 사유가 종합인 한에서 우리의 사유 자체는 시간에서 일어난 어떤 것이며 시간과 관련된 어떤 것이라는 것을 뜻합니다. — 그리고 시간은 사유 자체의 본질을 위해, 즉 사유의 경과를 위해 구성적인 것으로서 사유에 내재합니다. 그리고 시간의 이러한 공통 요소에서 칸트는 ―혹시 덧붙여야만 한다면, 이때 다른 종으로 비약하는 것 없이μετάβασις εἰς ἄλλο γένος, 따라서 이때 다른 종으로 빠져듦이 없이, 다른 경우가 있을지 모르겠지만, 이때 타자기와 오렌지를 서로 섞는 일 없이― 우리가 지성 개념으로 현상을 포섭할 수 있을 해결의 열쇠를 봅니다. 이것이 바로 내가 여러분에게 주의를 바랐던 요점입니다. 칸트는 이것으로 직관과 범주의 문제를 ―동시에 비동일적인 요소를, 주관성 내에서 주관적이지 않은 요소를 어떻게 주관성에 타당하게 만들 수 있는가의 문제를― 해결하려고 시도했습니다. 그리고 우리가 칸트에 있어서 근거를 갖고 깊이에 관해 언급한다면, 그에게 깊은 곳은 원래 그가 일반적인 주제에 만족하지 않고 계속 파고들어 가는 곳입니다. 여기에서 칸트는 여러분에게 시험에 질문을 던지는 칸트가 아닙니다. 오히려 깊이는 ―이것은 칸트에게뿐만 아니라 모든 사유에 타당합니다― 본래 우리가 생각하려는 것을 고려하지 않고, 사유의 목적을 고려하지 않고 우리가 대상에 몰두하는 데에 있습니다. 우리가 자신을 포기하고 사태에 자신을 내맡기면서 어느 정도는 자신을 거슬러서 사유하는 데 있습니다. 사유의 위대성이나 의미는 바로 이렇게 할 수 있는 능력에 달려 있습니다. 칸트 사유의 무한한 질적 능력은 내가 보기에 이 부분에 있는 것 같습니다. 그리고 바로 우리가 그에게서 이런 계기를 배울 수 있다는 사실은 우리가 칸트에게서 단순하게 일종의 역사적 사유의 가치와는 다른 어떤 것을 본다고 주장하는 것을 정당화한다고 나는 생각합니다.

그러나 나는 여기서 내가 부과했던 과제로부터 벗어나고 싶지 않습니다. 즉 여기서 나는 재차 칸트에 있어 본래 이 보편적인 주관적 매개의 배후에 자극을 주고 있는 경험으로서 무엇이 있는지를 묻고 싶습니다. 이에 대해 나는 두 가지를 말할 것입니다. 첫째로 이 배후에 자연과학의 경험에 대한 철학적 반영이 있습니다. 자연과학의 출현은 배열을 통하여, 실험을 통하여, 주관적 기획을 통하여 인식의 무한한 확장을 가능하게 하였습니다. 인식은 사실을 증명한다는 것을 유일한 기준으로 삼습니다. 그것이 가능할 수 있는 이유는 사물 자체의 본질에 대하여, 사태 자체에 대하여 무언가 결정하는 것을 포기하기 때문입니다. 내가 자연과학은 본래 특이하게도 그들의 인식 목적인 것을 체념하는 태도와 무엇인가 인식하려는 것을 중단하자, 오히려 어떤 것을 인식할 수 있다는 승리의 태도가 서로 결합되어 있다고 말한다면 이것은 과장이 아닙니다. 여러분은 자연과학의 이러한 상황이 —사실 이 상황은 오늘날까지도 변화하고 있지 않습니다— 칸트 철학에서 반영되고 있음을 발견할 수 있습니다. 칸트 철학의 객관성 요구는 자연 지배가 무한한 소여를, 즉 주관에 속하지 않는 무한한 것을 주관에 종속시키고, 그것이 주관과 동일하다는 것을 보여 주는 데 성공한 자연과학의 승리를 반영하고 있습니다. 하지만 그것은 동시에 혼란스러운 선입견을 포기하듯이 본질 자체에 대한 통찰을 포기할 때에만 가능합니다. 어떤 의미에서 볼 때 칸트에게 인식 개념의 주관화는 과학의 실제 역사에서, 즉 자연과학에서 나온 것이라고 우리는 말할 수도 있습니다. 자연과학은 인간적 기획과 인간적 양식을 통하여 접근할 수 있는 것 이외에 어떤 다른 것을 인식하기 위한 시도를 포기하는 순간에 세계를 지배하게 됩니다. 따라서 자연과학은 인간세계에, 인간에게 접근할 수 있는 세계에 정통하고 그리고 거대하게 할당된 소여성을 인간적인 것에 종속시킵니다. 그러므로 여러분은 모든 근대 자연과학의 본질 일반을 형성하는 체념과 생산력 상승이라는 이중적 과정이 칸트 철학 자체에서 인식될 수 있다고 말할 수 있습니다. 이는 실험의 세계는 본래『순수이성비판』의 실증적 세계이며, 자연과학이 뿌리쳤던 아리스토텔레스적인 형상세계는 실증과학에 의하여 오랫동안 해고된 후에, 철학적 반성 속에 또 다시 —내가 거의 이렇게 말할 뻔한— 최후의 일격을 당했던 세계임을 의미합니다. ― 그 후 형상세계는 실증 과학으로부터 제외되었습니다.

그러나 이런 해석에도 불구하고 칸트의 주관주의가 고갈된 것은 아니라고 나는 생각합니다. 이를 정확하게 통찰하기 위하여 여러분은 특히 더욱 광범위하게 칸트의 실천철학에 관심을 가져야만 할 것입니다. 그 배후에는 ―이 계기를 제외하고, 그러니까 자연과학의 역사적 진행 과정에 대한 철학적 반성을 제외하고― 자유의 이념 또는 성숙Mündigkeit의 이념이 자리 잡고 있습니다. 우리가 보았던 것처럼 칸트 인식론은 세계가 자신의 객관성에 있어 나의 주관성의 산물이라고 선언합니다. 이는 세계가 수동적으로 수용되어야 하는, 한갓 복종되어야 하는 어떤 것이 아니라, 세계는 나에 의하여 지배될 수 있는 어떤 것을 형성한다는 것을 말합니다. 따라서 인간 자신은 단순히 인간세계의 주체이며, 순전히 객체가 아닙니다. 인간의 사회적 그리고 정치적인 해방의 사고가 없다면 칸트의 이성비판은 불가능합니다. 인간은 단순하게 세계에 더 이상 예속된 것이 아니라, 자유와 자율 속에서 원리를 발견하며, 이 원리에 따라 인간에게 세계가 유일하게 인식될 수 있고 이와 더불어 인간은 자율 속에서 세계의 원리를 발견합니다. 이런 경험이 없다면 칸트의 이성비판은 가능하지 않습니다. ― 관념론을 비난하고 그것을 죽은 개로서 취급하는 것은 독일에서 오랫동안 일상적인 일입니다. 이는 대략 셸러가 물질적 현상학materiale Phänomenologie으로 넘어가는 과정에서 쓴 저서로부터 시작된 경향입니다. 그 이후 관념론은 시대착오적인 것으로 끊임없이 각인되고 있습니다. 여기서 여러분에게 관념론의 비판이 나의 당면한 문제라고 선언해야 한다고 나는 생각하지 않습니다. 나는 이 비판을 위해 몇몇 권위 있는 글을 기고한 바 있습니다. 그렇지만 나는 우리가 ―그사이에 인정되고 수없이 입증된― 관념론의 비진리성을 변증법의 정신에서 다시금 개별적 진리로 인정해야 하는 한, 이런 비판으로 이를 너무 경시해서는 안 될 것이라고 생각합니다. 이는 내가 여러분에게 솔직히 말합니다만, 칸트의 주관주의는 그것의 순수성 속에 유지되지 못하지만 그럼에도 불구하고 결정적인 경험을 알린다는 것을 우리가 인정해야 한다는 것을 의미합니다. 이 경험의 하나는 자연과학 자신이 지배하고 있으나 동시에 멀어진 대상과의 이중적 관계입니다. 다른 한편으로 칸트의 주관주의는 자유의 사고를 하나의 잠재력으로 알려 줍니다. 나는 관념론이 추상적이고, 자신을 확고하게 정립하고 주장하는 인식 체계 또는 도식으로 이해될 때 잘못된 것일지도 모른다고 거의 말하고 싶습니다. 그러나 관념론은 정신의 자기의식의 어떤 특정한 상태를, 동시에 자체 내에서 스스로 매개하는 사유 단계를, 따라서 소박하게 실재성과 대립하지 않는 사유 단계를, 이전에는 있지 않았던 사유 단계를 보여 줄 때, 관념론이 참이라는 것은 아주 분명합니다. 물론 나는 매개의 이 모티브를 자체 내에 갖지 못하는 모든 철학은 ―관념론으로부터 치유된 사유가 이제 존재론으로 불리든, '변증법적 유물론Diamat'으로 불리든 전혀 상관없이― 칸트적인 물음 제기와 관념론을 넘어선 것이 아니라, 단지 그보다 뒤떨어진다고 말하고 싶습니다. 포이어바흐Feuerbach의 말을 인용하면[174] 중요한 것은 관념론을 반대하는 것이 아니라 그것을 넘어서는 것입니다. 이는 관념론 자체의 모티브를 절대화함이 없이 모티브로서 이론에 받아들이라는 뜻입니다.

다른 한편으로 우리가 이 경험들을 생각한다면, 우리는 관념론의 명제가 성취될 수 없고, 그것은 도처에서 아포리아적인 개념으로 이끌고 간다는 것을 깨닫습니다. 우리는 어떻게 그것이 가능한지, 어떻게 의식이 ―내가 그것을 여러분에게 제시하려고 했듯이― 그렇게 많은 관점에서 올바른 의식임에도 불구하고 잘못된 의식을 갖고 있어야 하는지 물음을 제기해야 합니다. 이에 대하여 나는 어떤 의미에서 칸트의 인식론은 원래 어떤 특정한 목적을 선취하고 있지만 잘못된 의미에서 선취하고 있다고 말할지도 모릅니다. 칸트는 자유와 자율 자체의 이념을 분명하게 요청으로서, 규제적 이념으로서 규정했고, 그것을 인식의 구성 요인으로서 간주하지 않았습니다. 다른 한편으로 분명한 것은 ―이는 철저히 『순수이성 비판』의 구조에 들어 있는 문제입니다만― 이런 이념이 도처에서 칸트의 체계성 자체, 칸트의 구상에 영향을 미치고 있으며, 이 모티브들과 완전히 분리될 수 없다는 것입니다. 그러나 그것은 칸트 철학이 어떤 의미에서 본래 있는 그대로의 세계를 마땅히 그래야만 하는 세계로 규정하려고 시도한 것과 결코 다른 말이 아닙니다. ― 그러므로 이는 고대의 잘 알려진 명제τόπος에 따라 소포클레스Sophokles는 인간을 마땅히 그래야 할 존재라고 말하고, 에우리피데스Euripides는 인간이 실제로 있는 그대로의 존재라고 말한 것[175]과 같습니다. 칸트 철학에서 이데올로기적인 요소는 인식의 대상으로서의 세계가 사실 그렇지 않은 단계에서 이미 인간적인 세계로, 실제로 우리의 세계로 나타난다는 사실에 있다고 우리는 말할 수 있습니다. 사실은 세계가 아직 그렇지 않기 때문에, (이렇게 말할 수도 있을 것 같습니다) 우리는 아직 타율적이며 부자유 속에서 살고 있기 때문에, 이제 『순수이성비판』에 지극히 독특한 거울 이미지, 즉 일종의 보완적 이데올로기가 일어납니다. 이는 어떤 의미에서 우리가 의존하는 세계가 ―나는 메커니즘들을 지금 여러분에게 개별적으로 설명할 수가 없습니다― 바로 우리가 의존하기 때문에, 세계는 우리의 머릿속에 우리가 마치 그 세계의 주인인 양 나타난다는 것을 말합니다. 우리가 실로 이 세계에 포로가 된 채 맹목적으로 의존하고 있고, 이에 대해 지나칠 정도로 능력이 없다면, 이와 같은 상태는 이론철학의 반성에서 마치 우리 자신의 내부에 우리가 포로가 된 것처럼 나타날 것입니다. 여러분은 이로부터 내가 처음에 언급했던 저 요소, 즉 칸트 철학에서 동어 반복적인 것의 요소도 이해할 수 있습니다. 왜냐하면 이 동어 반복은 본래 인식하는 자로서 우리가 항상 우리 자신만을 인식한다는 감금의 표현과 전혀 다르지 않기 때문입니다. 이는 어느 정도 우리가 본래 우리 자신을 전혀 벗어나지 못한다는 것, 우리가 우리 자신 속에 갇혀 있다는 것을 의미합니다. 그것은 칸트 철학에서도 여전히 깊은 진리를 갖고 있는데, 왜냐하면 우리가 갇혀 있는 세계는 사실 우리 자신이 만든 세계를 의미하기 때문입니다. 그것은 교환의 세계, 상품의 세계, 우리에게 물화되어 마주 보고 있는 인간관계의 세계입니다. 그러나 우리와 대면하고 있는 이 물화된 인간관계는 제2의 자연과 객관성의 성격을 받아들였습니다. 그러므로 이것 역시 저 독특한 『순수이성비판』의 동어 반복적인 개념에 의하여, 말하자면 재현되고 있습니다만, 그러나 반면에 그것의 적합한 이름이 거론된 것은 아닙니다. 왜냐하면 적합한 이름이 거론되기 위해서는 이 철학이 자신의 시도에 따라 관념론적 철학으로 존재하려는 것을 중지해야만 하기 때문입니다. 세계가 우리에게 밀어닥치면 닥칠수록, 세계는 그만큼 더 낯설어진다고 말할 수 있습니다. 우리가 매일 우리 자신의 몸에 새겨 넣을 수 있는 이 관계는 동시에 칸트 철학의 이원론과 관념론 속에서 가장 상세하게 새겨지게 됩니다. 그리고 나는 여러분이 이 관념론을 모든 암시와 모든 갈래와 함께 받아들일 때만, 여러분은 이런 형식으로 받아들여질 수 없는 철학을 신봉할 것인지 또는 다시 한번 결점을 보고 개가를 올릴 것인지의 어리석은 양자택일에서 벗어날 수 있다고 생각합니다. ― 오히려 그 대신 여러분이 해야 하는 것은 철학의 진리 내용을 동시에 이 철학이 비진리의 내용을 포함하는 것처럼 음미하는 것입니다.

162) 앞의 127쪽 이하 참조.

163) 아도르노는 주관의 이중성을 『인식론 메타비판』에서 '관념론의 스캔들Skanda-lon des Idealismus'이라고 부른다. "주관적으로 산출된 것은 동시에 주관과 대립된 채 남아 있어야만 하는 객관objectum이라는 것…. 칸트 자신은 그가 순수 지성 개념의 선험적 연역을 통해 '이해시킬' 자신의 철학의 역설에 대해 언급한 바 있다. 『순수이성비판』에서 자아는 범주들을 감성적인 것에 적용함으로써 사물들을 구성한다. 그러나 인식과 대상과의 상응이라는 전통적인 진리 개념은 여전히 유효하다. 이에 따르면 주관 자체가 구성한 것과 인식이 일치한다면, 주관의 인식은 참될 수 있다. 객관적인 것에 대한 주관의 앎은 '질료'의 철저한 무규정성에 직면하여 다시금 주관에게로 되돌아가고, 이 점에 있어서 어떤 의미에서 동어 반복적이다"(GS 5, S.177f.).

164) 앞의 96쪽 이하와 173쪽 이하 참조.

165) 아도르노는 이 강의에서 설명한 것 이상으로 도식론에 대해 논의한 적이 없다. 도식론-문제성의 상세한 서술은 귄터 랄프스Günter Ralfs에게서 대략 찾아볼 수 있다(Günter Ralfs, Sinn und Sein im Gegenstande der Erkenntnis. Eine transzenden-tal-ontologische Erörterung [Tübingen 1931], S.25ff.).

166) 개념에 대한 플라톤의 이론은 무엇보다 후기 대화편인 『소피스트Sopistes』, 『폴리티코스Politikos』 『테아이테토스Theaitetos』에 수록되어 있다. 그에게 개념 규정이란 개념을 "이질적인 것의 배제와 고유한 것의 확정을 통하여 적절히 그 나머지의 것과 분리하는 것이다": "먼저 많은 것의 (유에 상응하게) 연관성을 인식했다면, 거기서 그치는 것이 아니라 그 연관성 속에서 종에 있어서 특징적으로 나타나는 모든 차이들을 분명히 해야만 하며, 다른 한편으로 많은 대상들에게서 나타나는 다양한 차이점들을 고려하여 끈기를 갖고서 결코 조용히만 있을 것이 아니라 유일한 유사 관계의 경계 내에서 모든 동질적인 것을 포괄하고 또한 본질적인 유개념에서 통합해야만 한다"(Politikos, 261 St. und 285 St.; übers. O. Apelt.). — 아도르노에게 플라톤의 이 부분 또는 다른 부분이 머릿속에 떠올랐는지를 편집자는 감히 확정할 수 없다.

167) "우리 지성의 도식론은, 현상과 그것의 순전한 형식을 고려할 때, 인간 영혼의 깊은 곳에 감추어진 하나의 기술이다. 이 기술의 참된 기량을 우리는 본성대로 알아내어 눈앞에 명시하기는 힘든 것이다"(A 141, B 180f.; W 190).

168) 그러나 뒤의 369쪽 참조.

169) A 137, B 176; W 187.

170) 아도르노의 철학에서 유사성의 주제와 마찬가지로 고대의 유사성에 대한 이론에 대하여, 뒤에 나오는 주 279 참조.

171) A 137, B 176; W 187.

172) 또한 뒤의 387쪽 이하 참조.

173) A 137f., B 176f.; W 187.

174) 아도르노는 여기서 포이어바흐의 다음 격언을 받아들였거나 변형했다. "종교를 반대하는 것이 아니라 그것을 넘어서는 것이다. 인식은 믿음 이상의 것이다. 우리가 아는 것이 또한 거의 없지만, 그러나 비록 아는 것이 적더라도 이 적은 것은 믿음이 지식 앞에 놓여 있는 수많은 모호함보다 더 많다"(Ludwig Feuerbach, Sämtliche Werke, hrsg. von Wilhelm Bolin und Friedrich Jodl, Bd. 10, Stuttgart 1911, S.326). ― 이와 관련하여 아도르노가 이 문구를 '변형한' 그의 유고집 참조. Nachgelassene Schriften, Abt. IV, Bd. 15: Einleitung in die Soziologie 〈1968〉, hrsg. von Christoph Gödde, Frankfurt a.M. 1993, S.134.

175) 샤데발트Schadewaldt에 따르면 다음의 격언은 소포클레스Sophokles 자신에 기인한 것으로 보인다. "아니면 다른 말을 들어라. 그 자신은 마땅히 그래야 할 인간을 표현하고 있지만, 에우리피데스Euripides는 있는 그대로의 인간을 표현하고 있다. 미세한 차이가 있는데, 에우리피데스가 더 실재적이다. 소포클레스는 우리가 관념적이라고 부르는 유형은 아니지만, 그는 오히려 어쩌면 현실적인 인간 존재일 것 같은 고유하고 최종적인 존재-당위에서 인간을 더 많이 보고 있다"(Wolfgang Schadewaldt, Die griechische Tragödie. Tübinger Vorlesung Band 4, hrsg. von Ingeborg Schudoma, 2. Aufl., Frankfurt a. M. 1992, S.191).

우리는 지난 시간에 주관과 객관의 문제, 그것도 특별하게 칸트 철학에서 객관성의 주관적 매개 문제에 집중했습니다. 본래의 의미에서 인식할 수 있는 객관의 개념은 사라지고 다른 한편 칸트가 우리의 인식은 주관의 이중성이라는 것을 피하려고 했다면, 우리는 객관성의 개념이 따라야 할 기준이 무엇인지를 물을 것입니다. 나는 여러분에게 기회가 있을 때마다 (초기에 이미 내가 여러분에게 아프리오리한 종합판단에 대하여 무엇인가를 개진했다고 생각합니다) 이 기준들에 대하여 몇 가지를 이미 말한 바 있습니다. — 적어도 나는 칸트가 제시한 형식에서 이 기준을 여러분에게 제시하였습니다.[176] 그러나 우리가 이 기준에 대하여 좀 더 상세히 숙고해야 할 시점에 도달해 있다고 나는 생각합니다. 왜냐하면 내가 정확하게 보고 있다면, 특히 우리가 지금까지는 당연한 것처럼 여겨서 그렇게 철저히 다루지 않았던 이성비판의 가장 중심적인 문제들 중의 하나에 —즉, 구성자 Constituens와 **구성된 것**Constitutum의 문제에— 들어왔기 때문입니다. 여러분에게 단서를 제공하자면, 아프리오리한 종합판단에 대한 기준과 사태의 내용을 나타내지만 —강조하는 의미에서— 실제로 타당한 인식에 대한 기준은 보편성과 필연성, 필연성과 보편성의 개념입니다. 그러나 여러분은 이 개념이 『순수이성비판』에서 실제로 어떻게 설명되고 있는지를 추적하면 실망하게 될 것입니다. 즉, 여러분은 그곳에서 그리 많은 것을 찾지 못할 것입니다. 사실 필연성과 보편성을 이해할 만한 것이 그리 많지 않습니다. 앞서 나는 여러분에게 개념을 개진할 때 언급했던 일반 주제Generalthese를 미리 고려해서, 이 일반 주제는 내가 여러분에게 이미 전개했던 칸트적인 인식 개념의 '외양성Äußerlichkeit'에 대한 표현을 —내가 정말 오해하지 않기를 부탁한 표현으로— 본보기로 설명하고 있다고 내가 말할 수 있게 해 주십시오. 내가 생각하기에 근본적으로 칸트는 인식에 관해 어떤 것의 본질을 명백하게 하지 않고 단지 어떤 것을 정리하고, 분류하는 것, 어떤 것을 법칙하에, 규칙하에 종속시키는 것만을 생각합니다.

이제 우선적으로 칸트에게 전적으로 타당한 인식이 되기 위한 하나의 기준인 필연성의 개념에 관한 한, 우리는 이 필연성의 개념이 『순수이성비판』에서 —보다 정확히 말하면, '모든 종합적 원칙의 체계적 표상'에 관한 장에서, 따라서 종합적 판단 자체가 '순수 지성 개념의 연역'으로부터 도출되는 지점, 그것도 '경험적 사유의 요청'과 연관되어 도출되는 지점에서— 경험하게 됩니다. 여기에서 우리는 필연성의 개념이 칸트에게서 완전히 인과법칙하에서 평가되는 것으로 파악합니다. 다른 모든 개념은 —예컨대 예를 들어 사유 필연성의 개념이나 내적 모티브로서의 필연성의 개념 또는 사물의 본성으로부터 나올 수 있는 필연성의 개념은— 칸트에 의하여 필연성이 인식의 보증을 설명해야 한다는 그의 필연성의 이념으로부터 배제됩니다. 이에 해당 부분은 다음과 같습니다. "필연성은 인과성의 역학적 법칙에 따라 단지 현상들의 관계에 상관한다. 이것에 의거하여 필연성은 어떤 주어진 하나의 존재(하나의 원인)에서 다른 하나의 존재(결과)를 아프리오리하게 추리하는 가능성에만 상관한다."[177] 따라서 달리 표현하면 내가 여러분에게 언급했던 저 외양성은 바로 일반적으로 철학 전통에서 사용된 이 외양성과 가장 강력하게 대립되는 개념, 즉 필연성에도 해당됩니다. 왜냐하면 우리가 무엇인가를 필연적인 것으로 간주한다면, 우리는 인과성 역시 확실하게 사유하지만 그럼에도 우리가 사유된 것의 의견Meinung을 정확하게 분석할 때 언제나 그 이상을 사유합니다. 그러니까 우리가 자본주의 체계에 위기가 필연적이라고 말한다면, 우리는 어떤 특정한 인과 계열이 특정한 곳에서 필연적으로 위기의 현상이 일어난다고 말하는 것이 아니라, 이 체계의 개념 자체에서 빈곤과 부가 상호적으로 증가함으로써 개념에 의해서 위기의 반복과 같은 어떤 것이 포함되어 있다고 말합니다. — 실제로 이런 종류의 외양성이 중요한 문제라는 사실은 초판의 「순수 지성 개념의 연역」 부분에서 다음의 인용문으로부터 더욱 명백해집니다. "이렇게 원인의 개념은 개념들에 따른 (다른 현상들과 함께 시간 계열에서 수반되는 것의) 종합과 전혀 다르지 않은데, 아프리오리한 규칙을 가지고 현상들을 자기 아래 종속시키는 이와 같은 통일이 없다면, 시종일관된, 보편적인, 따라서 필연적인 의식의 통일은 지각의 다양성 속에서 만나지 못할 것이다."[178] 나는 여기서 다시금 의식의 통일 개념이 —이에 대해 나는 여러분에게 그것은 특이한 이중성을 갖고 있다고 말했습니다[179]— 객관적이고 대상적인 의미에서 파악되고 있다는 점을 여러분에게 주의시키는 바입니다. 이는 현상들에서, '지각의 다양성' 속에서 의식의 통일이 거론된다는 의미입니다. 그러므로 의식의 통일은 내 안에 있는 어떤 것일 뿐만 아니라, 항상 동시에 경험 속에 있는 어떤 것이기도 합니다. 왜냐하면 경험이나 현상은 참으로 언제나 오직 나의 것일 뿐이기 때문이며, 따라서 그것들은 나 자신을 통하여 매개되기 때문입니다. 여기서 덧붙여서 말하는 이유는 이 부분이 칸트에 있어 다양성 속에 통일이라는 중심 개념의 이중성을 다시 한번 매우 설득력 있게 설명하고 있으며, 나는 칸트에게서 이 주관성과 객관성의 일치라는 점에 최고의 가치를 부여하고 있기 때문입니다. 그러나 여기에서 우리가 고찰하고자 하는 것은 원래 다른 것입니다. 이는 우리가 우리의 사유 속성 때문에 연속적인 사건들을 이러한 규칙에 종속시키지 않을 수 없다는 것을 말합니다. 하지만 내가 이렇게 말해도 좋다면, 우리의 사유는 이 시간 계열에서 연속적으로 일어나는 사건들의 내적 결합에 대하여 우리가 갖고 있는 포섭의 형식을 제외하고 여기서 우리에게 말할 수 없습니다. 그러므로 여러분은 여기서 칸트가 생각한 주관적으로 구성된 객관성은 —우리가 말할 수 있다면— 단순히 수반 현상Epiphänomen, 부과된 것Aufgelegtes, 사태 자체에 외양적인 것이라는 (내가 이런 점을 여러분에게 이미 일반적으로 말했듯이) 의미를 아주 명백히 인식할 것입니다.

이런 의미에서 인과성의 고전적 규정들이 전체적으로 이해될 수 있습니다. 이 규정은 자연과학의 토론에서 아주 큰 역할을 했고 나는 단지 여러분에게 칸트의 인과성 개념을 아주 확실하게 하기 위해 여기서 다시 한번 언급하려고 합니다. "예를 들어 내가 원인의 개념을 채택한다면, 이 개념은 어떤 A에 대하여 그것과는 전혀 다른 B가 하나의 규칙에 따라 정립되기 때문에 특수한 종류의 종합을 의미한다. 현상이 왜 그러한 것을 포함해야 하는지는 아프리오리하게 명백하지 않다…." 다른 말로 표현하여 그것은 인과성을 통하여 상호 연관되는 요소들 자체에서 찾아지지 않습니다. — 이렇게 엄밀한 의미에서 우리는 인과성의 외양성에 대해 언급해야만 합니다. 왜냐하면 "…그러니까 우리는 경험을 논거로 내세울 수는 없다. 왜냐하면 아프리오리한 개념의 객관적 타당성이 증시될 수 있어야 하기 때문이다…." 그는 여기서 또 한 번 곤경으로부터 소위 말해 불가피한 일을 합니다. 이는 그러한 내적 동기부여가 현상에서 찾아질 수 없다는 사실에 더하여 —그의 경우에 항상 그렇듯이— 내적 동기가 어느 정도 인과성 개념의 객관성에 기인하고 있다는 것을 의미합니다. 왜냐하면 그가 다음과 같이 말했기 때문입니다. 그래요, 필연성이 만일 오로지 현상들로부터만, 변화하는 소여로부터만 유래한다면, 이것은 역시 마찬가지로 다를 수 있을지 모르지만, 그것은 우리 인식의 아프리오리한 조건들 속에 있기 때문에, 전혀 다를 수 없고 절대적으로 필연적입니다. 그러므로 이 고전적 관념론의 인과성 개념이 객관에 대하여 불충분한 요소인 바로 외양성 때문에 그는 객관성을 특별하게 그리고 강력하게 요구합니다. 이것이 칸트에 있어서 객관성 개념 자체가 실제로 주관성의 강력한 힘에 매여 있다는 나의 주제에 대한 예증입니다. ―"왜 현상들이 그와 같은 것을 포함해야 했는지는 아프리오리하게 분명하지 않다. … 따라서 이런 개념이 이를테면 전혀 공허하지 않은지 또한 현상들 중에 어떤 대상과도 조우하지 않는지는 아프리오리하게 의심스럽다."[180] 그가 여기서 행한 반론은 인과성 개념의 전통적 이해에 반하여 **흄**이 제기한 바로 그런 반론인데,[181] 그는 정말 놀라운 방식으로 그 반론을 자기화합니다. 이것처럼 바로 흄과 유사하게 들리는 곳은 『순수이성비판』에는 거의 없습니다. 그러나 그는 사유가 바로 이 규칙에 종속될 수밖에 없을 정도로 구조화되어 있다는 사실로부터 사유의 객관적 타당성을 도출함으로써 늪에서 **빠져나옵**니다. 다른 구절에서 인과성 개념에 대하여 언급하고 있는데, 이것이 칸트에게 인과성에 대한 본래적 규정입니다. "왜냐하면 이 [인과성의] 개념은 철저히 어떤 것 A는 다른 것 B가 그것으로부터 필연적으로 그리고 **전적으로 보편적 규칙에 따라** 귀결되는 성질일 것을 요구한다."[182] 여러분이 이를 자세히 보면, 여러분은 여기서 어떤 순환을 알아차릴 것입니다. 왜냐하면 여러분은 내가 낭독해 준 다른 구절을 기억할 것인데, 이에 따르면 필연성의 개념은 그것이 인과성과 관계될 때에만 의미가 있기 때문입니다. 그렇다면 우리는 인과성을 다시금 필연성을 통하여 정의하는 셈입니다! 나는 이에 대해 반복하고 싶지 않습니다. 이 두 구절은 이성비판의 서로 다른 이해에 기인한다고 볼 수 없습니다.[183] 그래도 칸트가 두 번째 구절을 훨씬 권위 있는 것으로 간주한다는 것을 우리가 받아들이는 것이 좋을 것 같습니다. 그러나 우리는 어쨌든 필연성이 바로 인과성을 통해서 규정되고 어떤 다른 것을 통해 규정되지 않으며 그리고 인과성이 규칙성, 즉 연속적인 현상들을 총괄하는 의식의 본질 속에 있는 합법칙성, 따라서 종합의 형식과 조금도 다른 것이 아니라고 말해도 좋습니다. 실제로 우리는 칸트에게서 객관 자체에 내재된 것을 통해서가 아니라, 종합의 형식을 통하여 인과성이 이해되어야 한다[184]고 말해도 좋습니다.

따라서 나는 이 개념 —(내가 지금 바로 상술하게 될) 필연성과 보편성의 개념— 은 두 차원에서 일종의 포섭이라는 특유한 성격을 공유하고 있다고 거의 말할 수 있습니다. 인과성은 어느 정도 수직의 차원을 따라, 단지 시간에 연속적으로 일어나는 것을 개념화함으로서, 시간적 연속의 차원에 놓여 있고, 이에 반해 보편성 개념은 시간적인 이해가 아니라 동시성의 의미에서 객관을 보편적으로 정의합니다. — 하지만 여러분이『순수이성비판』에서 칸트가 의미하는 보편성이 무엇인지 알고 싶다면, 여러분은 별로 얻는 것이 없을 것입니다. 즉 여러분은 칸트에 있어서 보편성의 개념이 절대적으로 타당한 인식의 두 번째 기준으로서 아프리오리즘Apriorimus를 통해서만 해명된다는 것을 발견할 것입니다. 이와 같은 해명은 보편성이 실제 절대적으로 보편적일 수 있기 위해 경험에서 유래해서는 안 된다고 말함으로써 성립되는데, 왜냐하면 그렇지 않다면 매번 보편적인 것으로 주장된 것을 반박하는 경험이 있을 수 있기 때문입니다. 여기서 근본적으로 문제가 되는 것은 귀납법에 대한, 귀납적 판단에 대한 전통적인 비판입니다. 귀납법은 경험에서 도출한 보편적 명제가 오로지 매번 이 명제에서 이미 파악된 현상 또는 관찰에만 타당한 데 반해, 우리는 이 명제가 차후의 관찰을 통해 기만되거나 반박될지 알 수 없다는 점에서 비난을 받습니다. 그러나 다른 한편으로 칸트는 이 보편성 개념을 절대적으로 고집했기 때문에, 그는 이 개념을 더 상세히 해명하지 않고 단순히 인식의 본질로 끼워 넣었습니다. — 이 해명은 자체로 어려운 일이 아닙니다. 즉 칸트의 보편성 개념이 명백하게 추구하는 모델은 개념 형성 일반의 메커니즘입니다. 칸트에게서 보편성이 의미하는 것은 개념에 규정된 징표들을 포함하는 모든 개별적 요소들이 개념적인 통일로서 바로 이 개념에 포함될 수 있다는 것입니다.

이때 나는 바로 보편성을 지향하는 개념 형성의 외양성을 이해하기 위해 일반적으로 형식논리학에 부여된 이 개념 형성의 실상을 잠깐 동안 훑어볼 필요가 있다고 생각합니다. 왜냐하면 이 개념은, 우리가 확장논리적umfangslogisch이라고 부르는 것처럼, 이 개념에서 파악된 개별 요소들의 범위만을 정의하는 것으로 구성되기 때문입니다. 개념은 우리가 임의적으로 분류하고 그때그때 주어진 것들로부터 하나의 특징을 분리하고 난 후, 바로 이 개념을 결정해야만 하는 정의를 형성하면서 성립됩니다. 그러나 우리가 '사태의 개념'을 갖고 있다고 말할 때, 근본적으로 우리가 의미하는 것을 성취하지 못하는 것은 사태 자체에 초점을 맞추는 대신에 특별한 특징을 임의적으로 뽑아내는 것인 이 임의적 요소에 있습니다. 그러므로 칸트는 이러한 생각을 더 이상 이해하지 못했습니다. 우리가 일반적으로 인식론에 있어 칸트에게서 발견할 수 있는 것은 한편으로 규칙하에 사태의 포섭이고 또는 다른 한편으로 사태 자체의 파악 대신에 확장논리학적 개념하의 포섭입니다. 그리고 여러분이 칸트와 연관된, 그리고 그를 거쳐 간 철학자들이 그에게 남아 있기를 왜 원하지 않았는지에 대한 핵심적 이유의 발단을 이해하고자 한다면, 여러분은 그 근거를 바로 여기 이 부분에서 발견했을 것입니다. 우리가 그것을 아주 단순하게 말하려고 한다면 이는 실제로 칸트에게서 보여지는 것과 같이 철학적 개념은 사실 사태 자체의 개념이 아니라, 단지 주관을 통하여 이 사태와 관계하여 외적으로 각인된 것에 불과합니다. 여러분에게 칸트의 인식 개념에서 외양성의 요소에 대하여 내가 말했던 것을 —그리고 이어서 내가 도식론에서 우리에게 범례적으로 나타난 문제들을 언급하면서 바로잡았던 것을— 이제 내가 여러분에게 그것이 『순수이성비판』에서 그것의 본래적 대상의 규정에서, 즉 아프리오리한 종합판단의 규정에서 어떻게 증명되는가를 보여 줌으로써 나는 완수했다고 생각합니다. 이는 진리의 기준인 필연성과 보편성이 사태 자체의 파악을 위한 진리 기준이 아니라 단지 정확성Richtigkeit의 기준일 뿐이라는 것, 따라서 우리가 이 대상들에 대하여 그것을 다루고 가공했던 방식에서 정확하게 처리하는가의 기준이라는 것을 말합니다.

내가 여러분에게 언급한 이 보편성의 성격은 주관적 이성의 보편성 개념으로 특징지을 수 있습니다. 따라서 그것은 오직 사물을 그렇게, 그리고 오로지 다른 것으로 결코 파악하지 않는 주관의 규약, 구성을 통해서만 창출되는 보편성입니다. 이 보편성은 철학 전통에서 전형적으로 플라톤에 의해 대변되는 객관적 이성 개념과 극단적으로 대립됩니다. 플라톤은 이성λόγος을 사물 자체에, 인식해야 할 대상에 돌립니다. 그리고 그것에 상응하여 ─예컨대 사물들을 규칙, 개념에 포섭하는 것이 아니라─ 사물 자체에 있는 이 이성λόγος을 파악하는 것을 인식의 과제로서 삼았습니다. 그런데 여러분이 지금 이 보편성이 어떤 의미인지를 묻는다면, 『순수이성비판』에서는 실제로 주제가 아니지만, 여러분은 보편성 개념 자체에 놓여 있는 흥미로운 이중성과 만나게 될 것입니다. 한편으로 보편타당한 판단들은 그것이 미래의 모든 경험에 전적으로 타당하다는 의미에서 보편타당해야만 합니다. 그러나 칸트는 바로 정신 자체가 그렇게 구조화되어 있기에 그러한 보편성이 없는 곳에서는 사유할 수 없다는 주장을 통해서 이를 정당화합니다. ─ 덧붙여 개념 형성이나 추상화 없이는, 따라서 그가 보편성의 근거라고 생각한 메커니즘들이 없이는 어떤 사유도 가능하지 않기 때문에 그가 철저히 용인할 수 있는 어떤 것, 종합 일반과 같은 어떤 것은 그가 아주 정확히 인식했던 것처럼 가능하지 않습니다. 오히려 이런 것은 칸트가 명명한 것처럼, 정말 '맹목적 직관', 개념 없는 소여성에 머물러 있습니다.[185] 이 소여성에 아마도 개념 같은 것은 없을 것이고, 어떤 빛도 비치지 않을 것입니다. 그러나 이런 보편성의 의미를 제외하고 ―내가 여러분에게 보여 준 것에 따라 여러분은 이를 과소평가하지는 않을 것입니다― 보편성의 개념에는 다른 어떤 것, 즉 동의의 개념 또는 모든 사람들의 의견 일치라는 말과 상당히 가까운 어떤 것이 놓여 있습니다. 내가 이렇게 표현한다면, 아마도 칸트는 성호를 그을지도 모르겠습니다. 내가 여러분에게 방금 말했던 형식으로 『순수이성비판』의 어떤 곳에도 그것이 없다는 것은 당연합니다. 만일 우리가 세미나에 같이 있다면, 아마도 나는 이 자리에서 왜 칸트가 이런 전율에 사로잡혀 있는지를 여러분에게 물어보며 매우 즐거워할 것 같습니다. 이에 관해 여러분 모두는 여기서 강의를 들었던 것을 통해 대답할 수 있을 것이라고 나는 생각합니다. 만일 이 보편성이 모든 주관들의 동의에 좌우된다면, 이 보편성은 그 나름대로 경험적 사실일지도 모릅니다. 그러므로 보편성은 순전히 그것에 동조하는 이 경험적 개체들의 성격에 좌우된다고 할 수 있습니다. 그렇다면 순전히 경험적이고 우연에 좌우되는 것은 칸트가 보편성 개념에 요구한 것과 같은 타당한 객관적 인식을 구성할 수 없습니다. 여기에서 내가 여러분에게 안내하고자 하는 요점은 구성자Constituens와 구성된 것Constitutum의 개념과 대단히 밀접한 관계에 있다는 것을 여러분은 이미 알아차릴 것입니다. 그럼에도 불구하고 이 객관성 개념은 실제로 이 동의를 포함할 때에만 의미를 가집니다. 이는 이성을 갖춘 모든 주관들, 모든 사람들이 ―이 부분에서 칸트는 어느 정도 단호하게 말할지도 모르겠습니다― 혹시 확실히 그렇게 생각하지 않는다면, 따라서 그들 정신의 경험적 성질과 이성 자체에 근거를 두었다고 추측된 보편성의 메커니즘 간의 결합이 성립되지 않는다면, 보편성과 동시에 필연성의 모든 개념은 전혀 올바른 실체를 갖고 있지 않을 것입니다. 오로지 모든 사람들이 틀림없이 그렇게 생각한다면, 명제는 실제로 보편적입니다. 여기에는, 여러분이 좋다면, 인간학적인 요소도 포함되어 있습니다.

우리가 여기에서 부딪치고 있는 커다란 어려움은 명백합니다. 이제 나는 이 어려움에 진입하겠습니다. 보편성 개념의 의미에서 사실 이 보편성이 모든 사람을 위한 보편성일 필요가 있다고 잠시 가정해 보십시오. 그러면 이 가정에는 다음과 같은 뜻이 잠재해 있습니다. 즉 내가 여러분을 올바르게 이해시키려는 의미에서 말한다면 그 배후에 있는 주관은 본질적으로 사회적인 것이지 경험적 주관이 아니라는 점입니다. 이는 여기서 중요하게 다루어지는 형식들이 매번 개별적으로 주어진 의식 분석에서 나타나는 형식들이 아니며, 오히려 이 형식들 자체는 바로 그것이 (내가 이렇게 말해도 좋다면) 모든 의식들의 형식이라는 점에 보편성을 갖는다는 것 그리고 이런 형식들과 직면하여 개별적인 의식은 단지 이차적일 따름이라는 것을 말합니다. 따라서 여러분이 좋다면, 개별적인 의식은 이 철학의 의미에 따르면 사회적 의식과 대립하고 있습니다. 이와 동일하게 상대적으로 우연적이고 특수한 것은 칸트에게서 합법칙적으로 규칙에 따라 필연적으로 진행되는 보편적인 것과 대립하고 있습니다. 『순수이성비판』에서 칸트가 경험적 주관과 그가 분석한 주관을 매우 명료하게 구별하려고 노력하고 그리고 이때 그가 각각의 개별적 주관보다 하나의 많은 추상적인 주관을 받아들인다면, 모든 개념처럼 이 추상적인 주관은 개별 주관들의 다양성을 추상화하면서 얻어집니다. 따라서 우리는 다음과 같이 발생학적으로 말할 수 있을 것 같습니다. 즉 선험적 주관과 같은 어떤 것을, 또는 칸트가 『철학 서설Prolegomena』에서 '의식 일반'이라고 부르는 것을 내가 단지 개별적 의식에 고집한다면, 나는 결코 그것에 대해 의미 깊게 말할 수 없습니다. 왜냐하면 개별적 의식은 나에게 언제나 의식 자체 내에 있는 것만을 제공할 따름이지, 그것에 관하여 진술되는 것이 실제로 보편적이라는 직접적인 증거는 의식 내부에 없기 때문입니다. 오히려 나는 이를 위해 자아ego들의 다양성, '의식들'의 다양성으로부터 출발해야 합니다. 그런 다음에 나는 이런 것들에서 우연적으로 접근하는 것, 다시 말해 단순히 심리적으로 또는 우연히 외부로부터 접근하는 것을 비교하고 그리고 생략해야 합니다. 따라서 나는 보편적인 틀에 도달하기까지 이것을 제거해야 합니다. 이에 반하여 이는 곧장 ―칸트는 이에 대해서도 아마 이렇게 말했을 것 같습니다만― 일종의 오해라고 말할 것입니다. 왜 냐하면 선험적 주관은 개별 인간의 경험적 주관들의 다양성과 같이 어떤 것을 가능하게 하기 때문입니다. 그러나 바로 이것이 이곳에서 우리가 지금 부딪치고 있는 어려움이며 그리고 실제로 칸트 자신에게 다시금 변증론의 근거가 되었던 문제들 가운데 하나입니다. 이때 내가 각각의 개별적 주관으로부터만 출발한다면, 도대체 나는 어떤 근거를 갖고 이런 보편성에 대해 언급할 수 있겠습니까? 이에 관하여 나는 이미 여러분에게 말한 바 있습니다. 그렇지만 다른 한편으로 내가 각각 개별적이고 특수한 의식 속에서 직접적인 소여성의 결합으로부터 출발하는 것이 아니라 다양성으로부터 출발한다면, ― 그렇다면 이때 나는 원래 먼저 증명되어야 할 것, 즉 주관적 세계와 같은 어떤 것을 사실 미리 전제하는 것은 아닐까요? 이 경우 내가 처음부터 전체의 구성을 위해 우선 구성될 수 있는 것, 따라서 사회와 아울러 경험적인 것을 ― 가정하고 있는 것은 아닐까요? 칸트는 이 물음을 영민하게 미해결로 남겨 두었습니다. 칸트는 나중에 나온 『순수이성비판』의 제2판 가운데 두 장에서 ―즉 「선험적 연역」의 장과 영혼의 실체성의 인정을 도출한 오류 추리인 「심리적 오류 추리」의 장에서― 주제화했습니다. 그러나 이 두 장에서 ―내가 이렇게 말해도 좋다면― 선험논리학적 측면은 그에게 있어 논리학과 심리학의 양자택일에 직면하여 제3의 길을 표현한다고 추측되는 그리고 원래 사변적인 영역 일반에 속하는 이 주목할 만한 선험적 개념과는 대립됩니다.[186]

　　우리라는 개념이나 사회의 개념 또는 그것이 무엇이든, 이런 개념은 『순수이성비판』의 기준에서 볼 때 자연주의적 개념[187]이라고 확실하고도 당연하게 말할 수 있습니다. 그런데 가령 인식론적으로 구성된 개념으로서의 사회 개념을 갖고 작업하려는 우리의 변증법적 시도[188]를 비판하는 사람은 사실 단 하나의 논증만을 갖고 있습니다. 그것은 철학이 본래 모든 사회적인 것에 전적으로 선행하며, 인식론을 통해서야 비로소 사회적인 것의 근거를 정초하게 될 것이기 때문에 우리의 노력은 부당하다는 것입니다. 이로 인해 만일 철학이 본연의 일 대신에 사회에 대해서 언급한다면 아마도 철학은 철학 이전의 회의 상태로 되돌아간다고 논증합니다. 나는 이것이 『순수이성비판』뿐만 아니라, 철학에 있어 전적으로 중심적 주제이므로, 여기서 여러분에게 좀 더 상세한 대답을 해야 할 의무가 있으며, 이에 대해 좀 더 많은 설명이 필요하다고 생각합니다. 주관성 일반의 사고, 그러니까 의식의 형식 이론의 사고나 의식의 형식에 대한 사고는 의식 자체가 없으면 도대체가 사유될 수 없습니다. 우리가 보았던 것처럼, 칸트는 되풀이해서 직관 없는 개념은 공허하다고 말합니다. 그리고 그는 사물의 순수 개념으로부터 곧장 사물의 징표로서 나타나는 것, 즉 사물의 존재에 대한 어떤 것이 추론되지 않는다고 말함으로써,[189] 존재론적 신 개념을 비판합니다. 그렇다면 우리는 이 논증을 선험적 주관의 사고에, 따라서 전적으로 사유의 형식에 적용해야만 할지도 모릅니다. 이는 이 주관성의 사고가 추상화의 과정에서 분리되었던 의식이 없다면 파악될 수 없다는 의미입니다. 그 후 그것은 계속해서 관념론에서 반복되었고, 피히테에 의해 아주 열정적인 어조로 명확하게 제기되었던 기본 명제입니다. 피히테는 사물로부터 추상화된 것, —따라서 순수한 사유의 개념 또는 나중에 후기 관념론에서 그렇게 불렸듯이 절대적 주관의 개념— 그것은 추상화되었던 사물과는 전혀 아무런 관계가 없다고 말했습니다. 그러나 내게는 이제 이런 종류의 추리는 사유 비약μετάβασις인, 하나의 오류 추리처럼 보입니다. 칸트적 용어에 볼 때 칸트 자신이 비판한 모호성과 마찬가지로 그것은 반성 개념의 모호성처럼 보인다고 말해야 할지도 모르겠습니다. 바로 여기서 문제가 되는 것은 이제 반성 개념이 —사유하는 과정을 통하여 소여된 것으로부터 추상화되었지만 이 추상화에서 소여된 것과 연관된 채 남아 있는 개념이— 마치 그것과 연관된 것과는 전혀 아무런 관계가 없다는 듯이 다루어진다는 것입니다. 우리는 추상의 논리적 타당성을 —물론 추상화의 토대가 되는 개별적 요소들로부터 자유로운 타당성을— 내가 거의 이렇게 말하고 싶은, 추상의 선험적 타당성과 구분해야만 합니다. 말하자면 이러한 최고의 추상 개념들 자체가 그 내부로 다시금 사태가 포함된sachhaltig 전제들을 필연적으로 함께 수용해야 하는 것 없이 타당한지, 다른 말로 표현하여 칸트 철학이 구성자Constituens를 가장 순수하게 '비판을 통해 제거'하려고 노력한 곳에, 구성자의 가장 내적인 곳에, 구성자가 처음에 원래 구성된 것Constitutum으로 간주한 것과 다시금 충돌하고 있지 않은지의 문제가 제기됩니다. 여기서 칸트가 생각하는 것, (칸트는 이 부분에서 그리 단호하지는 않았습니다) '순수 자아가 생각한다'는 것, 그것은 사실로서의 자아로부터 전혀 분리될 수 없습니다. — 이런 면은 단지 이 '자아는 생각한다'를 순수하게 규정하고 동시에 주관적 표현을 배제하려는 시도가 전혀 진행되지 않는다는 점에서 입증됩니다. 여러분은 이 '자아는 생각한다'를, 따라서 칸트에 있어서 이 궁극적인 구성적 문제를 생각해야만 하는 어떤 종류의 자아가 항상 없다면 전혀 표상할 수 없습니다. 그러나 여러분이 이때 생각하는 이러한 자아에 대해 언급하는 순간, 여러분은 정말 이 자아를 완전한 의미에서 시공간에 존재하고 있는 육체적 자아가 아닌 자아로 표상할 수 있습니다. 그럼에도 여러분은 이런 '자아는 생각한다' 일반을 파악할 수 있기 위하여, 여러분은 이때 언제나 사유되는 것을 동시에 함께 파악해야만 합니다. 이런 것이 없으면 '자아는 생각한다' 일반은 그 의미를 상실합니다. 이는 그것이 사실성Faktizität에 의존한다는 것을 의미합니다. 존재론적인 것은 존재적인 것das Ontische을 필요로 합니다. 반대로 —칸트의 논증에서, 또한 모든 관념론의 논증에서— 존재적인 것은 다시 존재론적인 것을 필요로 합니다. 여러분이 이 '자아는 생각한다', 그러니까 본래 선험적 순수 주관을 사실로서의 자아와 완전히 분리한다면, '자아 일반'에 대한 언급은 그 의미를 상실할 뿐만 아니라, 여러분은 칸트에게서 의식 연관, 종합, 기억, 재생산을 도대체 상상할 수 없을 것입니다. 그렇다면 칸트에게서 나타나는 이 모든 범주들은 본질적으로 그것의 완전한 의미를 상실할 것입니다. 이를 통해 사실적 세계를 성립시키는 순수 의식이라는 구성자와 가장 넓은 의미에서 세계인 구성된 것을 서로 떼어 놓는다면, 전자인 구성자는 결코 사유될 수 없을 뿐만 아니라 구성된 것도 동시에 사유될 수 없을 것입니다.[190] 그런데 이것 역시 나중에 칸트를 반대하는 후기 관념론자들에 의해 수용되고 반박되었습니다. 다만 그들은 일종의 초자아, 괴물 같고 거인 같으며 절대적인 주관을 고안함으로써 ─이는 피히테와 함께 시작합니다─ 문제를 기습적으로 해결했습니다. 이 절대적 주관은 구성자와 구성된 것이라는 이 두 요소를 똑같이 총망라합니다.

　　추상의 결과는 칸트에 따르면 바로 실체화되어서는 안 됩니다. 그러나 '자아는 생각한다'의 경우에 그는 정확히 그렇게 하지만 다른 한편으로 경험적 자아는 구성되어 있습니다. 그리고 영혼 역시, 여러분이 좋다면, 그것이 인과성에 종속된다는 의미에서 하나의 '사물'입니다. 이는 우리가 심리학의 수단으로 소위 말하는 우리의 영적인 삶이 어떤 인과성에 종속되는지, 예를 들어 우리의 충동 자극에 그리고 이 모든 계기에 어떤 인과적인 의존성이 존재하고 있는지를 입증할 수 있다는 것을 뜻합니다. 현대 심리학은 바로 경험적 주관의 인과적 분석에 놀라울 정도로 접근해 있습니다. 내가 여러분에게 보여 준 이 모순은 다음과 같은 사실에 기인합니다. 즉 한편으로 각각 구성된 것은 구성자를 필요로 하는데, 왜냐하면 매개가 (우리가 지난 수업들에서 보았듯이) 모든 것에 들어 있기 때문입니다. 하지만 정반대로 구성자도 역시 구성된 것을 필요로 하는데, 왜냐하면 구성자가 관련된 구성된 것이 없다면 가장 추상적이고 가장 기본적인 형식들이 표상될 수 없기 때문입니다. ─ 이 모순은 철학에 의해 해결될 수 있는 것이 결코 아니며 그 사실 자체로 이해되어야만 합니다. 철학에 대한 변증법적 구상에로의 이행이 강요되는 요소가 있다면, 내게는 그것이 이를 위한 단초인 것처럼 보입니다. 경험적 자아는 개념 없이는, 즉 경험에, 객관성에 소급될 수 없는 저 요소 없이는 존재하지 않습니다. 반면에 다른 한편으로, 마찬가지로 어떻게든 개념이 경험적 자아에 소급되지 않는 순수 자아는 존재하지 않습니다. 또한 헤겔에게도 두 가지가 들어 있습니다. 여러분이 지금 배워야만 하고 내가 오늘 여러분에게 정말 알려 드리고 싶은 결정적인 것은 이것입니다. 이것은 이로부터 참된 구성자가 정신, 선험적 주관이 아니라, 그 대신 경험적인 어떤 것, 즉 사회라는 것은 추론되지 않는다는 것입니다. 이런 가정은 어쩌면 관념론적 가정과 마찬가지로 잘못일지도 모릅니다. 그리고 나는 철학을 가르치는 데 있어, 계속해서 우리에게 드러난 오해는 이 부분에 있다고 생각합니다. 여러분이 여기서 배워야만 하고 또한 내가 여러분에게 어느 정도 증명하기를 바라는 것은 이 절대적인 최초의 것 자체에 대한 물음은 잘못이라는 것입니다. 즉 구성자와 구성된 것은 본래 존재하지 않고 그보다는 이 두 가지 요소 —물론 그때그때 규정될 수 있지만 그럼에도 서로가 분리될 수 없는 방식으로— 상호적으로 생산된다는 사실입니다. 나아가 철학적 전통의 잘못ψευδος은 —따라서 철학적 사유가 이 모든 단초에 대하여 철저히 사유를 바꾸어야 합니다— 절대적인 최초의 원리라는 이상을 찾으려는 데 있다는 것도 또한 여러분은 알아야 합니다. 사회를 이런 절대적인 최초의 것으로 파악하고 실체화한다면 이것 역시 자연주의적 실체화이며, 마찬가지로 역으로 정신을 이와 같은 방식으로 절대적으로 정립한다면 이것 역시 실체화하는 것입니다.

다음 시간에 우리는 칸트 철학에서 '우리'라는 개념이 어떤 구조를 갖고 있는지를 언급해야만 할 것입니다. 그리고 나는 오늘 칸트적 언어에서 —칸트가 가장 엄밀한 의미에서 전혀 허락하지 않을지도 모르는 '우리'

라는 표현의 끊임없는 사용에서— 여러분에게 다소간 칸트로부터 벗어나서 개진했던 바로 이 문제가 칸트 자신의 의지에 반해 그의 철학에서도 마찬가지로 개진된다는 것을 단지 말하고자 합니다.

176) 앞의 27쪽 이하 참조.

177) A 227f., B 280; W 258.

178) A 112; W 171.

179) 앞의 168쪽 이하 참조.

180) A 90, B 122; W 129.

181) Vgl. 예컨대 흄이 『인간 본성론』 제2권에서 제시한 인과성 분석을 요약하면 다음과 같다. "그것들 가운데 우리가 하나는 원인이라고 부르고 다른 하나를 결과라고 부르는 이 모든 것은 자체로 관찰되고 또한 자연에서의 어떤 두 사물과 마찬가지로 분리되고 서로 갈라진다. 그리고 우리는 이런 것을 아무리 자세히 관찰할지라도 하나의 존재를 다른 존재로부터 결코 추론할 수 없다. 오직 이들의 지속적인 연결의 경험과 관찰을 통해서만 우리는 이 결론을 이끌어 낼 수 있다. 그런데 이 결론은 결국 상상력에 미치는 습관의 결과와 조금도 다르지 않다"(David Hume, Ein Traktat über die menschliche Natur. A Treatise of Human Nature, übers. von Theodor Bd. 2: Über die Affekte. Über die Moral, Hamburg 1978, S. 143).

182) A 91, B 124; W 130.

183) 아도르노는 여기서 앞서 244쪽에 인용된 A 227f., B 280을 생각하고 있다. 물론 이전의 진술(A 91, B 124; W 130)과 마찬가지로 이것은 초판에서 나온 것이며 제2판으로 이어졌다.

184) 앞의 161쪽과 거기에 있는 주 110 참조. 아도르노는 오늘날 인과성의 일반적인 위기에 대하여 『부정변증법』의 자유-장에서 상세히 다룬다(vgl. GS 6, S. 262ff.).

185) "내용 없는 사고는 공허하고, 개념 없는 직관은 맹목적이다"(A 51, B 75; W 98).

186) 칸트의 이름을 거명하지 않고 아도르노는 이 강의 바로 직전에 집필된 『경험내용-Erfahrungsgehalt』이라는 그의 짤막한 두 번째 헤겔 연구에서 주관의 사회적 내용을 모든 인식론에서 규정했다. "전통적 인식론이 그 관계를 분석하고 있는 개인의 개인적인 의식은 쉽게 가상Schein으로 밝혀질 수 있다. 개인적 의식을 가진 사람은 실존과 삶의 재생산을 사회의 덕으로 생각할 뿐만 아니라, 개인은 특수하게 인식하면서 구성한 모든 것, 요컨대 개인의 사유를 완전히 지배하는 논리적 보편성이, 무엇보다 뒤르켐학파가 입증한 바와 같이, 항상 사회적 본질인 것이다. 자신에게 직접 주어져 있어야만 하는 것을 통해 자기 자신을 진리의 합법적 근거로 간주하는 개인은 잘못이지만 필연적으로 자기 자신을 개인주의적이

라고 생각하는 사회의 기만적 관계에 예속된다. 그가 일차적인 것으로 그리고 논박의 여지 없이 절대자로서 간주하는 것은 모든 감각적 개별 자료에 이르기까지 파생된 것이고 이차적이다"(GS 5, S.303).

187) '자연주의적 개념들에 대하여'는 앞의 주 111을 참조.

188) 아도르노는 여기서 자신이 이미 여러 차례 인용한 헤겔과 후설에 대한 논문들 외에 무엇보다 호르크하이머와 공동 저작한 『계몽의 변증법』과 호르크하이머의 『이성의 상실Eclipse of Reason』을 염두에 두고 있다(vgl. Horkheimer, Gesammelte Schriften, a.a.O. [주 3], Bd. 6: Zur Kritik der instrumentellen Vernunft u.a., Frankfurt a.M. 1991, S.19ff.).

189) 앞의 81쪽 이하 참조.

190) 『인식론 메타비판』에서 아도르노는 그의 구성 문제에 대한 변증법적 분석을 몇 문장으로 요약한다. "구성자와 구성된 것의 정적인 대립은 충분치 않다. 인식론이 구성된 것은 구성자가 필요하다는 것을 강조했지만, 이와 반대로 소박한 실재론이 실재에 대해 그런 것처럼, 분석이 자신의 관념성을 소박하게 사칭하지 않는 한, 분석은 의식의 구성적 사실에 대하여 그 자체의 내용, 아니 그 자체의 가능성과 관련하여 우선 전통적 인식론에 따라 구성된 것에만 관계되어야 한다"(GS 5, S.150).

지난 강의에서 『순수이성비판』 서문의[191] 중심이 되는 사유를 내가 조금은 너무 성급하고 경솔하게 다루었고, 이런 점에서 내가 명쾌하게 서술하는 재주가 없었던 것 같습니다. 칸트 역시도 서술하는 재능이 부족했다고 고백한 바 있습니다.[192] 칸트의 고백은 조악한 위안거리입니다. 그러므로 바라건대 나는 지금 다시 한번 서문에 대한 사고의 근본적인 것을 여러분이 모두 이해할 수 있도록 개진할 의무가 있다고 생각합니다. 왜냐하면 단순하게 나는 그것이 우리가 여기서 추구하고자 하는 것의 열쇠라고 생각하기 때문입니다. 그러나 강의를 반복하는 것이 나의 습관이기 때문에 지난 시간의 강의와는 다르게 논의를 구성하려고 합니다. 이것이 아마도 장점일 수도 있을 것 같습니다. 왜냐하면 내가 지난번에 논제로 삼았지만 말끔하게 정돈하지 못한 설명임에도 잘 이해했던 여러분들 중에 몇 사람은 지루해하지 않을 것이기 때문입니다. 이번에 빈번히 이의가 제기되고 또한 『순수이성비판』의 논의에서 비판되었던 것, 즉 칸트가 어떻게든 인식 능력을 거론할 때면 계속해서 등장하는 '우리'라는 언어 사용으로부터 나는 강의를 시작할까 합니다. 『순수이성비판』의 과제는, 주지하듯이, 경험 일반의 —이와 더불어 대상세계의— 근거를 정립하거나 또는, 이성비판의 언어로 표현하면, 구성하는 것이기 때문에, 그 어려움은 여러분에게 말할 것도 없이 명백할 것이라 나는 생각합니다. 그러나 내가 '우리'에 관해 거론한다면, 그것은 분명히 이미 구성된 어떤 것과 연관되어 있습니다. 이는 여기서 다뤄진 인식 능력이 암묵적으로 이미 경험적·사실적·실재적 주관들, 즉 개별자들에 속한다는 것을 의미합니다. 따라서 『순수이성비판』 일반의 우선 조건으로 원래 보아야 할 것이 이미 선취되고 전제되어 있습니다. 만일 '우리'의 사용이 단지 언어적 느슨함이라고 확신함으로써 우리 스스로 그것에 위안을 삼으려고 했다면 이 위안에 배부르지 않을지도 모르겠습니다. 왜냐하면 우리가 이미 주목했던 것처럼, 전체 이성비판의 기준점이, 따라서 전체를 고정시키는[193] 기준점이 중요한, 그리고 전체 이성비판의 가장 내면적인 근거로서 중요한 이 결정적인 자리에 있기 때문에, 칸트가 가능한 한 최고로 정확하게 표현했으면 하고 우리는 정당하게 요구할 수도 있습니다. ― 이것은 그에게 지나친 것이 아닐지도 모릅니다. 그런데 이제 여러분이 '우리'를 더 정확한 표현으로 대체하려는 순간, 여러분은 즉시 그것이 지극히 어려운 일이라는 것을 알아차릴 것입니다. 그렇습니다. 나는 그것이 정말 불가능하다고까지 말하고 싶습니다. 왜냐하면 여러분이 그것 대신에 가령 '선험적 주관' 또는 '주관 일반'이나 그 밖에 무슨 명칭이든 간에 말하는 순간, 여러분은 『순수이성비판』에 있지 않은 근거 지음과 해명에 의해 상당한 혼란을 필연적으로 일으킬지 모르며 그리고 지극히 여러 가지 종류의 해석 공간이 마련되기 때문입니다. 그러나 내가 보기에 가장 심각한 어려움은 ―이것은 선취될 수 있는 것입니다― 우리가 '우리' 또는 때때로 '나'를 제거할 수 없다는 데 있는 것 같습니다. 왜냐하면 모든 개념, 즉 선험적인 것, 그러니까 경험 일반을 가능하게 하는 구성자Constituens의 영역은, ― 말하자면 선험적인 것의 영역을 어떻게든 설명하는 모든 개념은 '나'와 같은 어떤 것, 즉 개인적 의식에 소급되기 때문입니다.

그러므로 이 때문에 우리가 이 궁색한 위로에 만족하지 않는다면 더 좋을 것이라고 나는 생각합니다. 칸트는 여기서 착한 호머처럼 잠을 잤는지도 모르며, '우리'라는 것을 그리 진지하게 생각하지 않았을지도 모릅니다. 그보다 우선 여러분과 내가 일단 '우리'라는 이 칸트적인 어법에 감추어져 있는 것을 분명히 이해하려고 노력하고 있을 뿐입니다. 이때 우리는 먼저 지난 강의의 주제를 형성했던 것, 즉 보편성의 개념과 만나게 됩니다. 이는 칸트가 '우리'에 대해 말하고 있지, 일반적으로 '나'에 대해 말하고 있지 않다는 것을 말합니다. 그가 탈러에 대한 유명한 예와 같은 개별적인 예들을 언급할 때, 기껏해야 '나'에 대해 말하지만 원리를 언급할 때는 그렇지 않습니다. 그가 '우리'를 언급할 때 그는 보편적인 어떤 것을 생각하고 있지, 경험적인 개별자를 생각하는 것이 아니며, 오히려 경험적 개별자보다 앞서 정돈된 어떤 것을 생각하고 있습니다. 그가 이렇게 한 것은 우선 어떤 확실성, 어떤 통찰에 근거한 것이라 나는 생각합니다. '우리'라는 이 개념은 본래 사유를 운반하는 것과 조금도 다른 것이 아닙니다. 사유하는 것이란 근본적으로 자기반성이며, 비판적으로 반성된 '사유하는 것res cogitans', 데카르트의 '생각하는 실체'입니다. 여러분이 자신이 매우 함축된, 그리고 본래적 의미에서 사유로서 간주되는 것을 잠깐 동안 있는 그대로 성찰한다면, 여러분은 ―물론 이성비판이 근거하고 있는 모델에서, 따라서 우선 순수 수학의 명제에서― 정말 근본적으로 경험적 개별자로서 관여하고 있는 것이 아니라는 것을 발견하게 될 것입니다. 그보다 사유하는 것은 우리의 모든 개별자에 의하여 받쳐지고 또한 개별자들의 존재 가능성으로 전제되어 있는 어떤 것임에 틀림없지만, ―우리는 어떤 다른 사유를 전혀 상상할 수 없습니다― 그럼에도 그것의 객관성의 내용에 따라서 어떤 명백한 방식에서 너와 나 그리고 어떤 개별자와도 결합되지 않은 어떤 것입니다. 우선 우리는 상대적 보편성에 전혀 관여하지 않고, 따라서 우리는 다른 사람들의 판단이나 사유 과정 또는 추론들이 (또는 그것이 무엇이든) 어떤 상황인지에 대해서는 전혀 묻지 않습니다. 사유하는 나는 ─나는 함축적인 의미에서 사유합니다만─ 개인으로서 사유하는 것이 아니라, 말하자면 사유 내용의 집행자Exekutor로서 사유합니다. 이미 여러 번 내가 암시한 바 있고, 철학적 체계 및 인식론의 본래적 근거를 위해 실제로 중요한 의미를 가진 사고를 이 자리에서 나는 여러분에게 상기시키고자 합니다. 즉 우리가 어떤 판단, 어떤 종합판단을 진술할 때, 이 종합은 우리가 사물에 자의적으로 부과한 것입니다. 그뿐만 아니라 우리가 2+2=4라는 종합을 진술할 수 있기 위해서 2+2는 실제로 4임에 틀림없어야 합니다. 이런 종합 없이는 2+2=4라는 명제 또한 생각할 수 없을 것입니다. 재구성의 이러한 계기에, 즉 경우에 맞는 무언가에 자신을 적응하는 계기에 사실 사유 행위의 특수성이 놓여 있습니다. 그러나 우리가 그것에 적응하기 때문에 (나는 이렇게 표현하고 싶습니다) 오로지 그러합니다. 이 경험은 보편성이 언급될 때 칸트의 아프리오리한 종합판단에 기인되어야 한다는 것, 따라서 '우리'라는 개념 속에서 표현되어야 한다는 것을 말합니다.

그러나 동시에 이 '우리'라는 표현은 우리가 그것을 계획했던 것처럼 진지하게 받아들인다면 하나의 개인들의 다수성을 지시합니다. 이는 만일 '우리' 속에 단일성들Singularitäten의 다수성이 정립되지 않으면, 만일 그것이 단일성들의 다수성과 연관되지 않으면, 이 복수Plural 자체는 무의미하다는 말입니다. 일반적으로 ─논리적으로 말해─ 단일성이라는 표현이 동시에 존재할 때에만 복수, 언어적인 복수성의 표현인 복수와 같은 어떤 것이 존재합니다. 복수라는 것은 단일성들의 종합으로서만 의미가 있습니다. 그러므로 내가 항상 '나는 생각한다'라는 성질을 가진 개별자를 생각하지 않으면, '우리'라는 말도 의미가 없습니다. 이러한 사고를 앞서 논의했던 것과 재빨리 대조한다면, 여러분은 '우리'가 지시하는 단순한 개별자, 단순한 개별적 의식이나 개체적 의식과 대립해서, 칸트가 이 개별적이고 개별화된 의식을 우연성으로부터 자유롭게 하기 위해 그리고 동시에 앞서 언급했던 보편성의 요소를 지시하기 위해 단지 복수만을 언급하고 있다는 것을 알 것입니다. 그러나 단지 다수성과 개별성Einzelheit 간의 차이가, 주관의 다수성과 개별 주관 일반 간의 차이가 만들어질 때에만 복수와 같은 것이 있습니다. 그리고 그것은 이제 우리가 여기서 다루고 있는 이 관계의 구성뿐만 아니라 『순수이성비판』 전체의 구성에 대해서도 정말 대단히 중요한 의미를 갖습니다. 이는 그것이 단적으로 개인적 단일성, 즉 자체 내에 폐쇄된 단자론적 의식을 필요로 한다는 것을 뜻합니다. 왜냐하면 이를 통해 칸트적 이성비판의 의미에서 선험적인 것, 아프리오리한 종합판단의 가능성과 연관된 요소들 또는 조건들이 가치를 가질 수 있을 수 있기 때문입니다. 그러므로 자아, 그것도 철저히 개별화된 자아 없이는 본질적으로 이 '나의 모든 표상들을 동반하는 나는 생각한다'가 없습니다. 칸트에 의하면 이성적 명제와 같은 어떤 것을 성립시키는 통일은 이성비판 일반의 의미에서 그때그때 이미 개별화된 것들의 통일과 결코 다르게 표상될 수 없습니다. 실제로 이것은 『순수이성비판』 자체의 상술, 즉 순수 지성 개념들의 연역의 상술에 상응합니다. 이에 우리는 주관적 측면에서의 통일은 나의 표상들 일반의 결합 가능성이라고 말합니다. 칸트가 주장하는 이 통일은 유일한 객관성의 보증이며 개인적 의식의 통일입니다. 본래 칸트가 이 결합의 과정을 이해한 것은 종합의 메커니즘, 즉 병존으로-동시로-선후로-연속적으로-이리저리 흩어진 표상들을 결합하고 함께 모으는 메커니즘은 그때그때 개별화된 것과의 관계 속에서만, 또는 우리가 명명하듯이 그때그때 개인적 의식과의 관계 속에서만 가능하다는 것입니다. 그렇기 때문에 개인적 의식은 선험적인 것의 개념에 구성적이고 이와 함께 구성 요소 자체의 개념에 구성적입니다. 구성 요소는 『순수이성비판』에서 이미 개별화된, 개체적 의식의 이러한 통일을 통하여 구성되어 있습니다.

　여기서 중요하게 제기되는 물음은 당연히 철학 전통에 특별하게 의식되었고 또한 계속적으로 다루어져 왔습니다. 우리는 내가 여러분에게 이제까지 설명했던 것에 대해 칸트에게 전승된 관념론적 전통의 의미에서, 여러분이 좋다면 개념실재론적인 전통의 의미에서 중요한 것은 한갓 개성Personalität의 형식일 뿐이라고 반대할 것입니다. 달리 표현하면 내가 여러분에게 앞서 사유의 특징으로 언급했던 보편적 요소, 생각하는 '그것 Es'은 단지 개별화된 의식, 개별적 의식의 형식에서 나타납니다. 그러나 그것은 그 실체에 따라, 즉 그 실제의 내용에 따라 개별적인 의식으로부터 독립적입니다. 따라서 그것은 특수한 것, 개별적인 것과 결합되어 있지 않습니다. 그렇다면 거기에는 무엇인가가, 칸트가 의도하는 의미에서 무엇인가가 있는 것은 아주 확실합니다. 이는 우리가 종합이 개인적 의식을 지시한다는 것을 무시할 수 없듯이, 우리는 『순수이성비판』에서 이 개성이 복수성을, 즉 보편성을 가리키는 형식으로서 사유된다는 것을 무시할 수 없습니다. 오직 개체화Individuation의 형식하에서만 종합과 같은 어떤 것이 성립될 수 있지만, 그럼에도 칸트에 있어 종합의 타당성은 이 개별화로부터 독립적이어야만 한다는 것을 의미합니다. 칸트가 아프리오리한 종합판단이라고 부르는 것들은 따라서 결코 단순히 개체적 판단들로 간주되지 않습니다. 그러나 나는 우리가 이를 인정함으로써 이것을 너무 쉽게 다루어서는 안 되고, 어쩌면 우리가 개인주의 사회에 살고 있다고 말함으로써 이것을 너무 쉽게 다루어서는 안 된다고 생각합니다. 그리고 이성λόγος에, 사유에 숨어 있는 보편적인 것은 개별적 개체들에게서만 현실화되지만, 그럼에도 그것은 개별적 개체들, 개별화 자체와는 아무 관계도 없습니다. ─ 이렇게 말함으로써 우리가 그것을 지나치게 쉽게 다루어서는 안 되며, 지나치게 빨리 진정되어서도 안 됩니다. 나는 칸트 후계자들 가운데 몇 사람, 무엇보다 피히테 같은 사람은 그들이 특별히 심원하다고 믿는 이 부분에서 사실성을, 특수하게 개별화된 것을 뿌리침으로써 실제로는 너무나 피상적이었다고 생각합니다. 왜냐하면 그들은 종

합 일반의 가능성을 부여하는 바로 저 개별화 원리principium individuationis
와 다른 한편으로 진리의 객관성 사이의 깊은 관계를 지나치게 가볍게 취
급했고 그것을 전혀 반성하지 않았기 때문입니다. 아울러 나는 『순수이
성비판』에서 칸트가 단지 개체적 의식의 형식을, 다른 말로 표현하면, 개
채적 의식의 가장 보편적인 사실을 반성한 것은 옳다고 말하고 싶습니
다. 예를 들어 그는 개체적인 의식을 형성하는 모든 경험은 일반적으로
어떤 특징적인 것을 갖고 있다는 것, 즉 모든 경험은 바로 특수한 개체
의 의식 내용이라는 것을 (그리고 이 경험들은 어떤 다른 것으로는 대체될 수 없
으며, 그럴 때 종합의 개념은 즉시 쓸모없게 될지 모릅니다) 반성하고 있습니다.
— 또는 칸트는 보편적이지만 그럼에도 개체화와 결합된 기억, 구상력의
재생산과 같은 구성 요건들을 생각하고 있습니다. 이와 같은 구성 요건은
실로 (내가 여러분에게 이미 언급했듯이) 칸트에게서 선험적 구성의 중심입니
다. 그러나 우리가 여기서 특수한 개체적 인간들 내의 특수한 결합을 다
루지 않고 개인의 가장 보편적인 구성 요소를 다루었다는 것을 우리가 인
정해야만 한다면, 그럼에도 우리는 사실적 개체화와 독립해서, 따라서 이
종합을 입증하는 실제의 개인적 의식과 실제의 개인적 의식 내용과 독립
해서 이 형식 일반에 어떤 것도 말할 수 없다는 것을 덧붙여야 할 것입니
다. 이는 경험적 의식과 같은 어떤 것이 있는 한에서만 이 형식은 타당하
다는 것을 말합니다. 사고를 바꾸어 보자면, 가장 보편적인 이 범주 형식
에 중요한 것은 의식의 통일을 구성해야만 하는 추상입니다. 그러나 추
상이 추상된 것의 탯줄로부터 분리될 수 있다고 생각한 것은 철학의 오류
입니다. 추상은 추상화된 사물의 전체를 자체 내에 포함하지 않는 경우에
만, 언제나 그 의미를 지니며, 만일 그렇지 않다면 개념은 있지 않을 것이
며, 각각의 개별적인 특정한 개체τόδε τι, 추상화시키는 각각의 개별적인
현존재의 어리석은 반복만이 있을지 모릅니다. 그럼에도 다른 한편으로
이런 모든 추상적 개념의 타당성은 —이와 함께 실체성은— 그것을 원래

추상화시킨 것과 계속적으로 연관되어 있습니다. 그리고 이것은 여기서 매우 타당합니다. 이는 단지 실제로 경험적 의식과 같은 어떤 것이 있을 때에만, 바로 이곳에서만 선험적 의식과 같은 어떤 것에 대해 말할 수 있다는 말입니다.

그 밖에 칸트는 이런 사고를 『순수이성비판』의 모호성에 대한 장에서, 더욱이 모호성 개념에 대한 커다란 '주석'에서 진력을 다하여 개진했습니다. 그가 모호성에 대한 비판, 그러니까 추상과 사물 자체의 혼동에 대한 비판이 자신의 선험 이론에도 영향을 미친다고 생각하지 않는다는 것은 아주 주목할 만한 것입니다. 나는 이 부분을 위하여 여러분에게 몇 문장을 읽어 주지 않을 수 없습니다. 칸트는 반성 개념을 최고의 지성적 개념, 한갓 최고의 예지적 개념, 따라서 직관이나 경험을 통하여 채워지지 않은 개념으로 생각했습니다만 라이프니츠와 볼프는 이 개념에 '존재 그 자체'가 있다고 보았습니다. 칸트는 "하지만 순수 지성에 의해 질료의 절대적으로 내적인 것은 실로 한갓 망상이다"라고 말합니다. 그런데 여기서 여러분은 내가 지난 강의에서 경멸적으로 말하지 않고 『순수이성비판』에서 외양성의 요소라고 불렀던 것[194]의 정당성과 칸트의 변명을 만나게 됩니다. "왜냐하면 이것은" —질료는— "도처에서 순수 지성의 대상이 아니기 때문이다. 그러나 선험적 객관이" —따라서 그 유명한 물자체가— "우리가 질료라고 부르는 현상의 근거라 하더라도, 그것은 한갓 어떤 것이다. 이 어떤 것에 대해서 누군가 우리에게 말을 할지라도 우리는 전혀 이해할 수 없다. 왜냐하면 우리의 말에 대응하는 것을 직관 중에 가져다주는 것 외에는 아무것도 이해할 수 없기 때문이다."[195] 그러나 이것이 참이라면, 이것은 바로 범주들, 무엇보다 칸트가 개진한 범주들의 체계에 적용됩니다. 이와 관련하여 칸트는 우리가 범주들이 어떤 실제적이고 경험적인 의식과 관계되는 한에서만 이런 자아에 대하여 의미 있게 거론할 수 있다고 말했습니다. 모호성에 대한 장의 이 부분에서, 내가 거의 말하고 싶지만, 칸트는 사실 이성비판 자체를 넘어 비판적으로 나아갑니다. 그것도 특히 그가 자아 개념에 대하여 거론하는 자리에서 그렇습니다. 감성의 "객관에 대한 관계와 이 양자를 통일하는 선험적 근거와는 의심할 것도 없이 너무나 깊이 숨어 있어서, 우리 자신도 내감에 의해서만, 따라서 현상으로서만 알고 있는 우리는 우리의 탐구에 적절하지 못한 도구를 항상 현상인 것 이외의 것을 발견하기 위하여 사용할 수 없다. 그러나 우리는 현상의 비감성적인 원인을 탐구하고 싶어 한다."[196] 여기서 우리는 철학의 변증법적 구상의 내재적 필연성에 도달하기 위해 교황보다 더 교황다워야, 다시 말해 칸트보다 더 칸트다워야 한다고 나는 생각합니다. 즉 그 점에 있어서 칸트는 여기에 불일치를 범합니다. 그것은 학교 선생이 적어 주는 유명한 모순들 가운데 하나가 아니라, 실상은 우리가 진정될 수 없는 일종의 사고의 정지라고 말하고 싶습니다. 그는 외적 감각을 고려하여 물자체에 대하여 특정한 어떤 것을 진술하기를 정말 꺼리는 것도 사실입니다. 하지만 그는 내가 여러분에게 읽어 준 바로 그 부분에서 매우 철저한 불가지론, 물자체 개념에 대하여 철저한 불가지론을 대변하고 있습니다. 만일 여기서 그의 말을 그대로 받아들인다면, 그는 결코 이런 물자체의 개념을 사용할 수 없을 것입니다. 그러나 이제 '나는 생각한다'라는 것이, 내적인 것이, 그러니까 우리가 물자체의 모습에서가 아니라 오로지 현상의 모습에서만 알 수 있는 것, 이것들이 중요한다면, 칸트는 바로 이곳에서 마치 본래 무엇보다도 현상을 근거 짓는 것이 중요한 것처럼 말하고 있습니다.

　나는 이것이 핵심이라고 생각하는데, 여러분이 이 모든 것을 실제로 이해할 수 있게 다시 한번 반복할까 합니다. 칸트에 따르면 선험적 영역은 현상들 간의 연결과 관계, 결합 일반의 기초가 되어야 하며 그리고 이 것들을 통하여 우리는 세계와 같은 것, 경험과 같은 것을 갖게 됩니다. 선험적 영역은 현상과 같은 것이 있다는 것을 정당화하는 근거입니다. 그러나 우리는 ─칸트 자신에 의하면, 즉 여러분에게 낭독한 모호성에 대한 장에 나오는 명제에 따르면─ 단지 현상체의, 현상의 형식에서 이런 요소들에 대한 지식을 갖고 있습니다. '순수한 나는 사유한다'는 것, 절대적 자아, 결합이나 종합의 비밀스러운 근거는 초월적인 근거와 마찬가지로, 그러니까 초월적인 물자체와 마찬가지로 감추어져 있습니다. 그리고 만일 그렇다면, 칸트는 여기서 이런 자체적으로 존재하는 것에 대하여, 이런 고정적이고 확고하게 우리에게 주어진 형식들에 대하여 비변증법적으로 말할 권리는 전혀 없는지도 모릅니다. 오히려 만일 그가 한편으로 세계는 선험적 요인들, 의식의 단계들 속에 있는 그와 같은 결합을 통해서만 성립된다고 말한다면, 그는 다른 한편으로 우리가 현상을, 현상체를 갖고 있는 만큼만, 이 단계들 자체는 있고 그리고 단계들 자체를 안다고 여기에 덧붙여야 할 것입니다. 다른 말로 표현하자면 칸트에게 구성적이라고 불리는 영역, 구성자는 절대화될 수 없듯이, 이성비판의 결과에 따르면 구성된 것도 아마 절대화될 수 없을 것입니다. ─ 칸트에 따르면 이 경우 이른바 소박한 실재론은 사실상 모순과 무의미로 귀결됩니다. 그렇지 않다면 칸트는 여기서 라이프니츠에게 아주 날카롭게 증명해 보였던 것, 바로 반성 개념의 모호성에 빠져 버립니다. 따라서 그는 추상적 개념과 추상적 개념이 보증한 것 그리고 추상적 개념이 ─추상적 개념하에서 파악된 것이 형식으로서의 추상적 개념으로 뒤돌려 보내듯이─ 뒤돌려 보낸 것과의 혼동에 빠집니다. 따라서 달리 표현하면 선험의 개념이나 경험을 성립시키는 이 모든 요소, 소위 우리 의식의 구성 요소Konstituentien는 「순수 지성 개념의 연역」의 분석에서 여러분에게 나타나듯이 우리에게 직접 알려지는 것이 아닙니다. 오히려 이것들은 매개들이며, 인식의 특정한 요소의 추상들입니다. ─ 이 요소는 『순수이성비판』에서 실체화됩니다. 칸트는 모호성에 대한 장에서 존재 개념, 질료 개념 그리고 다른 이 모든 자연주의적 개념의 존재론적 사용을 아주 정당하게 비난한 것처럼 그는 '나는 생각한다'를 갖고 똑같이 그렇게 합니다. '나는 생각한다'에서 나는 '자아Ich' 없이는 빠져나오지 못한다는 것, 그것은 칸트에 있어서 우리의 출발점이었던 '우리'라는 언어 사용에서 나타납니다. — 이는 만일 우리의 어떤 장황한 논의가 설득할 수 있다면, 실제로 자아는 순수하고 타당한 형식이 아니라는 것, 즉 그 점에 있어서 항상 이미 구성된 논리적 형식이 아니라는 것을 입증하는 것입니다. 이와 더불어 나는 평소에 매우 존경하는 나의 동료 슈툼펠스Sturmfels[197]와 논쟁을 벌일 수밖에 없는 중요한 논제를 다루겠습니다. 그로부터 여러분은 칸트의 심리주의적인 해석에 대한 논쟁에서 선험적인 것이란 본래 순수 논리적인 것에 불과할 따름이라는 말을 항상 듣게 될 것입니다. 나는 이런 관점이 19세기에 널리 퍼졌던 심리주의적인 관점과 마찬가지로 칸트에 대한 일종의 소박함과 단순화라고 생각합니다. 그리고 나는 여러분이 이런 사고에서 자유로워진다면, 『순수이성비판』의 본질적이고 심원한 문제를 이해할 수 있을 것이라고 생각합니다.

선험의 영역이 항상 사유의 합법칙성으로서 사유를 전제하고 사유와 관계하는 순수 논리적 통일에 불과하고 실제로 그것 이외에 다른 어떤 것이 아니라는 것이 사실이라면, 칸트는 「선험적 논리학」 서문에서 선험적 논리학과 ─객관과 관계하고 그리고 동시에 훨씬 더 깊이 객관과 결합된 논리학으로서─ 순수 형식논리학을 매우 단호하게 구분하지 않았을 것입니다. 나는 여기서 여러분에게 칸트가 선험적 논리학과 논리학 일반 또는 형식논리학을 구분하고 있는 「선험적 논리학」 서문의 II절에 주의를 기울이도록 촉구하고 싶습니다. 만일 문제가 위에서 파악한 것처럼 그렇다고 믿는다면 그리고 이 선험적인 것에서 대상의 요소 그리고 대상과의 관계 요소의 문제가 한갓 형식화를 통하여 무시될 수 있다고 믿는다면, 칸트가 말하고 있듯이 형식논리학은 어쩌면 '대상에 대한 우리 인식의 기원도' 규명하게 될지도 모르지만 그러나 "이에 반해 일반논리학은 이 인식의 기원을 전혀 다루지 않는다"[198]고 할 수 있습니다. 『순수이성비판』은 본질적으로 인식의 기원과 관련된 문제 제기입니다. ― 그것은 결코 이미 결정된, 이미 수행된 인식의 형식을 다루는 합법칙성과 관련된 문제 제기가 아닙니다. 이런 기원적 물음, 기원과 관련된 물음으로서 『순수이성비판』은 논리학의 순수한 형식주의에서 움직이는 것이 아니라, 한편으로는 대상과 관계된 것, 내용적인 것, 현상적인 것, 경험을 우선 정초해야만 하는 영역에서 움직입니다. 그럼에도 불구하고 이 영역이 가능하기 위해 스스로 재차 이런 객관과 관련된 것을 지시해야만 합니다. 나는 여러분이 잠깐 동안 자발성의 개념을 숙고한다면 이것을 가장 쉽게 설명할 수 있다고 생각합니다. 내가 이 관점을 고수하는 이유는 『순수이성비판』의 중심적인 문제가 실제로 여기서 다루어진다고 보기 때문입니다. 여기서 자발성의 개념은, 활동성, 그것도 비자의적 활동성을 말하며, 칸트는 사유를 단순한 직관과 대립하여 자발성으로 이해합니다. 왜냐하면 우리는 이 자발성을 실제로 순전히 논리적 통일로 규정할 수 없기 때문입니다. 어떤 것도, 거기서 작용하는 어떤 것도, 추상 이상으로 떠오르는 어떤 것도 있지 않은 순전히 논리적인 통일이 어떻게 활동성을 전개할 수 있어야 하는지, 마찬가지로 어떻게 우리가 활동성의 개념을 승화시킬 수 있는지를 상상해야만 하는 것은 완전히 불가능합니다. ― 만일 그렇지 않다면, 우리는 칸트가 유심론으로 가장 격렬히 거부했던 것으로 보이는 일종의 순수 정신의 형이상학을 그에게로 돌릴 수 있습니다. 그러므로 우리가 순수 개념으로부터 ―통일 개념도 순수 개념입니다― 활동적인 것을 표상하는 것은 불가능합니다. 하나의 통일에 포섭되는 것은 가능하지만, 통일로서의 통일은 아무것도 산출하지 못하고, 전혀 작동하지 못하며, 아무것도 성취하지 못합니다. 그러나 이 성취의 요소, 이 행동의 요소는 현상학적으로 '내 모든 표상들을 수반하는 나는 생각한다'에 있습니다. 만일 내가 이 경우에 '나는 행동한다'는 이런 의식을 가지고 있지 않다면, '나의 모든 표상들을 수반하는 나는 생각한다'라는 것은 없을 것입니다. 그리고 이는 선험적 형식이 바로 그것의 가능성의 조건으로서 —여느 때처럼 승화된, 여느 때처럼 추상화된— 내용적 요소를 지시하고 있으며, 반대의 경우도 마찬가지라는 점에 근거합니다. 칸트는 그것이 직관과 관계될 때에만 타당한 판단을 산출한다고 확실하게 인정할 것입니다. 그것이 바로 『순수 이성비판』의 내용입니다. 그러나 우리가 여기서 하고 있는 것, 우리가 여기서 수행하고 있는 고찰은 중요한 관점에서 이것을 넘어섭니다. 그것은 현세적 존재가, 사실성Faktizität이 순수한 형식의 사유 가능성의 조건이지만, 마찬가지로 다른 한편으로 이 형식들이 없으면 어떤 경험의 내용도 성립될 수 없다는 말과 거의 같습니다.

이로써 우리는 내가 지난 강의에서, 내가 생각하기로 선험적인 것의 개념에서 대가관계quid pro quo라고 불렀던 것,[199] 구성자와 구성된 것 간의 대가관계와 마주합니다. 내가 여기서 여러분에게 이해시키고 싶고 이것 때문에 매우 노력을 기울인 것은 —왜냐하면 여기서 중요한 것은 본래 (이렇게 말해도 좋다면) 내가 지지하는 철학적 입장의 기초 정립이며 그리고 나는 그것을 칸트에 대한 반성과 결합시킬 수 있다고 생각하기 때문입니다— 두 계기가 서로 환원될 수 없다는 점입니다. 따라서 이때 나는 구성자보다 소위 구성된 것에 존재론적 우위를 두고 싶지 않습니다. — 내가 했던 그 모든 것에 따라 이것은 불가능합니다. 그보다 나는 여러분에게 이 두 계기가 서로 연관되어 있다는 것을 깨달을 수 있게 하고 싶을 따름입니다. 여러분이 결국 이런 사유를 나처럼 날카롭게 파악하려면 다음의 사실을 기억하기 바랍니다. 즉 우리가 지난 시간에 칸트가 주관은 보편적인 것이며 이것은 모든 특수한 것을 포함하고 있다는 것을 밝혔음을 기억하기 바랍니다. 이런 의미에서 나는 직관 자체까지도 이미 개념적으로 매개된 것, 단순한 직접성이 아닌 것으로 이해될 수 있다는 것을 여러분에게 보여 주었습니다. 그런 까닭에 이 부분에서 나는 칸트 철학에, 헤겔은 그렇게 표현하지는 않았지만, 이미 보편적 매개에 대한 후기의 헤겔적 사고가 객관적으로 구상되어 있다고 말했었습니다. 그러나 나는 여러분에게 칸트 체계의 탁월한 요소들 가운데 몇 가지를 그것의 근거로 보여 주었다고 생각합니다. 다른 말로 하면 그것은 소위 공식적인 주제이자 여행 안내서 베데커Baedeker에 나오는 것처럼 칸트의 것으로, 구성자 없이 구성된 것은 없습니다. 이와 마찬가지로 선험적 주관이 없는, '나의 모든 표상들을 수반하는 나는 생각한다'가 없는 세계란 없습니다. 그런데 내가 세계가 없다고 말한다면, 여러분은 경험적이고 실제적인 주관이 원칙적으로 ―칸트 자신이 이미 인정했듯이― 세계의 일부이며 이 세계에 속한다는 것을 명백히 해야만 합니다. 그러므로 우리는 경험적 개인들로서 당장에 구성 요소Konstituentien가 아닌 구성된 것들Konstituta입니다. 그러나 반대로 오늘 우리가 분석한 결과는 구성자는 그 자신의 가능성 조건으로서 개체적 주관을 필요로 하지만, 동시에 바로 구성된 것도 필요로 한다는 것입니다. 그러므로 칸트의 이성비판에 따르면 본래 이차적인 것 Sekundäre은 일차적인 것Primäe의 조건인 것과 마찬가지로 일차적인 것도 이차적인 것의 조건입니다. 그러므로 우리가 숙고했던 의미에서 ―내가 가장 비속한 철학적 어법을 한 번 사용해도 좋다면― 관념론의 일반 주제가 칸트적인 구성 자체의 의미에서 비판을 받는 것과 마찬가지로 이른바 소박한, 즉 비변증법적인 실재론의 일반 주제도 반대로 비판을 받습니다. 우리가 이를 사실 진지하게 받아들이면, 우리가 실제로 이 모순의 해결 불가능성이 입증된 것으로 간주한다면, 이로부터 우리는 인식의 한 극단에서 다른 극단으로의 환원을 요구하는 것을 단념해야 하며, 다른 말로 표현하면, 우리는 모든 인식이 소급될 수 있는 적어도 절대적인 제일의 원칙을 포기해야 한다는 결과가 도출될 수 있다고 나는 생각합니다. 물론 이와 함께 존재론의 불가능성이, 존재의 존재론의 불가능성이 또한 정립됩니다. 따라서 우리 서독에서 번성하고 있는 존재론의 관념론적 관점의 불가능성이 정립되며, 이는 동구권에서 변증법을 복원시킨 조야한 유물론적 존재론도 마찬가지입니다. 그보다 이제 이 두 양극단의 상호 관계의 규정에 대한 물음, 그것은 소위 기원 물음의 의미에서는 해결될 수 없습니다. 그런데 기원철학으로서의 칸트 철학에 대한 비판, 이 비판은 결국 이런 기원철학의 개념에 이의를 제기합니다. 이는 우리가 철학에서 확실하고 오래된 진리로서 절대적 제일에 대한 물음을 포기해야 한다는 것을 말합니다. 다른 말로 표현하여 내가 여러분에게 오늘 보여 준 것은 칸트의 유명한 '단지 열려 있을 뿐인 비판적 길'[200]의 변형에 이르는 것입니다. 우리는 비판적 행로의 이러한 칸트적 의도를 물론 받아들입니다. 나의 논의는 철저히 『순수이성비판』에 대한 내재적 비판의 의미에서 매우 의도적으로 이루어졌으며, 따라서 전적으로 개념 장치와 칸트가 전개한 사유의 틀 내에서 움직였습니다. 이와 동시에 소위 말하는 구성 문제의 감옥을 탈출시키려는 의미를 갖고 있었습니다. 그리고 나의 논증은 '변증법적 길은 오로지 열려 있다'[201]는 명제에서 끝을 맺습니다.

191) 문장의 시작 부분은 편집자의 추측이다. 원본에는 단지 … (문장의 시작 부분이 빠져 있다) überhaupt만 발견된다.

192) 제2판에 대한 머리말 참조. "이 제2판에 관한 한 나는 난해함과 모호함을 그냥 넘어가지 않고 되도록 제거하고자 이 기회를 놓치지 않으려고 했다. … 서술할 것이 아직도 많은데, 이런 점에서 나는 이 판에서 개선하려고 했다…"(B XXXVIIf.; W 37f.).

193) 앞의 39쪽과 주 18의 증거 참조.

194) 앞의 244쪽을 위시한 여러 곳 참조.

195) A 277, B 333; W 297.

196) A 278, B 334; W 298.

197) 마르부르크의 신칸트학파 출신인 빌헬름 슈툼펠스Wilhelm Sturmfels(1887-1967)는 프랑크푸르트-괴테 대학교에서 1932/33년과 1946부터 철학과 교수로 재직하였다. 칸트에 대해서는 그의 저서 『칸트와 철학Kant und Philosophie』, in: Kant und die Wissenschaften. Reden, gehalten am 12. Februar 1954 anläßlich der 150. Wiederkehr des Todestages von Immanuel Kant, Frankfurt a.M. 1955 (Frankfurter Universitätsreden. 12), S.15ff. 참조.

198) A 55f., B 80; W 101.

199) 아도르노는 '지난번 강의'가 아니라 『인식론 메타비판』에서 "구성자와 구성된 것의 대가관계"에 관해 언급했다. 차후 주 293에서 인용된 곳 참조.

200) Vgl. A 856, B 884; W 712.

201) 아도르노는 구성자와 구성된 것의 상호성에 대한 사고를 『헤겔 철학의 관점』에서 명시적으로 밝힌다. "칸트의 의미에서 이성의, 즉 구성자의 주관적 조건 없이는 어떤 세계, 어떤 구성된 것도 가능하지 않듯이, 헤겔의 관념론의 자기반성을 부언하건대, 또한 구성자, 정신의 생산적인 조건도 가능하지 않다. 이 정신의 생산적 조건은 사실적인 주관으로부터 추상화된 것이 아니고 그리고 결국은 주관적이지 않은 것으로부터, '세계'로부터 추상화되었을 것이다. 전통적인 형이상학의 숙명적인 유산, 즉 모든 것이 소급될 수밖에 없는 궁극적 원리에 대한 물음은 헤겔에게 의미가 없게 되었다"(GS 5, S.258).

지난 강의와 연관하여 우선 나는 슈베펜호이저Schweppenhäuser 박사[202]가 언급한 아주 재치 있는 문장으로부터 출발할까 합니다. 그는 지난 강의 에서 입증되었던 것, 그것을 구성자의 구성자는 구성된 것이라고 표현했 습니다. 우리의 모든 고찰에 따르면, 내가 선험적 관념론을 어느 정도 말 함으로써 그것을 선험적 실재론이나 오히려 비판 이전의 자연주의적 실 재론 또는 이런 실재론의 계승자로 대체하려는 것처럼 보이는 오해를 우 리가 방지하고 있다고 나는 생각합니다. 이에 대해 나는 오늘 몇 가지를 더 언급할 것입니다. 그보다 나는 지난 시간에 여러분에게 이 관계를 상 호성으로 정확하게 설명하려고 했습니다. 이로부터 결론적으로 내가 도 출한 것, 그리고 지금 큰 가치를 부여하고자 하는 것은 여기서 일반적으 로 부르는 최초의 것이 아니라, 철학에서 최초의 것이라고 불리는 것입니 다. 그보다 중요한 것은 여러분이 철학에 있어서 이런 최초의 것으로서의 개념을 포기하는 사변적 이행을 기대하는 일입니다. 이 사변적 이행은 물 론 전통의 위력에 비하여 많은 것을 의미합니다. 그 밖에 나는 여기서 본 래 최초의 것의 모든 철학, 모든 '제일철학'은, ―우리가 아리스토텔레스 의 제일철학πρώτη φιλοσοφία의 사용과 연관하여 그렇게 부르는 것에 익숙 해져 있었듯이― 모든 제일철학prima philosophia은 그것이 원하든 아니든 항상 관념론Idealismus이라고 말하고 싶습니다. 왜냐하면 우리가 다른 모든 것의 기초가 되는 이와 같은 최종적, 궁극적인 원칙을 발견할 수 있다는 전제 속에는 우리가 상술했던 인식의 보편적 매개의 특성으로 볼 때, 항상 존재하는 것, 항상 철학적 탐구의 대상이 되는 것은 필연적으로 사유 규정에 환원되어야 한다는 주장이 숨어 있기 때문입니다. 만일 우리의 사유가 절대적 근거를 발견하는 데 적합하다는 전제로부터 출발한다면, 우리는 이와 같은 근거를 발견할 수 있고 그리고 그것을 절대적인 것이라고 말할 수 있습니다. 이런 의미에서 소위 말하는 형이상학적 유물론도 그 형식에 따르면 관념론입니다. 형식에 따른 이 관념론은 단순히 형식에 구애된 것이 아닙니다. 그보다는 이런 종류의 사유 형성체에서는 일련의 관념적 규정과 또한 관념론적 오류ψεῦδοι가 발견됩니다. 우리는 이와 같은 관념론에 예를 들어, 빈틈없고 모든 것을 포괄하는 체계성과 연역 가능성의 특성, 폐쇄성의 특성과 그 밖의 것이 들어 있다고 말할 수 있습니다. 이제 여러분은 지난 두 번의 강의 동안 내가 제시하려고 노력했던 논증 후에 이에 반하여 반론을, 더욱이 내가 말해도 좋다면, 일종의 사유경제와 연관된 반론을 제기할 수 있습니다. 따라서 여러분은 그것이 사실 철학자들이 실제로 염려하는 것이며, 우리가 거의 이해할 수 없는 뉘앙스 때문에 철학자들이 서로 분열한다고 말할 수 있습니다. 결국 그렇다면 왜 저 아도르노라는 사람이 구성자와 구성된 것의 상호 관계를 고집합니까? 그는 왜 절대적 제일원리가 있지 않다고 말합니까? 목사 같은 사람, 칸트라는 사람도 역시 이와 같이 대략적으로 말하겠습니까? 이는 우리가 『순수이성비판』에서 인식의 선험적 조건들이 경험 내용에 적용될 때에만 인식을 제공한다고 헤아릴 수 없는 정도로 많은 곳에 계속해서 확인하였다는 것을 말합니다. ― 그래요, 이것은 아도르노 씨가 우리에게 지금 장황하고 어렵게 설명한 것과 그렇게 큰 차이가 있습니까? 그가 구성된 것은 구성자의 조건이며 정반대도 마찬가지라고 말한다면 말입니다. 자, 나는 여러분에게 일단 철학에서, ―이는 원칙상 아마도 추구되지 않았고 그리고 아마도 반성에서도 스스로 결코 주제화된 본 적이 없었던, 그러나 주의를 요하는 철학의 특성인데― 매우 중요한 차이, 그러니까 결정적인 차이는 원래 가장 미세한 문제에 감추어져 있다는 것을 말하려고 합니다. 만일 우리가 ―내가 가령 이렇게 말해도 좋다면― 누군가 아주 극단적인 반명제 속에서 서로 대립되는 칸트와 흄의 두 철학적 체계들을 편견 없이 강의하는 것을 듣는다면, 우리는 주관적 조건의 상호작용에 의해 객관성을 구성한다고 주장하는 것과 그것은 한갓 관습이라고 주장하는 것에 차이가 없다고 말할지 모릅니다. 하지만 그것은 근본적으로 중요한 문제가 아닙니다. 왜냐하면 인식이 주관에 제약되어 있는 한, 칸트가 인식에 있어서 우리에게 물자체에 대하여, 절대자에 어떤 것도 말하지 않는다면, 그것은 결국 흄의 명제와 사실 아주 크게 떨어져 있는 것이 아니기 때문입니다. 그럼에도 불구하고 이 두 철학의 풍토와 지평은 한편으로 바로 회의주의의 개념, 회의적 경험주의의 개념이, 그리고 다른 한편으로 선험적 관념론의 개념이 정확하게 재현되듯이 철저하게 차이를 드러냅니다. 이 철학들은 완전히 다른 대기 속으로 빠져듭니다.

　　나는 여기에서 철학 일반의 이해를 위한 매우 본질적인 의견을 피력해도 좋을 것 같습니다. 우리는 개별적 체계에서 나타나는 철학적 주제들을 글자 그대로 받아들이고 그리고 이런 주제들이 나타나는 곳에 직접적으로 분명하게 언급된 것을 글자 그대로 받아들이지만, 그러나 상황에 따라서 동일한 개념들, 동일한 명제들이 아주 다른 경험들을 표현하고, ―내가 강의에서 강조한 이 경험 개념을 여기에 적용해도 좋다면― 더욱이 동일한 명제가 서로 다른 철학에서 아주 다른 어떤 것을 의미하기도 합니다. 예를 들면, 스피노자라는 사람은 외견상 형식적으로 지극히 동일한 의미에서 데카르트의 신 개념을 차용합니다만, 그것을 매우 다르게, 즉 무한한 실체로 해석합니다. 그렇다면 그것은 데카르트 신 개념과 완전히 다른 정의일 뿐만 아니라, 그 속에는 실제로 그의 철학의 완전히 다른 풍토, 다시 말해 기계적-유물론적인 것이 감추어져 있는 것입니다. 이제 이 차이들을 규정할 수 있기 위해서는 —이것이 내가 여러분에게 주의를 환기시키려는 문제입니다— 변증법적 해석의 필연성에 대한 나의 상세한 연역과 칸트의 선험적-논리적 해석 사이에 있는 차이처럼 미세한 차이에 대한 통찰이 필요합니다. 실제로 여기서 우리가 사고의 가장 미세한 뉘앙스로 파고들면, 우리는 전체 전반을 다룰 수 있으며, 그것은 친애하는 신은 사실 미세한 곳에 거주한다는 아비 바르부르크Aby Warburg의 명제[203]와도 일치합니다. 우리가 어제 말했던 것의 의미에서 여러분은 형식은 구성된 것 없이는 존재하지 않는다는 명제, 즉 엄밀한 의미에서 형식은 구성된 것 없이는 거론될 수 없고, 구성된 것 또한 형식 없이는 거론될 수 없다는 것을 깨달아야 합니다. — 이로써 구성의 문제 자체가 실제로 핵심에서 변화합니다. 여기서 중심적으로 다루어지는 뉘앙스는 형식들이 실현되기 위해, 이와 함께 진리를 산출하기 위해 구성된 것이 필요한 것이 아니라, 그보다는 오히려 선험적 형식들의 가능성 조건은 우선 이 형식에 의해 구성된 것으로 생각되는 요소라는 것을 말입니다. — 이 지극히 까다로워 보이는 뉘앙스로부터 내가 바라는 것은 여러분 모두가 이것을 내가 설명하려고 노력한 것만큼이나 속속들이 이해하는 것입니다. 이 뉘앙스는 바로 구성의 문제 자체가 근본적으로 변화되었음을 의미합니다. 그것은 최초의 것 또는 근본적인 것, 근본 철학의 개념이 아리스토텔레스나 데카르트 또는 다른 전통 사상가와 마찬가지로 칸트에게도 적용되었고, — 이를 통해 이 개념은 해결되었음을 말합니다.

이 전체의 방법은 실제로 잔여 방법residuales Verfahren이라 생각될 수 있습니다. 우리는 —일찍이 플라톤에서 시작되었는데— 일시적인 것, 우연적인 것, 다소 외적인 것을 제거하고 궁극적으로 남아 있는 잔여로서의 순수 개념에 도달함으로써 절대자, 진리, '고유한 것'을 깨닫게 된다고 믿었습니다. 우리가 이러한 조건들 안에 일종의 핵분열을 통해 이 잔여와 마주치고, 그 후 이 조건들이 첫째로 전제해야 하는 것을 조건들 자체에서 다시금 바로 마주친다는 것이 입증되면, ― 그렇다면 이로부터 이제 제거에도 불구하고 마지막에 사라지지 않는 것, 영원한 것이 있다고 믿는 철학의 추상화하고 차감하는 이 전체의 방법은 실제로 그리고 원칙적으로 제거될 수 있다는 결론이 도출됩니다. 이 진리의 잔여 이론은 데카르트뿐만 아니라, 데카르트학파의 자기반성으로 간주되는 칸트를 포함하고 있습니다. 그리고 칸트는 바로 이 점에서 숭고한 노력으로 완전히 독단론을 고치려고 했지만, 이런 종류의 독단론에 경의를 표했다는 것도 분명합니다. 그렇지만 이제 나는 여러분에게 이 강의에서 자세하게 설명할 수 없는 어떤 것을 지적하고 싶습니다. 전체적으로 혼란스러워지지 않도록 이 점을 여러분에게 상기시키지 않을 수 없습니다. 즉 우리가 착수했던 환원의 환원을 통하여 이 이중의 반성은, 주관과 객관의 구별은 결코 사라지는 것이 아닙니다. 따라서 결과는 밤에는 모든 고양이가 회색이라는 저 유명한 무차별의 밤은 아닙니다. 오히려 중지되는 것은 확실히 이 요소들이, 따라서 한편으로 형식으로서의 주관과 다른 한편으로 외부로부터 나에게 접근하는 내용이 고정되게 정적으로 대립하고 있다는 것입니다. 이 고정되고 정적인 분리는 불가능합니다. 이 요소들은 모든 개별적 인식에서는 구별될 수 있지만, 하나의 요소가 매번 다른 요소에 강제적으로 환원될 수는 없습니다. 주관과 객관의 분리는 역학적 구별이며, 자체 내의 진행 특성을 지닌 구별입니다. 그러나 이와 같은 구별은 『순수이성비판』에서 존재 자체의 개념이 이런 기본 구조로서 설정되어도 좋은 것처럼, 소위 말해 기본 구조로서, 존재의 기본 구조로서 절대화될 수 있는 것은 아닙니다. 주관과 객관, 이 구별 자체는 단연코 일반적으로 모든 시간에 앞서 주어진 것이 아니며, 그것은 역사 속으로 들어가서, 서로 다른 국면에서 역사적으로 규정될 수 있습니다.

여러분이 여기까지 나의 강의를 따라왔다면, 나는 『순수이성비판』으로부터 헤겔의 가장 천재적인 작품이자, 구상에 따른 가장 대담한 작품인 『정신현상학』에로의 이행에 있어서 실로 결정적인 전제를 여러분에게 알려 주려고 합니다. 『정신현상학』에서 다루어지는 이념은 주관-객관의 문제입니다. 이 두 요소는 이제 고정되고 정적인 것으로 대립되는 것이 아니라, 내가 여러분에게 칸트에서 내재적으로 전개하려고 했던 상호 매개의 두 요소가 사실상 이제 역사적으로 해석됩니다. 이는 주객의 관계가 본질적으로 헤겔에 의해 역사와 동일시된다는 것, 그리고 역사가 헤겔에 의해 ㅡ우리가 이렇게 말하고 싶다면ㅡ 주객의 규정으로서 설명된다는 것을 말합니다. 그러나 이때 주객의 규정 방식은 근본적으로 보편적이고 확고하며 변함이 없는 정의와는 멀리 떨어진 방식입니다. 이로써 헤겔 자신은 극단적 관념론자로 남아 있습니다. 이는 주관과 객관이 제3자에, 즉 절대자에, 이념에 빠져들어 감으로써 그에게 있어서 주객 간의 역사적 운동이 가능했다는 의미이며, 이를 통해 결국 종국에도 고양하고 그리고 동일성에 도달한다는 의미입니다. 우리는 이것을 상관할 필요가 없으며 또한 이에 대한 비판도 당장에 상관할 필요가 없습니다. 칸트 및 데카르트 철학에 지배적이었던 주객의 대립으로부터 주객의 역동성에로의 이행은 적어도 철학이 이루었던 정말 결정적인 행보입니다. 여기에서 우리가 지난번에 집중적으로 다루었던 이 모든 요소와 대립하여 철학이 빠져든 특유의 퇴행에 대하여 나는 여러분이 주의를 기울여 주기를 당부하였습니다. 우리는 사람들이 오늘날 철학의 영역을 어떻게 제한하고 있는지를 보고 그리고 이러한 제한을 철학이 거부한다면 철학에 보여 주는 정서적 반응을 연구할 필요가 있습니다. 단지 추상적인 영역만을 ㅡ내가 여러분에게 칸트 철학을 근거로 전개한 바로 그런 의미에서ㅡ 철학의 대상으로 간주하다는 의미에서 『정신현상학』과 같은 작품은 이런 철학의 관점에 반대할 것이라는 사고를 우리는 볼 것입니다. 이 작품에는 실제로 주관의 위치에 있는 의식의 범주와 객관적인 역사적 사건들 간의 ―가령 봉건 체계 그리고 주인과 노예의 관계 또는 무엇보다도 그 후의 프랑스 혁명과 같이― 내적인 운동이 있습니다. 여기서는 한편으로 지극히 사실적인 역사적 요소들과 다른 한편으로 철학의 구성 문제들이 끊임없는 관계를 맺고 있습니다. 오늘날 유력한 철학에 따르면 이 헤겔파의 철학은 어쩌면 전혀 철학이 될 수 없을지 모릅니다. 아니 그보다 철학은 오늘날 헤겔 이전 철학, 여러분이 좋다면, 어떤 면에서 칸트 입장으로 다시 되돌아갔습니다. 경험적인 것을 거부하는 칸트적 반감, 순수한 본질과 대립된 것을 거부하는 칸트적인 반감, 그러나 칸트 이후의 거대한 체계 속에서 추방되고 쫓겨난 칸트의 반감은 오늘날 실증과학들의 성장과 함께 어느 정도는 상호 보완적으로 다시 크게 성장했습니다. 한편으로 순전한 과학이, 인식의 순전한 사실성이 더 많이 존재하면 할수록, 다른 한편으로 철학은 더욱더 추상적인 본질 이론으로 환원됩니다. ― 그리고 이때 역사 개념 자체는 '역사성'의 본질로 희석됩니다.[204] 그리고 여기에서 결정적인 것, 내가 강의에서 매우 중요하게 강조했던 것, 즉 피히테가 아프리오리와 아포스테리오리를 본래 같은 것[205]이라고 당당하게 말했던 바로 그것, 두 영역 사이를 매개하는 요소에 대한 지대한 관심은 오늘날 철학의 시야에서 완전히 사라졌습니다. 그런데 철학이 놀랍게도 소위 말하는 관념론에 앞서 있다고 생각하는 동안, 철학은 다음의 발전에 단지 뒤처져 있는 것이고, 이것을 알지 못하는 한, 지극히 거칠고 조야한 관념론일 따름입니다. 여기서 여러분은 무엇 때문에 내가 이 강의에서 우리가 칸트 철학과 연관하여 주의를 기울이면서 존재론적 칸트 해석,[206] 존재론의 개념에 대한 비판적 관점을 성찰했는지 아마도 이해할 수 있을 것입니다. 여기에서 덧붙이자면 나는 어느 경우든 칸트적인 토대 위에 있었습니다. 왜냐하면 존재론의 불가능성이 『순수이성비판』의 중요한 명제에 속하기 때문입니다. 다른 말로 표현하면 『순수이성비판』에서 어느 정도 강한 동요가 분명하게 나타나는 것처럼 주관과 객관의 구별 배후에 기원적인 일자Ur-eins로, 둘을 결합하는 것으로 돌아가는 것은 불가능합니다.

　　나는 여러분에게 주관과 객관, 형식과 내용, 질료와 형식의, —또는 칸트에게서 그것이 어떻게 불리든— 이 고정된 대립 관계의 문제성을 설명한 후, 우리가 다시금 그 이전의 무대로 돌아갈 것을 요구합니다. 이 고정을 해결해야 할 필요성은 이 두 요소들의 고정된, 그리고 불만족스러운 대립이 있다는 사실에 있습니다. 이로부터 우리는 주관과 객관의 관계에서 하나가 다른 하나 없이는 존재할 수 없다는 점을 계속해서 통찰하지 않을 수 없습니다. 이는 주관과 객관의 관계에서 각각은 다른 것과 관계하면서 항상 규정되어진다는 것을 말합니다. 그러나 여기에서 결정적인 것은 —헤겔과 변증법에 대하여 간과되었던 것은— 우리가 칸트의 이 고착성을, 칸트의 이 이원성을 넘어서려고 하고 그 배후로 되돌아가서 단순한 직접성 속으로 뛰어들려고 한다는 것입니다. 그러나 이를 넘어설 수 있는 유일한 가능성은 우리가 항상 신중한 숙고에서 음미했던 바로 그 가능성입니다. — 즉 우리는 이 분열의 운동을 통하여, 따라서 분열된 것 자체가 서로 뒤섞여 매개되어 있다는 증거를 통하여 이 이원성을 넘어서려고 시도합니다. 달리 표현하여 서로 분리된 이원성의 배후에 소위 통일을 주장하는 것은 문제의 핵심이 아닙니다. 칸트는 비밀스러운 통일이든 숨겨진 통일이든 —'영혼의 깊이'에서든 또는 초월적 물자체 속에서든— 이런 통일을 계속 요구했습니다. 그러나 이보다 중요한 것은 우리가 차이를 분명히 한다는 것, —그리고 이것은 앞서 내가 주관과 객관의 규정 가능성을 가지고 말했던 것입니다— 불가피한 그리고 생략되어서는 안 되는 차이, 매 역사적 단계에서 구체적으로 규정되는 차이를 분명히 한다는 것, 그러나 동시에 이 차이의 국면 안에서 차이와는 다른 것으로서 통일의 요소를 규정한다는 것입니다. 바로 이것은 철학자들이 자의적인 통일의 설정을 통해 이율배반, 단순한 반명제의 불만족성을 끝낼 수 있다고 믿을 때 실패하는 것입니다. 그러나 물론 그것은 철학의 주제가 오늘날 철학에게 다시 새롭게 요구하는 것, 즉 최고의 추상을 다루려는 요구에서 최종적이고 결정적으로 해방된다는 것을 또한 의미합니다. 왜냐하면 현재의 존재론적 방향과 소위 말하는 철학적 인간학의 결합으로 그 안에서 일어나는 심정성Befindlichkeiten의 범주 때문에 바로 이 추상 개념이 추상 개념이 아니고 어떤 최고의 구체적인 것이라고 주장한다면, 그것은 단순한, 아주 공허한 주장에 불과하기 때문입니다. 그리고 실제로 구체적 규정들이 다루어지는 곳이라면 어디에서나 그것은 속임수임을, —칸트라면 심리적 속임수라고 말할지도 모르겠습니다— 즉 이 철학만이 관계될 수 있는 가장 최고의 추상으로 전가시키는 속임수임을 우리는 늘 보여 줄 수 있습니다.

그러나 우리가 한번 매우 진지한 철학적 의미에서 철학이 그 자체의 의미에 따라 역사적으로 구체적인 것과 관계하고 있다는 것을 인정해야 한다면, 그것은 우리가 —칸트적 언어에서 다른 것으로 대치될 수 없었기에 우리가 진지하게 받아들였던 '우리'[207]의 의미에 논의를 시작할 때— 잠깐 다루고 있는 전체 분석에서 우리가 출발한 사회의 문제로 다시 돌아가게 합니다. 우리가 여기서 숙고했던 논증은, 우리가 했던 거부를 감안해서 볼 때 진전된 논증은, —우리가 수행한 행보를 아마도 칸트도 함께 했을지 모르는— 이 논증은 철학이 원하는 것은 무엇보다도 존재자의 근거를 가장 먼저 준비하는 것이라고 주장합니다. 우리가 철학을 사회와 유사한 관계가 아니라, 사회와 본질적인 관계뿐만 아니라 구성적인 관계로 설정한다면, 철학의 과제는 본래 사실성의 근거를 제시하고 해명하는 것인데, 철학 자체가 처음부터 단순한 사실성의 한 부분이 되었을 것입니다. 이때 이것은 본말이 전도된 것ὕστερον πρότερον입니다. 그러나 나는 우선 이 논증이 나름대로 우리가 방금 비판적으로 다루었던 기원철학의 기반 위에서만, 즉 어떤 절대적 최초의 것에 대한 물음의 기반에서만 가능하다는 것을 여러분에게 상기시켜도 좋을 것 같습니다. 우리는 기원철학이 이것을 근본적으로 전혀 관철할 수 없다고 통찰하였습니다. 마르틴 하이데거가 전성기를 맞이했던 파시즘 이전의 시대에 철학과 대비하여 사회학을 '벽을 타고 들어오는 도둑Fassadenkletterer'으로 간주했다면, 물론 이 도둑은 철학이라는 건물의 외부로부터 살금살금 기어들어 소위 철학 자체의 성실한 수공업자들이 (또는 농부들이거나 아니면 그가 무엇을 상상했든) 경작하고 키우는 것을 훔쳐 내는 도둑을 말합니다.[208] 그는 이런 태도에서 아주 특정한 방식의 방어와 옹호를 말했습니다. 이 방어와 옹호는 한편으로 진리의 타당성과 다른 한편으로 발생, 기원을 고집스럽게 반대하고 있습니다. 반면에 우리는 지금 발생과 타당성의 분리가 절대적인 것이 아니라, 타당성 자체의 가장 깊은 내부에 발생이 깃들어 있다는 ─여기서 나는 우리가 기능 개념, 행위 개념 그리고 기원적 산출의 개념에 대해 한 논의를 여러분에게 상기시킬 것입니다[209]─ 결론에 도달하게 됩니다. 이는 내가 오늘 언급했듯이 역사의 기원 또는 계기 자체는 진리에 내재해 있다는 것을 말합니다. 내가 좋아하는 표현처럼, 진리가 역사 속에 있는 것이 아니라 역사가 진리 속에 들어 있는 것입니다.[210] 이런 점에서 하이데거의 방어는 덧붙여 말하자면 우연이 아니며, 그것을 고발하는 것이 우연은 아니라는 것도 충분히 이해될 수 있습니다. 예컨대 '죽음에 앞서 달려감Vorlaufen zum Tode'과 같은 자의적인 존재 범주는, ─왜 이것이 존재의 구성 범주여야 합니까?─ '내던져짐Geworfenheit', '결단Entschlossenheit'[211]의 자의적인 존재 범주는 심리학에서 유래하고, 그 후 선험적인 것으로 거의 전환됩니다. 우리는 이 모든 범주들이 속이고 있다는 것을 발견합니다. 우리는 이 자의적이고 순전히 사물로부터 기원하지 않는 이런 계기에 재차 물음을 제기하는 순간, 이것들을 독단적으로 고수하려는 유혹에 빠집니다. 그것은 마치 진리 개념 자체를 분해하는 것이 중요한 문제인 것처럼, 그러한 물음 제기의 의도를 과소평가할 때에 가장 잘 일어납니다. 진리가 처음부터 영원성, 불변성 그리고 동일성과 일치해야만 한다고 믿고 있는 태고의 착각을 극복하는 것이 오히려 실제로 중요한 문제입니다. 반면에 발생적인 것, 기원하는 것, 항상 있던 것이 아닌 것은 처음부터 비진리로 간주됩니다. 기원에 대한 생각은 이 철학에 있어 견디기 힘듭니다. 왜냐하면 이 철학 자체가 방어하는 일은 발생에 대한 성찰을 두려워할 수밖에 없기 때문입니다.

그러나 우리는 지금 막 이 발생적 요인이 타당성의 요인과 분리될 수 없다는 것을 ―그리고 나는 이 관계에 최고의 가치를 두고 있습니다― 증명했습니다. 이는 우리가 소위 인식의 첫째 조건이 되는 가장 추상적이고 가장 보편적인 요인들이 사유될 수 있기 위하여 인식을 정초해 주는 사실성의 요인 및 현존재의 요인을 전제한다는 것을 증명했다는 의미입니다. 그러므로 주관과 객관 또는 선험적 요인과 인간적 실재는 서로 조건화되어 있고, 서로 중첩하여 지시하고 있다는 사실에 대한 반성은, ― 그것은 동시에 내가 이 선험적 요인을 절대화하고 실체화해서는 안 된다는 것에 대한 필연적인 지시이기도 합니다. 이는 내가 이 요인들을 그것의 발생과 사실성에 있어서 그것의 기원과 거의 분리할 수 없듯이, 반대로 사실성이나 사물세계에 대한 판단을 그것의 주관적 매개성과 동시에 역사적 요인으로부터 추상화할 수 없습니다. 이런 점에서 우리가 수행하고 또한 우리가 여기서 칸트를 놓고 해석한 연구는 발생과 타당성의 분리를 무효화하는 데 직접적으로 어울립니다. 이와 같은 분리의 무효화는 스콜라적 전통에 대한 재해석하에서 먼저 프란츠 브렌타노Franz Brentano의 작품인『윤리적 인식의 기원Ursprung Sittlicher Erkenntnis』[212]에서 철학에 소개된 이후 후설에 의해 형식적으로 개진되었습니다.[213] 이런 경향은 결국 기초존재론의 출현을 가져다주었습니다. 따라서 달리 표현한다면 칸트의 구성 문제로부터 역사에로의 변천은 이미 칸트의 구성 문제 자체에 깊숙하게 내재해 있습니다. 그에게 구성이 본래 시간을 통하여 수행된다면, ―나는 여러분에게 칸트에게서 기억의 역할을 상기시키는데— 여러분은 이것으로 이미 역사의 강한 암시를 갖게 됩니다. 왜냐하면 내적 직관은, 그곳에서 시간 자체를 경험하는 내적인 현재가 없다면 시간에 대하여 거론될 수 없기 때문입니다. — 그리고 시간을 소유하는 것에 의존하는 데에서 바로 역사적인 것이 필연적으로 암시됩니다. 바로 철학의 출발점이 되는 개별적이고 우연적인 인간의 체험 시간에 머물러 있다는 것, 이때 실제로 진지하게 시간에 의존하는 것을 거부하는 것은 완전히 임의적입니다. 시간에 의존하는 것을 진지하게 받아들인다는 것은 실제로 범주들의 역사적 근원을 아주 진지하게 파악하는 것입니다. 그렇지만 다른 한편으로 —이 부분에서 나는 이것을 우리의 칸트 분석에 있어 가장 본질적인 것 중에 하나로 확고히 하고 싶은데— 우리가 칸트에 대한 이러한 존재론적 해석 및 이와 연결된 존재론에 반대하는 것처럼, 이로써 우리는 사실 잘못된 사회학주의Sozialismus에 비판적 입장을 취합니다. 이는 우리가 범주들을 그것의 기원과 역사와의 관계에서 보지 않는 것이 불가능한 것과 마찬가지로, 공간과 시간 같은 개념과 범주들을 단순히 역사로부터 도출하고 그리고 그것을 순전히 사회적 현상으로 환원하는 것 또한 불가능합니다. 나는 사회학주의라는 표현을 사용하고 싶지 않습니다. 왜냐하면 사회학주의를 비판하는 논쟁에서 여러분은 종종 '고귀하고 성스러운 자산'을 영원히 독점했다고 믿고 또한 상대화에 반대해야만 한다고 믿는 사람들의 위선적인 높은 목소리를 듣기 때문입니다. 그러나 다른 한편으로 —그런데 지금 여러분들 중에 불만스러운 사람의 오해를 조금도 받지 않고 나는 이렇게 말할 수 있다고 생각합니다— 진리 개념을 더 이상 허용치 않으면서 동시에 그 자체의 의도에 모순되는 의미에서 실제로 자신의 고유한 계몽적 의도를 해소하는 일종의 사회학주의가 있습니다.

우리가 철학 기초의 역사적 본질을 거론할 때, 우리가 여기에서 마주하는 관계 속에 특별하게 고찰을 하는 것이 있는데 그것은 지식사회학

Wissenssoziologie 분야입니다. 이 분야는 일반적으로 독일의 전통에서 셸러와 만하임Mannhaim의 전문 영역으로 간주되지만, 실제로 거대한 지식 사회학적 구상은 본래 에밀 뒤르켐Emile Durkheim에게서 유래된 것입니다. 뒤르켐은 시간과 공간, 일련의 범주들, 특히 논리적 분류의 형식들을 사회적으로 도출하려고 진지하게 노력했습니다. 예를 들어 시간 관계를 세대의 연속으로부터 도출하고 동시에 그것을 순수하게 사회적 기원으로 기술하고자 했습니다.[214] 뒤르켐의 시도는, 여러분이 좋다면, 칸트의 시도와 같이 그 자체로 이율배반적입니다. 칸트의 시도에 대하여 나는 지난 강의에 칸트의 이율배반은 특수한 주관을 배제하는 보편성의 개념에 있다고 설명하였습니다. 나는 이것에 관해 상세히 설명하고 싶지 않지만, 여기서 적어도 여러분에게 결정적인 모티브들을 알려 주는 것이 나의 의무라고 생각합니다. 그럼으로써 내가 여러분에게 방금 설명했던 방식으로 사회학주의의 오해를 불식시킬 수 있습니다. 뒤르켐의 실수는 대략 공간과 시간 자체에 대한 사회적 기원들을 기술함에 있어서 계속해서 ―칸트적인 의미에서― 공간과 시간의 직관 형식들을 이미 전제하고 있는 개념들을 사용한다는 점에서 아주 쉽게 포착될 수 있습니다. 예를 들어 여러분이 이때 시간적으로 연속성의 개념을 갖고 있지 않다면, 여러분은 세대의 연속을 근본적으로 전혀 거론할 수 없을 것입니다. 그리고 인간이 서로 인접한 경작지들, 서로 인접한 개별 지역들의 경계를 통하여 공간에 도달했다고 말한다면, 여러분은 당연히 공간의 개념을 전제로 하고 있는 것입니다. 왜냐하면 이 상호 인접-경계란 오로지 공간적인 것만을 뜻하기 때문입니다. 그러나 바로 이 엄격한 지점에서 실제로 매우 진지했던 사회학주의가 실패에 이를 수밖에 없다면, 그것은 사회학주의에 참으로 대단히 큰 문제입니다. 나는 여기서 시간의 객관성이 ―칸트의 학설에서는 선험적 조건으로, 즉 직관의 순수 형식으로 나타나는 것이― 시간의 반성 또는 시간 개념의 형성과 분리될 수 있다고 말할지도 모르겠습니다.

이런 시간 개념의 형성은 ―이것은 마찬가지로 당연히 공간의 개념에도 통용됩니다― 물론 철저히 역사 내에 자리 잡고 있는 어떤 것이며 사회적 조건들에 의존합니다. 바로 이 부분에서 후기 뒤르켐학파, 특히 위베르 Hubert와 모스Mauss의 연구는 대단히 생산적이고 중요했습니다. 물론 이제 공간과 시간 자체가 단순히 사회에서 출현한다는 것에 대하여 이야기될 수 없고, 그것이 단순히 사회에 의해 규정된 것에 대하여 이야기될 수 없습니다. 사회에 의해 규정된 것은, 내가 중세적인 표현을 사용해도 좋다면, 사물 안에 자신의 토대sein fundamentum in re를 갖고 있지 않을 것입니다. 그러나 다른 한편으로 주관성이 없이, 다시 말해 실재적 주관이 없이, ―이것은 결국 이렇게 말할 것입니다― 실재적으로 서로 연관된 주관들 없이, 이런 객관적인 시간 개념, 단순한 시간 의식에 우선하는 시간 개념을 거론하는 것은 다시 무의미하게 될지도 모르고, 그 대신 이 두 요소는 서로 상호적으로 의존되어 있다고 우리는 다시금 말할 것입니다.

202) 헤르만 슈베펜호이저(1928년 출생)는 1959년에 프랑크푸르트 대학교 철학과에서 아도르노의 학술조교였다.

203) 항상 아비 바르부르크에게 돌려지는 "친애하는 신은 미세한 것에 거주한다"는 격언의 실제적 유래는 바르부르크의 전기 작가 곰브리치Gombrich에 따르면 '아직도 해명된 것이 아니다.' "바르부르크는 그것을 함부르크 대학교(1925-26)에서 그의 첫 세미나에 대한 모토 가운데 하나로 메모했지만, 그는 그것을 자신의 고안이라고 주장하지는 않았다. 프랑스어의 표현인 '선한 신은 미세한 것에 있다le bon Dieu est dans le détail'는 … 플로베르가 사용한 것으로 알려져 있었다"(Ernst H. Gombrich, Aby Warburg. Eine intellektuelle Biographie, aus dem Englischen von Matthias Fienbork, Frankfurt a.M. 1981, S.28, Anm.).

204) 헤겔이 이미 사용했고 딜타이가 더욱 역점을 두어 사용했지만, 아도르노는 여기서 하이데거의 『존재와 시간』 이후로 유행이 된 역사성Geschichtlichkeit이라는 개념의 실존철학적 사용을 염두에 두고 있다. 이에 대해 『존재와 시간』은 다음과 같이 서술하고 있다. "현존재의 역사성 분석은 이 존재자dieses Seiende가 '역사 속에 있기' 때문에 시간적인 것이 아니라 오히려 그 반대로 그가 그의 존재의 근거에서 시간적이기 때문에 역사적으로 실존하며 실존할 수 있다는 것을 보여 주려고 시도한다." 그리고 "동시에 유한한 본래적 시간성만이 운명과 같은 그 무엇, 즉 본래적인 역사성을 가능하게 한다"(Heidegger, Sein und Zeit, 7. Aufl., Tübingen 1953, S.376 und 385). 이미 베냐민은 하이데거의 개념을 비판했다. "하이데거는 현상학을 위한 역사를 추상적으로 '역사성'을 통하여 구원하려고 애쓰지만 부질없는 일이다"(Benjamin, Gesammelte Schriften, Bd. V, a.a.O. [주 1], S.577). 아도르노의 비판은 『부정변증법』에서 추론될 수 있다. 그에 따르면 역사를 역사성의 실존적인 것으로 전환함으로써 "역사적인 것의 핵심은 사라지고, 모든 제일철학을 불변적 학설이 되게 하려는 요구는 변화하는 것 너머로 확대된다. 이로써 역사성은 주체와 객체의 내적인 결합과 짜임 관계가 그 바탕이 되는 역사적 조건들에 대해서는 개의치 않고 역사를 슬그머니 비역사적인 것으로 배치한다"(GS 6, S.134f.).

205) 『지식론 제1 서문Erste Einleitung in die Wissenschaftslehre』의 결론을 참조. "그러한 것으로서, 관념론의 저 최종적 결과를 이성Raisonnement의 귀결로 간주하는 한, 그것은 인간 정신에서 아프리오리한 것이다. 그리고 이성과 경험이 실제로 일

치하는 경우에 동일한 것을 경험에 주어진 것으로 간주하는 한, 그것은 아포스테리오리한 것이다. 아프리오리한 것과 아포스테리오리한 것은 완전한 관념론에서 결코 두 가지의 것이 아니라 완전히 하나인 것이다. 그것은 단지 두 측면에서 관찰되고 있을 뿐이며, 우리가 그것에 다가가는 방식의 차이일 뿐이다"(Fichte, Sämmtliche Werke, a.a.O. [주 76], 1. Abt., Bd. 1, S.447).

206) 존재론적 칸트 해석에 대한 아도르노의 입장은 아마도 교육적인 이유 때문인지 강의에서 나타날 수 있는 것보다 덜 모호하다. 예컨대 이는 베냐민에 대한 어느 표명에서 끌어낼 수 있는데, 거기서는 『운명과 성격Schicksal und Charakter』에 대한 베냐민의 논문과 연관해서 다음과 같이 언급된다. "비교적 초기적인 이 논문이 발표된 후 사람들은 오랫동안 칸트의 존재론적 해석을 위해 노력했기 때문에, 아마도 오늘날 메두사처럼 무섭고, 온몸을 경직시키는 베냐민의 저 눈빛 아래서 철두철미 기능적이고 '활동성'을 겨냥한 칸트의 사유는 우선 일종의 존재론으로 얼어붙었다는 지적이 있는 것 같다. 칸트에게서 이성을 통해 서로서로 결합하면서도 이성의 대립 속에서 다양하게 번갈아 규정되는 현상체와 지성체의 개념들은 베냐민에게 신권주의적 질서의 영역으로 되어 버린다"(GS 11, S.576).

207) 14강, 앞의 261쪽 이하 참조.

208) 사회학에 대한 하이데거의 진술을 아도르노는 반복해서 1931년 그의 교수 취임 강연에서 인용하였다. "현재의 가장 영향력 있는 대학의 철학자들 중 한 사람은 철학과 사회학의 관계에 대한 물음에 다음과 같이 대답했다고 한다. 철학자는 건축가와 같아서 집의 설계도를 제공하고 그것을 실행하는 반면에, 사회학자는 밖에서 벽을 타고 기어들어 얻을 수 있는 것을 훔쳐 내는 도둑이라고 대답했다"(GS 1, S.340). 1931년에도 아도르노는 이에 대해 언급했다. "나는 이 비교를 인정하면서 철학에 대한 사회학의 기능을 위하여 해석하고 싶다. 왜냐하면 이 집, 이 거대한 집이 일찍이 기초에서부터 기울어져 버려서 자칫하면 그 안에 있는 모든 것을 박살 낼 수 있을 뿐만 아니라 그 안에 보존되고 있고 또 그중 많은 것이 대치될 수 없는 사물들을 모두 상실할 지경이기 때문이다. 벽을 타고 들어오는 도둑이 이 사물들, 개별적인, 아마도 종종 반쯤은 망각되었을 사물들을 훔친다면, 그 사물들이 구조되는 한, 그는 좋은 일을 하는 셈이다. 그는 그것들을 거의 오랫동안 보존하지는 않을 것인데, 그에게 그것들이 별로 가치가 없기 때문이다"(ebd.). 파시즘을 경험한 뒤 1954년 「이데올로기를 위한 기고Beitrag zur Ideologienlehre」라는 논문에서 아도르노는 더 이상 사회학을 악의 없이 비방하는 법이 없었다. "파시즘 이전 시기에 사회학을 벽을 타고 들어오는 도둑으로 비유

한 오늘날까지도 권위를 갖고 당당하게 등장하는 독일 철학자의 진술은 잘 알려져 있다. 일찍이 대중의 의식 속으로 스며들어 본질적으로 사회학의 불신에 기여하는 이런 표상들은 ⋯ 반성 ⋯ 되어야 한다"(GS 8, S.457f.).

209) 앞의 213쪽 참조.

210) Vgl. 예컨대 GS 5, 141쪽에서 "상대주의가 원하듯이 진리가 역사 속에 있는 것이 아니라 역사가 진리 속에 있다." 아도르노는 이 자리에서 직접적으로 베냐민의 『파사젠베르크Passagenwerk』에서 나온 다음의 인용을 언급한다. "'초시간적 진리' 개념으로부터 결정적으로 포기할 시점이다. 그러나 진리는 —마르크스주의가 주장하듯이— 인식의 시간적 기능일 뿐만 아니라 인식된 것과 인식하는 것에 동시에 들어 있는 시간의 핵심과 연관되어 있다"(Benjamin, Gesammelte Schriften, Bd. V, a.a.O. [주 1], S.578). — 발생사Genesis와 타당성Geltung의 관계는 아도르노에 의해 빈번하게 다루어졌다. 『인식론 메타비판』(GS 5, S.79ff.)에서 후설과 관련하여 상세하게 다루었지만, 그의 후기 논문집인 1969년의 『독일 사회학에서 실증주의 논쟁Positivismusstreit in der deutschen Soziologie』을 위한 서문에서도 다루었다. "『인식론 메타비판』은 칸트적인 주관적 아프리오리 요구의 타당성을 해체하지만, 그러나 하나의 타당성을 의도했던 칸트의 인식론이 과학적 이성의 기원을 가장 적합하게 기술한다는 점에서 칸트를 인정한다. 그에게 과학적 대상화의 거대한 결과에서 현실을 구성하는 주관적 형식의 힘은 사실 주관이 자연으로부터 해방되어 스스로를 대상화하는 역사적 과정의 총합이다. 주관성은 자연의 총체적 지배자로서 자처하면서 지배 관계를 망각했고 또한 눈속임을 당한 채 지배자를 통한 피지배자의 창조에서 지배 관계를 새롭게 해석했다. 그러나 발생사와 타당성은 개별적 인식 행위와 훈련에서 비판적으로 구별될 수 있을 것이다. 그 사이에 소위 구성 문제의 영역에서 이것들은 아무리 논증적인 논리학에 반대가 될지라도 서로 불가분의 것으로 뒤얽힌다. 과학적 진리가 전체적인 것이고자 하기 때문에, 과학적 진리는 전체적인 것이 아니다"(GS 8, S.303f.).

211) 하이데거의 기초존재론의 범주들이다. Vgl. 『존재와 시간Sein und Zeit』, a.a.O. [주 204], 특히 38장과 46-60장(ebd, S.175ff. u. 235ff.). '죽음에 앞서 달려감 Vorlaufen zum Tode'과 '결단Entschlossenheit'을 아도르노는 『본래성의 은어Jargon der Eigentlichkeit』에서 다루었다(GS 6, S.518ff.).

212) Vgl. Franz Brentano, 『윤리적 인식의 기원Vom Ursprung sittlicher Erkenntnis』, Leipzig 1889.

213) 『인식론 메타비판』에서 아도르노는 여기에 해당하는 결정적인 문장을 『논리

연구logische Untersuchung』 제1권에서 인용했다(vgl. GS 5, S.81). "문제는 소박하든 과학적이든 어떻게 경험이 성립되는가 하는 것이 아니라 그것이 객관적으로 타당성을 갖기 위해서는 내용이 무엇이어야 하는지이다. 우리는 이런 실재적 인식(그리고 보편적 인식: 인식 일반)의 객관적 타당성이 어떤 이상적인 요소과 법칙들에 기초하고 있는지 그리고 인식과 관련된 성과가 어떻게 제대로 이해될 수 있는지 물어야 한다. 다른 말로 표현하면 우리는 세계 표상의 생성과 변화가 아니라 객관적인 권리에 관심이 있다. 이것으로 과학의 세계 표상은 다른 모든 것과 대조되고, 그것은 자신의 세계를 객관적이고 참된 것으로 주장한다"(Husserl, Gesammelte Schriften, a.a.O. [주 126], Bd. 2, S.208f.).

214) Vgl. Emile Durkheim und Marcel Mauss, 『몇 가지 기본 형태의 분류De quelques formes primitives de classification』, in: L'anne sociologique, première série, sixième année, 1901-1902, S.1ff. 또한 Emil Durkheim, 『종교 생활의 기본 형태. 호주의 토템 시스템Les formes élémentaires de la vie religieuse. Le système totémique en Austrlie』, 3. Aufl., Paris 1937, S.12 ff. und S.627ff.

지난 시간에 나는 여러분에게 구성자와 구성된 것에 대한 우리의 반성과 우리가 그들 간에 확립했던 결합과 동시에 사회적 주관으로서 보여 주었던 칸트적 '우리'가 사회학주의Soziologismus로 귀결되는 것이 아니라는 것을 보여 주려고 했습니다. 나는 여러분에게 칸트와 상반되는 뒤르켐의 입장에 대한 비판을 통하여 이 점을 간략하게 입증하였습니다. 그런데 뒤르켐은 칸트 철학에 정통한 사람으로서 칸트적인 직관 형식과 몇 가지의 중요한 논리적이고 인식 비판적인 범주들을 나름대로 사회적으로 도출하려고 시도했습니다.[215] 여기서 우리는 이 도출이 항상 필연적으로 그것이 증명하려고 하는 형식들이나 범주들을 전제하듯, 역으로 형식들이나 범주들도 존재자에, 실재에 의존한다는 사실을 인식하고 있습니다. 이 때문에 나는 인식론적 사회학주의의 불가능성을 여러분에게 밝히고자 할 뿐만 아니라, 이제 최초의 것das Erste이 ―실재적 존재이든 범주적 형식이든― 잘못 제기된 물음이라는 것을 보여 주려 했습니다. 이는 바로 우리가 이 요소들을 서로 고정적으로 분리할 수 없다는 것을 뜻합니다. 그것은 궁극적으로 분리된 것으로서의 이 요소들 자체는 우선 반성적 사유의 산물이며, 범주의 기원들로서 존재나 사물 자체에 기인한 것이 아닙니다. 다른 한편으로 여러분은 이 칸트적인 '우리'에서 선험적 주관의 사회적

—즉 단순히 개인적이 아닌— 본질을 포함하고 있다는 것을 잊어서는 안 됩니다. 칸트가 '우리'와 같은 이런 표현 없이 어떤 작업도 진행할 수 없다는 것은 일종의 공손함을 나타내기 위하여 자아를 우리로 대치하는 옛날의 언어 사용의 의미에서 이해될 수 있습니다. —물론 우리와 같은 표현 방식이 동시에 잠재적으로 존엄의 복수der Plural majestatis가 아닌지 잘 알지는 못합니다— 그뿐 아니라 그것은 매우 중요한 인식론적 통찰을 포함하고 있습니다. 여러분은 인식론이 (전통적인 형태에서 그렇게 하듯이) 오늘 이 강의실에 함께 앉아 있는 우리들 중 각자에게 그가 모든 인식의 원천으로서 자신으로부터 출발하기를 요구한다면, 이 원천은 그가 다음에 있는 다른 주관을 통해 대체될 수 있기 때문에 이미 처음부터 완전히 우연적이라는 것을, 다시 말해 이때 출발 지점이 결코 궁극적인 출발로서 간주될 수 없다는 것을 말함으로써 아마도 쉽게 눈앞에 그려 볼 수 있습니다. 왜냐하면 모든 다른 자아를 통하여 대체될 수 있는 자아라는 이 임의적인 표현은 이때 호출된 자아가 자아로서 전혀 진지하게 받아들여지지 않는다는 것을 증명하기 때문입니다. 그렇지만 다른 한편으로 이런 종류의 인식론은 이 때문에 완전히 주관적 철학의 요소를 피할 수 없습니다. 그 이유는 이런 개인적 주관의 관계를 통해서 경험이 산출되기 때문입니다. 그리고 직접적인 것을 인식의 최종 기준으로 삼는다면, 물론 모든 의식은 오로지 자기 자신에게만 '직접적'입니다. 이는 의식의 사실이 그때그때 개별자에게만 직접적으로 주어져 있다는 것을 말합니다. 타자 의식의 사실은 전달을 통하여, 유추법을 통하여, 감정이입을 통하여 —이에 대한 인식론적 해석이야 어떻든지— 언제나 간접적으로만 그에게 주어지게 됩니다. 그러므로 여러분은 칸트의 『순수이성비판』에도 해당되는 인식론 전체의 정초와 관련하여 매우 주목할 만한 이율배반에 직면하게 됩니다. 즉 한편으로 자아라는 말이 필연적으로 우리를 지시하면서도 그것은 자아로서 전혀 진지하게 받아들여질 수 없지만, 다른 한편으로 바로 이 자

아에 호소되지 않는다면, 모든 인식이 시작되어야만 하는 경험의 직접적인 특성은 전혀 유지될 수 없다는 점입니다. 전통적 인식론은 이 모순을 결코 벗어나지 못했습니다. 그리고 이것이 이 모든 출구를 포기하는 더 많은 이유라고 나는 말하고 싶습니다. 인식 비판의 기반으로서의 '우리'는 직접적인 것이 아니라 지극히 매개되어 있지만, 그 대신에 우연성에서 벗어나 있습니다. 이에 비해 자아는 모든 개별적 경우에 직접적이지만, 개별적 자아는 '우리'와 비교해서 출발점으로서는 우연입니다. 그렇기 때문에 우리가 이 두 출구 모델을 분리시켜 보면, 즉 고정된 모델로 보면 비례적으로 우연적이고 문제적으로 남아 있습니다. 나는 이에 대해 더 이상 상세히 언급하지 않겠습니다. 이를 더 추적하고 싶은 사람은 그것을 『인식론 메타비판』제4장에서 찾아볼 수 있습니다.[216]

여러분은 어쨌든 칸트가 주관에 부여한 결정적인 규정에 사회적 요소가 숨겨져 있다는 것을 무시할 수 없습니다. 헤겔의 『정신현상학』은 어떤 면에서 그 자신의 의미에 따라 소위 말하는 구성 문제에 객관적으로 나타난 이 잠재적 사회적 요소를 설명하려는 시도로 간주될 수 있습니다. 그런데 여러분이 잠깐 동안 칸트에 있어서 기본 규정이, 칸트의 주관성의 개념에 나타나는 중요한 특성이 자발성과 수용성, 활동성과 수동성 간의 이분법이라는 것을 생각한다면, 그것은 직접적으로 두 요소가 항상 나타나는 사회적 문제를 실제로 바로 지적하고 있습니다. 두 요소는 한편으로 **노동**이며 다른 한편으로 이 노동이 본래 활동하는 **자연**입니다. 인식론은 인류의 실제 노동 과정에서 항상 이미 있었던 것을 반복할 뿐이라는 표상, 우리가 한편으로 일종의 원재료와 관계하고, 그 후 다른 한편으로 의식을 통하여 주어진 형식과 관계한다는 표상은 『순수이성비판』전체에서 감지됩니다. 우리는 그것이 이미 여러 번, 예를 들어, 고인이 된 프란츠 보르케나우Franz Borkenau의 17세기 수공업 시대의 이론에 대한 저서에서 상세히 연구되었다고 확실히 말할 수 있습니다.[217] ―이와 마찬가지로 우리는 인식론 일반도 그 객관적 형태에 따라 일종의 노동 과정의 반성이라고 확실히 말할 수 있습니다. 인식론은 우연히 노동 과정을 통하여 생겨났다는 의미에서가 아니라, 의식이 자기 스스로를 되돌아보면서 노동 과정의 합리성에 상응하는 합리성의 개념에 필연적으로 도달합니다. 이때 노동 과정은 노동의 분업과 자연이 제공한 재료에 대하여 계획적으로 진행하는 과정을 말합니다. — 그러나 반면에 칸트의 선험적 주관이 본래 사회라고 말하려 했다면 —이렇게 하고 싶은 유혹이 나에게도 가끔 있었다고 고백하지 않을 수 없습니다— 그것 또한 아주 잘못일 것입니다. 우선 사회 전체의 주관이 —우발적이고 개인적 주관이 아닌— 바로 칸트가 선험적 주관의 특성으로 보았던 보편성, 일체의 포괄자의 특성을 소유하고 있다는 점에서 선험적 주관은 분명히 사회와 공통점을 갖습니다. 구성의 표상 배후에는 —단지 고립되고 개별적인 노동이 아닌— 사회적 노동으로서의 노동이 숨어 있다고 말할 수 있습니다. 그러나 다른 한편으로 사회의 모든 구체적 요소들의 총체 개념인 사회 전체의 주관에 반하여 칸트의 선험적 주관은, 따라서 저 유명한 '나의 모든 표상들을 동반하는 나는 생각한다'는 그것과 전혀 공통점을 갖지 않는 완전한 추상입니다.

그렇다면 물론 선험적 주관의 추상적 특성은 사회적 해석의 의미에서 우연적인 어떤 것으로 볼 수 없습니다. 사회와의 관계에서 칸트의 '나는 생각한다'로서의 사유는 두 가지의 것이라고 말할 수 있습니다. 그것은 한편으로 개별 실존의 단순한 우연성과, 결국은 사회가 매번 특정한 단계에서 소유하는 제한적이고 일시적인 형식까지도 넘어서는 사회의 진리, '보편성'입니다. 실제로 그것은 사회의 이성λόγος이며, 이미 이성적으로 조직된 사회의 유토피아를 생각하는 사회 전체의 이성입니다. 그렇지만 다른 한편으로 선험적 주관에는, 내가 좀 대담하게 말해도 좋다면, 사회의 비진리가 포함되어 있기도 합니다. 이는 선험적 주관의 특성인 추상은 자연에 대한 인간 지배의 내면화된 그리고 실체화된 형식과 조금도 다르지 않다는 것을 말합니다. 인간의 자연 지배는 질이 제거되고, 질적 차이가 양적 형식으로 환원됨으로써 언제나 발생합니다. — 따라서 그것 자체는 언제나 본래 특성상 객관적으로 추상적입니다. 그러므로 진리 자체의 개념이 사회와 동일화될 수 없는 가장 깊은 근거는 어쩌면 사회와 분리된 진리의 순수한 왕국, —훌륭한 플라톤이 표상할 수 있었던 것과 같은— 지성의 세계χόσμος νοητιχός[218]가 존재한다는 데 있는 것이 아닙니다. 그보다는 오히려 구성 요소Konstituentien로서의 사회 요인이 속한 진리의 개념이 자신의 타당성에 의해, 자신의 내용에 의해 그대로의 사회 형태를 한편으로 넘어서려는 데 있습니다. 다른 한편으로 그것이 인식론이 확정한 형식 자체에서 사회적 과정의 흔적들을 오늘날까지 우리에게 알려진 형태 속에 지니고 있다는 데 있습니다. — 칸트 철학과 사회의 관계 문제에 대하여 나는 이것으로 일단 만족할까 합니다. 내가 여기서 언급한 생각들과 내가 여러분에게 강의했던 좀 복잡한 내용들은 아마도 『순수이성비판』의 이런저런 곳에서 예외가 될 만큼 그렇게 낯설지는 않을 것입니다. 왜냐하면 경험적 요소의 제거가 『순수이성비판』에서보다 훨씬 더 광범위하게 진행된 『실천이성비판』에서는 경험과, 실재와의 접촉을 기피하는 태도가 확연히 나타나기 때문입니다. 실천이성의 대상, 즉 행위는 이론적 이성의 대상과는 달리 경험으로부터 완전히 독립된 것으로서 또한 주관적 표상으로부터만 발생하는 것으로 간주됩니다. — 여러분이 좋다면, 『순수이성비판』의 형식주의를 능가하는 『실천이성비판』은, 만일 우리가 사실의 순수성을 직접적으로 관철한다면, 칸트의 프로그램에 기초해서 전혀 받아들일 수 없는 정의로운 사회, 인간성 일반의 개념과 함께 결국 복잡한 길에 이르게 됩니다. 그리고 극단적인 것처럼 보이는 칸트 철학의 형식주의가 자체 내에서 어떻게 내용으로 전환하는 요소를 포함하고 있는지를 보여 주는 것은 정말 진지하게 다루어져야 할 과제일 것 같습니다.

그러나 이제 우리가 이미 여러 차례 다소 성급하게 거론했던 칸트의 블록Block에 대하여 나는 몇 마디 언급하고 싶습니다.[219] 아울러 나는 칸트의 블록 문제에 대하여 우리가 숙고했던 그리고 여전히 잠시 숙고하고 있는 주제와 연관하여 그리고 특히 칸트 철학을 통하여 표현된 경험과 연관하여 논의하고 싶습니다. 나는 이미 칸트의 블록을 자신 내에서 반성되었고, 스스로 반성하는, 그렇지만 동시에 직접적으로 포기하지 않았던 데카르트적 이원성으로 이해할 수도 있다고 여러분에게 말한 바 있습니다. 이와 같은 이원성에서는 내적 영역과 외적 영역 사이에 극복할 수 없는 틈이 놓여 있습니다.[220] 그 틈에는 인간 상호 간의 소외가 자리 잡고 있으며 사물세계로부터 인간 소외가 자리 잡고 있습니다. 이 소외는 사실 보편적 교환관계를 통하여 사회적으로 야기된 것입니다. 우리의 인식은 차단되어 있다는 표상을 통해 칸트 철학은 우선 경험으로서 철학적 상황을 사실 표현합니다. 그것은 보편적으로 매개되고, 교환을 통하여 규정된 사회에서, 철저한 소외의 사회에서 우리는 벽으로 항상 막혀진 것처럼 실제로 존재하고 있는 실재에의 접근이 막혀 있다는 것을 표현하고 있습니다. 여기서 덧붙이자면 경험은 오늘날 우리가 알고 있듯이 칸트의 전체 체계의 형성에 지극히 큰 역할을 수행한 장 자크 루소Jean Jacques Rousseau의 수용을 통하여 칸트가 우리에게 촉구했던 것입니다. 이런 맥락에서 나는 블록의 표상, 상이한 영역들 사이에서 뛰어넘을 수 없는 균열에 대한 표상이 사실상 『순수이성비판』의 보편적 구조라는 것을 생생하게 머릿속에 분명히 새기는 것이 중요하다고 생각합니다. 그것은 우선 우리에게 떠오르는, 즉 소위 말하는 물자체의 인식 불가능성의 물음으로 떠오르는 문제만 연관되어 있는 것이 결코 아니라는 것입니다. 왜냐하면 칸트가 이념은 인식의 타당한 대상이 아니라 단지 '규제적' 이념일 뿐이라고 말한다면, 존재론적 의미에서의 진리와 이를 파악할 수 있는 우리의 가능성 사이의 분리 χωρισμός도 마찬가지로 의미 있게 주장되기 때문입니다. 그리고 내가 여러분에게 이미 언급했던 구원의 시도[221]는 존재론의 이념세계와 권위 있는 우리의 인식 가능성 사이에 어떤 질적인 도약이 있다는 의미 있는 주장에서 어떤 보증과 같은 수단을 갖게 됩니다. 사실상 칸트에게서는 —이것이 그의 후계자들이 정확하게 비판했던 하나의 문제점이기도 합니다— 두 영역, 즉 실제로 경험과 관계된 타당한 인식인 지성과 이념의 지식인 이성이라는 두 영역이 서로 화해되지 않은 채, 서로가 반대를 지시하고 있습니다. 그럼에도 불구하고 그들의 기관, 즉 인간 자신의 이성λόγος은, 따라서 아주 단순하게 사유는 두 경우에 있어서 동일합니다. 이것은 칸트에 의해 의도된 구성, 즉 자체 내에서 일치하는 체계의 구성과 —이런 체계가 그의 눈앞에 아른거렸던 것입니다— 본질적으로 조화를 이루기 어려운 무매개성 때문입니다. 따라서 내가 여러분에게 상당히 자세히 설명하려고 했던 탈마법화된 세계의 무의미성이 핵심적인 문제인 것처럼, 여기에서 니체가 나는 모든 진리로부터 추방당했다[222]는 문장에서 직접 공언했던 것이 무엇보다 핵심적인 문제입니다.[223] 철저히 계몽적인 이 모티브는 항상 우리는 유한하고 제약된 존재로서 제약된 것과 유한한 것만을 알 뿐 무제약적인 것은 알 수 없다는 것에 신학이 항상 같이함으로써 이제 신학과 융합합니다.

그러나 나는, 여러분에게 이미 많은 것을 말했지만 아직도 말하지 않았던, 그리고 아마도 앞에서 언급한 것을 넘어서는 본질적인 어떤 것을 부언하려고 합니다. 즉 여기서 우리가 다시 한번 자연과학과 칸트의 관계에 대하여 좀 더 반성해야 할 것이라고 나는 생각합니다. 나의 말이 틀리지 않는다면, 중요한 철학 사상가들 가운데 자연과학에 정통하면서도 동시에 철학의 전통적 주제, 그러니까 형이상학의 주제를 고집했던 최후의 사상가입니다. 칸트 이후 —헤겔의 경우가 그 점에서 모범이 됩니다— 양자는 완전히 서로 분리되었습니다. 이는 철학자들 중에서 자연과학에 대해 무엇인가를 이해한 사람은 일반적으로 아주 반철학적인 결과를 도출했으며 근본적으로 단지 가능하고 타당한 철학으로서만 자연과학의 논리와 방법론을 수용하였다는 말입니다. 반면에 형이상학적 의향을 고집한 사람은 그것 자체를 순수한 왕국으로서 가능한 한 수학적인 자연과학과는 독립된 것으로 간주하려고 했습니다. 이러한 발전의 첫 번째 징후는 사실 헤겔의 체계입니다. 그의 체계는 이 사유 요소들을 순수하게 외형상 종합하려고 시도했지만 자연철학 부분에서 ―따라서 『철학의 체계System der Philosopie』, 『철학 백과사전Enzyklopädie』의 제2부에서― 분명히 성공하지 못했습니다. 이는 그가 그곳에서 말하고 있는 것이 자연과학의 사실과 변명될 수 없는 모순에 빠져 있다는 것을 말합니다. 따라서 칸트에 있어서는 우선 그것이 더 성공적입니다. 그러나 내가 칸트에 있어서 실제로 물자체의 인식 불가능성의 특수한 의미에서 블록 이론을 어느 정도 정확하게 이해한다면, 이것이 ―물론 최초일지도 모르지만― 실제로 이후의 철학을 이끌어 갑니다. 마치 이것은 칸트 시대의 시민성이 발전의 정상에 있는 것과 마찬가지로 칸트도 사실상 일종의 역사적 정상을 표현하고 있는 것과 같습니다. ― 나의 생각으로는 분명하게 표현되어 있지 않은 예고 속에서, 자연과학은 우리에게 자연에 대하여 최종적인 것을 말하지 않습니다. 칸트는 여전히 자연과학자로서 충분하지만 다른 한편으로 리터Ritter나 셸링, 어떤 의미에서 쇼펜하우어 같은 위대한 낭만주의 철학자들이 했듯이 자연의 '참된' 본질을 벗기는 일종의 자연 인식과는 단절할 만큼 매우 신중했습니다. 그는 그렇게 하지 않았고, 이런 모든 노력을 반계몽적인 것으로 거부했습니다. 하지만 그는 ―나는 '그가 안다'고 말하고 싶지 않지만― 『순수이성비판』의 블록 이론에서 고지된 형이상학적 경험은 우리가 우리의 범주를 통하여 규정하는 자연의 대상은 본래 자연 자체가 아니라는 것을 알고 있습니다. 왜냐하면 자연에 대한 우리의 지식은 (이것이 자연 인식의 주요 수단인 실험에서 본보기로 함께하고 있듯이) 지배 가능성의 요구로 인하여 우리가 지배할 수 있는 만큼 우리는 자연에 대하여 인식하기 때문입니다. 그러나 그 배후에는 우리가 그물을 쳐 놓고 점점 더 많이 포획할수록, 다른 한편으로 사물은 동시에 어떤 의미에서 우리로부터 점점 더 멀리 물러나고 멀어진다는 느낌이 숨어 있습니다. 또한 어느 정도 자연이 점점 더 많이 우리 자신의 것이 될수록, 동시에 자연의 실질적 본질도 우리에게서 점점 더 멀어진다는 느낌이 감추어져 있습니다.

내가 이전의 어느 강의에서 여러분에게 주관주의와 물화의 범주는 서로 대립되는 것이 아니라 본질적으로 상관적인 개념이며,[224] 또한 주관주의가 존재하는 만큼이나 물화가 존재하고 역으로도 마찬가지라고 말했다면, 나는 본래 바로 이를 두고 말했던 것입니다. 이는 우리가 더 많이 포획할수록, 우리가 본래 찾고자 하는 것에서 우리가 저 멀리 소외되어 있음을 말합니다. 그렇다면 우리가 실제로 포착하는 것은 일종의 죽은 잔재에 불과합니다. 이런 감정은, (내가 아주 신중한 심리학적 어투로 말해 본다면) 이런 경험은 합리적인 언어로 표현하기 어렵습니다. 왜냐하면 합리성 자체의 영역이 이 경험과 모순되는 영역이기 때문입니다. 이것이 바로 칸트 철학에 대단히 많이 포함되어 있습니다. 그러므로 칸트가 인식의 유한성을 주장하고 '빗나간 무절제Ausschweifen'로서의 형이상학을 거부한다면 그는 실증주의와 공유하고 있습니다. 그러나 칸트에게서 전체 사유 방식이 스며들어 있는 정기는 (우리가 실증주의에서 정기와 같은 것을 거론하는 한) 실증주의와 확실하게 다르다고 말할 수 있습니다. 이는 칸트에게 있어서 —그것은 블록이라는 표현에 있습니다— 인식이 대상에 더 가까워질수록 인식은 그만큼 대상을 자신의 이미지에 따라 조정하고, 이를 통해 대상을 점점 더 멀리, 자신으로부터 멀리하기 때문에 인식 상태는 기만적이라는 의미입니다. 이것은 마치 문명이 가장 야생적이면서도 가장 웅장한 동물들을 접근하기 어려운 정글로 쫓아내는 것과 같습니다. 이것은 칸트의 블록 이론에 반영된 것입니다. 블록 이론은 일종의 형이상학적인 비애로서 도저히 잊어서는 안 되면서도 잊기를 강요하는 일종의 최고의 경고입니다. 이 경고는 실증주의에게 아주 낯선 것이며, 실증주의는 블록의 인식

이론과 같은 이론에 전혀 공간을 허용하지 않을 것입니다. 오히려 실증주의는 이것이 모두 무의미하고 거미집에 불과하다고, 여러분은 '실증적인 것', 주어진 것만을 고수하고 배후에 다른 어떤 것도 없다고 말할지도 모릅니다. 그러나 칸트의 역사 의식은 (또는 이것을 여러분이 어떻게 부르고 싶어 하든) 실증주의에 우롱되지 않을 만큼 광범위합니다. 아니, 그보다는 철학이 제기했던 물음에 대한 기억은 자신의 실증주의적 이성에 반대하여 적어도 이런 종류의 실증주의적 이성을 벗어나는 사고를 유지할 만큼 그에게 영향이 컸습니다. 그러므로 여러분은 여기에서 과학과 그의 관계가 분열되어 있다는 것을 알게 됩니다. 과학은 과거의 철학에서처럼 여전히 모범이지만, 블록의 징후에서, 과학이 우리에게 지성체Noumena가 아니라 단지 현상체Phaenomena만을 부여한다는 징후에서, 과학은 칸트 이후 철학에서 그렇게 되어 버린 것처럼 문제적입니다. 여러분은 이것으로부터 —여러분이 좋다면, 이것을 칸트에 대한 비판과 연결할 수 있을지 모르겠습니다— 그가 일관적이지 않으며, 논증을 면밀하게 논리적 결론에 따르지 않았다는 것을 인식할 수 있습니다. 따라서 한편으로 그는 우리에게서 떨어져 나간 세계와 그 형상에 대하여 적어도 위험을 무릅쓰고 무엇인가를 말하려 하지 않고, 그 세계가 사실상 아무것도 아닌 것das Nichtige에 이르게 될 만큼 아주 공허한 것으로 내버려 둡니다. 그러나 다른 한편으로 그는 실증주의자의 논리적 일관성을 다시금 받아들이지 않습니다. 실증주의자는 주어진 것, 주어진 것과의 결합과 그 형식을 고집하면서 그것을 넘어서는 것을 모두 도깨비짓, 유령으로서 배척합니다. 이 양자택일에 직면하여 칸트는 사실상, 여러분이 좋다면, 결정을 내리지 않고 동요하는 사상가입니다.

그러나 나는 여기 이 점에서 그의 생각이 논리적 결론에 따르는 것을 거부하는 것은 바로 블록 일반의 형이상학이라고 불리는 것의 표현이라고 —우리가 거의 이렇게 말할 수 있을 것 같습니다— 여러분에게 한 번 더 지적해 주고 싶습니다. 그의 생각을 통해 이 논리적 결론을 따르는 것은, 근본적으로 이 블록을, 그리고 이 블록의 경험을 부정하는 것을 말할 수 있으며, 따라서 근본적으로 언제나 지성 지배의 의미에서 명백한 동일성을 산출한다는 것을 말할 수 있습니다. — 반면에 이런 일치가 가능하지 않다는 기억ἀνάμνησις이 결정적으로 살아 있습니다. 왜냐하면 칸트는 기꺼이 모순되는 것을 감수하고 있기 때문입니다. 그리고 그는 매끄러운 사고의 일치를 산출하기보다는 —이 사고의 일치는 그의 철학적 사고를 수행하는 데 방해하고 있습니다— 매우 다른 결합에서 계속 부딪치는 사유의 불일치를 기꺼이 받아들입니다. 논리적 결론을 받아들인다는 것은 철학에 대하여 블록을 부인하고 절대적 동일성을 주장한다는 것을 의미합니다. 그리고 칸트 사유의 변증법적 또는 이율배반적 구조는 그것이 동시에 하나의 체계이고자 하는 것이며, 그것이 실재성을 구성하는 사고의 중심점을 제공하고자 하는 것입니다. — 그럼에도 그것은 세계를 사고와 동일한 것으로 파악하려 하지 않습니다. 그 안에는 도저히 풀 수 없는 원의 구적법이 숨어 있습니다. 이제 그에게서 그것에서 발생하는 오류를 따지는 것은, 여러분이 좋다면, 아주 간단합니다. 그것은 칸트 전반에 존재하는 것 중에 가장 깊은 것이라고 나는 생각합니다. 한편으로 그는 전체를 파악하고, 전체를 해독하려는 철학의 의도를 고수하지만, 그럼에도 동시에 그는 철학이 바로 그것을 할 능력이 없으며, 전체가 파악될 수 있는 유일한 형식은 그것이 파악될 수 없다는 것을 분명하게 표현하는 것이라고 주장합니다. 나는 이를 매우 예리하게, 매우 핵심적으로 여러분에게 말했는데, 어쩌면 여러분 중 상당수는 이에 대해 아주 놀랄지도 모르겠습니다. 그럼에도 나는 칸트의 이념을 아주 깊은 역설적 이념으로 아주 정확히 기술했다고 생각합니다. 그것은 총체성을 설계하려는 시도이기도 하지만 동시에 총체성은 바로 총체성이 아니라는 것을, 주관과 객관은 서로 뒤섞여서 결국은 매끄럽게 일치하지 못하다는 표현, 바로 블록의 표현임을 인정합니다. 그것은 어느 낭만적 예술가가 언젠가 세계의 가장 내적인 것이라고 명명했던[225] 바로 그것입니다. 그리고 돌이켜 보면 그것이 내가 이 강의에서 사용한 방법의 정당성을 제공하는 것처럼 보인다고 강조하고 싶습니다. 이 방법은 일치하는 종합적 형식보다는 칸트의 균열에, 이 사유의 내재적 이율배반에 훨씬 더 큰 가치를 두는 것입니다. 그 이유는 균열 자체가 본래의 칸트 철학을 **구성**한다고 거의 말할 수 있으며, 균열이 그의 사유의 가장 내면의 핵심에서 드러나기 때문입니다. 이 핵심은 정신이 지금 아직도 파악할 수 있다는 전체는 단지 **정신으로서의 정신**이 전체를 파악할 수 없다는 것이며, 그러나 정신이 이 파악되지 않은 것과 이 파악할 수 없음 자체를 어떤 의미에서는 파악할 능력이 있다는 사실에 있습니다.

이런 고찰과 함께 우리는 칸트 철학에서 지극히 특이한 현상에 도달했습니다. 철학은 모든 정신적인 것 일반처럼 결코 시간 밖에 있는 것이 아니라 시간 안에 있는 것입니다. ― 그것은 잊어진다거나 또는 다르게 파악된다는 의미에서뿐만 아니라, 자신의 내용에 따라 시간 속에서 펼쳐진다는 의미에서, 나아가 그것은 시간 속에서 받아들여진 짜임 관계 사정에 따라서 자기 자신으로부터 의미를 해제하거나 처음에 전혀 예상되지 않았던 의미를 생산한다는 의미에서 말입니다. 그것은 이제 내가 오늘 여러분에게 끝으로 몇 가지 더 말하려고 했던 이 블록의 문제에 매우 중요할 정도로 간주되는 것입니다. 내가 속이지 않는다면, 우리는 여기서 칸트의 가장 깊은 관점, 참으로 사람들이 말할 수 없는 것을 말하려는 시도를 볼 수 있습니다. ― 그리고 그의 전체 철학은 사실 무한 속으로 확대되고 목소리를 높인 말더듬과 전혀 다르지 않습니다. 그것은 사실 언제나 말더듬처럼 다다das Dada, 즉 사람들이 말할 수 없는 것을 말하려는 시도입니다.[226] ― 블록의 이 모티브는, 칸트에게 너무나 깊은 것은 관점이었기에, 칸트가 시민적 지혜에 헌정하는 요소가 되어 버렸고, 이렇게 됨으로써 그가 어떤 의미에서는 여러분에게 시대에 뒤진 모습의 요소가 되어 버린 것은 매우 역설적입니다. 내가 여러분에게 칸트의 분리χωρισμός, 칸트의 블록에 대해 설명한다면, 이때 하잘것없는 유행가 또는 대학생 찬가 또는 내가 부모님으로부터 알게 되었던 그런 노래가 떠오릅니다. 그 곡은 분명히 세기말에 유행했었는데, 가사는 다음과 같습니다. "영혼은 공중으로 솟구친다. 야호/ 신체는 소파 위에 머물러 있는데." 이 형언할 수 없고 가련한 시민적 지혜는 어느 정도는 마지막 붕괴, 시민의 평범한 의식 속으로 떨어져 버린 칸트 철학의 마지막 운명입니다. 그리고 나는 이 몰락 형식이 단순히 나쁜 시민들이 선량한 칸트에게 행한 어떤 것이 아니라, 이 몰락 형식 자체가 처음부터 이 철학에 목적론적으로 원래 부착되었다는 것을 통찰하는 것이 우리가 함께 생각해야만 하는 칸트 철학의 한 측면이라고 생각합니다. 내가 그것을 여러분에게 약간 강조하면서 또한 어느 정도는 객관적으로 전개하려고 시도한 블록의 구조는 형이상학적 경험만이 아니라 세계로 향하고 있습니다. 그것이 세계로 향하는 측면은 그것이 돌아본 세계와 단지 너무나 유사할 따름입니다. 이는 다시 말해 이런 관점에서 칸트 철학의 분리χωρισμός 혹은 칸트 철학의 이원성은 한편으로 자연주의 및 경험적 세계와 다른 한편으로 구속되지 않는 이상 사이에 있는 일종의 자기 정돈을 의미합니다. ― 나는 이를 자세히 논하기 전에 여러분에게 칸트 철학의 특징이 정말 무엇인지에 대하여 주의를 환기시키고자 합니다. 즉 경험을 정초하기 위하여 이 사유가 기울인 어마어마한 노력은 이 경험 자체에 전혀 해를 끼치지 않는다는 것입니다. 그것은 현상과 본질의 구별이 근본적으로 나타나지 않는 철학이라고 말할 수 있을 것 같습니다. 더 정확히 한다면 그의 구별은 현상체와 지성체의 구별에서 나타나지만, 특징적으로 이 구별은 본질에 대해서는 아무것도 말하지 않고 단지 현상에 대해서만 말하는 것입니다. 다른 말로 표현하면, 현상계, 통상의 사물세계, 통상의 인과성, 통상의 경험적 자아가, 통상의 의식이 실제로 이것을 갖고 있는 것처럼, 바로 이 철학에 존재하고 있습니다. 칸트의 철학은 이런 의미에서 재구성의 사유이며, 통상의 의식이 원래 담고 있는 과학적 형식에서 순전히 재구성한 사유입니다. 칸트 철학은, 여러분이 좋다면, 흄의 철학보다 훨씬 덜 철저하고 훨씬 덜 깊을지도 모릅니다. 흄은 실제로 자아와 인과성, 사물의 의미심장한 자연주의적 개념들에 결정적인 비판을 제공했습니다. 이렇게 함으로써, 흄은 마흐Mach가 표현했듯이[227] 자아는 구제될 수 없다고 말할 만큼 세계를 실제로 변화시켰습니다. 그는 어떤 인과성도 없고, 어떤 사물도 없다고 말합니다.[228] 칸트는 이런 결과를 피합니다. 오히려 그의 전체 철학은 엄청난 깊이와 노력으로 의식 앞에 정면으로 나타난 세계를 다시 한번 드러내 보이고, 어떤 식으로든 이미 저기에 존재하는 것을 엄청난 생산적 구상력의 힘으로 산출하기에 이릅니다. 칸트의 이런 특성에는 목적론적으로 내가 이미 여러분에게 언급한 가능성이 포함되어 있습니다. 이것은 상당히 깊이 있는 모든 것의 숙고와 대비하여, 유토피아와 대비하여, 또는 낯선 실재와 대비하여 이 장엄한 형이상학은 바로 소외의 세계관, 무감각해진 시민성의 세계관이 될 수 있다는 것입니다.

216) Vgl. GS 5, S.190ff.

217) Vgl. Franz Borkenau, 『봉건적 세계상에서 시민적 세계상으로의 이행Der Über-gang vom feudalen zum bürgerlichen Weltbild』, Studien zur Geschichte der Philosophie der Manufakturperiode, Paris 1934.

218) 지성의 세계κόσμος νοητικός는 편집자가 의미에 맞게 추측하였다. 원본은 이 자리에 오로지 물음표를 제시한다.

219) 앞의 41-42쪽과 122쪽 및 여러 곳 참조.

220) 아마도 아도르노는 10강을 생각하는 것으로 보인다. 앞의 200쪽 이하 참조.

221) 앞의 65쪽, 153쪽 및 여러 곳 참조.

222) Vgl. 차라투스트라의 『우울의 노래Lied der Schwermuth』: "So sank ich selber einstmals / Aus meinem Wahrheits-Wahnsinne / Aus meinen Tages-Sehnsüchten, / Des Tages müde, krank vom Lichte, / - sank abwärts, abendwärts, schattenwärts: / Von Einer Wahrheit / Verbrannt und durstig: / - gedenkst du noch, gedenkst du, heißes Herz, / Wie da du durstest? - / Daß ich verbannt sei / Von *aller* Wahrheit, / Nur Narr! / Nur Dichter!"(Nietzsche, Sämtliche Werke, a.a.O. [주 133], Bd., 4, S.374).

223) 앞의 193쪽 이하 참조.

224) 10강, 앞의 201쪽 이하 참조.

225) 아마도 "가장 내면적인 것에서 세계를 결합시키는" 것을 '인식하려' 했던 괴테의 파우스트에 대한 암시인 것 같기도 하다.

226) 『논리철학논고』의 마지막 문장에 표현된 "우리가 말할 수 없는 것에 대해 우리는 침묵해야만 한다"(Ludwig Wittgenstein, Werkausgabe, Bd. 1: Tractatus logico-philosophicus, Tagebücher, Frankfurt a.M. 1989, S.85)에 대한 아도르노의 고의적인 반박. ― 또한 GS 8, S.336f.과 GS 6, S.21을 비교하라. "어쩌면 이 두 사람에 [즉 베르그송과 후설에] 대해 우리는 헛되이 머리에 떠오르는 것을 주장할 수 있을지 모른다. 그런데 비트겐슈타인에 대해서는 말할 수 없는 것을 말할 수 있을지도 모른다. 이러한 요구의 단순한 모순은 철학 자체의 모순이다. 철학이 단지 그 개별적인 모순에 연루되기 전에 모순은 철학을 변증법으로 결정한다."

227) Vgl. Ernst Mach, 『감각의 분석과 신체와 정신의 관계Die Analyse der Empfindungen und das Verhältnis des Physischen zum Psychischen』, Jena 1922, S.22; "자아는 구원될 수 없다Das Ich ist unrettbar."

228) 흄에 대해서는 앞의 157쪽 이하 참조.

나는 지난 시간에 우선 여러분에게 소위 말해서 일종의 교양 시민의 표준 철학으로서 특별한 특성을 지닌 칸트 철학의 요소들을 보여 주려고 했습니다. 여러분은 이런 방식을 예컨대 토마스 만Thomas Mann의 소설 『부덴브로크가의 사람들Buddenbrooks』에 나오는 불리케Wulicke 교장의 모습에서 희화화된 것을 알게 될 것입니다. 이 소설에서 불리케 교장은 우렁차게 황제 탄신일 연설을 하면서 '우리의 위대한 쾨니히스베르크의 칸트가 말하는 정언적 명령'을 언급하는 것을 결코 잊지 않았습니다. 칸트의 사유처럼 논란의 대상이 되고 거미줄처럼 촘촘히 짜여진 그리고 전혀 성공을 흘겨보지 않았던 사유가 이런 영향력을 가졌다는 것은 어쨌든 기이한 일입니다. 그러나 내가 여러분에게 이미 암시한 바와 같이, 우리가 이 사유를 추상적으로 고립시켜 보지 않고, 사회 현상으로 본다면 우리는 이 일에 대해 통상적인 것보다 좀 더 많이 이해할 수 있을 것이라 나는 생각합니다. 이때 아마도 이를 위한 가장 깊은 근거가, 기회가 있을 때마다 우리가 언급했던, 칸트 철학의 특성일지도 모른다고 나는 여러분에게 말한 바 있습니다. 즉 이 인식론이 자체에 내포하고 있는 아주 많은 갈채를 받았던 비판주의와 반독단주의에도 불구하고 결과적으로 후에 영국 철학에서 공통 감각의 세계world of common sense로 명명된 (윌리엄 해밀턴William

Hamilton 경에 의하여) 세계는 적어도 칸트의 공격에서 어느 정도 무사히 살아 남았습니다. 따라서 선험적 관념론에도 불구하고 솔직한 실재의 통상 세계는 전혀 논쟁의 여지 없이 존속됩니다. 나는 세계의 익숙한 모습의 이런 확인은, 우리가 살아가고 있는 세계 모습의 특징으로서 익숙한 경험의 개념은 처음부터 이데올로기로 특별히 이용했던 요소를 포함하고 있다고 말하고자 합니다. 왜냐하면 그것에는 암묵적으로 이미 외형과 현상, 그리고 본질과의 대립이 근본적으로 부정되었기 때문입니다. 그것은 우리가 이미 알고 있는 세계에 —비록 그것이 참되고 전적으로 현실적 세계가 아닐지라도— 우리가 아주 잘 받아들일 수 있을 뿐만 아니라, 마음 편하게 받아들여야만 한다고 말하고 있습니다. 왜냐하면 우리는 사실 다른 쪽, 따라서 본질에 대하여 그것이 우리가 알고 있는 것과는 다르다는 것 이상으로 아는 것이 없으며, 내용적으로도 그것에 대해 아무것도 알아낼 수 없기 때문입니다. 그리하여 이것은 자체 내에서 문제없이 다소간 세계의 관습적인 표상을 받아들이려는 속물 시민의 무비판적 의식 내지 평균적 의식을 아주 훌륭하게 도왔던 것입니다. — 이로 인해 여러분은 바로 칸트의 사유처럼 비판적 사유이기를 끊임없이 요구하는 사유가 여기에서 무비판적 사유에 일조하는 역설적인 사실 앞에 서 있습니다. 이는 헤겔과 크게 대립됩니다. 그는 칸트와 반대로 세계를 이성적인 것으로 정당화할 것을 요구하고 있지만 변증법을 통하여, 모든 존재자의 절대적 매개성의 개념을 통하여, 그리고 동시에 존재하는 것은 실제로는 직접적으로 존재한다는 사실을 의심함으로써 칸트 철학의 경우보다 비판적 추진력을 훨씬 더 철저하게 수행합니다.

그러나 이를 넘어서서 칸트 철학은 내가 보기에 어떤 특별한 이유에서 저 특별한 가정철학Hausphilosophie에 관여했거나 또는 어느 정도 기여했던 것으로 보입니다. — 물론 내가 여러분에게 여러 면에서 주목하라고 말했던 바로 비판적-계몽적 추진력을 배제시킴으로써 말입니다. 보다 정확히 말하면 이것은 분리χωρισμός의 요소, 따라서 블록 또는 블록들의 요소와 결합되어 있는 것처럼 나에게 보입니다. 이 블록으로 인하여 일련의 영역들이 서로 단순히 분리되고 서로 고립된 채 있습니다. 우리가 소위 말해 주일을 위한 철학과 일요일을 위한 다른 철학을 갖고 있다는 것은, 또는 우리가 한편으로 아주 활발하게 이리저리 돌아다닐 수 있고 또한 의존할 수 있는 경험적 세계와, 반면에 이와는 아주 분리된 세계, 즉 우리가 실천하는 데 있어 아무런 성과가 없을 수도 있지만 교화적 목적들을 다소 포기할 수 있는 이상Ideal의 세계를 갖고 있다는 것은 인간에게 잘 어울립니다. 여러분은 결국 칸트에 있어서 여전히 분리χωρισμός의 이러한 요소에서 보편적 분업의 반영과 같은 것을 볼 수 있습니다. 이것은 결국 내적 가정경제Haushalt, 개인적 주관으로 파급됩니다. 여기서 주관은 인식하는 주관으로, 믿는 주관으로, 행동하는 주관으로, 희망하는 주관으로 분열됩니다. 또한 주관은 진리와 아름다움, 선을 아주 깔끔하게 구별하는 주관으로 분열됩니다. ― 이와 같은 방식에서 우리는 아름다움에 그것이 가장 내면의 현실에서 진리인지를 물어서는 안 됩니다. 그렇지 않다면 아름다움의 안락함은 감각적으로 방해를 받을 수 있기 때문입니다. 다른 한편 우리는 진리에 선을 결코 물어서는 안 됩니다. 그렇지 않으면 이상, 이념이 진지하게 받아들여짐으로써 우리가 지금 살고 있는 세계의 방향은 방해를 받기 때문입니다. 여러분은 칸트학파이자 몇 가지 이유로 칸트의 후계자로 자처할 수 있었던 교훈적인 시인인 실러를 보십시오. 그는 칸트 미학 일반의 계속된 발전에 의심할 여지 없이 생산적인 공헌에 이바지한 아주 중요한 이론적 논문들을 저술했습니다. 이러한 관점에서 여러분이 그의 시를 본다면, 여러분 모두는 깔끔하게 서로 분리된 영역이 어느 정도는 집안 장식을 위해 서로 독립된 작은 그림으로 변형되는 요소들을 아주 분명하게 추적할 수 있습니다. 실제로 예를 들어 봅시다. 실러가 여성들에 대한 어느 시에서 그들이 '천상의 장미들을 현세적인 삶 속에 엮어 놓는다'[229]고 말한다면, 이것은 그가 근본적으로 상당히 정확하게 에로 틱한 영역과 결합한 미의 사유 또는 유토피아의 사유는 어떤 권위도 남아 있지 않다고 생각한다는 것과 같습니다. 이는 아직 완전히 길들여지지 않은 삶의 측면에서 구현된 이 유토피아에 남아 있는 것은 오직 '너의 집을 장식하라'라는 것일 뿐이라는 의미입니다. 이것은 현세적 삶이 절대로 변해서는 안 되는 무미건조하고 가련한 일상을 좀 더 견딜 수 있게 하는 일종의 가상입니다. 하지만 그것은 바로 현세적인 삶 속에 엮어 넣은 단순한 '천상의 장미들'일 뿐입니다. ― 그것은 마치 유토피아나 미적 이념이 일종의 선험적인 장의사와 거의 흡사합니다. 이 요소는 칸트 철학 자체에서도 이미 구상되어 있습니다. 나는 이것들을 한번 언급하는 것이 유용하다고 생각합니다. 왜냐하면 여러분이 통상 경험하는 교육에서는 이런 일이 전혀 일어나지 않기 때문입니다. 한편으로 여러분은 학교에서 고전 문학과 고전 철학을 이상적인 것, 의무적인 것, 기적적인 것으로 들었을 것입니다. 그러나 다른 한편으로 여러분은 독립적인 정신적 인간으로서 거기에는 어떻게든 문제가 있다는 것을 깨닫게 될 것입니다. 그러나 교양을 위해 전승된 정신적 재산을 맹목적으로 존중하거나 반대로 그것이 낡았거나 우리의 시대정신과 더 이상은 화합하지 못한다고 추상적으로 가치를 평가절하하는 것도 정당하지 않습니다. 그보다 오늘날 이 요소들로 인하여 벌어지는 재판은 ―그것이 그림자 재판이 아닌 실제 재판인 한에서― 바로 이 요소들이 자체 내에 비진리의 요소를 포함하기 때문에 벌어집니다. 나는 여러분에게 이제 사태의 중요한 핵심에 따라, 즉 본래의 철학적 내용에 따라 이 요소를 규정하려고 합니다.

칸트 철학 자체의 의미에 처음부터 이미 내재하고 있는 이런 타락 경향의 구성 요소는 내가 보기에 (나는 이미 언급했다고 생각합니다) 서로 분리된 요소들이 인접해 있으면서도 서로 독립되어 있는 지도 위의 나라처럼 ―칸트는 계속해서 삽화를 사용합니다― 독립된 영역을 구성하는 분위기로부터 나타납니다. 서로 독립된 영역은 서로에 권한을 가지고 있지 않습니다. 이상은 삶에 대해 의무의 모습에서, 즉 완전한 형식적 원칙의 모습에서 구속력을 갖습니다. 이 원칙은 ―칸트에 있어서 확실히 그런 의미가 아니었을지라도― 그 형식성 때문에 유명한 또는 오히려 악명이 높은 '나날의 요구'에서 의미가 임의로 바뀔 수 있습니다. 이는 우리가 일단 서 있는 자리에서 그리고 지금 우리에게 할당된 삶의 환경에서 가능한 한 자신의 것das Seine을 행해야 한다는 것을 의미합니다. 달리 표현하면 우리는 근본적으로 자신에게 타율적으로 부과된 것을 만족시켜야 한다는 의미입니다. 이것이 엄밀히 말해 우리의 강의에 속하지는 않을지라도 나는 칸트에게 있어 실천철학에서 근본적으로 동일하게 취급되는 의무와 자유의 관계 문제는 『실천이성비판』에서 어떤 식으로든 전혀 해결되지 않았다고 말하고 싶습니다. ― 그것은 『순수이성비판』에서 (내가 여러분에게 말했던 것에 대한) 이 문제의 인식 모델, 즉 보편적인 것과 특수적인 것의 관계, 아 프리오리와 우연적인 것 및 경험적인 것의 관계가 거의 해결되지 않았던 것과 같습니다. 그러나 정반대로 경험 역시 이상에 대해 구속적이지 않습니다. 이는 이상이라는 것이 비판의 대상이 될 여지가 없으며, 이상은 언젠가 사람들이 말했듯이 하늘 저 위에서 파기될 수 없이 둥실 떠 있다는[230] 것을 의미합니다. 이런 경우에 나는 유명한 청어 떼처럼, 인간들이 떼를 지어 이 이상을 덥석 물려고 하지만, 그럼에도 이 이상 자체는 생산적 비판 및 생생한 경험을 통한 상호작용에서 벗어나 있다는 생각을 결코 떨쳐 낼 수가 없습니다. 이런 면은 『순수이성비판』에서 부각되지 않지만, 만일 여러분이 부분적으로 이런 이상으로부터 도출된 칸트 법철학의 예외 없는 엄숙주의적인 규정들을 보면, 여러분은 매우 빨리 이런 윤리학이 실제로 얼마나 미숙하고 또한 그것이 순전한 억압을 얼마나 많이 제공하고 있는지 알아차릴 것입니다. 여러분은 이 권한의 결여가 내가 강조했던 허구적 특성과 연관시킬 수 있습니다. 즉 우리는 한편으로 참된 현실을 인식하지 못하고, **참된 현실도 인식하지 못한다**고 나는 강조한 바가 있습니다. 그리고 이 허구적 특성과 상응해서 우리는 칸트에 있어 미의 순수한 무목적성에서 설정된 문화의 중립화의 동일한 과정을 발견합니다. 미의 순수한 이 무목적성은 한편으로 인식 영역과의 관계를 완전히 차단하고, 다른 한편으로 순수한 객관성과의 관계를 차단합니다. 달리 표현하면 본래의 인식 분야에서 인과법칙을 통한 완전한 결정과의 관계를 차단합니다. 그리고 이 인식은 나름대로 자기 방식으로 자유, 실천의 간섭으로부터 완전히 독립되어 있습니다. 그리고 이 자리에 칸트 이후의 150년 역사 속에서 문화의 특징이었던 중립화와 칸트 철학 자체 내에 표현된 경향 ―이와 대립하여 비록 칸트 자체에서의 문화 개념이 이성의 실현으로 생각될지라도― 사이에 실제로 예정조화가 지배하고 있습니다. 또한 이 점에서 칸트는 내가 여러 차례 공식화한 바와 같이 자신이 어느 정도는 시민적 의식의 정점에 와 있다고 생각합니다. 어떤 의미에서 그는 시민의 평범한 의식 안에서 우리 시대에 이르기까지 유포된 사유 습관의 모델을 제공합니다. 즉 그는 여러분들 각자가 아마도 청소년기에, 가령 가족관계에서, 이런저런 방식으로 경험했을 회의와 독단의 그런 특이한 통일을 제공합니다. ― 덧붙이자면 칸트 철학이 실제로 흄의 회의주의와 고전적 합리주의의 독단을 강제적으로 한데 합치는 한, 실로 칸트의 철학사적 통일은 이에 상응될 수 있을 것입니다. 나는 회의주의를 근본적으로 '그래, 진리란 무엇일까?'라고 묻는 시민의 몸짓이라고 생각합니다. 시민에게서 진리란 무엇인가를 묻는 빌라도Pilatus의 물음[231]이 추측하건대 신약성서에 나오는 어떤 말보다 더 소중합니다. 신약성서에서 실제로 사도신경Credo은 본래 빌라도의 이야기로 구성되어 있다고 말할 수 있습니다. 여기서 '진리란 무엇인가?'라는 물음은 모든 이론적 권위, 따라서 사고 일반의 모든 권위를 경험의 범위 내에서 배제하려는 목적을 가지고 있습니다. 이는 파시즘뿐만 아니라 다른 전체주의적 형태를 기꺼이 감수하려는 시민적 자세에 일조했던 태도입니다. 그렇지만 다른 한편으로 신성하며 그리고 비판이 허용되지 않는 관념들은 철저히 독단으로 남아 있습니다. 이 관념들은 결코 다루어져서도 언급되어서도 안 됩니다. 그리고 이 두 요소들은, 한편으로 정말 그 어떤 것이 참이 될 수 있다는 것에 대한 의구심과 다른 한편으로 존재하는 실재 내에서 한번 주어진 것으로 간주되는 규범들의 의심할 수 없는 권위이며, 이는 칸트 철학에 뿌리박고 있는 분열과도 상당히 일치합니다.

나는 이 일에 대해 적어도 여러분에게 암시한 바 있습니다. 이 일은 이런 방식에서 전혀 올바르게 이행되지 않았다고 나는 생각합니다. 왜냐하면 칸트의 비판은 그것이 사회적 비판인 한, 본질적으로는 언제나 의무 개념과 의무 개념 속에 위장된 신학 위에 세워졌으며, 그런 만큼 내가 본래 훨씬 더 중요한 것으로 간주한 칸트의 관점들을 겨냥한 것은 전혀 아니었기 때문입니다. 내가 이를 강조한 이유는 내가 강의를 시작할 때에[232] 여러분에게 약속했던 물음에 착수함으로써 어느 정도는 그것을 해명하기 위함이었습니다. 잘 알려진 바와 같이 칸트 자신의 의식에 내재되어 있는 경향은 아니었지만, 단지 이 철학의 그늘에서 성장되었던 이 경향에서 우리가 물어야 할 질문은 이것입니다. 완전히 다른 의미에서 전통 속에 확립했던 칸트의 권위를 설명하는 그것은 무엇입니까? 칸트가 이 모든 요소들을 갖고 있고 칸트 이후 이 모든 일에서 시민 역사에 영향을 준 것이 아닌가 하는 것은 그의 철학의 유례가 없는 권위를 설명하기에는 물론 충분하지 않습니다. 오히려 이 권위는 바로 칸트가 한계를 초월한 ―내가 여러분 앞에서 잠시 이런 표현을 써도 좋다면― 요소에 근거합니다. 이 요소를 통해 칸트는 그의 시대에 지배적인 의식을 넘어섰으며 또한 이전에 실제로 의식에 접해 보지 못했던 경험의 층을 접하게 되었습니다. 그것은 우리가 화려한 관용어Sonntagsphraseologie의 의미에서 칸트의 '깊이'로 간주한 칸트 철학의 현상 또는 관점입니다. ― 물론 우리는 이 깊이의 개넘이 세상에 어떻게 내려왔는지 주목해야 합니다. 예를 들면 옛 칸트학파이자 추후에 정교 신봉자가 된 에른스트 마르쿠스Ernst Marcus는 그의 꽤나 터무니없는 책들 중 한 권에 ―덧붙여 말하자면 그 제목은 수정되었습니다― 『인식의 깊이로부터Aus den Tiefen des Erkenntnis』[233]라는 이름을 붙였습니다. 그는 깊이에 대하여 칸트가 들추어낸 것은 인식 자체가 아니라 인식을 위한 가능 조건, 따라서 선험적 메커니즘이라고 단순하게 주장합니다. 만일 그렇다면, 모든 인식 이론이 완성된 모든 인식보다 사실 더 깊이가 있을지도 모릅니다. 그러나 이에 반하여 실제로 무언가를 해명하고 있는 모든 인식과 진리의 무언가를 밝히는 모든 인식이 어떻게 그러한 인식이 드러나는지를 설명하려는 그런 메커니즘의 분석보다 깊이에 있어서 사실 더 우월하지는 않은지 물음을 제기하는 것은 당연한 것인지도 모릅니다.

우리가 칸트 철학의 요구나 의미를 진지하게 받아들인다면, 우리는 이런 깊이의 개념에 만족스러운 태도를 보일 수는 없습니다. 나아가 ―나는 여기서 동시에 여러분에게 칸트에게서 깊이의 의미와 관점에 대하여 무엇인가 말할 뿐만 아니라 깊이 자체의 개념과 연관되는 몇 가지를 전달할 수 있는 기회를 갖고 싶습니다― 깊이의 개념은 독일에서 일반적으로 사용되고 있는 것으로서 매우 숙명적인 어떤 의미가 있다는 것은 명백하고 의심의 여지가 없습니다. 왜냐하면 그것은 반계몽적이고 비합리적이기 때문입니다. 깊이의 개념에 따르면 사유가 이성 너머에 있는 어떤 힘과 연관되고 있다면 그 사유만이 깊을 수 있습니다. 아주 겸허하게 말해도 그것은 칸트 철학의 확고한 의도와 크게 어긋납니다. 그리고 분명히 칸트는 이에 대해 그의 철학의 근거가 되는 가장 깊은 요소는 모든 영역에서 통일 요소로서의 이성이며, 이성 일반보다 더 깊은 어떤 것도 있을 수 없다고 대답했을 것 같습니다. 그는 실제 이로부터 완전하게 일관성을 유지했고, 이성을 선한 행위의 유일한 합법적 원천으로 삼으면서 비합리적인 것과 연관된 깊이의 숙명적인 개념을 실천철학에서 아주 철저하게 물리쳤습니다. 그러므로 그에게서는 오직 도덕법칙에 따른 행위만이 선하며, 또한 도덕법칙이 우리의 행위를 결정하는 한, 도덕법칙은 이성 자체와 전혀 다른 것이 아닙니다. 칸트는 이성 자체에, 이성의 내재적 합법칙성에 놓여 있는 개념과는 다른 합법칙성 개념을 결코 허용하지 않았습니다. 반면에, 깊이라는 이름으로 특히 우리 독일에서 정말 숙명적으로 찬미되는 소위 비합리적인 힘은 칸트에게서 ─합리론적 전통의 의미에서 그리고 특히 스피노자 철학의 의미에서─ 정서Affekt로 간주됩니다. 그런데 이 정서는 나를 강압하는 어떤 것으로, 이것으로부터 나는 자유롭지 않습니다. 그것은 나에게 외적인 어떤 것이며, 순전히 경험적일 수밖에 없는 어떤 것입니다. 이 때문에 그것은 칸트 철학에 의해 무자비할 정도로 배제됩니다. 그런데 나는 이 전체 영역에 대한 그의 반감은, 여러분이 좋다면, 반동적인 측면을, 18세기에 유행한 주목나무 정원들Taxusgärten의 어떤 것을 가지고 있음을 숨기고 싶지 않습니다. 그것은 무엇보다 칸트 미학에 나타나는 모종의 형식주의적 성향에 기인합니다만, 이에 대해 오늘 나는 상술하지 않을 것입니다. 어쨌든 흔히 독일 전통에서 깊이라고 부르는 것을 칸트는 아마도 이종적인 것heteronom으로 보았던 것 같습니다. 호르크하이머는 언젠가 일반적으로 사람들이 어떤 것이 깊다고 말한다면, 그것이 의미하는 바는 그들의 삶이 잘 되어 있는 것이 아니라, 괴로워할 수밖에 없다는 것이며 그리고 고통을 정당화하는 것, 현존재를 부정하려는 경향, 현존재의 부정을 배가倍加하려는 것이라고 말했습니다. 사실 이것이 우리들 사이에 회자되는 깊이의 개념입니다. 내가 이렇게 말해도 좋다면, 깊이의 이런 마조히즘적인 개념과 칸트 철학 일반과는 상치됩니다. ─ 이것은 칸트 철학이 「반성 개념의 모호성」의 장에서 긍정적으로 받아들인 외양성Äußerlichkeit의 개념을 일반적으로 이 깊이의 개념으로 분류되는 내면성의 개념과 날카롭게 대립시키는 것처럼 보이는 것과 같습니다.

종종 —그리고 어느 정도는 정당하게— 칸트 철학은 프로테스탄티즘과 그리고 내면성의 개념과 아주 깊이 연관되어 있다는 점을 지적해 왔습니다. 그러나 우리는 내면성의 개념이 그에게서 한층 더 고조되었기 때문에, 그의 기체로부터 —즉 개별적 영혼으로부터— 거의 남아 있는 것이 없다고 말할 수 있습니다. 실제로 이러한 내면성 대신에 모든 외적인 사물로부터 분리된 이성의 추상적 통일만 남아 있다고 말할 수 있겠습니다. 반면에 우리가 일반적으로 내면성으로 연상하는 그 모든 것을 칸트는 외적인 것으로 분류합니다. 내면성은 순전히 심리적인 것인 동시에 이종적인 것으로 전락합니다. 결국 칸트에게서 내면성은 비판을 받게 됩니다. 그리고 외적인 어떤 것은, 여러분이 좋다면, 내부적인 사실의 충만함이 없는 단순한 논리적 규정성은, 칸트의 비판에서 나타나는 것처럼, 바로 내면성 개념의 극단화를 통하여 실제로 내면성 자체를 극복하거나 또는 적어도 매우 단호한 방식으로 내면성에 대항합니다. 내부로의 전환, 지식과 믿음의 엄격한 대립과 그 밖의 모든 동인들은 프로테스탄트 전통에서 유래된 것은 사실이지만, 발견한 것을 단순하게 소위 그것의 기원과 동일시하는 것은 다른 중요한 사상가와 마찬가지로 칸트에게는 관계가 없습니다. 내가 여러분에게 강의를 했던 것으로부터 여러분이 무엇인가를 배울 수 있다면, 그것은 사실 기원의 물음으로부터 해방되는 것입니다. 따라서 여러분은 어떤 사태에 대하여 그것이 여기나 저기에서 유래한다고 안다면, 그것으로 여러분이 그 사태를 이미 이해했다고 믿는 것으로부터 해방되어야 합니다. 아주 분명한 것은 칸트가 지식과 믿음을 서로 분리시킨 엄숙주의는 프로테스탄트적인 내면성의 전통에서 나왔으며, 그의 의무 개념도 마찬가지입니다. 그러나 동시에 잊고 있는 것이 있습니다. 내면성의 이 전통적 프로테스탄트 개념에 근거하는 구원이 필요한 영혼으로서의 개별자의 개념은 개념의 발전을 통하여, 그러니까 칸트의 이성비판 자체를 통하여 해체되었습니다. 그리하여 방금 언급되었던 것과 반대되는 현상이 나타납니다. 물론 —여기서도 나는 여러분에게 칸트에 있어서 문제 제기의 복잡성을 숨길 수가 없습니다— 우리는 이념과 현상, 즉 현상체Phaenomena와 지성체Noumena의 철저한 분리가 이 자리에서 깊이의 개념과 일반적으로 연상되어지는 비극의 이념에 객관적으로 전혀 낯설지 않다는 것을 말해야만 합니다. 이는 유한성이 유한성으로서, 죽음으로서 단순하게 규정된다는 의미입니다. 한갓 경험적 존재의 무의미성과 경험적인 것이 유한하다는 사실과 그 자체의 의미로부터 떨어져 있다 χωρίς는 사실이, 우리가 오늘날 말하자면, 스스로 이 유한성의 구조적 모습이 되며, 이 유한성의 본질적 모습이 됩니다. 이와 함께 그것은 어떤 의미에서, 여러분이 좋다면, 확정됩니다. 이런 점에서 칸트 철학으로부터 직접 비극 개념을 발전시킨 실러는 —그는 비극 개념을 정말 그의 작품에 형상화했습니다— 실제로 칸트학파의 한 사람이기도 했습니다. 칸트 철학에 있어서 비극의 개념은 우리가 유한한 존재로서 살고 있는 현상세계와 우리에게 철저히 과도한 요구를 함으로써 우리가 그 앞에서 좌절할 수밖에 없는 이념세계의 전적인 불일치를 강조합니다. 비극의 개념은 독일의 오랜 전통을 갖고 있는데 이 전통 속에서 비극은 바로 깊이와 동일합니다. 시간이 흘러가면서 이 비극의 개념은 어떤 피상적인 개념으로 보이게 되었습니다. 이는 그것이 무의미성을 자신의 고유한 의미임을 선언하게 되고 그리고 이와 함께 형이상학과 같은 것이 있게 되고, 무의미한 것이 필연적인 법칙으로서, 유일한 존재자로서 주어져 있음을 우리가 믿게 된다는 의미입니다. 육체가 시체로 '소파 위에' 머물러 있는 동안, '영혼이 공중으로 날아간다'는 방식으로부터 얻어진 만족감은 우리를 깊이는 —헤겔이 곤경의 의식으로,[234] 인간 고뇌의 반성 형식으로 명명했듯이— 현실적인 것이라는 진리에서 눈멀게 할 따름입니다. 물론 나는 숭고하고 절대적으로 통용되는 정신적 자산으로서가 아니라, 시민의 가정 시가 찬

집에서 나온 좋은 작품으로서 비극의 범주에 대한 비판은 당대에도 매우 강하게 있을 수 있다고 생각합니다. 그것은 먼저 칸트에게서 깊이의 개념에 해당될 수 있을지도 모릅니다. 그러므로 칸트에서의 깊이는 감정의 깊이, 내면성의 깊이라는 이 전통적 개념과 이 모든 요소들로부터 분리될 수 있다고 말할 수 있을 것 같습니다. 비록 그것이 바로 화해 불능의 주제에서 그리고 우리가 반유토피아적 특성으로 간주하는 요소에서 이 깊이라는 인습적 개념과 일치하더라도 말입니다.

그러나 여러분은 더 나아가 이 점을 분명히 생각해야 할 것입니다. 내가 여러분에게 제시하는 것은 칸트 해석뿐만 아니라, 여러분이 좋다면, 철학 자체에서 일종의 깊이 개념의 현상학에 대한 구상이며, 따라서 대체로 깊이에 대해 생각할 수 있는 것을 펼쳐 나가는 것입니다. 여러분은 칸트에 있어서는 깊이가 심리학적인 의미에서 언급될 수 없다는 것을 분명히 해야만 합니다, 왜냐하면 인간에게 일반적으로 정신분석과 같은 표현은 늘 충격을 줄 수 있기 때문입니다. 주지하듯이 정신분석에 충격을 받은 사람들이 있는데, 그들은 너무 충격을 받은 나머지 기계적으로 중얼거리며 정신분석에 대항하여 정신종합Psychosynthese을 발전시켜야 한다고 주장했습니다. 이 때문에 정신분석의 개념은 심층심리학Tiefenpsychologie의 개념으로 대치되었습니다. 왜냐하면 그것이 어떤 식으로든 신성한 것처럼 들리기 때문이고 또한 이런 심층심리의 개념은 내가 이해를 위해 여러분에게 몇 가지 요소들을 기여하였던 깊이의 저 암호철학Kryptophiloso-phie[235]의 어떤 것을 포함하고 있기 때문입니다. 용어의 이름이야 어떻든 상관없이, 칸트가 스스로 추구하는 깊이에서는 심리학적 깊이, 다시 말해 무의식의 깊이는 그의 사유에서 거론되지 않습니다. 그런데 만일 우리가 칸트는 —예컨대 어느 대단한 심리학자가 그렇게 했을지 모르지만— 영혼의 깊이에 파고들어 갔다고 오해하고 싶어 한다면, 그것은 앞서 내가 여러분에게 언급했던 깊이의 저 일반정원형이상학Allerweltsmetaphysik

과 마찬가지로 칸트 철학에는 아마도 낯선 것 같습니다. 왜냐하면 모든 심리학은 ―이것으로 나는 이제 심리학에 대한 『순수이성비판』의 구체적 관점에 관하여 고찰하려고 합니다― 칸트에게서 단지 심리과학일 따름이며, 내가 여기서 먼저 깊이 개념의 의미에서 위상학적으로 말해도 좋다면, 깊이와 같은 칸트 철학의 객관적인 형태가 위치할 수 있는 영역이 전혀 정착되어 있지 못했고, 자리 잡지 못했기 때문입니다. 소위 말하는 심층심리학은 칸트에게 한갓 경험적 학문일 뿐입니다. 덧붙이자면 바로 독일적 사유를 계속 지배하고 있는 특이한 반심리학적 정서가 내면성으로서의 영혼은 경험적인 것에서 벗어나 있는 데 반해, 심리학은 경험적 학문이기 때문에 정말이지 배척해야 할 열등한 학문이라고 주장하는 것은 전적으로 가능한 일입니다. 이 반심리학적 정서는 ―궁극적으로는 후설과 나아가 하이데거와 가능한 이런 종류의 모든 흐름, 그리고 현대 교육학과 그 밖의 것에 이르기까지 이런 정서는― 어느 정도까지 영혼의 영역에서 사실적 실재의 범위와 접촉하는 것을 두려워하는 칸트 철학과 관계가 있습니다. 더 나아가 여러분은 칸트 철학이, 내가 미리 말해도 좋다면, 이 요소를 사실 갖고 있다는 점을 명백히 해야만 합니다. 그러나 한편으로 칸트 철학이 철학 그 자체로서 전적으로 타당성이나 진리에 관계하는 한, 칸트 철학은 정상에 우뚝 서 있습니다. 비록 그것은 완전하지 않지만, 합법적인 원천으로서 심리학을 배제하고 있습니다. 하지만 다른 한편으로 칸트는 독일 전통적 의미에서 심리학에 대립적으로 지켜 온 영혼의 영역이 완전히 심리학에 속한다는 것을 최초로 보았다는 점에서 ―무엇보다 이것은 영국인들에 대한 공헌입니다― 엄청난 공헌을 합니다. 그는 실제로 영적인 사실은 다른 사실과도 마찬가지로 사실이지만, 영원한 진리verites eternelles가 아니라는 것을 깨달았습니다. 우리가 칸트 철학에서 이미 다양하게 보았던 바와 같이, 오늘날 근본적으로 자아의 다의성Mehrdeutigkeit은 존재하고 있습니다. 자아의 다의성이 의미하는 바는 칸트 철학이 심리적 내용에서 아직 벗어나지 못하고 있다는 것을 말합니다. 그러나 동시에 칸트 철학에서 자아의 논리적 형식은 실체화됩니다. 오늘날 칸트적인 인식 비판의 의미에서 오로지 예지적 자아das intelligible Ich와 관계하기 위해 요청된 범주들 또는 사유 형식들이 경험적, 사실적 자아와의 관계로 사용된다는 점에서 남용됩니다. 칸트가 매우 대담하고도 사고를 통해 실로 재연될 수 없고 또한 실제로 받아들일 수 없는 방식으로 경험적 자아, 그러니까 모든 개별자가 언젠가 소유하게 되는 성격이 자유의 저장소, 즉 자기 자신에게 원래 본질적으로 부여한 것의 하나라고 가르쳤다는 면에서 아주 책임이 없는 것은 아닙니다. 그러나 우선 『순수이성비판』과 심리학의 관계는 다음과 같습니다. 한편으로 칸트가 의도하는 자아-분석, 주관의 분석은 심리학적 분석과는 아주 첨예하게 분리됩니다. 심리학이 우리에게 제공할 수 있는 것은 ―즉 영혼의 이념과 그 안에 있는 것은― 이성비판이 도달하게 되는 저 순수한 형식들이나 구체적인 내용과 동일하지 않으며, 그것은 철저히 경험적인 규정이라고 말할 수 있습니다. 하지만 이와 연관하여 덧붙이자면 (적어도 경향적으로 말하자면) 존재하는 영적 삶의 본질적 규정은 경험적 학문 분야 내에서 유지될 수 있습니다. ― 이 경우에 물론 우리는 여기에서 그의 비판과 구조는 일찍이 중단되었다고 말할 수밖에 없습니다.

　　나는 다음 시간에 깊이 개념의 방향을 제시한다는 의미에서 앞으로 언급될 전체적 고찰을 위해 여러분에게 적어도 순수이성으로부터 어떤 영혼의 범주들을 절대화하고 실체화하려고 시도하는 소위 말하는 합리적 심리학에 대한 칸트 비판의 가장 중요한 관점들 가운데 몇 가지를 알려드리려고 합니다. 칸트의 입장은 심령주의적obskurantistisch 심리학에 있는 것이 아니라 현대 심리학에 있다는 것을 우리는 보게 될 것입니다. 이는 그가 심리학의 규정을 바로 경험적 규정으로 파악하지만, 다른 한편으로 이 이유 때문에 그것을 다시 철학의 규정에서 배제한다는 것을 말합니다.

그 결과 그 자신의 깊이, 선험적 깊이와 연관된 논증은 심리학적 깊이의 논증과 혼동되어서는 안 됩니다. 다음과 같은 아포리아의 물음을 여러분에게 제시하고 싶기에 나는 이러한 사유가 암시하는 바를 추적하려고 합니다. 만일 깊이가 형이상학이나 논리학, 심리학에 속하지 않는다면, 깊이란 대체 무엇을 의미합니까? 나는 그것이 우리에게 칸트 철학의 본질에 대한 대답을 제공하리라 생각합니다.

229) 『여성의 품위Würde der Frauen』 참조. "여성에게 모든 영광을! 그들은 엮고 짠다. / 현세적인 삶 속에 천상의 장미를…"(Schiller, Sämtliche Werke, a.a.O. [주 136], Bd. 1, S.218).

230) 출처 미상.

231) Joh. 18, 38. - Vgl. 루터의 방주Luthers Marginalie: "아이러니하다. 네가 진리에 대하여 말하려고 한다면, 너는 진리를 잃어버린다Ironia est. Wiltu von warheit reden / so bistu verloren."

232) 앞의 16-17쪽 참조.

233) Vgl. Ernst Marcus, 『인식의 깊이로부터Aus den Tiefen des Erkennens』. Kants Lehre von der Apperzeption, der Kategorialverbindung und den Verstandesgrundsätzen in neuer verständlicher Darstellung. Ein Kommentar zur transzendentalen Logik, München 1925.

234) 헤겔에게서 나온 인용으로 아도르노가 여러 차례 인용한 구문은 오해에 기인한다. 예컨대 『신음악의 철학Philosophie der neuen Musik』에는 다음과 같이 적혀 있다. "의심할 바 없이 받아들여진 소재와 형식의 직접적인 자기 확신이 예술에서 녹아 흘렀다면, 예술에게는 '절박한 위급의 의식' 속에서, 인간에게 덮쳐 온 끝없는 고통 속에서, 그리고 고통의 흔적 속에서 주체 자신의 내부에서 어두움이 싹터 오르게 된다. 이 어두움은 … 그 실제적 위력을 통해서 형상에서 서술적 표현을 거의 배제시켜 버린다(GS 12, S.23). 상기 인용은 아도르노에 의하여 'H.G. Hotho, Berlin 1842'판으로 된 헤겔의 『미학 강의Vorlesungen über die Aesthetik』 제1권 재판에 의거하여 소개된다. 하지만 여기서 37쪽에는 다음과 같이 되어 있다. "예를 들어 정신 내면의 아주 불확실한 운동만으로, 말하자면 사고 없는 감각의 음조만으로 이루어진 음악은 절박한 위급의 의식 속에 거의 또는 아무런 정신적 소재를 갖고 있지 않다." 달리 표현하면, 이 음악은 의식 속에 거의 또는 아무런 정신적 소재를 필요로 하지 않는다. '절박한 위급에 대하여 갖고 있다'는 옛날 표현이다. — 2차 문헌에 아도르노의 오해는 숨겨지지 않은 채 남아 있다. 예컨대 다음을 참조할 것. Jürgen Trabant, 『절박한 위급의 의식Bewußtseyn von Nöthen』. Philologische Notiz zum Fortleben der Kunst in Adornos ästhetischer Theorie, in: Theodor W. Adorno, hrsg. von Heinz Ludwig Arnold, 2. Aufl., München 1983, S.130ff.(Text + Kritik, Sonderband).

235) 암호해독학Kryptophilologie에 대한 추측.

여러분은 우리가 깊이의 개념에 대한 논의에서 그리고 『순수이성비판』의 '깊이'에 대하여 언급했던 의미에서 비록 그 본질이 주관성의 영역에 속하고 있지만 결코 심리학적 깊이로 이해될 수 없다는 점을 기억하십시오. 이는 우선 여러분에게 명백한 것처럼 들릴 것입니다. 또한 여러분 모두는 아프리오리한 인식에 나타난 칸트의 전체 경향이 어쨌든 비심리학적 본성이라는 것을 들어 보았을 것입니다. 그러나 우리가 원전에 깊이 들어가면 그렇지 않다는 것은 명백한 일입니다. 여러분이 예를 들어 도식론이 영혼의 깊이 속에 숨어 있는[236] 비밀스런 메커니즘이라는 말을 듣는다면, 이때 심리학적인 것과 다른 그 무언가를 생각하기는 매우 어렵습니다. 칸트가 『실천이성비판』에서 양심으로부터 나온 강압과 강제의 성격을 기술하고 있다면,[237] 현대의 심층심리학도 그 속에서 그런 성격을 입증하고 있습니다. 왜냐하면 오늘날 우리는 심리학적으로 칸트 개념과의 상관관계로 보아도 좋을 것, 즉 초자아Überich가 실제로 심리학적 작용에서 강압적 요인으로 행사하고 있다는 것을 알고 있기 때문입니다. 이 강압적 요인은 칸트가 바로 ―순수한 합법칙성의 의미로 이해한― 도덕법칙의 작용으로 간주한 것과 상응합니다. 그러므로 여러분이 심리학과의 관계를 아주 진지하게 한번 물어본다면, 여러분은 내가 이미 여러 차례 언급했으나 여기서 새로운 양상으로 나타나는 것을 다시 주목하게 될 것입니다. 즉 이때 여러분이 칸트에 있어 깊이가 어떤 의미를 지니고 있는지를 직관하려는 순간에, 여러분은 사실성, 사실적인 것, 이 경우에 영적인 존재, 즉 구체적인 심리적 요소들을 —칸트의 전체 구조가 스스로 (우리가 여전히 몰두해야만 할 방식으로) 난관에서 빠져나오려고 시도한다는 것을 제외하면— 발견할 것입니다. 이는 한편으로 깊이는 본래 이 심리학적 또는 다른 사실적 요소 덕분이지만, 다른 한편으로 칸트의 전체 구조는 이것을 무시하게끔 해석되어야 한다는 것을 말합니다. 그만큼 칸트의 의도는 적어도 심리학에 적대적이라는 것은 분명합니다. 그리고 흄과의 특별한 차이는 흄이 칸트와 마찬가지로 주관으로 전환하지만, 그러나 칸트에게서는 심리학적 전환으로 이해되지 않습니다. 그것이 바로 칸트의 모티브임을 여러분은 명백히 이해할 수 있습니다. 그러므로 그것은 단순히 칸트에게서 나타난 일종의 의도적인 형이상학만이 아닙니다. 오히려 그것은 흄이 제시한 —무엇보다 가령 연상, 유사성이나 체험들 상호 간의 인접성 등[238]— 사실적이고 심리학적인 메커니즘이 흄의 『인간 본성론』에서는 반성되지 않았던 전제, 즉 연상을 묶어 버리는 의식의 통일에 기반하고 있다는 사실을 반영합니다. 그것이 비록 사실적인, 어쩌면 실험적이고 심리학적인 관찰로 불리는 것으로부터 도출되었지만 말입니다. 다른 말로 표현하여 흄이 우리가 칸트에서 다루었던 자아의 개념을 비판하고 일종의 독단적 편견이라고 제거한다면, 그 비판이 심리학적인 것으로 기술하는 요인을 그리고 자아 개념을 대체해야만 하는 요인을 전혀 사유할 수 없는 한, 순진성을 피하기 어렵습니다. 이는 흄이 연상을 통해 경험들을 기술하는 것처럼, 의식 속에 경험들을 통일하는 요인이 있지 않다면, 그것의 개념 자체도 의미를 잃어버린다는 말입니다. 따라서 이 점에서 반-심리학적인 칸트와 심리학적인 흄의 차이는 이념의 차이가 아닙니다. 차이는 사실 칸트의 다음과 같은 위대한 주장에 있습니다. 즉 우리는 사실성이 가능하기 위하여

전제된 자아 개념을 다시금 사실성으로 환원할 수 없습니다.[239]

　　여러분은 무수한 표현에서 이미 『순수이성비판』에서 심리학에 대립하는 칸트의 변화를 발견하고, 그 후에 『실천이성비판』에서도 그것을 비교할 수 없을 만큼 더욱더 급진적으로 그리고 명시적으로 발견합니다. 덧붙이자면 이러한 변화는 칸트의 발전 과정에서 더욱 강화됩니다. 왜냐하면 『순수이성비판』의 초판과 재판 사이의 변화가 바로 심리학의 위치와 관계되는 본질적인 변화이기 때문입니다. ― 이 변화는 두 가지 결과를 보여 줍니다. 이제 나는 여러분과 이 두 가지의, 여러분이 좋다면, 서로 밀접하게 상호 관계를 맺는 변증법적인 결과를 논의하려고 합니다. 즉 한편으로 아프리오리의 사고를 이행하는 데 있어서 그것이 주관적 방향성을 지녔으나 모든 심리학적인 것이 배제되어야만 한다는 의미에서 일종의 심리학의 폄하와, 동시에 모든 내향적 사실성의 폄하가 내재되어 있습니다. 『순수이성비판』과 함께 시작되는 심리학에 대한 이 별난 폄하는 칸트 철학의 가장 강렬한 암시적 힘으로 남아 오늘날까지도 모든 독일 철학을 ―특히 독일 철학 내에서 현상학적이고 존재론적인 경향들처럼 스스로를 칸트 철학과 명확히 대립된다고 알고 있던 이런 경향들 또한― 어떤 식으로든 규정해 왔습니다. 나는 이것을 언제나 독일에서 영혼은 그만큼 섬세한 어떤 것이며 심리학과는 본래 전혀 관계가 없다고 설명한 바 있습니다. 반면에 철학이 세계관으로서 심리학과 거리를 두는 것과 마찬가지로 심리학도 나름대로 학문으로서 철학과 경계를 분명히 하였습니다. 우리가 심리학의 이런 면을 전혀 곡해할 수 없듯이 심리학은 영혼과 전혀 관계가 없다고 선언함으로써 이에 대응하였습니다. 칸트 철학과 전체 독일 전통의 이런 관점에서 ―니체가 여러 번에 걸쳐서 이런 사고를 상세히 설명했습니다― 바로 신학적 유산을 인식하는 것은 어렵지 않습니다. 이는 영혼이 성스러워야만 한다는 것, 영혼은 경험에 빠지면 안 되며, 불가분성, 동일성, 불멸성의 속성들이 진술될 수 있도록 경험의 상대성에 좌우되어서도 안 된다는 것을 의미합니다. 이와 같은 속성들은 기원적으로 플라톤의 『파이돈Phaidon』에서 정형화되었고, 아우구스티누스Augustinus 를 거쳐 전체 기독교 전통으로 전파되었습니다. 덧붙여서 나는 이 독일 철학의 전통은 심리학과 철저히 분리되며 또한 조금이라도 심리학의 낌 새가 있는 모든 것을 불쾌하게 느낀다는 것을 분명하게 말해 두고 싶습니 다. 독일 철학에 내재한다고 말할 수 있는 이 특이한 심리학과의 접촉 혐 오는 너무나 경험적일 수 있는 영혼의 개념을 오늘날도 여전히 작업할 수 있을 만큼 오랫동안 정교해졌습니다. 그보다 여러분은 심리학에서 탈피 하고 동시에 본래 심리학에 의지하고 있는 개념들을 철학에 받아들이려 는 최근의 시도가 하이데거의 철학이라는 것을 잘 알고 있습니다. 그의 철학에서는 '심정성Befindlichkeit'이라는 이름으로 철저히 사람들의 구체 적이고 실재적인 영적 삶에 속하는 일련의 범주들이 다루어집니다. 그것 은 마치 사람들이 어떤 특정한 현상 방식, 즉 '현존재Dasein'로 자신을 열 어 내보이는 고유성을 지닌 존재로서 순수 존재의 특성인 것처럼 다루고 있습니다.[240] ─ 그리하여 이미 심리학으로 소급된 곳에서 이 심리학은 일 격에 직접적으로 메타심리학에 대한 증언을 할 수 있어야 합니다. 이 전 체적인 결과는 독일 철학과 독일적 사유에서 모든 종류의 계몽과는 대립 되는 어떤 경향을 갖습니다. 강의 초 나는 여러분에게 언젠가 독일에서 는 대체로 계몽이라는 것이 실패했다[241]고 말했습니다. 이것은 여기에서 반계몽주의Obskurantismus의 뜻에 내맡겨진 심리학을 향한 태도에서 선명 하게 보여 줍니다. 심리학의 경험적 범주로부터 주관성을 분리시키는 시 도는 ─이 시도는 심리학으로부터 주관성의 실체를 끌어내고 그리고 주 관성을 더 높은 종류의 존재 방식으로 규정합니다─ 주관에 자리 잡고 있 고 모든 인식의 발생적 선결조건을 구성하는 충동 요소들을 우선 부정합 니다. 왜냐하면 우리는 오늘날 자아 원리가 ─따라서 실재성을 검열하는 합리성이─ 본래 우리가 갖고 있는 충동의 저장소로부터 어느 정도는 자기보존을 위하여 떨어져 나온 에너지라는 것을 알고 있기 때문입니다. 본래 인식의 모든 행동을 어떤 식으로든 자극하고 그리고 인식자로서의 모든 행동이 그 자체로 실현할 수 있는 이 충동 요소는 부정되고 거부됩니다. 그런데 이 거부는 동시에 억압, 억제의 요소를 포함하고 있으며, 예를 들어 그것은 일상적인 경험의 태도에서 이른바 형이상학적 경험으로 직접 옮겨 가는 과정에서 보이는 어떤 특정한 몸짓, 자기통제의 미화에서 발견됩니다. — 이런 경우 형이상학적 경험들은 심리학적 관찰로부터 그 경험들이 어떻게 일어나든 배제되는 경향이 있습니다. 예를 들어 나는 정신의학, 독일의 정신의학에서 때때로 정신분열증Schizophrenie이 하이데거의 범주에 속하는 '존재의 상실Seinsverlust'로서 또는 심지어 자기통제의 결핍으로 기술된다고 알고 있습니다. 마치 군인다운 행동이 심리학적인 것보다 우월한 행동으로서 인간을 어느 정도 정신병으로부터 지켜 줄 수 있는 것처럼 말입니다. 다만 나는 칸트의 영혼론, 즉 볼프의 합리적 영혼론에 대한 칸트의 비판은 그들이 비록 칸트로 시작되는 반심리학적 전통으로부터 그들의 권위를 획득했을지 몰라도 이 모든 경향을 중단할 것을 요구한다고 말하고 싶습니다. 또한 이 점에서 그리고 다른 모든 경우에서와 마찬가지로 칸트는 일종의 분수령을 형성합니다. 이는 그가 근본적으로 논리학이나 형이상학이나, 심리학에 결코 부합되어서는 안 되는 하나의 영역을 —이에 대해 나는 선험적 영역이란 말 외에는 할 말이 없습니다— 확립하고자 노력하고 있다는 말입니다. 하지만 다른 한편으로 선험적 영역의 구성을 통하여 —선험적 영역의 구성은 입문에 해당하는 이 강의에서 우리에게 남아 있는 가장 중요한 과제입니다— 심리학의 영역은, 여러분이 좋다면, 해제됩니다. 바로 인간의 실제적인 영적 삶은 선험적 주관의 반성에 이바지한 진리의 정당한 원천으로 간주되어서는 안 되기 때문에 칸트에게 심리학의 영역은 넓은 의미에서 경험적 학문의 대상이 되었습니다. 이를 통해 그것은 우리에게 있어서 비합리주의적 전통이 그것을 만들어 낸 것의 정반대가 되어 버립니다. 그리고 우리는 현 단계에서 가장 계몽적인 것으로 보여질 수 있는 칸트의 요인들이 바로 그가 ―반면에 그는 심리학과 대립하여 선험적인 것의 영역을 철저히 분리하곤 합니다― 심리학을 이제 경험적 학문으로 만들고, 심리학의 영역이 인과법칙에 의해 지배되는 요소라고 포괄적으로 인정하는 것이라고 말해도 아마지나치지 않을 것입니다. 우리는 이제 이 문제에 열중하기로 합시다.

　　지금 우리는 이 '오류 추리의 장'을 조금 살펴보려고 합니다. 아마 오랫동안 전혀 활발한 주제가 되지 않았지만, 계몽적인 특성으로서 오늘날 새롭게 현실성을 획득한 칸트 비판의 이런 동인을 우리는 이제 좀 더 상세히 살펴보려고 합니다.[242] 여기에서 역사적으로 중요한 것은 소위 말하는 합리적 심리학의 비판입니다. 합리적 심리학은 라이프니츠의 철학과 볼프를 통한 영혼의 체계화에서 이 주제가 제시한 바와 같이, 순수 사유로부터, 개념 자체로부터 실재Entität로서, 통일적인 것, 자신과 동일한 것, 불멸적인 존재로서 영혼을 도출하려고 노력합니다. 그리고 정확히 칸트는 비판적으로 이 문제와 씨름을 합니다. 여기서 칸트가 갖고 있는 근본 사고는 짧막한 단락인「선험적 변증론」의 제2권 첫째 장의 서론에서 어느 정도는 계획적으로 명확하게 설명되고 있습니다. 나는 이곳의 몇 문장을 여러분에게 낭독하고 동시에 그것을 이용하여 몇 가지 문제들을 덧붙여 말할까 합니다. 이 문제들을 나는 아마도 칸트 철학의 내적인 구성을 고려하여 여러분에게 분명하게 언급하지 못했던 것 같습니다. 그렇다면 나는 의무를 다하지 못한 것입니다. "무엇보다 다음의 일반적인 주의가 이 추론 방식에 대한 우리의 주의를 날카롭게 할 수 있다." ― 이 말은 다음의 일반적인 주의가 오류 추리에 대한, 다시 말해 순수 개념들로부터 어떤 실체적인 명제들을 도출해도 좋다고 믿는 잘못된 추론[243]에 대한 우리의 주의를 날카롭게 할 수 있다는 뜻입니다. "내가 단지 사유함으로써 내가 어떤 객관을 인식하는 것이 아니라, 나는 모든 사유가 존립하는 지반인 의식의 통일에 관하여 어떤 주어진 직관을 규정함으로써만 나는 어떤 대상을 인식할 수 있다. 그러므로 나는 나 자신을 사유하는 것으로 의식함으로써 나 자신을 인식하는 것이 아니라 내가 나 자신의 직관을 사유의 기능에 관계해서 규정된 것으로 의식할 때, 나 자신을 인식한다."[244] 칸트가 이 자리에서 주장하는 것을 우리가 이해하고자 한다면, 여기에서 중요한 것은 우리가 구별해야 하는, 더욱이 사실적인 모티브에 따라 구별해야 하는 자아의 두 개념입니다. 이 경우에 한편으로 내가 사유하는 것으로서 의식하는 자아가 존재합니다. 그것은 우리의 상당히 오래전에 언급된 '나의 모든 표상들을 동반하는 나는 생각한다'라는 통각의 종합적 통일과 전혀 다른 것이 아닙니다. 이에 대해 (여러분이 기억하듯이) 우리는 그것이 나의 모든 표상들이 나의 개인적 의식 일반의 통일 속으로 빠져들어 간다는 것과 다른 것을 의미하는 것이 아니라고 말했습니다. 그러나 사유하는 자로서 자기 자신으로 의식하는 과정은 전혀 심리학적인 것이 아니며, 그것은 사실상 객관적 사실일 따름입니다. 그것은 체험들이 ―아마도 후설이 그렇게 명명했듯이― 어떤 동일한 체험의 흐름 속으로 들어감으로써만 체험들 간의 연관성과 같은 것이 성립된다는 사실과 같습니다. 그러나 모든 경험적 특성들을 깨끗하게 정화한 이 단순한 추상적 동일성은 물론 나에게 두 번째 의미에서의 나에 대해 아무것도 말해 주지 않습니다. 이 두 번째 의미는 규정된 것으로서의 나, 이런저런 특성과 능력을 가진 그리고 이런저런 내용을 지닌 영혼으로서의 나를 말합니다. 그리고 칸트가 여기서 어떻게든 해결하고자 하는 잘못된 추론은 주관의 경험들을 결합하는 통일로서의 주관의 형식적 특성으로부터 실체적 자아의 실재적 존재를 도출합니다. 반면에 실체 개념 자체가 실제로 충족될 수 있기 위해서는 직관을 필요로 합니다. 따라서 달리 말하면 그 개념은 특수한 내용들을 즉 특수한 경험들을 포함해야만 합니다. 이렇게 볼 때 칸트는 외적 영역에서처럼, 직관의 개념 또는 경험의 개념이 소위 말해 내적인 경험에, 내가 나 자신에 대하여 알고 있는 것에 적용될 수 있음을 매우 예리하고 대담하게 파악했다고 말할 수 있습니다. 이는 개별화 원리하에 내가 나 자신에게서 시간적으로 규정된 체험으로서, 어떤 사실적 체험으로서 지각하는 것, 그것은 내가 공간으로부터 갖게 되는 어떤 외적인 직관과 정확히 동일한 의미에서 사실성Faktizität을, 경험적 직관을 의미합니다. 내가 처해 있는 어떤 구체적 상황들에 대한 나의 직접적인 자기의식은 그것이 어떤 것에 대한 경험이고 또 그것은 질료를 갖는다는 점에서 내가 외적인 세계에 대하여 갖고 있을지도 모르는 어떤 경험들과 조금도 구별되지 않습니다.

그러나 나는 이곳과 전혀 관련된 것이 아닌 다른 근거에서 상술하고자 합니다. 이것은 이제까지 내가 했던 것보다 더 강력하게 부각시킬 수 있는 기회를 부여합니다. "내가 단지 사유함으로써 내가 어떤 객관을 인식하는 것이 아니라, 나는 모든 사유가 존립하는 지반인 의식의 통일에 관하여 어떤 주어진 직관을 규정함으로써만…." 따라서 다른 말로 표현하면 나의 체험은 그것이 나의 의식의 통일 속으로 들어옴으로써 그리고 그것이 어떤 다른 사람의 체험들이 아니라 나의 체험에 속함으로써 규정됩니다. 나의 체험은 이 주관의 다른 모든 체험과 바로 관계를 맺음으로써 실제로 자신의 규정을 발견합니다. 나는 지금 내가 여러분에게 꼭 말해야만 하는 것을 제대로 말하지 않은 채, 마치 내가 통일의 개념을 소박하게 성찰 없이 당연하다는 태도로 사용한 것 같다는 생각이 듭니다. 나는 이 통일의 개념 자체가 칸트의 구성적 개념에 속한다는 것을, 우리는 이 개념이 존재하는 근본 경험들에 속한다고 말할 수 있을지 모른다고 말했습니다. 여러분은 칸트에게서 종합 개념이 큰 역할을 하고 있으며, 활동성으로서의 주관성은 바로 다양한 것의 종합을 산출하는 것과 다른 것이 아니라는 것을 알고 있습니다. 종합과 같은 이런 개념들은 여러 철학들에서 아주 상이한 색채들을 가지고 있는데, 여러분이 이 종합 개념의 특수한 칸트적 색채를 이해한다면 아마 여러분이 칸트를 이해하는 데 유용할 것입니다. 칸트는 종합을 ―그것이 우리에게 후기 헤겔 철학을 부지중에 암시하듯이― 내부로부터 동일성으로 규정될 혼란한 대립물들의 매개와 같은 어떤 것으로 결코 생각하지 않았습니다. 오히려 종합은 칸트에게서 어떤 다양한 것, 자체 내에 서로 상이한 어떤 것이 하나의 통일로 이루는 것을 의미합니다. 이것이야말로, 여러분이 좋다면, 자연 지배적 사유 일반의 전통에 칸트가 빠지게 되는 결정적인 계기입니다. 이 사유의 적은, 내가 한번 과도하게 표현해도 좋다면, 다양한 것, 다수이며, 이것은 자기를 스스로 통제하는 이성의 자율에 대립되는 것입니다. 동시에 통일적이지 않고 애매하기 때문에 이 불분명한 것은 우리가 수많은 신화로부터 눈앞에 그려 낼 수 있는 것처럼 우리를 유혹합니다. 즉 신화들 속에서 가령 인간과 짐승 또는 자연과 인간 사이를 떠돌아다니는 잡종의 자연 형상 Elementargestalten들이 우리에게 가물거리며 그것들을 뒤따르도록 유혹합니다. 그러므로 이에 반하여 통일의 범주는 자기의식 일반과 같은 어떤 것이 구성된 범주입니다. 칸트에 있어서 이 통일의 사고 속에, 다양성과는 대립한 자기와의 동일성의 사고 속에 본래 형이상학적 실체가 수렴되어 있다고 거의 말할 수 있을지도 모릅니다. 그것은 『순수이성비판』에서 이 통일의 개념이 곳곳에서 결정적인 역할을 하고 있으며, 예를 들어 범주 자체가 통일로부터, 즉 의식의 통일로부터 생겨난다는 주장을 통해서도 입증됩니다. 그러나 이 통일의 개념은 그 자체로는 설명되거나 도출되는 것이 아니며, 그것은 전체를 판단할 수 있는 규준Kanon입니다. 인식이 하나라는 것 그리고 이 하나가 다양한 것에 비해 우선이라는 것, 그것은, 여러분이 좋다면, 칸트 철학의 형이상학적 전제입니다. 그리고 그것이 바로 칸트가 이미 초기 그리스 철학뿐만 아니라 고대 그리스 철학과 나아가 기독교의 전체 사유를 자체에 포괄하고 있듯이 가장 넓은 의미에서 계몽주의와 일치하는 핵심입니다. 다양성에 대한 이 통일의 강조 속에는 칸트가 무반성적으로 받아들인 전통적 모습이 들어 있습니다. 나는 이런 사유로부터 탈출을 이끄는 작업들이 있었고, 이 중에서 몇 가지를 여러분에게 조금은 증명하려고 시도한 바 있었다고 말하고 싶습니다. 이 작업은 통일의 개념이 —제일원리의 개념과 불가분의 관계가 있습니다— 비판적으로 반성되고 있다는 것과 관련되어 있습니다. 이때 칸트에게서 통일의 개념은 —이 작업이 통일의 개념을 바로 내가 『순수이성비판』의 근본 경험으로 간주했던 것의 특성으로 기술합니다— 나중에 적용되는 단순한 추상이라고 말해질 수 없습니다.

칸트적 통일은 —이것이, 여러분이 좋다면, 칸트 철학의 심도 깊은 관점입니다— 내가 다수의 여러 가지 다양한 것들에서 상이한 것을 제거하고 하나를 남김으로써 성립되는 그런 단순한 통합이 아닙니다. 오히려 칸트는 이 통일을 의식 자체의 통일 모델에 따라 형성된 것으로 이해합니다. 통일은 어떤 의미에서 주관의 동일성으로서 모든 인식에 앞서 주어져 있습니다. 이때 이 주관의 동일성은 매번 나타나는 객관의 통일에 어떤 식으로든 상응하고 상관관계에 있습니다. 그러므로 이런 점에서 통일은 우선 인식에 의해 야기되는 것이 아니며, 그것은 인식 자체의 본질이라고 말할 수 있습니다. 여러분이 좋다면, 우리는 이런 의미에서 『순수이성비판』은 통일이 의식에 의해 야기된 것이 아니라, 그 자체로 통일 이외의 아무것도 아닌 의식으로부터 발생하는 인식의 본질이라는 이 주제의 정점에 있다고 말할 수 있겠습니다. '나의 모든 표상들을 동반하는 나는 생각한다'는 바로 나의 모든 표상들을 어느 다른 주관의 표상들로서는 결합하지 못하고 나의 표상들로서 결합하는 통일입니다. 그러므로 이런 면에서 통일은 본래 모든 것이 '연관되어 전개되는' 형이상학적 중심점입니다. 혹은 여러분이 좋다면, 칸트에게서 사유와 통일은 본래 같은 것입니다. 나는 그가 이런 설명에 아마도 동의했을 것이라고 생각합니다만, 그러나 이런 설명은 물론 곧바로 이와 같은 통일이 무엇을 어떻게 행하고, 무엇을 어떻게 야기하는지의 문제를 ─ 그리고 더 나아가 이와 같은 통일이 어떻게 실제로 이와 연관된 다수와 매개되는지의 어려운 문제를 제기합니다. 이제 이 절대적 통일을 다양성에 연관시켜야만 하는 매개 범주는, 말하자면 기관Organon은 결코 다른 것으로 표상될 수 없는 개인적 의식의 통일입니다. 왜냐하면 그것은 본질적으로 다양성에, 따라서 다수에, 즉 주관으로서 나를 형성하면서도 바로 나의 체험들로서 이런 통일을 이루는 체험에 있기 때문입니다. 그리고 매개로서의 기능, 실체화된 통일과 다양한 것 사이에서 오직 가능한 매개로서의 이 기능은 칸트 철학에서 주관에게 ─즉 개인적 의식, 의식의 통일에─ 특별한 지위를 부여한 가장 깊은 이유입니다. 우리는 방금 집중적으로 거론했던 자리에서 이 통일에 대하여 무엇인가를 경험한 바 있습니다.

　　오류 추리, 잘못된 추리에 대한 개별적 반론에 관해서, 나는 여러분에게 ─나는 이미 여러분에게 원리를 충분히 해명했다고 생각하지만─ 몇 가지 특징적인 모델을 제공하고 싶습니다. 예를 들어 우리는 실체 개념을 볼 수 있습니다. ─ 이때 여러분은 칸트에게서 실체는 범주라는 것을 생각해야만 합니다. 이는 실체가 존재 자체가 아니며, 우리가 실체를 거론하는 곳이면 도처에 사유 일반의 선험적 메커니즘에 근거를 둔 사유의 필연성이 앞에 놓여 있다는 말입니다. 그러나 그것이 우리가 직관할 수 있는 것과 관계하고, 말하자면 내용을 가질 때에만 우리에게 타당한 인식을 제공합니다. 반면에 그것이 아무 내용을 갖고 있지 않다면 공허하고 근거 없는 것으로 그리고 텅 빈 주장으로 변질됩니다. "모든 판단에서 항상 나만이 판단을 구성하는 관계에 있어서 규정하는 주관이다. 그러나 나는 생각한다고 할 때의 나는 사유에 귀속하는 술어처럼 보여질 수 없는 그 어떤 것으로 타당하다. 이것은 절대 필연적인 명제이며 자체로 동일 명제이다. 하지만 그것은 내가 객관으로서 자존하는 존재이거나 실체라는 것을 의미하지는 않는다. 따라서 후자는 한층 더 나아가 사유에서 전혀 발견되지 않는 요소까지도 요구하며, 어쩌면 (내가 단순히 사유하는 것을 이런 것으로 간주하는 한) 내가 도처에서 (그것 안에서) 매번 발견하는 것보다 더 많은 것을 요구한다."[245] 이 마지막 문장은 영혼의 실체성 개념에 반박하는, ―우리는 이렇게 말할 수 있을지도 모르겠습니다― 치명적인 공격입니다. 왜냐하면 그 안에는 다음과 같은 말이 언급되고 있기 때문입니다. 즉 나는 내가 사유하는 주관으로서 ―나의 모든 표상을 동반하는 사유로서― 그 어떤 외적이고 내적인 지각의 필수적이고 필연적인 조건인 한, 나를 절대적인 것으로 알 수 있지만, 그럼에도 이를 통해 객관으로서의 자아, 경험적 자아, 절대 지속적인 것으로서의 자아에 관해 전혀 아무 것도 진술되지 않습니다. 이 자아의 형식 없이 어떤 내용도 생각될 수 없다는 사실이 오늘날 우리가 말하는 바와 같이 그것이 객관이 될 수 있고 물화될 수 있다는 것을 의미하지 않습니다. 따라서 그것은 우리가 객관이 재료를 통하여 충족될 때에 우리가 객관을 생각할 수 있는 것처럼 우리가 자아를 객관으로 생각할 수 있다는 것을 의미하지 않습니다. 그러나 재료 자체는 시간적으로 규정된 것, 시간적으로 바뀌고 변화하는 것이기 때문에 우리는 ―이는 칸트의 논증에 암시적으로 내포되어 있습니다― 내가 내적 직관으로서 나 자신에게서 지각하는 구체적인 표명들과 구체적인 내용들의 변화를 뛰어넘어 이 재료가 우리에게 이 영적 존재에 절대적 존재를 부여할 능력이 없다고 말할 수 있습니다. ―이로써 이 주장은 영혼의 실체성에 대한 표상에 가장 파괴적인 타격을 줍니다. 그리고 아마도 내가 여러분에게 읽어 주려는 다음의 문장에는 이보다 더 많은 타격이 있을지 모릅니다. 왜냐하면 그것은 요점이기 때문이며 ―나는 우리가 말했던 모든 것에 의하면 그것을 소위 말해 칸트에게 감사해야 할 공정한 행위로 간주합니다― 또한 그것이 우리 자신을 단일성Singularität과 복수성Pluralität의 관계와 선험적 자아와 개인적 자아의 관계를 숙고하는 데 있어 중요한 지점에 가장 근접해 있기 때문입니다. "그러므로 사유에서 통각의 자아는 다수의 주어로 분해될 수 없으며 그러므로 논리적으로 단순한 주어만을 표시하는 단수라는 사실은 이미 사유의 개념 속에 있으며, 따라서 분석적 명제이다…."[246] 내가 여러분에게 말했던 것 그리고 그 외에 여러분이 『순수이성비판』에서 언급된 것을 간단하게 발견하지 못했던 것을 여기서 칸트는 아주 명백하게 언급합니다. '나는 생각한다'라는 명제는 그것이 특정한 자아의 단일성과 관련될 때에만 의미를 갖습니다. 여기서 이 자아의 체험들은 그것이 다른 누구의 것이 아니라 그의 것이라는 사실을 통하여 서로 연관되고 또한 기능적 연관을 갖습니다. 그런데 (덧붙여 주의하면) 이러한 인정은 우리가 수많은 칸트의 해석에서 발견될 수 있는 주관성과 모든 심리학과의 철저한 경계를 설정하려는 시도는 불가능하다는 사실을 내포하고 있습니다. 왜냐하면 이런 단일성에 ―보편적인 것 또는 복수성 대신에― 기초함으로써 이미 여러분에게 설명했던 것처럼 칸트는 사실적 존재와 이미 구성된 개별 존재를 지시합니다. "…그러나 그것은 사유하는(생각하는) 자아가 종합적 명제가 되는 단순한 실체라는 것을 의미하는 것은 아니다." 따라서 이것은 명제가 일련의 상이한 종류의 요소들이 종합됨으로써, 따라서 직관적 요소들이 통일됨으로써만 성립된다는 말입니다. 반면에 실체적인 것은 그것의 가능한 내용의 고려 없이 형식적 통일에서는 표상될 수 없습니다. "실체의 개념은 언제나 직관과 관계한다. 직관은 나에게 감성적인 것과 다를 수 없는, 따라서 완전히 지성의 분야와 지성의 사유와의 외부에 있는 것이다. 그러나 사유에 있어서 자아가 단순하다고 말해질 때에는 본래 사유만을 언급하고 있는 것이다."[247] 따라서 여기에서 이 진술은 주관의 동일성, 개인적 동일성 자체는 형식적인 것이고, 그것은 거의 동어 반복으로 환원되며, 단수적 주관의 체험은 바로 그의 체험이지 다른 누군가의 것이 아니라는 것을 인정하고 있습니다. 그것은 동일성의 표현이 그것을 뛰어넘어서 인간의 자기 자신과의 실체적 동일성과 같은 것을 의미하는 것이 아니라는 것을 주장합니다. 이런 결과는 자아 개념에 대한 흄의 비판과는 사실 아주 미묘한 음영을 통해서만 구별된다고 나는 말하고 싶습니다. 그렇다면 경험주의와 『순수이성비판』 사이의 문지방이 어디에 있는지 —이제 경험적 심리학, 과학으로서의 심리학이 중요하다면— 알기 위해서 확대경을 이용해야만 할 것입니다. 이 마지막 명제를 이해하기 위해 오랜 시간이 요구되었습니다. 아주 뒤늦게야 영혼의 동일성이라는 신화에서 우리는 벗어났으며 그리고 이 동일성의 띠는 사실 아주 약한 것이어서 양이 질로 갑자기 바뀐다는 것을 깨달았습니다. 이는 우리가 자기 자신을 항상 동일한 것이라고 언급할 때면, 우리는 아주 형식적인 어떤 것을 말하고 있고, 사실 아무것도 아닌 것을 말하고 있다는 것입니다. 프루스트Proust의 소설 작품 전체는, 여러분이 좋다면, 주관의 동일성 한가운데서 심리학적 주관의 비동일성을 표현하려는 단 하나의 웅대한 시도입니다. 그리고 여러분이 가령 시인 고트프리트 벤Gottfried Benn의 사유와 구성의 기저에 있는 기원적 경험에 관심을 갖고 있다면, 여러분은 이때도 아주 유사한 현상을 접하게 될 것입니다. 이렇게 아주 전위적인 것들이 『순수이성비판』에 모두 포함되어 있습니다. 물론 나는 일련의 사변적인 명제가, 당대에 지나치게 노출되고 그리고 사실 정확하게 명백하게 이해되지 않았던 일련의 명제가 그 사이에 개별 학문으로 흡수되었고 혹은 의미 있는 예술 작품에 반영되었다는 —두 영역은 오늘날 절망적으로 서로 제 갈 길을 가는 실정이지만— 사실이 『순수이성비판』의 위대함 중에 하나임을 지적하는 기회를 놓치고 싶지 않습니다.

236) 주 167 참조.

237) 칸트는 무엇보다 『도덕형이상학Metaphysik der Sitten』 제2부 「덕론의 형이상학적 기본원리Metaphysischen Anfangsgründen der Tugendlehre」에서 양심에 관해 다룬다. 아도르노는 다음의 구문을 염두에 둔 것 같다. "인간에게서 내적 법정의 의식은 (그의 사고가 어떤 것에 대해 상호 간에 고발을 하든 용서를 하든) 양심이다. 인간은 누구나 양심을 갖고 있으며, 내면의 재판관을 통해 관찰되고, 위협을 받거나 (두려움과 결부된 존경심으로) 존중되고 있음을 알고 있다. 그리고 이 법칙에 대하여 양심의 내부에서 깨어나는 이 위력은 그 스스로가 (자의적으로) 만드는 것이 아니라, 그것은 양심의 본질과 융합되어 있다(Kant, Werke, Bd. 1V, a.a.O., S.573). 마찬가지로 『실천이성비판』에서 문자 그대로 유일하게 나타나는 곳에서도 '재판관의 판결Richtersprüche'은 양심으로 간주된다(Vgl. ebd., S.223). 양심이 도덕법칙의 목소리인 한, 칸트는 똑같이 강압과 강제에 대한 강력한 실행을 『실천이성비판』에서 토로했다. "의지가 법칙에 자유로 복종한다는 의식은 ─이것은 오직 자신의 이성이 모든 애착을 필연적으로 강제하는 것과 결합되어 있다─ 법칙에 대한 존경이다. … 이 법칙에 따라 애착에서 나오는 모든 규정 근거를 배척하면서 객관적으로 실천적인 행위는 의무라고 불린다. 의무는 이런 배척 때문에 그 개념에서 실천적인 강요를 포함한다. 즉 마지못해 행위하더라도 반드시 행위하게 하는 규정을 포함한다(ebd. S.202). ─ 칸트의 양심과 정신분석의 초자아와의 관계를 아도르노는 『부정변증법』의 자유-장에서 다루었다(Vgl. GS 6, S.267ff.).

238) Vgl. David Hume, 『인간 본성론Ein Traktat über die menschliche Natur』, a.a.O. [주 181], Bd. 1: 『지성에 대하여Über den Verstand』, Hamburg 1989, S.20ff. ─ 흄은 제1부 「표상의 결합 또는 연상에 대하여Über die Verknüpfung oder Assoziation der Vorstellung」의 4장에서 이것을 다룬다. "이제 이로부터 이러한 연상이 일어나고, 이를 통해 이러한 방식에서 정신이 표상으로부터 다른 것으로 이끌려 가는 요인들에는 세 가지, 즉 유사성, 직접적인 시간적이고 공간적인 인접성, 그리고 원인과 결과가 있다." 그러나 인접성에 대해서는 다음과 같은 번역자의 주해를 비교. "Hume: contiguity in time or place. Die Übersetzung mit 'Berührung' in Raum und Zeit ist sprachwidrig. Gemeint ist der unmittelbare Zusammenhang"(ebd. S.21).

239) '이 지점에서' 칸트와 흄의 차이에 대하여 『부정변증법』은 다음과 같이 언급한

다. "흄의 자아에 대한 비판은 의식의 사실들이 개별적 의식 속에 임의적인 다른 것을 결정하지 않으면 존재하지 않는다는 것을 간과했다. 칸트는 그것을 바로잡고 있지만, 그 역시도 상호 관계를 소홀히 한다. 흄에 대한 그의 비판에서 인격성은 원칙적으로 개별 인간들을 넘어서서 인격의 틀로 굳어진다. 그는 의식의 통일을 모든 경험과 무관하게 파악한다(GS 6, S. 288).

240) 『존재와 시간』, 특히 28-30절 참조. 거기에 존재하는 두 가지의 동일 기원적인 구성 방식을 우리는 심정성과 이해 속에서 본다. … 우리가 존재론적으로 심정성이라는 명칭으로 표시하는 것은 존재적으로 가장 잘 알려지고 가장 일상적인 것, 즉 기분, 기분 잡혀 있음이다. 모든 기분의 심리학에 앞서 … 이 현상을 기초적인 실존 범주로서 보는 것이 … 중요하다(Heidegger, 『존재와 시간Sein und Zeit』, a.a.O. [주 204], S. 133f.).

241) 앞의 110-111쪽과 118-119쪽 참조.

242) 아도르노는 칸트의 심리학적 오류 추리를 소위 그의 첫 교수 자격 논문(1927)인 『선험적 영혼론에서 무의식의 개념Der Begriff des Unbewußten in der transzendentalen Seelenlehre』에서 이미 상세히 다루었다(vgl. GS 1, S. 158ff.).

243) 정확히 말하면, 칸트는 "다양한 어떤 것도 포함하지 않는 주관이라는 선험적 개념으로부터 이 주관 자신의 절대적 통일을 추리하되, 이에 관하여 나는 이런 방식으로는 전혀 어떤 개념도 가지고 있지 못하는 것이다. 이런 종류의 변증적 추리를 선험적 오류 추리라고 부른다"(A 340, B 397f.; W 340); 아도르노의 규정은 오히려 변증적 추론들 전체에 해당된다.

244) B 406; W 346.

245) B 407; W 346.

246) B 407; W 346.

247) B 407f.; W 346f.

나는 우선 소위 말하는 합리적 심리학에 대한 칸트의 입장을 계속하여 고찰하려고 합니다. 합리적 심리학은 전반적으로 우리가 선험철학에서 깊이 개념의 의미를 확실히 하기 위한 예비적 고찰에 속합니다. 나는 소위 논증의 핵심을 제공하기 위해서 오류 추리의 장에서 몇 구절을 여러분과 함께 간략하게나마 더 논의하려고 합니다. 여기서도 나는 물론 모범적인 배움의 원칙에 따라 추구합니다. 이는 내가 특히 중요한 구절을 —열쇠의 성격을 갖고 있는 구절을— 해석함으로써, 나는 여러분에게 칸트 사유의 본질적 모티브를 부여할 뿐만 아니라, 동시에 이것을 이해했을 때 바로 이곳으로부터 칸트 논증 내에 있는 다른 곳을 이해할 수 있는 능력을 제공한다는 것을 말합니다. 그리하여 나는 여러분이 이런 개별 해석들에서 배운 것을 여러분 스스로 읽을 다른 곳에 응용을 할 수 있을 만큼 이해되었는지를 알고 싶습니다. 여기에서 중요한 것은 나 자신의 동일성 명제이며, 따라서 개인적 의식의 동일성으로부터 그것의 실체성이 도출될 수 있다는 합리적 심리학의 주제입니다. 칸트는 말합니다. "내가 의식하고 있는 모든 다양성에도 불구하고 내 자신의 동일성의 명제는 바로 개념들 자체 내에 놓여 있는, 따라서 분석적 명제이다…." 개인적 의식의 통일, 그것은 가장 추상적인 의미에서의 동일성 이외에는 아무것도 아닙니다. 이는 모든 의식 내용, 즉 의식의 모든 사실이 이 자아와, 사실 속에서 동일한 존재자로서의 이 단일성과 관계될 수밖에 없다는 것을 의미합니다. "… 그러나 내가 주관의 모든 표상들에서 의식할 수 있는 이 주관의 동일성은 이를 통해 주관이 객관으로서 주어져 있는 것의 직관과는 관계가 없다. 그러므로 개인의 동일성을 의미할 수 없다. 개인의 동일성은 주관 상태의 모든 변화 속에서 주관 자신의 생각하는 존재로서의 실체의 동일성을 의미한다. 이런 개인의 동일성을 증명하기 위해 내가 생각한다는 명제를 단지 분석하는 것만으로서 불충분하고 주어진 직관에 근거하는 서로 다른 종합적 판단이 요구된다."[248] 여러분은 여기서 테스트의 시험관 속에서처럼 『순수이성비판』의 소위 말하는 부정적인 부분에서, 더욱 좁은 의미에서 『순수이성비판』의 비판적 부분에서 항상 발견되는 논증의 원형을 보게 됩니다. 이를 우리는 다음과 같이 아주 단순하게 표현할 수도 있을 것 같습니다. 즉 이성의 오류 추리 또는 이성의 잘못된 사용의 근거는 내용적 인식의 모든 요소들이 주관적이고 형식적인 요소들을 필요로 함으로써 항상 그 안에서 한갓 주관적인 어떤 것, 한갓 반성 개념이거나 형식인 어떤 것이 스스로를 마치 객관적인 것으로 오인하는데 ─ 즉 그것의 특정한 내용과 독립된 것으로서, 따라서 경험의 특별한 사실과는 독립된 것으로 오인하는 데 있다고 말입니다. 오류 추리와 모호성Amphibolie 및 이율배반의 완전한 증명은, 따라서 칸트가 비판적으로 증명하고 '때려 부쉈던 zerschmettert' 이 모든 것은 항상 되풀이해서 말합니다. 주관적인 것, 즉 형식은 ─자신에게 부합되는 질료와 관련해서만 타당성을 보유하고 있고 그리고 오로지 이 질료와 연관될 때만 객관적 기능을 수행합니다만─ 스스로를 객관적인 것이라고 주장합니다. 이는 모호성의 도식, 그러니까 모든 이성의 잘못된 추리가 근거하고 있는 뒤바뀜의 도식이라고 말할 수 있을 것 같습니다. 그런데 여러분은 내가 여기서 이미 말했던 것, 즉 어떤 의미에서 『순수이성비판』은 계몽의 전체 운동에 속한다는 사실을 알고

집으로 향할지 모르겠습니다. 단 앙드레 지드André Gide의 희극 작품 『오이디푸스』에 나타나듯이 계몽이 모든 신화적 표상들, 모든 형이상학적 토대를 거부하며 네가 존재 자체라고, 객관적이라고 간주하는 것은 사실은 언제나 너 자신일 뿐이며, 그 모든 것은 본래 언제나 항상 단지 인간일 뿐이고 인간과 다른 어떤 것이 아니라고[249] 선언하는 한에서 말입니다. 그러므로 사고 과정은 여기서 —나는 이에 대해 이미 지난 시간에 여러분에게 언급했다고 생각합니다만— 의식의 형식적 동일성, 즉 나의 모든 체험들이 어느 다른 사람이 아닌 바로 나의 체험들로서 규정된다는 것입니다. 나아가 이 동일성은 개인의 구체적이고 내용적이며 객관적인 동일성에 대해서 —마치 이것은 그것의 구체적인 성질에 따라서 지속되는 것으로서 나의 내부에 계속 존재하는 것처럼— 전혀 아무것도 말하지 않습니다. 이것은 바로 동일성의 순수한 사유 형식과 이러한 질료적 동일성, 따라서 존속하는 것과의 혼동에 불과한지도 모른다는 것입니다.

그리고 끝으로 여기에 오류 추리 장에서 나온 가장 중심적인 마지막 부분이 있습니다. "내가 생각하는 본질로서의 내 자신의 존재를 나 이외의 다른 사물(나의 신체도 이 다른 사물 중에 들어간다)들과 구별하는바, 그것은 마찬가지로 분석적 명제이다. 왜냐하면 다른 사물이란 내가 나와는 구별되는 것으로서 생각하는 사물이기 때문이다. 그러나 이런 자기의식은 그것에 의해서 나에게 표상이 주어지는 나 이외의 사물 없이 가능한지 따라서 나는 단순히 사유하는 본질로서 (인간이 아니고) 존재할 수 있는지를 나는 이를 통해서는 전혀 알지 못한다."[250] 나는 여러분에게 승리의 포효를 가라앉히면서 이 부분을 읽고 있습니다. 왜냐하면 내가 여러분에게 상세하게 설명하기 위해 노력했다고 생각한 부분을 칸트가 『순수이성비판』에서 특별히 언급한 중요한 구절이기 때문입니다. 이것은 칸트에게서 선험적 요소라고 주장되는 자아와 다른 모든 요소들에 대한 언급은 그 의미에 따라 실제로 경험적 개성과 같은 것을 전제하고 있다는 것입니다. 칸트가 나는 인간이 아니고, 따라서 달리 표현한다면, 인간학의 대상이 아니고, 경험적으로 규정된 자가 아니고, 현실적인 자가 아니라면 '단순히 사유하는 본질'로서 전혀 존재할 수 없다고 말한다면, 이것은 절대적 아프리오리, 즉 '나의 모든 표상들을 수반하는 나는 생각한다'의 (내가 이를 그렇게 명명해도 좋다면) 절대적 우선권의 요구에 대한 비판은 이를 통해 이미 객관적으로 이루어져 있습니다. 칸트는 이곳과 다른 많은 곳에서도 ―우리는 그렇다면 차후에 더욱더 열중하지 않을 수 없을 것입니다― 이로부터 모든 결과를 도출하는 것을 거부합니다. 오히려 칸트는 자아의 현실성 없이 '나는 생각한다'가 도대체 어떤 이성적 의미를 부여하는지, 실재하는 자아 없이 '나는 생각한다'가 도대체 사유될 수 있는지의 물음에 결론을 내리지 않고 단순한 사실적 현실보다 '나는 생각한다'의 논리적 우선 순위로 문제를 유보합니다. 따라서 그는 물론 이 부분에서 한편으로 우리가 여기서 그렇게 얻으려고 했던 통찰력에 도달합니다만, 그럼에도 다른 한편으로 그것은 어떤 결과도 없이 아프리오리의 구조만이 남아 있습니다. 여러분은 여기서 일관성Konsequenzdenken을 거부하는 칸트 철학의 태도는 브레히트Brecht가 언젠가 그에게 A를 말하는 자는 바로 그 때문에 B를 말하지 말아야 한다고 말했던 것과 같다는 것을 볼 수 있습니다. 그와 같은 태도가 세계는 깨어지기 쉽고 주관과 객관의 조화로운 통일이 없다는 것을 인식하는 한, 이것은 정말 대단히 의미 있는 어떤 것입니다. 그러나 다른 한편으로 이 거부는 이론 자체가 여전히 일치하지 않기 때문에 그리고 어떤 결정적인 규정에서 모순으로 인해 스스로 무력하기 때문에 부정적인 측면을 가지고 있습니다. 여기서 말하는 것은 인식론적 반성이 시작하는 이 소박한 자아는 ―가령 영국의 심리철학자인 로크와 흄의 자아는― 어떤 다른 자아에 대하여 조금도 우월하지 않다는 뜻입니다. 그렇습니다, ―내가 내용적으로 규정된 자아에 대해 언급하고 있다면― 나는 심지어 신체적인 특성, 따라서 인간이라고 규정되는 심리물리학적psychophysisch 본질을 도외시해서는 안 된다는 뜻입니다. 이를 통해 무엇인가가 직접 주어져 있는 것을 이해하는 자아의 절대적 자기 확신의 출발점이, 우리가 이미 상세히 서술했던 그 모든 것들이 심각한 타격을 받는 것은 아주 명백합니다. 그러나 나는 여기서 우리가 전개한 것에 대하여 어떤 가치도 부여하고 싶지 않습니다. 그보다 나는 오히려 영혼으로서의 경험적 개인의 존재론적 우위는 합리적 심리학이 주장한 우위처럼 더 이상 존재론적 우위를 주장할 수 없다는 것을 강조하고 싶습니다. 후기 신칸트학파가 아마 이렇게 말했을지도 모르는 이 우위는 단지 어떤 방법론적 우위, 따라서 서술 방식의 우위일 뿐이지, 사태 자체의 속성에서 본질적으로 나타나는 우위는 아닙니다.

나는 여러분에게 우리가 심리학적 오류 추리의 전체 장에서 들었던 것을 보충하기 위하여 두 가지 점을 말하고 싶습니다. 한편으로 나는 이 장이 합리적 영혼론의 칸트 비판을 어떤 면에서는 너무 쉽게 만들었다고 생각합니다. 어떤 면에서 그 비판은 너무 급진적입니다. 왜냐하면 합리적 영혼론은 칸트가 외적 감각의 세계를, 사물의 세계를 고려하여 내린 모종의 규정들을 동시에 내적 감각의 세계에, 그러니까 정신에 적용하는 것을 철저히 중단했기 때문입니다. 여러분은 여기서 정신적인 요인이 경험일 때, 이것은 사라지는 것, 일시적인 것, 동인들 간의 관계이지 어떤 실체적인 것이 아니라는 것을 계속해서 알게 될 것입니다. 칸트에 따르면 실체가 바로 범주라는 것, 달리 표현하면 우리가 필연적으로 직관을 통일시키는 사유 형식이라는 것을 여러분은 기억하십시오. 나아가 여러분은 칸트가 여기서 모든 정신적인 것의 내용에 부여한 현상의 특성은 외적 실재들에 똑같이 적용된다는 사실을 생각하십시오. 그러면 칸트가 물화Verdinglichung의 현상이 정신적인 것에도 적용된다는 사실을 알지 못했다는 것을 여러분은 알게 될 것입니다. 따라서 칸트는 이런 관계를 외적 사물에 실행했듯이, 마찬가지로 이러한 관계가 미래와 과거를 위한 특정한 기대, 특정한 기억을 허용한다는 것을 알지 못했습니다. 여러분은 내가 상세히 해석한 모호성의 장[251]에 나오는 곳을 기억하십시오. 그곳에는 놀라운 것이 있는데 그것은 사물이 본래 관계, 즉 그 현상들 간의 관계 —자연과학자는 기능방정식이라고 말할지도 모르겠습니다— 라는 것입니다. 바로 이와 같은 것은 당연히 내적 현상에도 주장될 수 있습니다. 실제로 막스 셸러Max Scheler의 제자인 하스Haas는 1920년대에 책 한 권[252]을 썼는데, 그는 이 저서에서 이런 사고를, 물론 다른 철학적 전제로부터, 즉 물질현상학materiale Phänomenologie의 전제로부터 정신적 사물세계를 언급했습니다. 따라서 다른 말로 표현하면, 정신의 이 현상Phänomenalität 내에, 경험적으로 주어진 직관 내에 외적 세계에 있어서의 경우와 마찬가지로 인과성을 따르면서 특정한 기대의 관계를 뒷받침하는 지속적이고 확고한 구조들이 형성될 수 있다는 것입니다. 칸트는 정신 내에서 객관화의 가능성을 간과하였고, 이로 인해 그의 비판에서 그가 비난한 합리적 영혼론에 포함되어 있는 진리의 요소를 놓쳤습니다. — 즉 전적으로 개인의 동일성이, 개인의 경험적 동일성이 있다는 것을 놓쳤습니다. 이 개인의 경험적 동일성은 바로 정신의 현상들 간의 관계이며, 개별적인 반응 방식들 간의 관계이며, 사물과 유사한 관계입니다.

여러분에게 그것이 융통성이 없어 보일지도 모르지만, 그러나 실제로 심리학을 위해 그것이 성격 일반의 범주 못지않게 중요합니다. 내가 방금 여러분에게 스케치한 이 가능성을 통해서만 심리학 일반은 성격학Charakterologie과 같은 것을 부여할 수 있게 됩니다. 그리고 내게는 적어도 마치 성격학의 발전이 심리학 일반의 가장 본질적인 목적인 것처럼 보입니다. 그 때문에 성격학을 절대로 받아들이지 못하는 심리학은 —그야말로 많은 심리학파들이 그렇게 하듯이— 본질적인 것에 도달하지 못하고 항상 자신의 앞마당에서 서성이기 마련입니다. 반면에 합리적 심리학의 비판은 그것을 모조리 삼켜 버리기 때문에 성격 일반의 개념에 대해 전혀 여지를 남기지 않습니다. 그것은 칸트의 전체적인 체계의 구조에 하나의 특별한 결과를 가져다줍니다. 왜냐하면 성격 개념은 ―이 부분에서 칸트의 인식론과 가장 깊이 있게 관련됩니다― 칸트의 윤리학에서 예지적인 성격으로서, 다시 말해 개인의 개별적 행위의 원인으로서 규정되기 때문입니다. 물론 이 개인의 행위는 이 성격에 대하여 인과성에 지배를 받습니다. 이런 점에서 칸트는 일종의 성격학적 심리학과 완전히 일치합니다. 이는 우리가 어떤 특정한 성격, 말하자면 성격신경증Charakterneurose을 가지고 있는 사람들은 자신의 의식적인 의지에서 벗어나서 인과적인 방식으로 항상 되풀이해서 특정한 유형의 특정한 행위들을 저지르는 것을 알고 있다는 것을 말합니다. 예를 들어, 그들은 항상 무의식적으로 자신의 행동을 파괴하기 때문에 자신의 직업에서 필연적으로 난파를 초래하게끔 반복해서 행동합니다. 우리는 그것을 성격신경증이라고 부르며, 이것은 성격의 아주 특정한 하나의 유형입니다. 칸트가 『실천이성비판』에서 인과성을 통한 나의 개별적 행위들은 나의 성격과 매개되어 있는 것인지 모른다[253]고 언급하고 있다면, 그는 이를 알고 있는 것입니다. 다만 그는 여기서 ―그런데 이것은 『순수이성비판』의 이 부분에서 소위 말해서 그가 범한 '과오'에 대한 대답입니다― 성격은 기원적으로 자유의 행동을 통하여 자신에게 스스로 부여된 것[254]이라고 말하고 있습니다. 본래 이 주장의 근거가 되는 『실천이성비판』의 자유론이 긍정적인 내용을 지니는 한, 이 주장은 사실상 과학으로서의 심리학과는 완전히 양립할 수 없습니다. 이는 성격학을 조금이라도 알고 있는 사람이라면 누구나 성격이 환경과의 특정한 갈등과 이 갈등의 해소에 토대하여 유아기에 형성된다는 것을 알고 있다는 것입니다. 또한 칸트가 명백하게 자율적 이성에 돌리려고 한 것을 자신도 의식하지 못하는 어린아이에게 적용하려는 사고는 완전히 터무니없는 것입니다. 마찬가지로 심리학적 결과에 대한 아주 유사하고 특이한 이중성은 여기에 해당하는 **양심**이라는 개념[255]에서 잘 나타납니다. 칸트는 순수 현상학적으로 양심의 강압성과 불가피성 및 필요성에서 아주 적절하게 기술하고 있지만 그럼에도 그는 그것을 어떤 절대적인 것으로 간주하고 있습니다. 반면에 헤겔은 양심 자체가 법칙이고, 즉 정신적 역동성에서 발원하는 것이라고 말할 것입니다. 그러나 칸트가 이 양심을 실체화하는 강압적 요소는 실제로 바로 억압과 실패의 흔적입니다.[256]

따라서 이것이 내가 여러분에게 심리학적 오류 추리의 비판에서 말하려고 했던 본질적인 것입니다. 이것이 ─이렇게 말해도 좋다면─ 심리학적 오류 추리 비판의 논증이 과녁을 벗어나서 성과 없는 결과에 빠지게 되는 부분입니다. 그러나 다른 한편으로 이 논증이 어떤 의미에서 충분히 멀리 가지 않았다는 것을 다시금 덧붙여야만 합니다. 왜냐하면 칸트가 비판한 이 모든 개념들처럼 동일성이나 실체성, 단일성과 같은 그런 개념이 현상에, 특정한 직관에 관계되는 한에서만 본래 적용될 수 있다고 그가 규정한다면, 그는 분명히 통각의 종합적 통일의 사고 자체에도 동일하게 적용해야 하기 때문입니다. 이것은 선험철학을, '순수한 자아는 생각한다das bloße Ich denke'를 '확고하게 하는' 본래의 근거입니다. 이제 칸트는 이것을 어느 정도로 실행합니다. 그는 이 선험적 주관이 경험적인 것으로 이해되어서는 안 되며, 이 주관이 직관으로 충족되는 한에서만 바로 의미를 지닌다고 말합니다. 그렇지만 그는 그 점에서 전혀 일관성을 갖고 있지 않고 그보다는 오히려 어떤 의미에서 순수 형식들의 왕국을 건설하려는 경향을 갖고 있습니다. 그는 이 순수한 형식이, 그의 이후 철학이 말했던 것처럼, 내용이 형식을 통하여 매개되는 것과 마찬가지로 내용을 통하여 매개된다는 사실을 아마도 알지 못했습니다. 이는 헤겔 『논리학』의 가장 위대한 장에[257] 단순하게 서술되어 있습니다. 그런데 기이하게도 기본에 철두철미한 『순수이성비판』이 이 점을 강력하게 보여 주지 못했습니다. 원래 오류 추리의 장의 결론은 칸트 자신이 갖고 있는 주관 개념과 합리적 심리학의 유산과 조금도 다르지 않다고 말할 수 있는 주관 개념이 더 이상 순수한 아프리오리로 나타날 수 없다는 것을 의미할지도 모르겠습니다. 그보다 주관의 아프리오리와 이 아프리오리가 타당하기 위해 충족되어야만 하는 직관은 칸트에게서 틀림없이 상관적인 것으로 나타나야만 합니다. 어찌하였든 내가 여러분에게 말했던 것을 통해 소위 말해 칸트의 깊이는 심리학적 의미에서의 깊이로 이해될 수 없다는 것을 여러분에게 보여 주었다고 생각합니다. 왜냐하면 한편으로 심리학의 전체 분야는 단순한 현상의 하나로 경시되고, 따라서 아프리오리에 전혀 속하지 않기 때문입니다. 하지만 다른 한편으로 이제 심리학 자체 내에서 동일성과 비동일성, 일치와 불일치와 같은 것이 정신적인 영역에서 발생하는 무의식적 메커니즘을 통해 그 자신의 깊이를 완전히 이해하지 못하기 때문입니다.

　나는 칸트의 깊이에 대한 물음을 더 계속할 것입니다. 깊이의 개념은, 내가 착각하지 않는다면, 오늘날 외형과 대조되는 또는 표면과 대조되는 본질의 개념과 가장 근접한 개념입니다. 나는 이 기이한 어법에 책임을 지우지 않을 것입니다. 이것의 책임이 헤겔의 현상학과 그것의 후예를 통한 중세적 실재론과 중세적 본질 개념의 —본질essentia의— 회복에 있는지 또는 본질과 본질성에 대한 사유가 헤겔 철학이 우리에게 물려준 무의식적 유산에 있는지를 —본질 개념은 헤겔 철학에서 중심적 위치를 차지하고 있습니다— 나는 여기서 결정하고 싶지 않습니다. 하여튼 칸트에게서 본질과 현상의 구별은 본래 존재하지 않습니다. 그것이 나타날 수 있을지도 모르는 곳은 '모든 대상 일반을 현상체Phaenonena와 지성체Noumena로 구분하는 근거'의 장일 것입니다. 그런데 이 장은 조금은 '일을 끝내면 편히 쉴 수 있다'는 원칙에 따라 구성되어 있기 때문에 나는 특히 여러분에게 이 장을 읽어 보길 권하고 싶습니다. 다시 말해 선험적 분석 개념에서 요구되는 대단한 노력이 수행된 이후에 이 장은 그곳에서 얻어진 본질 규정들을 되돌아보고 자신에 찬 절대적인 몸짓으로 그 규정들을 한데 수집하기 때문입니다. 칸트는 그곳으로부터 회고하듯이 선행한 부분에 포함된 일부의 매우 어렵고 모호한 분석에 시선을 집중합니다. 내가 반복해도 좋다면, 칸트는 현상체, 즉 현상들을 우리에게 매번 실제적으로 주어진, 나의 눈에 보이는 현상들뿐만 아니라 전체적인 현상세계, 따라서 사물이 우리에게 알려져 있는 한, 즉 현상들 간의 상호 연관이 있는 한, 사물들의 세계로 이해합니다. 나아가 이것은 내적 경험의 전체적 영역, 정신적 현상의 경험을 포함합니다. 이에 반하여 지성체의 세계는 그 자체로 있는 세계, 달리 표현하여 순수 사유로부터 우리에게 드러날지도 모르는, 실제로 우리에게 주어진 직관으로부터 독립된 세계입니다. 사실 현상체와 지성체에 대한 장이 칸트에게서 본질이란 말이 나오는 유일한 장입니다. 그는 한번은 감각적 본질Sinnenwesen과 다른 경우에는 지성적 본질Verstandeswesen에 관해 언급하지만, 여기에서 그들이 의미하는 바는 전혀 명료하지 않습니다. 우리는 마치 그것이 약간 대상들에 대한 낭패스러운 표현과 같은 느낌을 받습니다. 그 부분은 다음과 같습니다. "그럼에도 불구하고 이미 우리의 개념에서 명백한 구분이 있으니 우리가 만일 현상으로서의 어떤 대상을 감각적 본질(현상체)이라고 부르면, 이는 우리가 그것을 직관하는 방식을 그것의 성질 자체로부터 구별하기 때문이다. 따라서 우리가 대상을 성질 자체대로 직관하지 못하면 우리는 이 후자의 성질에 따라 지성적 본질로 부르거나 또는 우리 감관의 객관이 되지 않는 다른 가능한 사물을 단지 지성을 통해 생각된 대상으로서, 말하자면 전자와 대비하여 지성적 본질(지성체)이라고 부른다."[258] 그러므로 여기서 감각적 본질과 지성적 본질을 이렇게 구분할 때, 실제로 본질이라는 개념이 ―물론 분명치는 않지만, 내가 아는 한 『순수이성비판』의 이 부분에서 완전히 유일하게― 나타납니다. 그러나 본질론이 존재하지 않는다는 것은 말한 바와 같이 『순수이성비판』의 체질에 어울립니다. 아마도 어떤 철학의 특성을 단지 거기에서 나타나는 개념에만 국한시키지 않는 것은 전혀 나쁜 방법은 아닐지도 모릅니다. 왜냐하면 하나의 철학에서 나오는 개념은 대부분 다른 철학에서도 나오기 때문입니다. 따라서 한 철학에 사용된 개념에 중점을 두고 이런 철학과 저런 철학의 특수한 차이점을 파악하는 것은 어렵습니다. 오히려 우리는 한 철학의 특성을 그 철학 안에 포함되지 않은 개념들을 통해서 포괄적으로 명백히 할 수 있습니다. 나는 언젠가 베냐민Benjamin에게 그의 철학에서 금기로 되어 있고 취급되지 않은 개념으로 그의 철학을 설명하겠다는 계획을 제시한 바가 있었는데,[259] 그는 이 계획에 열정적으로 동의를 표했습니다. 내가 출간한 베냐민에 관한 두 권의 텍스트에서[260] 이 계획을 적어도 부분적으로는 구체화했습니다. 나는 칸트 철학에서 이런 금지된 개념들의 색인Index verborum prohibitorum을 제시하는 것도 정말 한번 해볼 만한 가치가 있을 것이라고 생각합니다. 그런데 이 색인에서는 틀림없이 본질의 개념이 주도적인 자리를 차지할 것 같습니다. 내가 여러분에게 읽어 준 모호성Amphibolie 부분을 나는 상기시키는 바입니다.[261] 그곳에서 칸트는 지성이 타당한 인식을 부여하는 것으로 간주되는 규정들은 모두 외적인 것이라고 단호하고도 열정적으로 말합니다. 따라서 이 규정들은 현상들을 통일하는 종합의 규정이지만, 내부로부터 —이를 모든 관념론자와 덧붙여 가장 중심점에서 쇼펜하우어도 주장했던 것처럼— 현상을 밝히지는 못합니다. 이 본질 개념의 배제 이유와 그 안에 놓여 있는 —우리가 깊이라고 부르는— 칸트적 깊이와의 특유한 편차는 이제까지 나의 강의를 들은 여러분들에게는 아주 명백합니다. 본질에 대한 통찰, 바로 본질의 세계일지 모르는 지성계에 대한 통찰은 우리에게 인식으로서 전적으로 거부되어야 한다는 것, 우리는 이 본질, 현상의 배후에 있는 것, 표면의 배후에 있는 것에 대하여 정말 아무것도 알 수 없다는 것은 아주 명백합니다. 칸트 이후, 무엇보다 헤겔 철학에서 본질 개념이 다시 활기를 찾을 수 있다면, 그것은 칸트 이후의 관념론에서 전체 체계의 구조 변화와 연관되어 있습니다. 달리 표현하면, 칸트 이후의 철학들이 칸트적 블록Block을 인정하지 않고, 그들은 칸트에게서 나타나는 물자체는 아주 공허한 말에 지나지 않고 또한 다른 한편으로 물자체가 본래 자기 자신에게 다가오는 이성과 조금도 다르지 않기 때문에, 그래! 우리에게 인식될 수 있다고까지 말한다고 나는 여러분에게 다양하게 말했었습니다. 따라서 이성이 절대자를 인식할 수 있는 힘을 가질 수 있는 한, 이성은 본질을 인식할 수 있는 —물론 본질에 고정되어 머물러 있지 않고— 힘 역시 가질 수 있습니다. 그보다 헤겔은 칸트에게서 상호 대립적인 두 영역, 현상체와 지성체를 —이것은 유명한 칸트적 도랑들 중의 하나로 인해 서로 분리되어 있습니다— 필연적으로 상호 연관적이라는 위대한 결론을 이끌어 냈습니다. 이는 현상 없는 본질은 없고, 본질 없는 현상은 없다는 말입니다. 여러분은 사물이 표면을 또는 현상을 갖고 있다는 것을 이해하지 못하면, 그것이 이 사물의 '본질'이라고 말하는 것은 결코 의미가 없다는 것을 아주 쉽게 이해할 수 있습니다. 반대로 우리가 사물에 대하여 본질을 요청하지 않는다면, 사물의 겉면 또는 표면에 대해 언급하는 것 또한 마찬가지입니다. 이 차원은 바로 칸트적 분리χωρισμός 때문에, 인식이 자신의 참된 객관을 통제하지 못하기 때문에 칸트에게서 단순하게 사라집니다. 물론 내가 여러분에게 말한 바와 같이 어느 정도는 지성체와 더불어 본질에 대한 형식적 공간은 남아 있습니다. 그러나 칸트 자신은 지성체에 대하여 우리가 그것으로부터 갖고 있는 의식은 아주 공허한 의식이며, 소위 그것을 갖고 우리는 아무것도 시작할 수 없다[262]고 단호하게 말하고 있습니다.

이제 나는 다시 한번 진지하게 참으로 남아 있는 것은 무엇인지, 그러니까 칸트 사유의 실체가 도대체 무엇인지의 물음을 제기하고자 합니다. 이때 나는 여러분 가운데 어느 누구도 여기서 내가 실체를 마치 실체의 범주로 생각하는 것처럼 오해하지 않기를 바랍니다. 물론 나는 실체에 대하여 여러분에게 충분히 설명했습니다. 그러나 내가 실제로 말하고자 하는 것은 이 칸트 철학에 남아 있는 내용이 도대체 무엇인가 하는 것입니다. 그것은 이제 사실 우리가 수행해야 할 선험적 개념의 검토입니다. 그것은 동시에 여러분에게 선험적 개념을 칸트의 후계자들이 ―피히테나 셸링, 어느 정도까지는 라인홀트Reinhold― 사용하였던 경로를 안내할 것입니다. 여러분은 내가 오늘 촉구했던 부정적 관찰 방식을 한번 따라 주십시오. 그리고 여러분은 선험적 개념이 모든 것이 아닐 수밖에 없다는 것도 한번 숙고하십시오. 우선 선험의 영역, 구성의 범위, 아프리오리의 범위, 모든 경험과 모든 내용이 의존하고 있는 조건들의 영역은 심리적인 것이어서는 안 됩니다. 왜냐하면 심리학은 세계에 대한 과학의 일부이자 동물학이나 지리학 또는 천문학과 마찬가지로 감각세계의 학문으로서 직관을 전제합니다. 따라서 칸트의 선험철학은 그와 같은 것에 의존할 수 없습니다. 나는 여러분이 우선 칸트 자신에게 놓여 있는 선험적 개념을 생생하게 파악하기 위해 우리가 출발점을 삼은 선험적 개념의 비교적 단순하고 알기 쉬운 모든 규정들을 반복할 것입니다. 이는 칸트가 아프리오리한 종합판단의 가능성에 근거한 모든 연구들을 선험적이라고 부른다는 것을 의미합니다. 그러므로 그것은 심리적 분석과 선험적 분석 사이에 현저한 유사성이 있을지라도 심리학적일 수는 없습니다. 여러분이 가령 로크가 ―칸트가 들으면 화를 낼지도 모르지만, 우스꽝스럽게도 다른 어떤 철학자들보다 칸트와 가장 유사했던 로크가― 제시했던 메커니즘을 한번 살펴본다면, 그리고 여러분이 일시적인 감각적 인상들과 대조하여 반성개념이, 따라서 실제로 타당한 인식이 성립되는 단계를 한번 자세히 살펴본다면, 여러분은 로크에게서 나타나는 인식 메커니즘의 심리학적 서술[263]이 놀랄 만큼 칸트의 서술과 흡사하다는 것을 발견할 것입니다. 소위 말하는 선험적 분석은 ―따라서 우리의 인식 일반이 성립되는 메커니즘의 분석은― 연결의 규준을 의미하는 심리학의 규준Kanon을 지향하고 있다는 것이 반복적으로 입증되었습니다. 이 규준에서 의식의 요소는 경험적 의식 안에 있고 이 요소들은 경험적 의식으로부터 추상화됩니다. 선험적 분석은 어떤 차원에서 볼 때 심리학적인 것의 추상입니다. — 그것은 심리학과는 아무런 관계가 없다는 것을 선언하는 효과를 갖고 있습니다. 칸트에서 후설에 이르는 모든 철학자들이 인정하든 그렇지 않든 한편으로 심리학적 분석과 다른 한편으로 선험적 분석의 평행성과 같은 것을 받아들였다는 것은 놀라운 일입니다. 동시에 경험주의로 오명을 얻어 순수한 진리를 잃을지도 모르는 두려움 때문에 계속해서 그들은 이 관계를 놓쳐 버립니다.

그러나 다른 한편으로 칸트에게서 선험의 영역은 순수논리학의 영역일 수 없습니다. 내가 여러분에게 이를 꼼꼼하게 설명하고자 한다면, 나는 여러분에게 다음 사실에 주의를 기울이게 할 것입니다. 즉 만일 동일성의 형식적 명제가 '나의 모든 표상들을 동반하는 나는 생각한다'와 동일하다면, 칸트는 경험 가능성을 뒷받침하는 논리학으로서의 선험논리학을 형식논리학 일반과 구별하는 번거로움을 피할 수도 있을 것입니다. 그러면 논리학이 알고 있는 동일성 명제는 실제 직접적으로 선험철학의 원칙과 일치할 것입니다. 그 밖에 A=A라는 명제, 따라서 형식논리학의 최상의 원칙인 동일성의 순수 명제를 '나의 모든 표상들을 동반하는 나는 생각한다'로 해석하려는 시도가 반복해서 이루어졌습니다. 이 자리에서 가장 극단적인 형식논리학적 동일성의 요소가 『순수이성비판』의 가장 내적인 구성으로부터 결코 빼놓고 생각할 수 없다는 나의 말을 오해하지 마시기 바랍니다. 명제의 동일성 요소가 없다면, 의식 일반 속의 전체적 판단이 상호 양립되어야 한다는 요구가 없다면, 선험적 의식에 대한 표상, '나의 모든 표상들을 동반하는 나는 생각한다'에 대한 표상은 전혀 가능하지 않을 것입니다. 왜냐하면 '나는 생각한다'가 모든 개별적 표상의 통일을 제공한다는 것은 이 통일이 바로 '나는 생각한다'는 것을 통하여 전체의 표상들이 일치 가능성의 논리적 관계를 가져다준다는 논리적 함의를 포함하고 있기 때문입니다. 이는 전체의 표상들이 서로 완전히 양립할 수 없는 한, 이것은 배제되어야 한다는 것입니다. 그렇지만 다른 한편으로 ─이는 결정적인 것으로─『순수이성비판』에서 이 형식적 동일성은 필연적인 요소이지만 의식 결합의 정초를 위해서 아직 충분한 요소는 아닙니다. 더 이상의 요소들이 요구됩니다. 무엇보다도 『순수이성비판』 초판에 따르면 그는 「순수 지성 개념의 연역」의 제2절에서 구상력의 재생산을,[264] 그러니까 부재의 현재성을 요구합니다. 물론 내가 시간적인 요소를 필연적인 요소로서 포함할 때에만 나는 구상 속에서의 재생산에[265] 대해 언급할 수 있습니다. 형식논리학은 시간에 관하여 그것의 직접적인 내용에 대해 아무것도 말하지 않습니다. 그럼에도 불구하고 칸트는 언젠가 어느 곳에서 우리가 오늘날 논리 미적분-Logikkalkül과 함께 형식논리학의 연산으로 간주하는 데 익숙한 수학적 (그리고 물론 산수의) 연산은 필연적으로 시간적 순서를 통과할 수 있어야 한다[266]고 말하고 있습니다. 따라서 이런 의미에서 『순수이성비판』이나 또는 아프리오리한 종합판단의 가능성이 관계하고 있는 총괄 개념으로서 선험적 영역은 논리적인 것이라 할 수 없습니다. 마지막으로 단지 하나의 명제로 말한다면 이것은 칸트 이론에 따르면 형이상학적인 것이라 할 수 없습니다. 이는 그것이 경험 가능성을 넘어서서도 안 되고 실체화가 되어서도 안 되며 또한 그 속에서 반성 개념들이 물자체인 것처럼 다루어져서도 안 된다는 말입니다. 이에 대해 나는 다음 시간에 계속할 것입니다.

248) B 408f.; W 347.

249) 지드의 오이디푸스가 그의 아들들에게 하는 말은 다음과 같다. "너희들 중 각
자는 소년으로서 행로를 시작할 때 괴물을 만나서 계속 앞으로 나아가는데 너희
들을 방해하는 수수께끼가 제시될 것이다. 그리고 이 스핑크스가 너희들 중 각자
에게 각각 다른 질문을 제시한다면, 나의 아이들아, 이 질문에 동일한 해답만 있
다; 다른 질문에 단 하나의 유일한 해답만이 있다: 인간. 그리고 이 유일한 인간
은 우리 모두이며 인간 자신이다"(André Gide, Oedipus. Schauspiel in drei Akten,
dtsch. von Ernst Robert Curtius, In: Gide, Theater. Gesammelte Stücke, Stuttgart
1968, S.206).

250) B 409; W 347.

251) 앞의 179-180쪽 참조.

252) Vgl. wilhelm Haas, 『사물의 정신세계Die psychische Dingwelt』, Bonn 1921.

253) 아마도 아도르노는 '순수실천이성 분석론의 비판적 조명'에 나오는 한 곳을 주
목했던 것 같다. 여기서 칸트는 "우리가 (의심할 바 없이 의도로 한 모든 행위처
럼) 그의 자의Willkür에서 생기는 모든 것은 이전의 청춘기부터 그 현상들 (행위
들) 중에 성격을 표현하는 자유의 원인성을 기반하고 있음을 전제한다"고 적고
있다(Kant, Werke, Bd IV, a.a.O., S.226).

254) Vgl. 이것에 관해서 GS 6, S.286f. 여기서 아도르노는 앞의 주에서 인용된 칸트
의 부분을 분석하고 있다.

255) 앞의 329쪽과 그곳의 주 237 참조.

256) 『부정변증법』에서 이것은 더욱 명백해진다. "도덕법칙의 객관성에서 오로지
주관적 이성만이 절대자를 향하여 자신을 활짝 펴며 나아간다는 비난은 저급할
지 모른다. 칸트는 이유를 내세워 사회적으로 요구하는 것을 잘못되고 왜곡된 것
이라고 말한다. 이러한 객관성은 주관적 영역, 심리학의 영역과 합리성의 영역으
로 해석되지 않지만, 특수하고 보편적인 이해가 실재로 완전히 화합할 때까지 객
관성에 의해 선악으로 구분된 채 존재한다. 양심은 자유롭지 않은 사회의 부끄럼
이다"(GS 6, S.272).

257) 「본질논리학」 1편 3장 참조. 「Der Grund」, bes. den Teil A (Hegel, Werke, a.a.O.
[주 90], Bd. 6, S.84ff.).

258) B 306; W 276f.

259) 아도르노는 「발터 베냐민의 특성Charakteristik Walter Benjamins」에서 그의 「반철학의 철학Philosophie wider die Philosophie」에 대해 언급하고 있다. "철학은 자신 속에 드러나지 않는 범주에 대하여 그것을 묘사하는 것은 나쁘지 않을 것이다. 이 범주에 의해 표상은 인격성과 같은 말에 대한 특이한 혐오감을 중재할 것이다"(GS 1O · 1, S.245).

260) 앞의 주에서 거론된 「발터 베냐민의 특성」 외에도 「베냐민의 '저서들Schriften'에 대한 서문」 참조(GS 11, S.567ff.).

261) 앞의 267쪽 이하 참조.

262) Vgl. A 259f., B 315; W 285; 앞의 366쪽도 참조.

263) 로크의 인식론은 무엇보다 그의 『인간 지성론Essay Concerning Human Understanding』 제2권에서 발견된다. 저자는 이에 대해 "지성이 소유하고 있는 그 모든 관념들을 어디에서 얻을 수 있고 또한 어떤 경로에서 그리고 어느 정도로 그것들이 정신에 도달할 수 있는지를" 여기에서 보여 주고자 한다고 말한다. 로크는 "이와 함께 자신의 관찰과 모든 사람의 경험을 근거로 끌어들인다"(John Locke, Über den menschlichen Verstand. Ausg. in 2 Bdn., Berlin 1962, Bd. 1: Buch I und II, S.107).

264) 구상력Einbildungskraft으로 추정된다.

265) 앞의 주와 같이 추정됨.

266) 『부정변증법』에서 아도르노는 바로 다음과 같이 쓰고 있다. "칸트의 연역 이론이 성취한 가장 큰 업적 중에는 인식의 순수한 형식에서, '나는 생각한다'의 통일에서, 구상력의 재생 단계에서, 그는 역사의 기억, 흔적을 인지했다는 것이다"(GS 6, S.63f.).

우리는 텍스트의 단어 그대로의 의미에서 벗어나 넓은 의미에서 칸트의 선험적인 개념을 어떻게 이해하는지를 고찰하는 단계에 있습니다. 만일 선험적인 것, 또는 내가 여러분에게 말해도 좋다면, 선험적 주관이, 따라서 보편타당하고 필연적인 인식을 보장해야 하는 최고의 보편적인 것이고 가장 보편적인 기준점이 실제로 단순한 논리적 통일에 지나지 않는다면, 어떻게 이 주관에게 자발성 또는 활동성 일반이 주어질 수 있는지 우리는 생각할 수 없을 것입니다. 따라서 서로 다른 것을 통일시키는 요소가 ─여러분이 좋다면 논리적인 추상이─ 어떤 의미에서 공간과 시간 내에서 개별화되지 않고도 어떻게 표상들을 산출할 수 있는지 완전히 모호하게 남아 있습니다. 우리가 여기서 직면하고 있는 문제는 실제로 칸트의 선험논리학 전체를 특징짓는 개념이 자발성의 개념이라는 것을 잊어서는 안 되기 때문에 여러분은 이 문제를 아주 진지하게 다루어야 합니다. 더욱이 선험적 연결을 관계 또는 기능으로 설명하는 곳에서도 우리가 이것들을 누군가 또는 어떤 것에서 산출되었는지를 생각할 필요는 없습니다. ─ 그럼에도 불구하고 칸트는 이 기능을 「선험적 연역」이라는 유명한 장의 한 구절에서 활동성으로서 설명하고 있습니다.[267] 그러나 반면에 만일 칸트의 선험적 주관이 약화된 의미에서든 아니든 심리적 주관이라면, 이런 주관은 정말 시간과 공간 속에서 그리고 범주들에 따라 이미 개별화된 것인지도 모르며, 그것은 하나의 대상적 존재일지도 모릅니다. 이로써 그것은 『순수이성비판』 자체의 구별 의미에서 현상일지도 모릅니다. — 달리 표현하면 선험적 주관, 즉 구성자는 『순수이성비판』의 구성에 따라야 하므로 그것은 선험적 조건을 통하여 구성된 것일 수 있습니다. 여러분도 알다시피 우리의 고찰에서 구성자와 구성된 것의 개념이 상호적이고 하나가 다른 하나에 의존될 수 없다는 것을 우리는 되풀이해서 알고 있고, 더욱이 이미 놀라움 없이 받아들일 정도에 도달했습니다. 그러나 나는 여러분이 이 사고를 너무 성급하게 칸트에게 해석하지 않도록 여러분에게 말하지 않을 수 없습니다. 그런 사고는 전적으로 칸트와는 동떨어져 있습니다. 이는 우리가 실제로 칸트 이론의 의미에서 구성된 것으로 불리는 것을 구성자의 조건으로 제시하는 순간, 이로 인해 전체 체계성이 무너질 수도 있다는 것을 말합니다. 보다 정확히 말하자면 글자 그대로 체계성이 무너질 수도 있습니다. 왜냐하면 이로 인해 선험적인 것 자체가 내적 시간성에 종속될 수도 있으며, 이로 인해 변화와 변형을 겪게 될 수도 있기 때문입니다. 따라서 선험적인 것은 끊임없이 동일하게 남아 있는 것으로서, 그리고 현상을 필연적이고 변함없이 조직화하는 것으로서 생각될 수 없을지도 모릅니다. 이런 경우에 제3의 대안을 (제3의 대안을 언급할 수 있다면) 열 수 있는 출구가 있습니다. 어쨌든, 이때 우리는 형이상학적 가능성이라고 할 수 있는 제3의 가능성을 말할 수 있습니다. 즉 선험적 영역은 심리학적 영역도 논리학적 영역도 아닌, 이 두 영역들 너머의 영역입니다. 선험적 영역은 이 영역들을 발생시키고 그들이 따르는 통일점입니다.

형이상학적 가능성에 관한 한, 『순수이성비판』의 입장이 아주 명백한 것은 아닙니다. 나는 여기서 이 어려운 텍스트의 문제를 실제보다 더 단순하게 표현하고 싶지 않습니다. 여러분에게 이 문제 자체의 객관적 어려움을 지적하고 이론의 복합성 속에 어떻게 반영되어 있는지를 보여 주기 위해 소위 말하는 모순들을 보여 주는 것이 나에게는 훨씬 더 중요한 일입니다. 이것은 요구에 맞는 값싼 만족을 위해 모든 것을 일치시키고 이런저런 주제에 들어맞지 않는 것을 여러분에게 감추는 것보다 ― 그리고 일상생활을 위해 만족스럽고 아주 단순하며 분명한 칸트를 생산하는 것보다 바람직합니다. 여러분은 이 강의에서 이런 칸트를 만나지 못할 것입니다. 한편으로 『순수이성비판』에서 직관과 사유의 두 영역 간을 매개해야만 하는 이러한 최종적 통일의 요소, 측정할 수 없는 통일의 요소가 하나의 가능성으로서 제공하는 수많은 관용적 표현들이 발견됩니다. 이 표현이 나오는 곳 중에서 가장 유명한 곳은 '영혼의 깊이'에서 은밀히 지배하고 있는 메커니즘, 즉 직관과 사유를 서로 연관시키는 도식론의 장에서 나오는[268] 메커니즘의 부분입니다. 하이데거는 이것을 분명히 의도적으로 칸트에 대한 전체 해석의 주축으로 삼았습니다.[269] 그러나 다른 곳에서도 이와 같은 메커니즘이 나옵니다. 칸트는 「순수 지성 개념의 연역」의 장에서 왜 우리가 다른 범주가 아닌 이 범주들을 갖고 있는지 그리고 왜 '나의 모든 표상들을 동반하는 나는 생각한다'가 최종적인 조건인지에 대하여 언급하고 있습니다. 여기서 우리는 더 이상 근거 지을 수 없는 비밀을 건드린다는 것입니다.[270] 여러분은 결국 ―가장 간단히 말해서― 내가 반복해서 여러분에게 설명했듯이 초월적인transzendent 물자체 개념을 가리킬 수 있습니다. 이 개념은 로크와 마찬가지로 칸트에 의해서도 비판적으로 해명되지 않았습니다. 그리고 (덧붙이자면) 한편으로 칸트와 로크의 인식론 사이에는 놀랍게도 깊은 유사성이 있습니다. 그들은 모두 의식 관계를 분석하면서 의식과 완전히 공존하지 않는 일종의 기초가 되는 물자체에 대한 생각을 유지하고 있습니다. 그런데 이 유사성은 내가 아는 한 지금까지도 이렇다 할 만큼 전혀 심도 있게 연구되지 않았습니다. 그러나 여러분이 좋다면, 선험의 형이상학적 해석의 토대를 준비할 수 있는 모든 요소는 칸트가 ─여러분이 이것을 어떻게 부르든─ 물자체 또는 절대자의 영역이 있다고 하지만, 그것의 개념 자체가 공허하며 이 개념으로는 실제로 전혀 아무것도 할 수 없다고 아주 단호하게 진술한 것과 대립하고 있습니다. 예를 들면 내가 지난번 이미 인용한 현상체와 지성체에 대한 장의 구절에 언급되어 있듯이 말입니다.[271] "그리하여 순수한 한갓 지성적 intelligibe이라는 대상들의 개념은 그것의 적용될 모든 원칙에 대하여 전혀 공허하다. 왜냐하면 우리는 그런 대상이 주어질 방식을 생각해 낼 수 없기 때문이요, 또한 그런 대상을 위하여 자리를 열어 주는 개연적 사고는 마치 공허한 공간처럼 단지 경험적 원칙을 제한할 뿐이요, 경험적 원칙의 범위 이외에 있는 인식의 어떤 다른 객관을 자신 안에 포함하지 않고 제시하지도 않기 때문이다."[272] 한편으로 '순수한 지성적 대상들'의 개념이 어떤 것에라도 적용될 수 있다면, 이 개념은 강조된 의미에서 『순수이성비판』의 대상들, 즉 모든 경험으로부터 독립적일 수밖에 없는 모든 인식의 선험적 조건들에 적용될 수 있다는 것은 명백합니다. 왜냐하면 선험적 조건들이 경험을 구성하기 때문입니다. 그러나 칸트는 선험적 조건들을 궁극적인 통일 요소로부터, 즉 바로 한갓 논리적 기능으로부터, 사유 기능으로부터 연역하기를 자청합니다.

그러나 칸트는 여기서 ─우리는 그가 「선험적 연역」에서 수행한 것과는 어느 정도 모순된다고 말할 수밖에 없는데─ 그것은 '그 적용의 모든 원칙에 대하여 전혀 공허할' 뿐만 아니라 우리는 '그런 대상이 주어질 방식을 생각해 낼 수 없다'고 말합니다. 반면에 '순수 지성 개념의 연역'은 순수 지성 개념들이 어떻게 주어질 수 있는지, 즉 어떻게 서로 다른 의식의 통일 요소를 통해 다른 것이 아닌 하나의 의식 통일이 필연적으로 형성될 수 있는지를 이해시키려는 시도입니다. 그렇다면 범주들은 필연적으로 '나는 생각한다'가 펼치는 정형화되고 기능적으로 서로 결합된 의식 통일의 요소들과 전혀 다르지 않습니다. 나는 엄밀한 의미에서, 즉 형식논리학의 의미에서 칸트는 대전제로부터 추론을 이끌어 내지 않기 때문에 '순수 지성 개념의 연역'은 전혀 연역이라고 할 수 없다는 점을 주석으로서 덧붙이고 싶습니다. 그보다 여기서 실제로 일어나는 것은 한편으로 '나는 생각한다'의 통일의 개념 —따라서 순수한 논리적 통일— 과 다른 한편으로 의식 통일의 요소, 포착Apprehension, 재생산의 요소와의 구조적 동등성의 증명이고, 구조 공속성Strukturzusammengehörigkeit의 증명입니다. 이는 만일 의식의 통일과 대상의 통일, 그러니까 절대적 동일성이 존재하지 않는다면, 이 종합의 서로 구별되는 요소와 같은 어떤 것이 존재할 수 없다는 것을 뜻합니다. 반면에 종합의 이 요소들이 없다면 이러한 의식 통일의 주장 또한 아주 공허할 것입니다. 이 단계에서 수행되는 개인적 의식의 생동적인 통일이 있다는 것을 통해서만, 한갓 형식적인 '나는 생각한다' 일반에 관해서도 거론될 수 있습니다. 나는 여러분이 이 상호성을 '나는 생각한다'와 연역의 개별적 요소들 간의 관계에서 이해하고 그러고 난 후 끝으로 범주의 관계에서 이해할 때에만, 여러분은 『순수이성비판』 일반의 이 중심점의 요소를 정확하게 파악할 수 있다고 생각합니다. 덧붙이자면 칸트는 이미 앞서 인용된 부분에서[273] 범주들이, 따라서 다른 말로 표현하면 통일을 구성하는 개별적 요소들이, 또한 이 통일 자체가 어디에서든 이해될 수 없지만, 받아들여야만 한다고 말할 때 상당히 일관성을 갖고 있습니다. 내가 여러분에게 말한 바에 따른다면 어쨌든 선험에 —순수 지성 개념의 연역에 국한된 범위에— 대한 형이상학적 해석은 논리학적 해석과 심리학적 해석과 마찬가지로 『순수이성비판』에서 배제되어 있습니다. 이는 칸트가 틀림없이 내가 바로 현상체와 지성체의 장에서 여러분에게 읽어 준 바로 그 비판을[274] —이 비판은 『순수이성비판』의 수많은 곳에서 발견되는 비판인데, 나는 바로 이 부분을 의도적으로 끄집어냈습니다— 이것에 적용한 것 같은데, 그는 분명히 선험적인 것의 영역 자체가 지성적 대상이기 때문에 우리는 이에 대해 아무것도 전혀 언급할 수 없다고 말하는 것인지도 모릅니다. 말하자면 이 영역 자체는『순수이성비판』내에 있으며, 비판의 대상입니다.

우리가 지금 고찰한 것을 통하여 나는 여러분을 실제로 아포리아로 끌었다고 생각합니다. 나는 이 전체적 규정들, 아니 그보다는 이 전체의 부정적 규정들, 이 경계 설정들은 내가 여러분에게 방금 읽어 준 것에 따라 부정적인 규정들로 명백히 이해될 것입니다. 여러분이 이 모든 것을 동시에 그리고 완전히 문자 그대로 받아들인다면, 선험적인 것에 대한 모든 명제들을 본래 배제하고 있습니다. 나는 이제 결정적 부분에 와 있다고 생각합니다. 내가 반복적으로 설명했듯이 우리는 여기서 왜『순수이성비판』으로부터 독일 관념론으로 옮겨 가게 될 수밖에 없는 필연성이 있었는지를 이해할 수 있습니다. 따라서 우리는 이제 이 필연성이 설명될 수 있는 지점에 도달했습니다. 이 아포리아에는 실로 실패의 객관적인 인정, 즉『순수이성비판』이 지향하는 의도에 대한 실패의 객관적인 인정이 있습니다. 칸트가 동시에 제기한 요구, 즉 한편으로 내가 정말 의미있는 명제를 만들 수 있기 위해 직관을 통해 성취를 요구하는 것과, 다른 한편으로 내가 단순하게 경험에 빠지지 않기 위해 순수한 선험을 요구하는 것은 불가능합니다. 이 요구는 사실 일치될 수는 없습니다. 자, 칸트가 행한 것은 ―나는 그것이 아마도『순수이성비판』의 방법에 대하여, 또는『순수이성비판』일반의 내적 도정에 대하여 언급될 수 있는 최종적인 것일지도 모른다고 생각하는데― 바로 그 자신의 금지를 어기는 것입니다. 여러분은 그가 「선험적 변증론」에서 지성계로 빠져들어 가는 것을 단호히 거부하고 있으며, 그가 경험을 통해야만 실행될 수 있는 구속력 있는 명제를 순수한 사유에서 도출하는 것을 철저히 거부하고 있다는 것을 상기하십시오. 우리가『순수이성비판』에 놓여 있는 것을 발견한 가장 단순하고 가장 깊은 특징은, 아마도 그가 전체적으로 ―부연하자면 그의 구성의 가장 결정적인 점에서― 본래 이성에게 금지시킨 일을 행한다는 것입니다. 즉 그는 순수한 사유로부터 어떤 것을 구성하며, 경험을 통하여, 현상을 통하여 얻을 수 없는 어떤 것을 확정합니다. (나는 여기서 애매할지도 모르는 '요청하다'의 말을 피하고 싶습니다) 왜냐하면 범주 또는 의식의 통일 또는 (우리가 앞으로 보게 되겠지만) 심지어 소위 공간과 시간과 같은 순수한 직관이 —그는 형식 이상의 것을 열망하는 모든 인식에 그것을 요구하듯이— 정당화될 수 있는 어떤 현상, 어떤 실현도 존재하지 않기 때문입니다. 여러분은 범주로서의 범주 또는 의식 통일으로서의 의식 통일에 상응하는 직관을 결코 발견할 수 없을 것입니다. 이러한 직관을 통해 이 명제는 —이율배반론 및 전체 선험적 변증론에 따라— 본래 구속력 있는 인식들이 정당화되어야 하는 것처럼 그렇게 정당화될 수 있을 것입니다. 그 대신에 칸트가 가는 길은 사실 순수한 개념에서 나온 길입니다. 이는 그가 경험일반이 가능할 수 있기 위해 한갓 사유를 통해 무조건적으로 사유되어야하는 것을 추구한다는 뜻입니다. 그러나 순수 사유로부터 나오는 이런 추론은 본래 그에 의해 금지되어 있습니다.

여러분은 이제 내가 기회가 있을 때마다 아포리아적 개념의 본질에 대하여 말했던 것을 여기서 기억하십시오. 나는 아포리아적 개념을 사고에 일치하는 내용이나 직관이 발견될 수 없는 곳에서 발생하는 개념을, 또한 이 때문에 자기 자신 내에서 통일적이고 논리적 모순이 없는 근거를 위해 가능한 내용을 넘어서서 사유를 계속 이어 가는 곳에서 발생하는 개념이라고 부릅니다. 그것은 직관성의 요구와 순수한 논리성의 요구 사이에서 발생하는 아포리아를 통하여 칸트가 이제 어느 정도는 경험의 가능성을 넘어서지 않을 수 없다는 것을 뜻합니다. 이런 상황은 특정한 숫자들을 고안한 수학자들의 모델과 같습니다. 그들은 연속하는 자연수와 상관성이 없지만 논리적 필연성 때문에 비록 그들이 착수했던 정수론Zahlentheorie의 의미에서 결코 존재하지 않지만 특정한 수, 허수나 완전한 상상의 수를 발견합니다. 이러한 사고의 필연성으로부터 소위 존재하지 않는 어떤 영역에로의 운동을 우리는 직접적으로 칸트를 계승한 철학에서 사변, 개념의 사변적 운동을 의미하는 것과 동일시할 수 있을 것입니다. 달리 표현하면 칸트는 그의 방법론의 가장 내적인 근거를 규정하는데 직면하는 어려움 때문에 그가 합리주의의 선행자인 라이프니츠와 볼프에게 비판했던 저 사변에 대해 정확히 객관적으로 행동을 취할 것입니다. 이런 면에서 칸트 이후의 관념론은 매우 일관성이 있었으며 칸트가 구별한 선험적 논리학과 선험적 변증론, 단순한 반성과 사변 간의 차이를 무효화할 때, 칸트가 이미 행했던 것을 소위 말해 의식으로 고양시켰고 칸트 자신이 필연적으로 빠져든 선험적 변증론을 나름대로 인식의 기관으로 끌어올렸습니다. 나는 이 점에 많은 시간을 보내고 있습니다. 왜냐하면 ―이것은 내가 여러분에게 앞선 강의에서 설명했던 것과 분명히 들어맞기 때문입니다― 모든 인식론은 각각 필연적으로 이러한 아포리아적인 개념들과 이러한 변증론에 빠져든다고 나는 생각하기 때문입니다. 왜냐하면 모든 인식론은 하나의 이론이 되기 위해, 따라서 자체 내에 통일적인 연관성을 갖기 위해 어떤 의미에서 동일성과 비동일성, 주관과 객관의 문제성을 해결하지 않으면 안 되기 때문입니다. 인식론은 전체적인 중심점을 ―나는 전체적인 실체라고 거의 말하고 싶은데― 주관 안으로 전환시키고 인식을 순수하게 주관의 분석으로부터 끌어냅니다. 그 까닭은 객관의 이러한 분석은 아프리오리하게, 따라서 역사적으로 변화하는 내용들과 독립해서 결코 단 한 번에 시도될 수 없기 때문입니다.[275] 그러나 이제 ―존재론적으로 말해도 좋다면― 객관은 완전히 주관에 국한되고, 객관은 본래 주관이다라는 믿음은 잘못된 것이며, 그것은 맞지 않습니다. 그리고 객관성이 주관성을 전제로 하는 것과 마찬가지로 순수한 주관은 반대로 객관성을 전제로 한다는 것을 보여 줌으로써 내가 여러분에게 이 오류를 지적했다는 것을 기억하기 바랍니다. 그러나 주관적으로 지향된 분석은 ―다른 말로 인식론은― 이 불충분성, 이 오류성에 대하여 대가를 지불해야 합니다. 그 대가는 인식론이 구성하는 모든 개념들이 본래 불충분하다는 것입니다. 이 개념들은 다음번의 개념을 통해서 비로소 상환될 수 있는 채무증서와 같습니다. 저속하게 표현하자면, 인식론은 항상 한 구멍을 파서 다른 구멍을 막는 방법과 같습니다. 인식론의 전체 역사, 내적인 역사는 본질적으로 이 끊임없는 채무관계의 역사이며, 따라서 인식에 있어 객관의 몫을 상환할 수 없어 이 상환을 인식의 다른 요소에로 점점 연기시키고, 그리고 난 후 이 인식의 다른 요소도 인식을 통해 채워야만 하는 것, 즉 상환을 점점 연기시키는 역사입니다. 그리하여 결국 그것은 선험적 구조와 같은 개념적 구조를 필요로 합니다. 사실 이것이 칸트의 본래적인 깊이를 또한 설명해 줍니다. 그의 깊이의 본질은 한편으로 가장 넓은 지성에서 파악된 실증주의의 의미에서 등가물, 충족, 대상적 상관 개념이 선험적이라고 불리는 것에 발견될 수 없다는 점입니다. 다른 한편으로 이 전체적인 영역의 구조에서 사유가 결코 벗어날 수 없는 강압적인 힘이 지배하고 있다는 점입니다. 따라서 칸트가 범하는 '실수'에서 우리는 전체 인식론적 방법의 항의를 봅니다. 나는 물론 철학 일반의 깊이는 —말하자면 조화로운 결과의 완전한 성공에 따라서가 아니라— 실수의 깊이에 따라 측정될 수 있다는 견해를 가지고 있습니다.

여러분은 이제 나에게 다음과 같은 물음을 제기할 수 있습니다. 우리는 범주나 아포리아적 개념의 상호 관계를 어떻게 생각해야 하는지, 우리는 이 짜임 관계를 어떻게 생각해야만 하는지 그리고 모든 소여성과 모순에 빠져 있지만 자기 내부에서 완전히 일관된 사유 깊이를 어떻게 이해할 수 있습니까? 나는 여러분에게 그것을 새롭게 채무의 비유로 가장 간단하게 표현할 수 있다고 생각합니다. 그 외에도 채무자와 채무관계의 비유는 흥미롭게도 칸트의 전체 철학에서, 실천철학에서도 늘 반복되고 그리고 중요한 역할을 하는 비유입니다. ― 첨언하자면 채무관계는 서양철학사의 초기에 아낙시만드로스Anaximander의 격언[276] 속에 있습니다. 나는 이 관련성을 여기서 암시할 따름이며 그것을 더 이상 추적할 수 없습니다.[277] 이때 작동하는 방식은 이 아포리아적 개념이, 그러니까 격리된 채로 반드시 수행해야만 하는 것을 실제로 수행하지 못하는 개념이 서로를 차용하거나 자신에게 인접해 있는 다른 개념에서 무엇인가를 차용하는 것입니다. 선험의 영역은 어떻게 보면 미지의 땅[278]이거나 혹은 어떤 식이든 고정된 재고품의 땅이 아닙니다. 그곳은 최종적인 요구가 청구될 수 없는 거대한 신용 체계입니다. 이는, 구체적으로 말하면, 통일과 일관성에 대한, 따라서 무모순성의 사고는 논리성으로부터 차용된 것이라는 말입니다. 왜냐하면 종합이란 사물들을 한데 모아서 그들이 서로 모순되지 않도록 하거나 또는 ─예전의 라이프니츠-볼프 철학에서 언급된 바와 같이─ 공동 가능성Kompossibilität, 공동 존재 가능성의 요구에 만족을 주는 것이기 때문입니다. 논리의 사고, 그것은 차용된 것입니다. ─ 또는 그것은 아마도 차용된 것이라기보다 오히려 언젠가 실제로 전체적 구성의 근거를 제시하는 것일 수도 있습니다. 그렇지만 실제의 활동성, 시간성, 가능한 실재화 일반과 관련된 이 모든 요소들은 ─ 심리학으로부터, 따라서 이미 구성된 것으로부터 차용됩니다. 이 차용이 심리학에서 이루어짐으로써 나는 매우 부끄러운 차용이라고 말하고 싶은데 왜냐하면 무엇인가를 차용하는 사람은 평범한 삶에서 이 사실을 떠벌리는 법이 없기 때문입니다. 그러나 이 경우 차용을 통해서만 칸트 자신의 요구에 따라 논리의 영역과 직관의 영역 간의 이와 같은 관계 일반이 산출될 수 있습니다. 만일 칸트에게서 선험적 주관과 직관 또는 경험의 영역 사이에 어떤 친화력이 없다면, 만일 칸트가 이런 친화력을 ─옛 고대에서는 유사성 Ähnlichkeit[279]이라고 말했을지도 모르는데─ 받아들이지 않았다면, 어떻게 직관들이 개념들에 포섭될 수 있는지 전혀 상상할 수 없을지도 모릅니다. ─ 만일 바로 이 개념들 자체에 선험논리학이 직관과 경험에서 유래하는 요소들을 금지하는 것이 없다면 어떻게 그렇게 할 수 있습니까? 그러나 절대적 타당성의 요구, 그런 까닭에 소위 말하는 지성적 영역의 요구는 형이상학으로부터 차용됩니다.[280] 그렇지만 이 영역은 칸트 자신에게 불명료한 방식이기에 다시금 합법화되어야만 합니다. 왜냐하면 이 영역이 어떤 특정한 관계에서 —즉 경험에 대하여 구성적이고 충족되는 관계에서— 그때그때 사유되기 때문입니다. 그리고 이 지극히 복잡한 방식을 통하여, 즉 이 세 가지 기본 개념들 또는 기본 영역들이 생동성 있게 남아 있을 수 있도록 그리고 모순되는 두 영역이 칸트에 의해 결합될 수 있도록 서로에게서 차용함으로써, — 이렇게 함으로써 이제 이 진기한 상상의 영역이 성립되는 것입니다. 이 영역을 우리는 선험적인 것으로 본래 간주해야만 합니다.

우리가 잠깐 동안 전체 상황을 형이상학적으로 보려고 한다면 여기서 중요한 것이 초월Transzendenz 영역을 세속화하는 시도라고, 우리는 분명히 말해야 할 것 같습니다. 원래 초월은 신학적 개념이지만 그것의 고유한 사실적인 존재에 대한 모든 주장과 규정으로부터 해방되어야 합니다. 동시에 이 아포리아적 구조는 절대적인 타자Anderssein로부터, 내재성으로부터 절대적으로 벗어나도록 보장해야 합니다. — 이것은 우리가 내재성 자체를, 내재성의 가장 내적인 핵심을 깊이 파낼 수만 있다면, 우리는 초월을 그 자체의 조건으로서 발견할 수 있다는 의미입니다. 나는 초월의 개념을 이 자리에서 여러분에게 제시함으로써 나는 여러분에게 최종적이고 결정적인 목적으로 인도할 것입니다. 우리는 —칸트도 아마 확실히 우리를 인정할 것입니다— 논리적 범주들 또는 직관 형식들은 사실성의 의미에서 존재하지 않고 더욱이 제2 질서의 사실성도 없다는 사실을 분명히 알고 있습니다. 오히려 그것들은 칸트가 명명하듯이 단순한 반성 개념들이고, 다시 말해 그것들은 필연적으로 우리가 선험을 고려해서 강요한 반성에서 나온 것입니다. 그러나 우리는 범주들과 직관 형식들 자체와 상응할지 모르는 존재로서의 어떤 것을 —예컨대 나중에 후설이 이것을 생각했던 것처럼— 발견할 수 없습니다. 그러나 여러분이 가장 내면의 핵심에서 초월을 재발견하는 생각과 함께 이것을 총괄한다면, 본래 『순수이성비판』의 종점인 순수한 정신, 즉 '나는 생각한다'는, 만일 이것이 실제로 존재하는 모든 것의 조건을 부여한다면, 본질Entität로, 존재 자체로, 결국은 절대자가 되지 않을 수 없습니다. 그러므로 이런 점에서 칸트의 후계자인 피히테와 헤겔은 실제로 정신을 실체화합니다. 그들은 이 개념이 경험으로부터 나와서는 안 되고 어떤 개별적 인간의 의식이어서도 안 되며, 그보다 그것은 절대적인 조건이어야 한다고 주장함으로써 이것을 초월의 의미로 만들었습니다. 우리는 이것이 피히테에게 해당된다는 점을 분명히 말할 수 있으며, 내가 이 자리에서 헤겔에게서 발생하는 엄청난 문제점을 인식하고 있지만 이것이 헤겔에게도 해당된다는 점을 오히려 변호할 수 있습니다. 어쨌든, 주관적으로 기반하고 있는 분석이 만나는 정신 자체가 한갓 사실성에 귀속되지 않는다면, 스스로 형이상학적 실체여야만 하는 사고, 이런 사고는 칸트 자신에게서 아포리아적 개념의 구조 속에 객관적으로 내재되어 있습니다. 이는 만일 선험의 영역 그 자체가 모든 존재자를 실제로 초월자로서 사유된다면 이 영역은 칸트가 기대한 것을 실현할 수 있다는 것을 말합니다. 따라서 이런 면에서 정신의 실체는 그것을 추후의 관념철학자들이 수행한 바와 같이 신으로서 최상의 아포리아적 개념이라고 말할 수 있습니다. '나는 생각한다'가 본래 모든 것을 생산하고 창출하는 참된 본질이지만, 그러나 이때 '나는 생각한다'가 그 안에 있을지도 모르는 순전한 경험적 자아와의 모든 관계로부터 실제로 독립한다는 명제를 내가 진지하게 생각하는 순간, 그것을 절대정신으로 고양시키는 것 이외에 어떤 다른 결과가 나오는 것은 불가능합니다. 이런 점에서 실제로 칸트의 선험 개념과 선험철학은 나중에 헤겔이 논리학과 형이상학의 동일성이라는 이름하에 주제화한 것에 이미 도달해 있습니다. 이는 논리적 통일의 요인이 모든 것을 포괄하는 한, ―그리고 일단 선험적 변증론이 더 이상 인식으로부터 분리된 것이 아니고 인식의 기관이라면, 논리적 통일의 요인은 실제로 모든 것을 포괄합니다― 그렇다면 실제로 이것은 이미 형이상학이라는 말입니다.

따라서 달리 표현하여 우리가 세 가지 요소, 즉 논리학, 심리학, 그리고 형이상학이 짜임 관계로 나타나는 아포리아적인 개념들로 다시 한번 되돌아가면, 우리는 논리학이 심리학이 될 수 없음에도 심리학과 독특하게 결합함으로써 논리학이 그 자체로 일종의 독보적인 존재를 끌어내고, 당연하게 형이상학으로 초월한다고 말할 수 있습니다. 또한 이와 더불어 이제 정말 『순수이성비판』은 가장 내적인 핵심에 의하면 일종의 형이상학, 즉 주관으로의 전회에서, 여러분이 좋다면, 주관성의 내면에서 초월 자체의 존재 자체를 감추거나 혹은 본래 구원하려는 일종의 형이상학이라고 말할 수 있습니다. 이것이야말로 정말 이 책이 지닌 어마어마한 깊이의 파급력을 설명하고 있으며, 깊이의 개념을 ―이를 여러분에게 적어도 윤곽이나마 해명하기로 약속한 바와 같이― 처음에 불러낸 까닭입니다. 여러분은 칸트를 다룰 때, 선험적 감성론을 먼저 한번 다루는 것이 일반적이지만, 내가 ―여러분 중 적지 않은 분들이 놀라워할지도 모르겠는데― 『순수이성비판』에 대한 이 강의에서 체계적으로 다루지 않았던 이유를 여기서부터 비로소 올바르게 이해할 수 있다고 나는 생각합니다. 여러분은 칸트가 「선험적 감성론」의 주제인 공간과 시간의 아프리오리에 대해 왜 그렇게 형언할 수 없는 관심을 보이는지를 지금은 이해할 수 있을 것입니다. 한편으로 『순수이성비판』은 직관과의 관계를 요구합니다. 그러나 직관과의 이런 관계가 없으면 어떤 타당한 인식도 결코 존재하지 않습니다. 이 관계가 어떤 식으로든 이행되지 않는다면, 그것은 아주 공허하게 남게 될 것입니다. 그러나 다른 한편으로 내가 직관하는 것, 즉 여기 지금 나에게 감성적으로 주어진 것, 그것은 동시에 한갓 경험적이라는 비판에 빠집니다. 이 비판이야말로 ─지성계 속으로 상궤를 벗어난다는 비판 이외에 이것만큼 강렬한 것이 없는─『순수이성비판』의 근본 모티브를 구성하는 비판입니다. 그 결과 칸트는 직관이지만 그럼에도 아프리오리한 영역을 구성해야 합니다. 이 영역은 직관이 인식의 가장 보편적인 내용을 갖게 하지만, 다른 한편 한갖 아프리오리라는 도피의 비난으로부터 해방되어야 하는 영역을 구성해야만 합니다. 바로 이것이 본질적으로 '선험적 감성론' 구성의 근거입니다. 이런 관점에서 ─이 문제 자체의 어려움 때문에 우리에게 개념적인 구성을 더욱 강요하는 것─ 아포리아적인 개념에 대한 사고를 나는 여러분에게 진지하게 요구할 것입니다. 여러분이 이것을 내가 원하는 만큼 받아들이고 이 강요로부터 '선험적 감성론'의 구성에 접근한다면, 「선험적 감성론」의 텍스트를 생생하게 그려 내고 난 후, 논증을 신중히 검토하고 그리고 논증에 접근하는 것보다 훨씬 더 잘 이해하게 될 것입니다. 달리 표현하여 그것을 한번 아주 극단적으로 정형화한다면, 감성론 자체, 즉 '선험적 감성론' 자체는 ─따라서 직관, 순수 직관의 이론은─ 본래 논리학에 의존합니다. '선험적 감성론' 위에 논리학이 구축된다는 것은 『순수이성비판』에서 순전한 환상입니다. 이것은 사실 촉발을 통해 수용된 내용의 형식이 먼저 있고, 그런 다음에 지성이 나타나서 그것을 가공하고 형식화한다는 학교 선생님 같은 생각입니다. 나는 처음에 여러분에게 그것을 설명했는데, 왜냐하면 그것은 목차에 있기 때문입니다. 물론 그것은 『순수이성비판』의 본래적 모티브에 어떤 식으로든 정당성을 나타내지 못합니다. 나는 여러분이 이제 이 '선험적 감성론'의 전체적 구성이 논리학의 기능이라는 것을, 따라서 여기 이 자리에서 또 한 번 결정적으로 직관과 논리학 사이의 아포리아를 해결하려 한다는 것을 이해할 것입니다. 그렇다면 여러분은 「선험적 감성론」의 특별한 모습을 훨씬 더 잘 이해하게 될 것입니다.

나는 이제 마지막 시간에 오직 「선험적 감성론」의 해석에만 몰두하고 싶습니다. 그리고 우리가 『순수이성비판』의 내용을 언급할 때 당연히 시작하곤 하는 방식으로 나는 강의를 끝맺을 것입니다.

267) 아마도 아도르노는 제2판 §15를 생각하고 있다. 여기서 '다양한 것 일반의 결합'은 "자발성의 작용"과 "지성 행위"로 명명된다. "모든 표상들 가운데 결합은 객관을 통해서 주어지는 것이 아니라, 단지 주관 자신을 통해서만 실행될 수 있는 유일한 것이다…. 왜냐하면 결합은 주관의 자기 활동의 작용이기 때문이다"(B 130; W 135).

268) 앞의 231쪽과 주 167에서 인용된 곳 참조.

269) Vgl. Heidegger, 『칸트와 형이상학의 문제Kant und das Problem der Metaphysik』, a.a.O. [주 44], bes. §22, S.96ff.

270) "그러나 우리의 지성이 왜 범주에 의해서만 그리고 범주의 이런 종류와 수를 통해서만 통각의 아프리오리한 통일을 산출하는 특성을 갖고 있는가의 근거에 대하여 우리는 이 이상 더 설명할 수 없다. 이것은 우리가 왜 바로 이 판단 기능을 가지고 그 이외의 판단 기능을 가지고 있지 않은지 또는 왜 시간과 공간만이 우리의 가능한 직관의 유일한 형식인지를 우리가 이 이상 더 설명할 수 없는 것과 마찬가지이다"(B 145f.; W 145).

271) 앞의 356쪽과 주 262 참조.

272) A 259f., B 315; W 285.

273) 앞의 주 270 참조.

274) 앞의 366쪽 참조.

275) 이런 난관으로부터 아도르노에게 모든 인식론의 '궁극적인 좌절'(vgl. GS 5, S.152)이 뒤따른다. 그는 이 문제에 지속적으로 전념하는데, 현상학의 경우 메타비판에 따라 『부정변증법』의 주에 다음과 같이 정중하게 설명을 덧붙였다. "동일성이라는 말은 근대 철학사에서 다의적이다. 처음에는 개인적인 의식의 통일을 나타냈다. 그런 만큼 자아는 모든 경험 속에서 동일한 자아로서 자신을 유지한다. 이를 표현한 것이 칸트의 '내가 생각한다는 것은 나의 모든 표상들을 수반할 수 있어야만 한다'이다. 그렇다면 다시 동일성은 논리적 보편성으로 사유되는 모든 이성적인 본질에서 합법적으로 동일한 것이어야 한다. 나아가 그것은 단순한 A = A라는 모든 사유 대상의 자기동일성이어야 한다. 결국 인식론적으로 파악하면 어떻게 매개되든 주관과 객관은 서로 일치한다. 처음의 두 의미 층은 칸트에 의해서도 엄격하게 구별되지 않는다. 그것은 안이한 언어 사용의 탓이 아니다. 오히려 동일성은 관념론에서 심리학적이고 논리학적인 요소의 중립점을 나타낸

다. 사유의 보편성으로서의 논리적 보편성은 개인적 동일성과 연관되어 있는바, 개별적 동일성이 없으면 논리적 동일성도 이루어지지 않을 것이다. 그 이유는 만일 그렇지 않다면 과거의 것이 현재 속에서 동일한 것으로 확인되지 않기 때문이다. 이것으로의 의뢰Rekurs는 다시금 논리적 보편성을 전제로 하며, 사유로부터의 의뢰이다. 칸트의 '나는 생각한다', 즉 개인적 통일의 요소는 언제나 초개인적인 보편적인 것을 또한 요구한다. 개별-자아는 수적인 통일 원칙의 보편성에 의해서만 하나이다. 의식 자체의 통일은 논리적 동일성의 반성 형식이다. 개인적 의식이 하나라는 것은 제3자를 배제한 논리적 전제에서만 타당하다. 그것이 다른 것일 수 없어야만 한다는 것이다. 이런 면에서 오로지 가능할 수 있기 위해 그의 단일성Singularität은 초개인적이다. 두 요소들 중의 어떤 것도 다른 것보다 우위를 갖지 않는다. 만일 동일한 의식이, 특수적인 것의 동일성이 없다면 특수적인 것과 마찬가지로 보편적인 것이 없을 것이다. 그리하여 인식론적으로 특수적인 것과 보편적인 것의 변증법적 파악은 합법화된다"(GS 6, S.145f., Anm.).

276) Vgl. 밀레토스학파의 아낙시만드로스Anaximandros aus Milet의 단편 1. "존재하는 사물들의 시초와 기원은 아페이론ἄπειρον(무한정적이고 ― 규정될 수 없는 것)이다. 그러나 그것들로부터 존재하는 사물들의 생성이 있게 되고 생성 속에서 소멸도 채무에 따라 발생한다. 왜냐하면 그것들은 불의에 대한 벌과 보상을 시간의 질서에 따라 지불하기 때문이다(Diels/Kranz, 『소크라테스 이전의 단편들 Die Fragmente der Vorsokratiker』, 6. Aufl., Berlin 1951, Bd. 1, S.89). ― 『인식론 메타비판』 서문에서 아도르노는 전승된 인식론들에 관하여 기술한다. "모든 인식론은 아낙시만드로스의 저주에 있다. 가장 초기의 인식론 중에 하나인 그의 존재철학은 말하자면 장래에 다가올 모든 것의 운명을 예언했다"(GS 5, S.32).

277) 『인식론 메타비판』에서 아도르노는 이를 후설과 연관시켰다. 후설은 "채무관계로" '제한하고' 그리고 원치도 않게 "보편적 법률관계와 유사하게 인식론을 '구성한다'. 결코 충족되지 못한, 그래서 자기 내부에서 무한하고 출구 없이 반복되는 계약의 모습 속에 가장 계몽화된 인식론이 첫 번째라는 신화에 여전히 참여하고 있다"(GS 5, S.33f.).

278) 앞의 46쪽과 66쪽 참조.

279) 인식론에 있어서 유사성의 모티브에 대한 소크라테스 이전 철학에 관하여 『인식론 메타비판』에 관한 주석이 다루고 있다. "『감각에 관하여De Sensu』에서 테오프라스트Theophrast의 진술에 따르면 파르메니데스가 이미 지각하는 것과 지각된 것 사이의 유사성을 주장한 반면에 헤라클레이토스는 단지 유사하지 않은 것, 대

립적인 것만이 유사한 것을 인식할 수 있다고 주장했다. 플라톤은 엘레나학파의 전통을 따랐다. 아리스토텔레스는 스스로 플라톤적인 분유μέθεξις를 유사성 학설로 소급시켰다. 피타고라스의 유사성과 연관하여 수의 모방을 통하여 사물이 존재했다(Metaphysik A, 987b). 『파이돈』에서 영혼불멸의 증명 중에 영혼과 이념세계의 유사성에 상응하여 육체와 현상의 유사성에 대한 논증이 없지는 않다(St. 79). 이로부터 인식에서 주관과 객관의 유사성을 추론하기까지는 멀지 않다"(GS 5, S.147f., Anm.). — Vgl. auch a.a.O. '어떻게든 연속된 미메시스의 승화된 보충' 없이는 "주관과 객관의 단절 그리고 인식의 단절은 절대적으로 불가능할지도 모른다"(ebd., S.148). — 그렇다면 『부정변증법』에서 철학사적으로 이 모티브의 암호를 해독할 수 있을 것이다. "주관이 이상주의적으로 사용함으로써 자연을 철저히 자신과 동일하게 하면 할수록, 주관은 그만큼 더 자연과의 모든 동일에서 멀어진다. 친화력은 계몽의 변증법의 정점이다. 계몽의 변증법이 친화력을 완전히 단절하자마자 그것은 기만 속으로, 외부로부터의 개념 없는 개입으로 떨어진다. 친화력 없이는 어떤 진리도 없다는 것을 관념론은 동일 철학에 풍자한 것이다. 의식은 유사성과 더불어 스스로를 제거하지 않음으로써 타자와 유사하다는 것을 알고 있다"(GS 6, S.266f.).

280) 그가 문제의 장소라고 볼 때, 계속되는 사고: "헤겔의 교의" —아도르노가 『부정변증법』에서 가르치게 될— "논리학과 형이상학은 같은 것이다. 이것이 아직 주제적인 것이 되지는 않았지만 칸트에게 내재한다. 칸트에게 이성의 객관성, 형식논리학적 타당성의 총체는 비판에 의해 모든 질료적 영역들에서 치명적인 해를 입은 존재론의 도피처가 된다. 그것은 단지 세 비판의 통일만을 실현하는 것만이 아니라, 바로 이 통일의 요인으로서 이성은 나중에 변증법의 모티브를 제공하는 데 도움이 되는 이중적 성격을 획득한다. 그에게 이성은 한편으로 주관성의 순수한 형태인 사유와는 구별되지만, 다른 한편으로 객관적 타당성의 총체이자 모든 객관성의 원형이다. 그것의 이중적 성격은 독일 관념론자들처럼 칸트 철학에 전환을 가능케 한다. 요컨대 주관성에 의해 명목상으로 공석화된 진리의 객관성과 자신의 주관성에 따라 폐기한 모든 내용의 객관성을 가르친다"(GS 6, S.233).

여러분은 내가 지난 시간에 「선험적 감성론」의 대략적인 논의를 이번 시
간으로 미루었다는 사실을 기억할 것입니다. 그 이유는 '선험적 감성론'
이 '선험적 논리학'의 기능이지 그 반대는 아니라고 말했기 때문입니다.
이제 내가 여러분과 함께 감성론과 논리학 간의 중요한 매개의 장으로 드
러난 도식론의 장을 분석함으로써 여러분에게 그것을 개별적으로 보여
줄 수 있을 것 같습니다. (비록 그것이 체계의 의미에서 아마도 감성론과 논리학
사이에 속하지 않지만, 논리학과 감성론 사이에 일종의 중립의 영역, 즉 시간의 요소
가 있다는 것이 여기에서 나타나기 때문입니다. 시간으로서의 도식에 의하여 직관의
대상들이 동시에 가능한 지성의 대상으로 규정됩니다) 그래서 나는 오늘 여러분
에게 단지 이 도식론의 장을 언급합니다만, 유감스럽게도 시간 부족으로
이 장의 해석은 피할 수밖에 없습니다.[281] 그 대신 나는 직접 「선험적 감성
론」의 내용 자체로 눈을 돌리고 여러분에게 「선험적 감성론」의 중요한 요
점들 중 몇 가지를 낭독하고 짧게 해석하면서 이를 『순수이성비판』에 대
한 우리의 전체적인 논의를 위한 여러 결론을 도출하려고 합니다. '선험
적 감성론'에 대한 학설, 「선험적 감성론」의 주제는 아마도 우리 모두에게
잘 알려져 있다고 생각합니다. 그것은 공간과 시간의 아프리오리에 대한
주제입니다. 그것은 물론 범주인 개념의 의미에서 그리고 사유 형식의 의

미에서가 아니고, 활동성의 요소, 자발성의 요소, 다른 말로 사유의 요소도 포함되어 있지 않은, 우리가 직관을 통해 우리에게 직접 주어져 있는 모든 것을 필연적으로 받아들이는 감성의 형식, 즉 순수 직관 형식의 의미에서 아프리오리에 대한 주제입니다. 그것은 주관의 측면에서 활동성이 포함되어 있지 않다는 의미에서 형식들입니다. 그것은 오히려 촉발들이 —다른 말로 표현하면, 칸트에게 있어서 물자체를 통하여 야기된 것으로 생각되는 감각들이— 어느 정도 스며 있는 사실상 아주 공허한 형식들입니다. 특히 이 직관 형식들은 주관적 본성을 지니고 있으며, 따라서 이들은 물자체의 특성이 아니라 우리 인식의 형식들입니다. 이것은 개별적 직관들에 결코 내재된 것이 아니며 그보다는 직관 일반이 있다는 것을 보장하기 위한 구성 조건들입니다. 『순수이성비판』에 열중하는 사람이라면 이 근본 특성이 누구에게나 알려져 있습니다만 나는 지금 관계하고 싶지 않습니다. 중요한 것은 칸트의 이 이론이 본질적으로 네 개의 주장 또는 네 개의 핵심 논증으로 나뉘어 있다는 것입니다. 이 네 개의 핵심 논증 또는 주제를 나는 이제 좀 더 자세히 집중적으로 다루고자 합니다.

첫째로 시간과 공간은 결코 경험에서 뽑아 온 개념이 아닙니다.[282] 이때 여러분은 내가 지난 시간에 설명했던 것을 기억해야만 합니다. 특히 칸트는 선험적 분석에서 끄집어내려는 구성적 조건을 한갓 경험적인 모든 것으로부터 순수하게 지키려는 일종의 강요와 강박이 있습니다. 왜냐하면 만일 그렇지 않다면 구성적 조건은 전제를 우선 해결해야만 할 것을 또 전제할지도 모르기 때문입니다. 그러나 바로 이런 점은, 그러니까 공간과 시간은 경험적인 —다시 말해 어떤 구체적인 직관들에서 뽑아 온— 개념이 아니라는 주장은 사실상 매우 심각한 문제를 제기합니다. 우선적으로 공간과 시간에 대한 우리의 표상은 — 단지 내가 덧붙여 말하자면, 공간은 외적 감성의 형식으로 그리고 시간은 내적 감성의 형식으로 칸트에 의해 파악되고 있다는 것은 전혀 의심의 여지가 있을 수 없기 때문입니다. 그러나 이때 이 규정 자체는 전혀 개념적인 것이 아니라 단지 직관적인 규정일 뿐입니다. 왜냐하면 무엇이 본래 공간적인지를 우리가 이미 알고 있기만 한다면, 우리는 이에 따라 어떤 것은 '외적으로', 즉 공간 속에 배분되고 또한 어떤 것은 '내적으로', 즉 공간 속에 자리 잡지 못한 상태라는 것을 표상할 수 있기 때문입니다. 따라서 이 점에 있어서 이것은 인식의 본질 또는 요소의 문제로 인해 실패한 규정입니다. 왜냐하면 인식의 본질 또는 요소는 결코 소급될 수 없고, 이에 따라 그것 자체의 것과는 다른 어떤 것으로 표현될 수 없기 때문입니다. (나는 칸트가 이 시점에서 한 본질적 구별을[283] 여러분에게 알리지 않았을까 생각합니다) 이와 관련하여 공간과 시간의 표상들은 일단 경험적으로 형성된다는 것을 부인할 수 없다고 나는 말하겠습니다. 따라서 이 표상들은 두말할 여지 없이 칸트가 「선험적 감성론」에서 간주한 것처럼 주어져 있는 것이 전혀 아닙니다. 어린 아이는 (발전사적으로 또는 개체발생사적ontogenetisch으로 말해) 공간이나 시간의 표상을 아직 다루지 못하고 단지 여기에 있는 특정한 이것이라는, 지각의 장과 시간적 지각의 장만을 다룰 수 있습니다. 어린아이는 점차 추상을 통해서 그리고 이 순전한 직접적인 소여성의 확장과 초월이라는 특정한 방식을 통해서 비로소 완전히 공간과 시간의 표상과 같은 것에 도달합니다. 우리는 어린아이를 관찰할 기회에서 모든 인간에게 분명하게 개체발생에 신뢰를 가졌던 것을 ─나는 기회가 있을 때마다 이것을 이미 지적했다고 생각하는데[284]─ 인식사회학Erkenntnissoziologie에서 계통발생학적phylogenetisch으로 이해하였습니다. 그것은 공간 표상과 시간 표상 자체는 본래 특정한 소유관계의 발달과 함께 비로소 형성된다는 뒤르켐학파에서 증명되었습니다. 이 학파는 원시 민족에게서 공간 관계에 대한 기원적 특징은 본래 이미 법적 소유권에 의해 확고하게 설정된 경계에 기초하고 있다는 것을 보여 주었습니다. 이와 유사하게 시간 표상은 세대 상호 간의 실재적 관계의 기본 모델에 따라 형성됩니다. 그러나 첨언하자면 다른 한편으로 그것의 의미 자체에 따르면 —발생 관계가 어떻든 전혀 상관 없이— 이 모든 표현들은 적어도 공간과 시간을 객관적으로 전제합니다. 이 공간 또는 나의 필드와 인접한 여기 이 필드를 내가 말한다면, 그것은 이미 실제로 내가 이 개념이 적용될 수 있는 연속체 속에 위치하고 있다는 것을 전제하고 있습니다. 그것은 말하자면 공간이라는 연속체 속에서의 비교 가능성Komparabilität을 전제로 하는 것입니다. 그런데 내가 서로 인접한 시간 위치나 시간 단위와 관련하여 유사한 작업을 한다면, —'순수한' 시간 위치는 체험의 연속체에서 존재하지 않기에— 이때도 역시 아주 유사한 상황이 나타납니다. 달리 표현하면 여러분이 시험관에서처럼 발생과 타당성의 문제, 발생과 타당성의 관계 문제를 간단히 연구할 수 있습니다.[285] 이 문제는 한 번도 서로 일치하지 않으며 그리고 일반적인 공식을 제공할 수 없습니다. 이는 주관적 의식, 반성, 명칭에 따라서 공간 자체나 시간 자체와 같은 것은 2차 현상인 것이며, 이것들은 다른 것에서 생겨난 것이지, 발생적으로 주어진 것이 아닙니다. 그러나 동시에 — 우리가 이에 대한 반성을 도외시하고, 오직 공간과 시간에 대한 그때그때의 명제의 객관적 내용에만 국한한다면, 이 명제는 두 분야가 구별될 수 있기 위해 공간이나 (이 경우에) 평면, 평지와 같은 어떤 것이 있다는 것을 이미 전제하고 있습니다. 그것은 한갓 직접적이고 부분적으로 주어진 것만 말해도 이 공간과 같은 것이 내 옆에 있거나 이 필드가 내 옆에 있다고 말하는 것과 같습니다. 따라서 다른 말로 표현하여, 공간 표상 및 시간 표상에 대한 반성, 여러분이 좋다면, 그것의 객관화에 대한 반성은 모든 인식에서 객관적으로 전제되어 있다는 것과 우선 구별되어 있는 것처럼 보입니다. 왜냐하면 공간 또는 시간이 무엇인지를 알기만 한다면 개별적이고, 부분적인 시공간적 표현들이 이해되기 때문입니다. 나는 특정한, 즉 유한한 공간의 경험 없이는 공간이 무엇인지를 전혀 알지 못하고 특정하고 유한한 시간의 경험 없이는 시간이 무엇인지 전혀 알지 못합니다. 그러나 다른 한편으로 만일 내가 특정한 공간과 특정한 시간을 칸트가 정교하게 설명했던 최고의 감성 형식의 보다 보편적인 원리와 비교할 수 없다면 나는 특정한 공간과 특정한 시간에 관하여 알지 못합니다. 이로부터 귀결되는 것은 바로 내가 이 강의를 진행하면서 인식론의 결정적인 것으로서 여러분에게 되풀이해서 강조한 요소, 즉 인식 범주들이나 인식 형식들의 상호성의 요소입니다. 따라서 다른 말로 표현하면 칸트는 확실히 부분적인 공간의 의미와 부분적인 시간의 의미가 무한한 공간과 무한한 시간의 표상과 같은 것을 자체 내에 포괄한다는 대단한 (내가 폄하하고 싶지 않은 것입니다) 발견을 했습니다. 그러나 칸트는 동시에 이 상호성의 다른 측면, 즉 그것이 존재하기 위한 규정된 것과 특수적인 것에의 의존성을 다시금 등한시했습니다. 한마디로 그는 전체적인 것을 하나의 극에 따라, 즉 주관적인 극에 따라 해결하려고 다시금 시도했습니다. ― 하지만 이런 해결은 의심쩍은 것입니다. 우리는 공간과 시간에 대한 충분한 이론을 한편으로는 공간적인 것과 시간적인 것 간의 구체적인 관계와 다른 한편으로는 공간과 시간이라는 형식을 통해서만 알릴 수 있습니다.

다음 주제는 첫 번째 주제와 밀접하게 관련되어 있지만, 공간과 시간이 경험적이지 않고 경험적인 것으로부터 벗어난다는 칸트의 동일한 주제와 방향을 달리합니다. 다음 주제는 공간과 시간이 필연적인, 아프리오리한 표상이라는 점에서 긍정적인 공식화입니다.[286] 이에 대해서 첫째 요점은 내가 여러분에게 설명했던 첫 번째 주제에 적용되고 응용될 수 있지만, 이것은 본질적인 요소를 통하여 보완되어야만 합니다. 우리가 실제로 표상에 대해 언급한다면, 따라서 우리가 공간과 시간에 대해 우리의 의식 속에 어떤 식으로든 실존하는 것으로서, 그러나 어떤 식으로든 우리의 의식 너머에서 적극적으로 형성될 수 없는 것으로 언급한다면, 우리는 정말 공간과 시간 일반에 대한 이런 (칸트가 명명한 것처럼) '순수 직관'이 있는지를 추적해야 할 의무가 있습니다. 그러나 내가 그것을 적어도 눈앞에 그려 볼 수 있었다 해도 이런 직관은 존재하지 않는 것 같습니다. 여러분이 더 좋은 일이 없거나 또는 휴가의 첫날 밤에 과로로 말미암아 잠잘 수가 없다면, 여러분은 순수 공간이나 순수 시간을 경험적 내용 없이 표상하려고 시도를 해 볼 수 있을 것입니다. 그렇다면 여러분이 이때 경험적 기체 Substrat를 함께 생각하지 않고서는 또는 여러분이 공간을 공간으로서 표상될 수 있는 그 어떤 것을 표상하지 않고서는 이런 절대적 공간의 표상을 표상할 수 없다는 것을 ―여러분은 그런 능력이 없다는 것을― 아주 놀랍게도 발견할 것입니다. 마찬가지로 여러분이 시간이 있는지 또는 시간 속에 무엇이 놓여 있으며 무슨 일이 진행되는지, 무슨 일이 벌어지는지 그 어떤 것도 함께 표상할 수 없다면, 따라서 시간을 측정할 그 무엇이 없다면 여러분은 시간 또한 전혀 표상할 수 없다고 나는 말하고 싶습니다. 그보다 나는 공간과 시간 자체의 가장 보편적인 의미에서 현대 논리학에서 지시대상Referent으로 표시하는 것과 관계가 있다고, 따라서 표상들과 관련되어 있는 것을 지시한다고 말하고 싶습니다. 그리고 우리가 전혀 기체를, 시간이 해독될 수 있는 기체를 전혀 표상하지 못하면, (한계로서든 어떤 식으로든) 공간이 관련된 기체를 표상하지 못하면, 남아 있는 것은 추상적이고 공허한 공간이나 추상적이고 공허한 시간뿐만이 아니라 완전히 무無입니다. 그러면 여러분은 이와 같은 어떤 것과의 관계가 없다면 전혀 아무것도 표상할 수 없습니다. 그리고 이 무를 이제 한갓 공허한 공간이나 시간으로 잘못 생각하는 것은 나에게 실제로 매우 치명적인 결과로 보이며, 실제로 사유의 오류로 보입니다. 예를 들어 여러분이 공간이나 시간이 해독될 수 있는 어떤 기체에 대한 사고를 거부한다면, 여러분은 어쩌면 이미 공간과 시간을 더 이상 서로서로 구분할 수 없을지도 모르며, 공간과 시간은 같은 것이 될 것입니다. 그러나 여러분이 공간과 시간이 무엇인지를 실제로 파악해 줄 수 있는 특별한 차이와 규정은 더 이상 없을 것입니다. 따라서 이로 인해 우리가 무한한 것으로 표상할지 모르는 공간과 시간의 필연적이고 아프리오리한 표상에 대한 명제는 효력을 잃게 됩니다. 공간과 시간은 바로 모든 직관의 조건일 뿐만 아니라, 엄밀히 말해 직관에 의해 제약됩니다. 왜냐하면 실제로 공간과 시간은 직관을 포함하고 있어야 표상되기 때문입니다. 그러므로 형식과 내용의 관계는 칸트에게서 어쨌든 나타나듯이 형식으로 유입되는 내용과 텅 빈 형식의 관계가 아니라 여기서도 상호 관계입니다. 형식이 내용을 갖는 한, 형식 일반은 자신의 의미에 따라 존재합니다. 왜냐하면 그것은 내용의 형식으로서만 형식이기 때문입니다. 다른 한편으로 칸트가 정확하게 보았듯이 이 형식들이 실제로 있는 한에서, 내용도 있습니다.

칸트의 주제 중 무엇보다 여기서 핵심적으로 다루는 세 번째 논증은 공간과 시간의 구별이 개념적 구별[287]이 아니라는 점입니다. 나는 이것이 『순수이성비판』의 가장 천재적인 성과 중의 하나라고 생각합니다. 쇼펜하우어가 「선험적 감성론」을 『순수이성비판』의 가장 중요한 부분으로 간주했다면,[288] 그것은 본질적으로 이 논증 부분을 염두에 두었다고 나는 생각하고 싶습니다. 왜냐하면 공간과 시간이 어떤 종류의 특정한 내용을 갖는 것이 아니라 이런 극단의 형식적 보편성이라면, 그것은 다른 개념들처럼 실제로 개념들이라고 쉽게 말할 수 있기 때문입니다. 만일 칸트가 바로 감성과 지성, 수용성과 자발성을 서로 구분하고 분리하는 것에 정당성이 있다면, 이 정당성은 그가 공간과 시간이 개념적인 종류가 아니라는 것을 제시한 참으로 논리 정연한 증명에 있습니다. 이제 상황은 다음과 같습니다. 모든 개념은 개별적 사물들 또는 개별적 계기들 또는 '개별적인 그 무엇들Einzeletwas'en'과 ―영어로는 아이템item이라고 말할 수 있는데 독일어에는 영어만큼 적절한 표현이 없습니다― 대립하고 있습니다. 그것들의 관계는 특수적인 것과 보편적인 것, 특수적인 것과 추상화의 관계에서 파악됩니다. 그러므로 여러분이 가령 책이라는 개념을 형성한다면, 여러분은 개별적인 책들의 특수한 성질을 제거할 것입니다. 여러분은 이 책은 녹색이고 다른 책은 붉은색인지 관심이 없습니다. 또한 여러분은 예컨대 어떤 책에 『순수이성비판』이 포함되고 다른 책에 강호퍼Ganghofer 의 소설이 포함되어 있는지 관심이 없습니다. 이때 이것은 완전히 고려되지 않습니다. 그보다 여러분은 어떤 것을 정의하는 개념을 확립하기 위해, 단단하게 제본된 것으로, 다량의 인쇄된 지면들로 구성된 객체를 취합니다. 그리고 여러분에게 이 인쇄된 지면들은 일반적으로 어떤 의미를 갖고 있지만 절대적으로 필수적인 것은 아닙니다. 이런 식으로 여러분은 이 모든 것들을 포괄하는 보편성으로서 책의 개념에 바로 도달하게 됩니다. 칸트는 —내 생각에 정말 최초로— 그것은 공간과 시간과 완전히 다르다는 것을 인식했습니다. 그는 이 공간과 개별 공간 간의 관계는 추상개념이 자신 속에 개별적인 것을 포괄하는 관계와 다르다는 것을 인식했습니다. 여러분은 이러저러한 이유로 많은 공간을 취하지 않습니다. 그런데 우리는 오늘날 독일에서 전쟁과 '군대 문화Wehrkultur'로 인하여 항상 '헤센Hessen 공간'(이곳 결혼 광고에서는 미래의 부인을 찾습니다) 또는 '노르트라인-베스트팔렌Nordrhein-Westfalen 공간' 또는 그와 같은 방식으로 항상 말합니다. 그러나 우리는 헤센 공간과 노르트라인-베스트팔렌 공간 그리고 슐레스비히-홀슈타인Schleswig-Holstein 공간이 모두가 서로서로 '공간'이라는 공통점을 갖고 있다고 말함으로써, 공간이 서로 공유하고 있는 가장 보편적인 것, 공간 개념을 형성하는 가장 보편적인 것을 말함으로써 공간을 형성하지 않습니다. 그보다 여러분은 바로 이 근거로부터 개념이 아니라, 표상이고 순수한 직관인 공간의 보편적인 표상을 형성합니다. 여러분이 이 전체적인 공간들을 더하고 그것을 결합하는 방식으로 공간의 표상을 형성합니다. 더 이상의 언급될 것이 없습니다. 그것은 실제로 첨가적 과정의 문제입니다. 따라서 여러분이 독일 공간을 표상할 때, 여러분은 상위 개념으로서의 독일 전체 주들에 남아 있는 공간인 추상적 개념을 뽑아내서는 안 됩니다. 오히려 여러분은 지도에서 아주 말끔하게 헤센, 노르트라인-베스트팔렌, 라인란트-팔츠Rheinland-Pfalz, 바이에른Bay-ern 등을 서로 끼워 맞추어야 합니다. 그러면 독일이라는 공간이 드러나게 됩니다. 그리고 이런 식으로 여러분은 결국 전체 유럽의 공간에 도달할 수 있습니다. 그리고 여러분이 이렇게 계속해서 한 차원 더 나아가면, 여러분은 결국 대담하게도 우주 공간에도 도달할 수 있습니다. 그것은 전혀 어려운 일이 아닙니다. 왜냐하면 우주 공간은 주지하듯이 오늘날 우리에게 더 이상 놀라운 것이 아니기 때문입니다. 여러분이 공간 속에서 파악된 개별적 공간에서 공간 일반에 도달하는 관계는 개념과 개념에 포함된 개별적 사물들, 요소들 또는 그것이 무엇이든 어떤 것 등과의 관계와 그 구조에 의하면 완전히 다른 종류의 것이라는 것을 여러분은 알고 있습니다. 그리고 그와 같은 것은 당연히 하나의 연속체로서 바로 모든 개별적 시간의 총합을 —그러나 모든 개별적 시간들의 개념적 통일이 아닌— 표현하는 시간에도 해당됩니다. 칸트의 이 논증에 전혀 반론을 제기할 수 없으며 그가 이런 방식으로 실로 논리 정연하게 공간과 시간이라는 두 직관 형식들의 비개념적 본성을 제시했다고 나는 생각합니다. — 하지만 칸트는 이것들에 대해 일반적으로 직관이라는 표현을 사용하는 것이 아니라 직관 형식들이라는 표현을 사용하고 있으며, 그는 때때로 순수 직관이라는 표현으로 바꾸어 사용하기도 합니다. 직관 형식들은 본래적 의미에서, 즉 풍부하고 구체적인 감성 직관의 특수한 의미에서 직관일 수가 없고 직관의 형식이어야만 합니다. 그렇지 않다면 그것은 바뀔 수도 있을지 모르는 그때그때 주어진 것, 경험적인 것일지도 모르기 때문입니다. 그 대신 그것은 그러한 직관의 형식이어야 합니다. '형식'이라는 표현은 순수한 직관이라는 표현으로 대체되며, 그것은 우연이 아닙니다. 왜냐하면 내가 여러분에게 방금 말했듯이 칸트는 공간과 시간이 결코 개념들이 아니라는 것을 증명했기 때문입니다. 이는 공간과 시간에 대한 특정한 공간과 특정한 시간이 보편적인 것에 대한 특수적인 것의 관계가 아니라는 것을 말합니다. 공간과 시간은 공간들과 시간들보다 더 보편적이고 추상적인 것이 아니며, 후자는 전자의 구성 요소입니다. 따라서 이런 면에서 개념적인 것이 문제가 되지 않습니다. 그러나 이제 여러분은 우리가 어떤 기이한 결과에 도달하고 있는가를 숙고해 보십시오. 즉 공간과 시간은 개념들도 아니고 구체적인 개별 세목들로부터 추출된 순수 정신적인 것도 아니며, 다른 한편으로 직관도 아닙니다. 왜냐하면 그렇지 않으면 그것은 경험적인 어떤 것일 수 있기 때문입니다. 그러나 이때 우리가 아포리아적인 개념들의 취급에서 제기했던 물음, 즉 그것이 개념도 직관도 아니라면, 그것은 대체 무엇인가라는 물음이 다시금 생겨나게 됩니다. 왜냐하면 '순수한' 직관은 ─그것이 주어지지 않고 따라서 경험적일 수 없으며 그리고 경험의 비판을 받지 않는 직관을 뜻한다면─ 사실상 본질적으로 어떤 대응을 갖고 있지 않기 때문입니다. 개념적인 어떤 것도 아니고 (왜냐하면 여러분이 들었던 논증에 의해 배제되기 때문에) 그리고 구체적 의미의 직관적인 어떤 것도 아닌 (이런 것이어서는 안 되는데, 왜냐하면 경험에서 배제된 순수한 직관이어야 하기 때문에) 순수한 직관은 비록 비개념적인 것의 영역을 다루어야 하지만 어떤 특수한 상관 개념이 없는 사변적인 구조입니다. 따라서 순수한 직관이 동일화될 수 있거나 규정될 수 있을지 모르는 그 어떤 것이 사라질 것입니다.

이 모든 물음은 아마도 먼저 「선험적 감성론」의 네 번째 주제, 즉 공간과 시간은 무한히 주어져 있다는 주제에서[289] 명백해질 수 있을 것입니다. 이제 나는 여러분에게 이에 관해 몇 가지를 언급하고자 합니다. 「선험적 변증론」에서 무한한 소여성의 개념을 불가능성으로 특징지었던[290] 칸트가 이율배반의 비판이 이에 해당된다는 것을 알아차리지 못한 채 직관 형식을 위해 무한한 소여성을 요청한다는 것은 지극히 놀랄 만합니다. 이율배반은 사고, 개념적인 것이 경험의 가능성을 벗어남으로써만 발생된다는 그의 증명의 결과를 그가 벗어나려고 했다면, 그가 우리와 함께 있다고 가정할 때, 그는 아마도 우리에게 공간과 시간처럼 비사고적인 것은 그와 같은 문제들과 관련이 있는 것이 아니라 순수한 직관과 관련이 있다고 대답했을 것입니다. 그러나 그것은 설득력이 없습니다. 왜냐하면 그는 한편으로 공간과 시간을 직관으로 채운다는 생각을 —따라서 이 직관적 채움이 실제 긍정적으로 주어진 것으로서 입증될지 모르는 것을— 이율배반 이론에서 공간과 시간으로부터 배제했기 때문입니다. 그러나 여러분이 이제 순수한 상상 속에서, (후설이 이렇게 명명한 것처럼) 순수한 환상의 변형Phantasievariation 속에서 무한한 공간을 표상하려고 시도한다면, 여러분은 공간을 유한한 공간으로 표상하려고 시도할 때와 마찬가지로 어려움에 빠지게 될 것입니다. 이는 두 개념은 사유와는 완전히 다르게 여러분의 표상 속에서 이미 어려움을 초래한다는 말입니다. 여러분은 —내가 지난 시간에 여러분에게 칸트 철학에서 라이프니츠의 유산으로 명명했던 공동 가능성Kompossibilität의 원칙을 생각한다면— 불합리와 불일치에 빠지게 됩니다. 여러분은 무한한 어떤 것을 표상할 수 없습니다. 그 이유는 모든 표상은 — 표상이 감성의 요소를 갖고 있는 한, 따라서 표상이 지성적인 것이 아닌 한, 한계성의 요소를 자체 내에 포함하고 있기 때문입니다. 실제로 여러분이 완전히 무한한 공간을 표상하려고 한다면, 여러분은 기껏해야 대단히, 대단히, 대단히 큰 공이나 그 어떤 유사한 것의 표상에 도달하게 됩니다. 그러나 여러분은 표상으로서 무한성 속에 있는 이 공간을 표상할 수 없습니다. 그보다 여러분은 기껏해야 혼란한 어떤 것의 표상, 즉 여러분이 경계를 표상할 수 없는 어떤 것의 표상을 갖게 될 것입니다. 그러나 여러분이 이 혼란함을 적극적으로 무한한 것으로서 표상하려고 노력한다면, (생각하려는 것이 아니라) 내가 생각하건대 여러분도 이 작업을 위해 내가 매우 애썼던 것과 마찬가지로 그렇게 성공하지 못할 것입니다. 그러나 다른 한편으로 여러분은 물론 공간을 유한한 공간으로, 마찬가지로 시간을 유한한 시간으로 표상할 수 있지만, 이것도 여러분에게 행운을 가져다주지 않습니다. 왜냐하면 여러분은 공간과 시간을 크기만큼 표상할지 모르지만, 여러분은 이 표상된 것 외에 더 많은 공간과 더 많은 시간을 표상할 능력이 있다는 것이 분명하기 때문입니다. 그렇다면 여러분이 갖고 있는 최대의 표상을 다시 넘어설 수 있습니다. 그럼으로써 무한한 것의 표상이 우리에 의해 완전히 성취될 수 없는 것과 마찬가지로 총체성 안에 있는 공간이나 시간의 표상을 유한한 표상으로 생각하는 불합리에 빠지게 됩니다. 무한한 어떤 것을 우리는 표상할 수 없으며 그리고 모든 표상은 제한되어 있습니다. 그러나 유한한 표상은 항상 표상을 넘어섭니다. 이것으로 칸트가 우리에게 제시한 공간과 시간은 무한하게 주어져 있다는 주제는 실제 불가능하며, 사실상 그것은 일종의 구성입니다. 그 밖에 여기에서 가장 중요한 점 중에 하나는 실증과학에 의해 칸트 철학이 사실 피해를 받았다는 것입니다. 공간 자체의 무한성에 대한 칸트의 이론은 상대성 이론을 통하여 명백히 대체되었으며 더 이상은 유효하지 않습니다. 반면에 다른 한편으로 우리의 표상은, 따라서 칸트가 계속해서 반성하고 있는 우리 정신의 단순한 상태는 이런 유한한 공간을 받아들이기를 거절합니다. 아니 그보다 우리의 표상에는 내가 방금 여러분에게 개진한 이율배반이 지속되고 있습니다. 이것은 —내가 오늘 이 마지막 강의에서 말해도 좋다면— 마치 자연과학이 대략 60년 동안 이루어 왔던 발견들이 인간학적인 지적 체질을 통해 부과된 감옥으로부터 우리가 내다보는 소위 작은 엿보기 구멍을 찾아내려는 사고에 성공한 것과 관련된 것처럼 보입니다. 내가 생각하는 발견은 본질적이고 결정적으로 상대성 이론과 양자론이며 어느 정도까지는 원자 이론의 발견입니다. — 이로써 우리가 알 수 있는 그것은 전적으로 철저히 우리 자신의 지적인 소질 상태만을 통하여 결정된다는 칸트의 이념은 사실 기각될 수 있고 반박될 수 있다는 것입니다.[291] 그러나 나는 오늘날 단지 이 관점만을 암시적으로 말하고 싶은데, 왜냐하면 '선험적 감성론'의 문제는 바로 지난 수십 년의 자연과학 토론에서 ─나는 막스 보른Max Born과 에른스트 카시러Ernst Cassirer[292]의 논쟁만을 기억하고 있습니다─ 엄청나게 중요한 역할을 했기 때문입니다.

　그러므로 공간과 시간 없이 공간적인 것과 시간적인 것을 논하는 것은 의미 없다고 주장한 칸트는 확실히 옳다는 것을 말함으로써 내가 여러분에게 오늘 말한 것을 요약할 수 있습니다. 그러나 이 명제도 공간과 시간도 공간적인 것과 시간적인 것 없이는 의미 없다는 추가 진술로 보완되어야 합니다. ─ 따라서 달리 표현하면 여기서도 인식의 형식과 질료 사이에 일종의 상호성이 지배합니다. 또는 다시 말하면 직관의 순수 형식들이 가능한 내용과 절대 매개되지 않은 채 대립하고 있다면, 이때는 필연적이고 불가피하게 모순들이 확실하게 발생합니다.[293]

　나는 이제 여러분에게 어쩌면 아주 미묘하고 심지어는 좀 까다로운 것처럼 보일 수 있는 요점을 언급하면서 마무리를 하고 싶습니다. 그것은 내가 『순수이성비판』의 배치에 문제를 삼은 것과 관련됩니다. 그것은 헤겔의 『논리학』에서 형식과 질료의 변증법을 다루는 자리[294]에서도 되풀이하여 나옵니다. 나는 칸트가 '선험적 감성론'을 일종의 인식 기본층으로서 '선험적 논리학'에 앞세우고 있지만, 이러한 엄격한 분리는 근거 없는 것으로 보이고 그리고 '선험적 감성론'은 '선험적 논리학'의 기능이라고 여러분에게 말했습니다. 그리고 나는 이 시간 여러분에게 텍스트에 대한 비판적 검토를 통해 실제로 이것이 바로 이 경우라는 것을 입증하고자 합니다. 그럼에도 불구하고 칸트는 우리가 그것을 너무 단순화시켜서는 안 되는 무엇인가를 인도합니다. 나는 이로써 최종적으로 이 강의에서 관철하려고 했던 두 번째 주된 동기를 시작할 것입니다. 이것은 칸트의 이원론 또는 칸트의 분리χωρισμός, 따라서 형식과 내용의 반명제가 매개되어야만 하지만, 그러나 그것이 단순히 제거되고 해체될 수 있는 것은 아니라는 것입니다. 그보다는 내가 구별을 비판하기 위해 칸트에서 전개한 변증법적 사유에 이 구별을 유지하는 것이 어울립니다. 여러분이 사실 보편적 매개에 대하여 말한다면, 따라서 우리가 오늘 언급했던 경우와 같이 모든 공간적인 것과 시간적인 것이, 마치 공간과 시간이라는 순수 형식은 내용을 통하여 매개되는 것처럼, 그와 관련되는 공간과 시간의 형식을 통하여 매개되어야 한다고 말한다면, 이 경우에 항상 **직접성**의 요소가 여전히 포함되어 있습니다. 나는 인식론적 논증에서 변증법이 여러분과 우리에게 요구하는 가장 극단적인 것은 바로 여러분이 직접성과 매개성의 개념을 절대적인 것, 종국적인 것이 전혀 아니라, 자체로 다시금 상호 매개된 것으로 파악한다는 것입니다. ― 그러면 여러분은 그것이 보편적 매개성의 이념에 속하며, 또한 직접성과 같은 어떤 것도 항상 존재한다는 것을 고수해야 한다는 점입니다. 여러분은 정말 그런 한에서만, ―여러분이 보편적 매개의 사고를 실제로 오해하고 그리고 피상적인 기능주의로 망가뜨리기를 원치 않는다면 이를 이해해야만 합니다― 어떤 매개된 것과의 관계에서만 매개성을 표상할 수 있습니다. 내가 방금 여러분에게 말한 것과 아주 유사하게 여러분은 무한한 공간과 무한한 시간의 표상들을 공간적이고 시간적인 어떤 것을 통하여 매개된 때에만 모든 경험적인 것과 상관없이 표상할 수 있습니다. 그러므로 보편적인 매개성에도 불구하고 이 매개성 내에 ―나는 거의 가중치의 차이라고 말하고 싶은― 어떤 것이 있습니다. 형식이 그것과 관련된 내용을 통하여 매개된다고 말하는 것은 내용이 그것과 관련된 형식을 통하여 매개된다고 말하는 것과는 다릅니다. 형식은 사실상 **본질적**으로 내용을 통하여 매개되며, 내용 없이는 생각할 수 없습니다. 그러나 내용은 항상 형식에서 완전히 사라지지 않는 어떤 것, 형식에서 완전히 고갈되지 않는 어떤 것의 관계를 포함하고 있습니다. 그런데 칸트가 이렇게 다소 완고한 방식으로 일종의 지적인 기본층으로서의 '선험적 감성론'을 반대한다면, 우리의 자유와 활동성이 기인하고 있는 영역과 대조하여, 그가 전적으로 인정하고 받아들여야 하는 것으로서, 우리가 좋다면, 유물론적 모티브를 잠재적으로 표현하고 있습니다. 다시 말해 직접적인 것의 매개성은 어떤 식으로든 직접성 자체를 통한 형식의 매개성과 매개된 것의 매개성[295]과는 다른 어떤 것이며 그리고 동일하지 않다는 것을 표현한 것입니다. 따라서 이 요소는 정말 심층적 의미에서 내가 여러분에게 자주 언급한 문지방Schwelle의 요소, 블록의 요소입니다. 이는 형식보다 우선적인 것이 있다는 의미입니다. 이 우선적인 것은 우리의 인식이 순수한 매개 속에서, 순수한 형식적 존재 속에서 고갈되지 않는 것이며, 인식이 관계하는 것과 결부되어 남아 있는 것입니다. 그리고 『순수이성비판』은 ―내가 그것을 마지막으로 말한다면― 더 이상 환원될 수 없는 이 요소를, 형식 속에서는 순수하게 해결될 수 없는 존재자에 대한 이러한 요소를 형식을 통한 보편적 매개의 사고와 화해시키는 그야말로 가장 거대한 규모의 첫 번째 시도입니다. 이로써 근대 철학에서 『순수이성비판』은 단순한 개념 속에서는 극복될 수 없는 것을 그럼에도 불구하고 개념 자체를 통해 표현함으로써 단순한 개념을 통해 극복하는 그리고 개념은 동일성을 산출하는 동시에 비동일성을 인지하지 않을 수 없다는[296] 최초의 위대한 시도를 ―또는 아마도 마지막 시도를 그리고 실패할 운명임을― 보여 줍니다.

281) 도식론의 장, 그러나 앞의 230쪽 이하 역시 참조.

282) Vgl. A. 23, B 38; W 72, A 30, B 46; W 78.

283) 「선험적 감성론」의 §2의 앞부분 참조. "우리는 외감(우리의 심성의 한 특질인) 을 매개로 해서 대상을 우리의 외부에 있는 것으로 표상하고 이것을 모두 공간 내에서 표상한다. 이 안에는 대상의 형태, 크기 및 상호 간의 관계가 결정되고 또 규정될 수 있다. 내감에 의하여 심성은 자기 자신이거나 내적 상태를 직관하게 되는데, 이 내감은 물론 하나의 객관으로서의 영혼 그 자체에 대한 직관을 주지 못한다. 하지만 영혼의 내적 상태의 직관은 어떤 규정된 형식하에서만 가능하므 로, 내적 규정에 속하는 모든 것은 시간의 관계들 속에서 표상될 수 있다"(A 22f., B. 37; W 71).

284) 앞의 288쪽 이하 참조.

285) 앞의 319쪽 이하 참조.

286) Vgl. A 24, B 38f.; W 72 und A 31, B 46; W 78.

287) Vgl. A 24f., B 39; W 73 und A 31f., B 47; W 79.

288) 아도르노는 『의지와 표상으로서의 세계』 제1권의 부록에 있는 상술을 염두에 두고 있다. "선험적 감성론은 칸트의 이름을 영원히 남기기에 충분할 정도로 대 단히 공적이 많은 작품이다. 그 논거는 완벽할 만큼 설득력을 지니고 있어서 나 는 이와 같은 명제들을 논박할 수 없는 진리로 생각한다. 이것들은 의심의 여지 없이 결과가 가장 풍부하고, 따라서 세상에서 가장 진기한 것으로, 즉 형이상학 에서 실제로 위대한 발견으로서 간주될 수 있다"(Arthur Schopenhauer, Sämtliche Werke, a.a.O. [Anm. 89], Bd I: Die Welt als Wille und Vorstellung I, Darmstadt 1982, S.590).

289) Vgl. A 25, B 39f.; W 73 und A 32, B 47f.; W 79.

290) '순수이성의 반정립'에서 첫째 정립에 대한 주해를 참조. 여기서 칸트는 "어떤 주어진 양의 무한성에 관하여" 언급하고 있다. 이와 같은 것은 "독단론자의 습성 에 따라서" 이해되는 무한성이라고 말한다(A 430, B 458; W 416).

291) 아도르노는 그의 생애의 마지막 해에 기술된 『부정변증법』에 대한 에필로그 Epilegomenon인 「주체와 객체에 대하여」라는 텍스트에서도 유사하게 설명한다. "객체의 우위에 대하여 칸트의 구성설과 불일치하는 것은 아마도 현대적인 자연 과학에서 이성ratio은 자신이 도달할 수 있는 벽 너머를 바라보고 자신에게 익숙

한 범주들과 일치하지 않는 작은 모서리를 포착한다고 말하는 것이다. 이성의 이런 확장은 주관주의에게 충격을 준다"(GS 10·2, S.748).

292) 에른스트 카시러와 막스 보른 사이의 '논쟁'은 이제까지 찾을 수 없다. 하지만 1921년의 카시러의 논문 『아인슈타인의 상대성 이론에 대하여Zur Einsteinschen Relativitätstheorie』 참조. 여기에는 '비판적 관념론의 공간 및 시간 개념과 상대성 이론'이라는 단락이 들어 있다(Ernst Cassirer, Zur modernen Physik, 7. Aufl., Darmstadt 1944, S.67ff.).

293) 아마도 끝나 가는 학기로 인한 시간적 압박 때문에 강의에서 「선험적 감성론」의 해석과 비판이 조금은 간결해지는 것으로 보인다. 이 때문에 아도르노가 『인식론 메타비판』에서 이 주제에 전념했던 상세한 설명들이 인용된다. "칸트의 선험적 감성론은 감성을 탈감성화함으로써 구성자Constituens와 구성된 것Constitutum의 혼동quid pro quo에 만족한다. 그것의 순수한 직관은 더 이상 직관적이 아니다. 주어진 것을 이미 구성된 것으로 지시하는 것은 '우리에게' 대상들이 주어져 있다고 항상 반복하는 것과 같은 표현으로 칸트적 용어 속에 용해된다. 마이몬Maimon 이후로 이 대상과 한갓 현상으로서의 대상에 대한 학설 사이에의 모순은 장애물이다. 왜냐하면 우리는 구성된 것에 아프리오리의 한계를 암묵적으로 인정하는 대신에 아프리오리주의는 그것의 구성을 이행해야만 하기 때문이다. 그러나 칸트적인 화해 시도의 중심에 해결할 수 없는 모순이 응축되어 있는 역설이 있다. 그것은 언어적으로 공간과 시간에 대한 '순수 직관'이라는 전문용어에서 나타난다. 직접적인 감성적 확실성으로서의 직관, 주관의 관점에서 소여성으로서의 직관은 경험의 유형을 말한다. 이 경험의 유형은 전혀 '순수할' 수 없고, 경험과 무관할 수 없는 바로 그러한 유형이다. 순수 직관이란 그렇다면 나무로 된 강철, 즉 경험 없는 경험일지 모른다. 우리가 순수 직관을 모든 특수한 내용으로부터 정화된 직관 형식에 대한 느슨한 구절로 해석하는 것은 거의 도움이 되지 않을 것이다. 칸트는 오히려 「선험적 감성론」에서 '직관 형식'과 '순수 직관'이라는 표현 사이에서 동요한다는 것은 사태의 일관성이 없음을 입증한다. 그는 필사적으로 직접성과 아프리오리의 공통점을 단번에 획득하려고 한다. 이에 반해 우리가 범주적인 것을 언급한다면, 형식 개념은 내용을 지시하는 것으로서 이미 그 자신은 하나의 매개인 것이다. 직접적이고 비개념적인 순수 직관은 그 자체로 감성적이고, '경험'일 것이다. 모든 내용과의 관계로부터 벗어난 순수한 감성은 더 이상 '직관'이 아니라 단 하나의 '사고'일 따름이다. 소여성 자체 없이 직접성의 술어를 획득한 감성 형식은 불합리하다. 칸트에 의하면 감성 형식은 범주와 강하게

대립되어 있다. 그렇지 않다면 이 형식 속에 소위 현존하는 직접적인 소여성이 위태로워질 수도 있기 때문이다. 그가 경고하듯이, 아리스토텔레스는 감성의 형식을 이 범주하에 무차별적으로 포함시킨다. 범주적인 작업이 실현해야만 하는 '질료' 자체가 이미 앞서 형식화되어 있다는 것을 칸트는 인정하지 않을 수 없다. 선험적 감성론이 공간과 시간을 해부한 것처럼 공간과 시간은 모든 반대에도 불구하고 개념이며, 칸트의 표현법에 따르면 어떤 표상의 표상들이다. 그것들은 직관적이 아니라 최고의 보편성이며 이 보편성하에 주어진 것이 파악된다. 그러나 사실 이 개념과 독립적으로 주어진 것에 대하여 언급할 수 없다는 것은 소여성 자체를 매개된 것으로 만든다. 그만큼 형식과 내용의 대립을 해소한 사변적 관념론의 칸트 비판은 사실이다. 어떤 질료도 형식과 분리될 수 없다. 그럼에도 형식은 질료의 매개로서만 존재한다. 이러한 모순 속에서 비동일성에서의 통찰은 주관적 개념에서 주관의 개념이 아닌 것을 전혀 포착할 가능성이 없음을 나타내고 그리하여 궁극적으로 인식론 자체의 실패를 드러낸다. 도식론 장의 전체적인 구상은 칸트가 나중에서야 감성이라고 불리는 것에 범주적인 본질을 이해함으로써 동기부여가 된다. 그는 처음에 인식의 원재료로서 있었던 것을 '인간 영혼의 깊이 속에 숨겨진 기술'을 통하여 미리 형식화되게 함으로써 범주적 형식과 감성적 내용의 동질성을 확립할 수 있다. 이 동질성이 없다면 인식의 두 '줄기'가 전혀 결합될 수 없을 것이다. 도식론의 교설은 선험적 감성론을 불분명하게도 무효화하고 있다. 만일 선험적 감성론이 체계의 건축에 따라 기능을 수행했다면, 선험적 논리학으로의 이행은 기적과도 같은 것이다. 그러나 순수 감성이 감성론 프로그램과 일관성을 유지하고 그것의 질료에 대하여 완전히 소멸된다면, 순수 감성은 단순하게 스스로 사고된 것, 선험적 논리학의 한 부분으로 환원될 것이다. 그리고 어떤 이유에서 사유가 부수적으로 일어나는지 이해할 수 없을 것이다. 공간과 시간의 개념적 성격을 부인하는 칸트 자신은 그럼에도 불구하고 공간과 시간이 공간적인 것과 시간적인 것 없이 표상될 수 없다는 점을 더 이상 극복하지 못한다. 이런 면에서 공간과 시간 자체는 직관적이 아니며 또한 '감성적인' 것도 아니다. 이 아포리아는 한편으로 공간과 시간은 '직관'이며 다른 한편으로는 '형식'이라는 모순된 진술을 강요한다"(GS 5, S.150ff.).

294) 「본질논리학」 3장 「형식과 질료Form und Materie」에서 A.b. 단락 참조(Hegel, Werke, a.a.O. [주 90], Bd. 6, S.88ff.). ― 아도르노는 「선험적 감성론」과의 유사성을 헤겔의 상론 앞부분에서 언급된 일종의 인식의 근본층으로 보았던 것 같다. "질료는 … 단순한 구별 없는 동일성이다. 이 동일성은 형식의 다른 것이라는 규

정과 함께 본질이다. 따라서 그것은 형식의 본래적인 정초 또는 기체이다. 왜냐하면 그것은 형식 규정의 자체 내 반성 또는 독립적인 것을 결정하기 때문이다. 여기서 형식 규정은 긍정적 존립과의 관계처럼 독립적인 것과 관계한다"(ebd., S.88).

295. 아도르노는 헤겔의 『논리학』을 이와 유사한 방식으로 읽었다. 헤겔의 「형식과 질료」라는 장에는 다음과 같이 기술되어 있다. "차별 없는 것으로서 규정된 것, 즉 질료는 활동적인 것으로서의 형식에 반해 수동적인 것이다. 자신과 관련된 부정성으로서의 형식은 자기 자신 내의 모순이다. 그것은 자기 해결, 자신 반발 및 자기규정이다. 형식은 질료와 관련되고, 또한 형식은 바로 다른 것과 관련된 것처럼 자신의 존립과 관련되도록 정립되어 있다. 반면에 질료는 단지 자기 자신하고만 관련되고 다른 것과는 차별 없이 정립되어 있다. 그러나 질료는 즉자적으로 형식과 관련된다. 왜냐하면 질료는 지양된 부정성을 포함하면서 또한 이 규정을 통한 질료일 뿐이기 때문이다"(Hegel, Werke, a.a.O., [주 90], Bd. 6, S.89f.). 아도르노는 그의 『논리학』 사본의 인용문 가장자리에 "매우 심오함. 매개 속에서 두 요소들은 동일하지 않다. 유물론"이라고 메모했다. —매개와 무매개성에 대해서는 『부정변증법』 제2부도 참조, 특히 '객관성을 통한 매개'라는 단락 참조(GS 6, S.172ff.).

296. 아도르노는 칸트 해석 및 칸트 비판의 최종적 견해를 물자체와 비동일성과의 관계와 연관된 『주관과 객관에 대하여Zu Subjekt und Objekt』의 여덟 번째 명제에서도 제시했다(vgl. GS 10·2, S.752ff.). 물자체에서 "일관성을 주장하는 전통 논리학을 거부하는 반항적 기억, 즉 비동일성이" 칸트에게 살아남아 있다는 것이 앞서 『부정변증법』(GS 6, S.286, Anm.)에서 이미 확인되었다. 그곳에서 「객관의 우위Vorrang des Objekts」라는 제목하에 그는 자신의 고유한 이론을 발전시켰다. —『부정변증법』에 속하는 예비 논문인 1964년의 「철학적 사유에 대한 주해Die Anmerkungen zum philosophischen Denken」는 칸트의 코페르니쿠스적 전회에 대하여 아도르노가 주관성 속에서 객체의 우위를 주장한 것처럼 보이는 모순을 지적하고 해결했다. "사고의 진리인 객관성은 사태와 사고의 관계에 달려 있다. 주관적으로 고찰할 때 철학적 사유는 자기 안에서 일관성 있는 논리적인 태도를 취하면서 그럼에도 불구하고 자신이 아닌 것 그리고 자신의 합법칙성에 아프리오리하게 종속되지 않는 것을 받아들여야 하는 요구에 끊임없이 직면한다. 주관적 행동으로서의 사유는, 칸트와 관념론자들이 가르쳤듯이, 사유가 사태를 구성하거나 심지어 생산하는 곳에서, 우선 사태에 자신을 당연히 내맡겨야만 한다. 사태의

개념이 사유의 문제이고 그리고 사유가 먼저 사태를 확립해야 함에도 불구하고 사유는 사태에 의존하고 있다. 사유가 객관을 전혀 소유하지 못하고 더욱이 객관을 산출하지도 못함에도 불구하고 사유가 객관에 매달린다는 사실은 주관과 객관의 상호 매개에서만 유일하게 이해되어야 하는 그리고 아주 허약한 객관의 우위를 위한 더 강한 논증은 없을 것이다. 칸트의 이러한 사태성의 방법은 내용에서 표현된다. 그의 사유가 주관의 형식을 목표로 하지만, 그럼에도 그 목적을 객관성의 규정 속에서 찾는다. 코페르니쿠스적 전회에도 불구하고 이것을 통해서 칸트는 뜻하지 않게 객체의 우위를 증명하고 있다"(GS 10・2, S.601f.). ─『부정변증법』후기와 앞서 언급한 『주관과 객관에 대하여』에서 다음과 같이 요약되어 있다. "객관의 우위란 … 주관이 질적으로 다른, 매우 극단적인 의미에서 객관으로서의 객관, 즉 주관임을 말한다. 왜냐하면 객관은 결코 의식 이외의 어떤 것을 통해서는 알려지지 않기 때문이다. 의식을 통하여 알려진 것은 어떤 무엇이어야 하며, 매개는 매개된 것을 의미한다. 그러나 매개의 총괄 개념인 주관은 주관 개념에 의해 파악될 수 있는 표상을 통해 요청된 객관과 대비된 무엇이 아니라, 방법이다. 주관은 실제로는 아니지만 잠재적으로 객관성에서 제거될 수 있지만, 객관은 같은 방식으로 주관성에서 제거될 수 없다. 주관이 어떻게 규정되는지와 상관없이 존재자는 주관에서 사라지게 할 수 없다. 주관이 어떤 것이 아니라면, ─'어떤 것'은 환원될 수 없는 객관적 요소를 의미한다─ 그것은 전혀 아무것도 아니다. 비록 주관이 순수 행위actus purus이라도 주관은 행동하는 것ein Agierendes과의 관계가 필요하다. 객관의 우위는 기울어진 의향intentio obliqua의 기울어진 의향이며 결코 따뜻하게 데워진 직선의 의향intentio recta은 아니다. 그것은 주관적 환원의 교정이지, 주관적 몫의 부정은 아니다"(GS 10・2, S.746f.). ─『순수이성비판』과 함께 객관의 우위에 대한 자신의 이론과 연관하여 아도르노는 『부정변증법』에서 다음과 같이 상세히 설명했다. "칸트 또한 객관성의 우위의 요소를 언급하지 않은 것은 아니었다. 그는 이성비판에서 인식 능력의 주관적 분석을 객관적 관점에서 조절했을 뿐만 아니라 초월적인 물자체를 고집스럽게 옹호했다. 그가 주목한 것은 그 자체로 있는 것이 객관 개념에 전적으로 모순되는 것이 아니라는 사실이다. 객관의 주관적 매개는 주관의 불충분임에도 불구하고 객관의 이념에 귀속시킬 수 없다. 칸트에게도 객관이 그 자체에서 도달하지 않는 반면에, 그는 타자성Andersheit의 이념을 희생시키지 않는다. 이것이 없다면 인식은 동어 반복으로 잘못 빠질 것이며 인식된 것은 동어 반복 자체일지도 모른다. 그것은 분명히 물자체는 현상의 알려지지 않은 원인인 반면에, 이성비판으로부터 범주로서의 인과성이 주관에 편입되어 있다는 부조화보다 더욱더 칸트의 성찰을 곤혹스럽게 했다. 만일 선험적 주관성의 구성이 반대편에 있는 객관을 제어하려는 매우 역설적이고 오류일 수 있는 노력이었다면, 이런 한에서 이 비판은 긍정적, 관념론적 변증법이 단지 선언했던 것을 비로소 완성할 수 있었을지도 모른다. 존재론이 결정적으로 구성적 역할을 하는 주관을 비판적으로 제거하고, 일종의 두 번째의 직접성에서와 마찬가지로 객관을 통해 주관이 대치되지 않는다면, 존재론적 요소는 필수적이다. 유일하게 주관적 반성에만, 그리고 주관에 대한 반성에만 객관의 우위는 달성될 수 있다(GS 6, S.185f.).

편집자 후기
Editorische Nachbemerkung

호르크하이머는 60년대 초 언젠가 젊은 공동연구자들과의 대화에서 아도르노와 자신 사이에 오래전부터 이루어져 왔던 분업에 대하여 설명했다. 공동 이론을 개발하는 것은 아도르노에게 주어졌다. 호르크하이머가 학생들을 가르치는 데 전념할 동안, 이 작업은 '멈춰 설' 수 있다고 덧붙였다. 아도르노가 당시에 이미 은퇴했던 친구의 이런 입장 표명을 들었을 때, 그는 어느 정도는 불쾌한 반응을 보였다. 그것은 자신이 대학에서 가르치는 일을 소홀히 한다는 뜻이 아닌가? 아도르노는 물론 강의 내용을 기록하지 않았다. 그럼에도 그가 얼마나 많은 시간과 끈기를 가지고 헌신적으로 가르쳤는지는 제한된 범위의 수강생들 외에는 거의 정확하게 알 수 없었고, 그런 와중에 완전히 기억에서 사라져 버렸다. 1933년 이전에 젊은 사강사로서 강의할 수 있었던 1년 반과 해외망명으로부터 돌아온 후인 1949년 가을에 그는 강의를 했으며, 1969년 사망할 때까지 두 학기 동안 두 번 중단한 것을 제외하고는 한 학기마다 두 시간짜리 강의를 맡았다. '사회학 입문Einleitung in die Soziologie'이라는 마지막 강의를 제외하고 모든 강의들은 철학적 주제에 관련되었다. 1957년 여름까지 진행되었던 많은 강의들에 대해서는 그의 자필로 된 초안들이 유고로 존재했다. 이 초안들 중에서 표제어 형식을 넘어서는 것은 물론 매우 드물다. 그 외에 비교적 이른 시기에 진행되었던 몇 강의들 중에는 다소간 허용된 일반적인 단편적 필사본이 존재한다. 1957/58 겨울 학기 이후에야 비로소 그는 그의 동료에게 강의들을 녹음하게 했으며 또한 녹음테이프에 따라 기록하게 했다. 이런 식으로 아도르노가 모든 교수 활동 과정에서 행했던 35번의 강의들 중에서 적어도 15번의 강의들이 전승되었다.

아도르노는 가까운 학생들이나 친구들이 강의를 빼먹을 때 녹음테이프의 녹취록을 보는 것을 대부분 거부한 것처럼 그는 강의들 중 어떤 것도 출판하지 않았다. 아도르노는 추후에 다시 출판을 위해 글을 준비할 때 이용할 의도로 녹음테이프를 만들고 베껴 쓰게 했다. 그가 실제로 어느 정도 이것을 했는지는 강의록이 인쇄되어 나왔을 때에야 비로소 파악될 수 있을 것이다. 그를 통해 강의 필사본의 흔적은 비교적 적은 수만이 제시되고 있다. 아도르노가 강의록의 사후 출판에 동의하지 않았을 것이라는 것은 의심할 여지가 없어 보인다. 이에 대한 근거를 그가 1962년에 개별적인 즉석 강연의 출간에 동의했던 글에서 찾을 수 있을 것 같다. "자신의 경우에 있어 말하고 쓰는 단어의 효력이 오늘날보다 철저하게 더 멀리 따로따로 진행된다는 것을 나는 의식하고 있다. 만일 내가 사실적 설명의 권위 때문에 글로 써야만 하는 것처럼 그렇게 말한다면, 나의 말은 이해하기 어려울 것이다. 그러나 내가 말한 어떠한 것도 내가 텍스트로부터 요구하는 것과 상응하지 않는다. … 소위 자유로운 강연을 테이프에 녹음하고 그런 후 유포하려는 경향이 도처에 있다는 사실은 연설자를 꽉 잡아 두기 위해 덧없는 단어를 고정시키는 관리세계의 징후를 보여 주고 있다. 테이프의 녹음은 살아 있는 정신의 지문과 같은 것이다"(GS 20·1, S.360). 그럼에도 그 사이에 아도르노 문고Thodor W. Adorno Archiv는 이제 이것의 중요한 의미가 발행 계획을 정당화하기 때문에 보존된 아도르노 강의들을 출판하기 시작했다. 그러나 우리는 아도르노의 텍스트를 목전에 갖고 있지 않고, 단지 연사가 헌정하려고 추모했던 강의의 기록만을 갖고 있다는 것을 잊지 않도록 독자에게 강력하게 호소해야만 한다.

　　종종 베냐민에게 편지를 썼던 것처럼 아도르노는 옥스퍼드에서 여러 해 동안 "모자를 쓰고 가운을 걸친 중세적 대학생의 생활을 … 보내지 않을 수 없었다"(Theodor W. Adorno/ Walter Benjamin, Briefwechsel 1928-1940, hrsg. von Henri Lonitz, Frankfurt a.M. 1944, S.76). 그는 이러한 전통적인 강의 형식을, 즉 대학 강의의 형식을 고풍스럽다고 이해했다. 중세의 대학에서 심지어 헤겔 시대까지도 ―신학의 정신에서 또는 독일 관념론에서처럼 적어도 닫힌 체계의 정신에서— 여전히 권위적인 가르침을 끊임이 없는 강의와 권위주의적 방식으로 전달하는 것은 가능하고 의미를 지녔지만 그러나 이 방식은 오래전부터 정당성을 상실했다. 아도르노는 그의 강의에 있어 이러한 난처함에서 벗어나 효율적인 강의를 하고자 했다. 이를 위해 그는 더 이상 교훈적인 강의를 바라지 않았고 또한 미리 작성되었거나 깊이 숙고되어 잘 다듬어진 텍스트를 낭독하지 않았다. 이는 우선 완전히 글자 그대로 이해될 수 있어야 한다. 아도르노는 강의에서 대부분 바로 강의 직전에 작성된 몇 개의 표제어들만을 바탕으로 항상 즉흥적으로 자유롭게 말했다. 이 표제어들에서 그는 아주 드물게 논증들만을 암시했을 뿐, 대부분 계획된 주제의 순서에 국한하였다. 그는 강의에서 진지하게 —그는 호르크하이머를 위해 집필된 텍스트에서 현재의 대학 수업이 직면하고 있는 요구를 정형화했다— "반성의 형태에서, 명확한 해석의 형태에서, 비판의 형태에서, 이념들의 창조적 추진의 형태에서 정신적 자유의 요소에"(vgl. Max Horkheimer, Gesammelte Schriften, Bd. 8, hrsg. von Gunzelin Schmid Noerr, Framkfurt a.M. 1985, S.396f.) 전념했다. 분명히 대학생의 다수가 그의 강연을 통하여 과도하게 요구를 받았다는 것을 아도르노도 철저히 의식하였다. 물론 그는 이런 과도한 요구로 인해 도처에서 곧장 잃어버릴 수 있는 인간성을 보존하는 데 도움이 된다고 확신하면서도 그의 강의가 요구한 수준으로 인해 여러 청강생들에게 엄습했던 긴장의 감정을 완화하고자 노력했다. 본 강의에서 청강생들이 다루어져야 할 대상에 대해 '아직도 전혀 알지 못한다'는 가설의 형태를 취한 이러한 시도는 입문의 성격을 그리고 종종 주의를 끌려는 교육적 자세를 설명하는 데 도움을 줄 수 있을지 모른다. 이런 자세는 아도르노 강의의 특성이며 또한 강의의 반성적 요구를 위한 생산적 긴장 속에 있다. 후자의 요구는 항상 사실의 요구이지, 결코 강연하는 교수로서의 월권적인 요구가 아닌 것처럼 아도르노의 강의들은 주로 배우는 자를 위하여 실행되었다. 1955년 한 대학 신문에 게재된「철학연구Zum Studium der Philospphie」에서 아도르노는 그의 강의가 되풀이해서 자주 겪는 잘못된 반응을 언급했다. "많은 대학생은 사강사가 어떤 입장을 취할지 긴장한 채 기다리다가 그들이 확정적이거나 또는 논쟁적인 말을 들으면 동요하기 시작하며 반성보다는 입장을 더 좋아한다. 철학적 뉘앙스가 왜곡되지 않도록 극도의 주의가 요구된다. 왜냐하면 이 뉘앙스에 대부분 가장 중요한 것, 특별한 차이가 숨어 있기 때문이다. 필기의 과중한 욕구는 강의된 내용을 논제로 단순화시키고, 사고가 활력을 주는 것을 장식용의 부속물로서 버려버린다. 논제를 거부하거나 지양하는 깊은 성찰에 대한 적대감은 말할 것도 없다. 철학 학파로서의 변증법은 허용되어야만 하겠지만, 사실 자유로운 수행에서 변증법적 태도를 취하는 사유는 시험을 준비할 때에는 당혹감과 가끔 순전히 중압감으로서만 작용한다. 그러나 바로 논제에 대한 맹세, 다시 말해 우리가 무엇을 사유하고 무엇을 해야 하는지를 누군가 간단명료하게 말해 줄 것이라는 기대는 본질적으로 비철학적인 것이며, 완전히 정신에 적대적인 것이다"(GS 20·1, S.325f.). 인용문은 —이것이 반대라 해도— 아도르노의 강의 수행 프로그램을 포함하고 있다. 동시에 이 인용문으로부터 우리가 어떻게 아도르노의 강의를 올바르게 수용할 수 있는지의 지침을 도출할 수 있다.

그럼에도 아도르노 강의의 특성은 일찍이 오늘날 통용되는 강의 운영과 공유할 가능성이 있는 입문적 성격은 결코 아니다. 아도르노는 강의에서 수사학과 아마도 '한갓' 수사학이라고 불리는 것을 마다하지 않았다. 『부정변증법』은 수사학의 구제를 포함하고 있다. 이를 통해 "표현은 사유에서 구제되었고" 또한 철학에서 "언어의 본질"을(GS 6, S.65) 입증했다. 우리는 아마도 수사학적 장식을 엄격하게 회피하는 아도르노의 글의 언어적 본질을 볼 수 있을 것이고 이를 통해 주제가 자신의 표현을 획득하는 것이다. 그렇다면 아도르노 강의에서 언급된 말에서 주제는 아직 가공되되지 않는 측면을 표현으로서 외부 세계로 향하게 한다. '그렇게 멈춰 설수 있고' 동시에 어느 특정한 정도까지 항상 정지되어 있는 그런 권위 있는 표현 형식을 아직 발견하지 못했고 오히려 먼저 여정을 시작한다. 아도르노 강의에서 사고는 교리로 결정되지 않았고 스콜라적인 주제의 폐쇄성에 사로잡히지 않았다. 사고는 항상 움직이고 그 결과는 현대 예술과 유사하게 예측할 수 없다. 아도르노의 해석에 따르면 실험 사상은 현대 예술에서 당연한 것이다. 아도르노 강의에서 사유는 종종 대가에 대한 기대 없이 버려진다. 사유는 위험을 무릅쓰지 않을 수 없다고 보며 실패의 위험을 스스로 감수한다. 아도르노는 『숲길Holzwege』의 제목에, 그리고 하이데거가 숲길에 대하여 해석한 것에 동의했다. 길과 우회로에서 나타날 수 있는 아도르노의 사유는 그래도 아도르노의 저서에서 지배하고 있는 폐쇄되고 완결된 형식이 다시금 파괴되고 또한 그의 권위 있는 저서에서 저자에게 상환을 거부하는 가능성도 나타난다. 아도르노에게 사유는 항상 노고와 연관되어 있었다. 그는 헤겔의 『정신현상학』 서문에 나오는 "개념의 노고를 감수하는 것"이 중요하다는 문장을 자주 인용했다. 그리고 그는 자발성이라는 칸트의 개념을 "사유와 결합된 … 아주 힘이 드는 행위의 경험"(GS 10·2, S.600)이라고 규정했다. 편집자가 연구 초기에 초심자의 소박한 생각으로 아도르노에게 글쓰기가 그렇게 힘든지 질문을 했을 때, 아도르노는 "글을 쓰지 말고 사유하라!"라고 당연하게 대답했다. 아도르노의 글이 매우 어려운 것은 지극히 힘든 사유 덕분이라는 것을 알지 못하는 독자는 없을 것이다. 우선 그의 강의의 기록들은 그의 사유의 노고가 어떤지를 볼 수 있게 한다. 우리는 지그프리트가 난쟁이 미메의 동굴에서 칼을 대장질하듯이 철학자가 그의 작업실에서 자신의 개념을 담금질하고 있는지를 들여다볼 수 있다. 이를 통해 우리는 '살아 있는 정신'이 어떻게 사고에 진력하고 있는지를 볼 수 있는 증인이 될 것이다.

아도르노는 1968년의 『사회학 입문Einleitung in die Soziologie』의 출간

이후 1959년 여름 학기에 강의하였던 칸트의 『순수이성비판』을 두 번째 강의로서 출간하였다. 이것은 칸트의 인식론적인 주요 저서에 대한 그의 첫 번째 강의도 아니고 인식론의 문제를 다룬 첫 번째 강의도 아니었다. 이미 스무 살 때 제출한 박사 논문은 후설의 사물 이론Dingtheorie의 비판인 인식론적 주제에 전념하였다. 아도르노의 교수 활동의 첫 학기인 1931/32년 겨울학기에 프랑크푸르트 대학교 강의 목록에는 '인식론 연습 (후설)'이라는 제목이 기록되어 있었다. 그리고 망명에서 귀국하여 첫 두 학기 동안 '미학' 강의를 한 후 1951년 여름 학기에 아도르노는 '동시대의 인식론의 문제들(후설)Probleme der zeitgenössischen Erkenntnistheorie(Husserl)' 을 강의했다. 아도르노가 『순수이성비판』에 전념한 것은 후설의 현상학에 대한 그의 관심보다 훨씬 더 이전으로 소급된다. 이미 그는 고등학생으로서 나이가 더 많은 친구인 지그프리트 크라카우어와 함께 『순수이성비판』을 독해했다(앞의 주 98 참조). 그는 칸트의 이론철학을 50년대 중반에서야 비로소 강의에서 다루었다. 1953/54년 겨울 학기와 이듬해인 1954년 여름 학기에 그는 『관념론의 문제Das Problem des Idealismus』를 두 부분으로 나누어 읽었다. 첫 부분은 전반적으로 플라톤-강의였다면, 2부는 강의 목록에 '칸트의 『순수이성비판』 서문'이라는 설명을 덧붙였다. 1955년 여름 학기에 '칸트의 선험적 논리학'이라는 제목의 강의가 뒤따랐다. 아도르노는 1955년 이전에 「선험적 감성론」에서 벗어나지 못했고 지금에야 연속해서 제공하고 있다고 생각할 수 있다. 약간의 표제어들 이외에 아무것도 보존되지 않았던 앞의 강의들과는 달리 1957/58 겨울 학기의 '인식론' 강의는 녹음테이프의 필사로 존재하는 것 중에서 가장 빠른 것이다. 이것은 아도르노의 사후에 불법 복제물로서 어느 정도 유통되었다. 물론 이 강의는 마지막 3분의 1 부분에서야 비로소 『순수이성비판』에 대한 소개에 열정적으로 관심을 기울이지만, 그가 발표한 현재 강의의 주요한 예비 단계였던 것 같다. 그리고 그는 1959년 여름 학기에 『순수이성비판』을 강의하였다. 그 이후 아도르노는 더 이상 칸트의 이론적인 철학에 대하여 강의하지 않았다.

아도르노는 헤겔, 키르케고르와 후설에 관한 책 이외에 칸트에 관한 책은 출간하지 않았다. 단지 『부정변증법』의 자유에 관한 장만은 칸트의 실천철학을 다루고 있다. 아도르노의 사유에서 칸트의 이성비판은 헤겔의 변증법 못지않게 중요하며 또한 의심의 여지 없이 키르케고르와 후설 철학의 가치를 능가하기 때문에, 그의 칸트 강의에 ㅡ이 강의 이외에 동시에 출판하게 된 1963년의 『도덕철학의 문제』에ㅡ 그만큼 더 큰 무게가 주어진다. 『순수이성비판』에 대한 마지막 강의에서 아도르노는 "변증법적 사유"를 ㅡ그는 자신의 사유라고 주장했다ㅡ 말하면서 "이 변증법적 사유의 요소를 칸트에게서 발전시켰다"고 언급했다(oben, S.394). 그에게 중요한 것은 역사적 칸트의 내재적인 설명을 제공하는 것이 아니라, 오히려 기회가 있을 때 자신의 철학에 대한 칸트의 문제 제기를 토의하는 것이었다. 아도르노 철학에 내재된 인식론은 전수된 ㅡ말하자면 우선적으로 칸트적인ㅡ 인식론의 메타비판이다. 눈에 잘 띄지 않는 구절에서 아도르노는 칸트의 구성 문제를 해석하기 위하여 "아주 큰 노고"를 감수했다고 진술했는데 그 이유는 내가 주장하는 "철학적 위치의 정초"만큼이나 "못지않은 것"(oben, S.239)이 여기서 문제가 되기 때문이다. 이에 대해 그는 뒤늦게 비로소 부정변증법이라는 이름을 발견했다. 아도르노는 인식론을 능가하고 실재를 나타내는sachhaltig 철학에 전념할 수 있기 위하여 인식론을 매우 집중적으로 다루었다. 이것 역시 코페르니쿠스적인 전회이다. 아도르노의 철학이 사유의 도구로서 경험의 권위에 근거하는 유물론적 사유를 고집하는 것은 무엇보다 칸트의 덕분이다. 칸트의 경우에 경험 개념은 결코 주관적이거나 경험적 지각으로 환원될 수 없지만, 대상적 세계 구성의 수행을 주장하기 위하여 항상 필연성과 보편성을 동시에 주장한다. 그러나 이것은 또한 아도르노에게 있어서 '객관 우위'의 명제Theorem가 객관적인 것을 의미한다. 그의 사유가 지배하고 있는 중심적 사고는 다시금 칸트와의 토론에서 항상 획득되었다. 아도르노가 그렇게 강조하였고 그리고 그의 사유에 있어서 일종의 특징이 되어 버린 비동일성이 그러하다. 예컨대 아도르노는 칸트가 도외시하는 것을 원치 않았던 물자체를 비동일성의 저장소로 해석했다. 이 비동일성을 통해 모든 객관을 주관적 구조로 환원시키는 관념론적인 원초적 오류는 폭발된다. 아도르노의 평생에 걸친 인식론적 문제와 특히 칸트의 인식론적 문제에 대한 관심은 그가 본 강의들에서 반복적으로 정형화한 미지의 땅Niemandsland에 대한 관심이다(앞의 46, 66 그리고 372쪽을 보라). 이곳은 칸트가 논리학과 심리학, 형이상학 사이에 자리 잡은 선험적 영역이다. 경계석을 통하여 표시된 분과와 명의상 그것의 관할구역 사이에서 나타나는 틈새에서 아도르노는 '없앨 수 없는 존재적인 것', 사태 자체의 비동일성 ―즉 개념적인 주조물과는 동일하지 않은 것― 을 찾았다. 그러나 어린이 놀이에 대한 토론에서 아도르노는 언젠가 미지의 땅이라는 말이 자신의 어법에서 무슨 뜻인지를 밝힌 바 있다. "내가 혼자 놀이하면서 점령한 땅은 … 미지의 땅이었다. 그 후 이 말은 전쟁 중에 두 전선 사이에 놓인 황폐한 공간이라는 뜻으로 부상했다. 그러나 그것은 그리스어의 ―아리스토파네스적인 것― 충실한 번역인 유토피아이다. 이 유토피아를 나는 그 당시 더 잘 알지 못하면서도 더 잘 이해했다"(GS 10·1, S.305). 이미 누구도 이 말을 이해하지 못했기 때문에 누구도 그것을 더 이상 알려고 하지 않는 오늘날, 결국 미지의 세계에 대한 아도르노 사유에서 메시아적인 빛이 가물거리면서, 즉흥적인 연설의 시도가 초래하는 오류와 불확실성이 있을 수 있음에도 불구하고 추상적-인식론적 모습으로 건조하게 다가온다.

　　강의록의 편집은 대부분 사회연구소에서 개별적인 강의 시간과 직접 연계되어 작성된 녹음테이프의 녹취록에 의존한다. 복사된 테이프는 새롭게 사용될 수 있기 위해 깨끗이 닦아 내었다. 오늘날 녹취록은 Vo

4259-4504의 기호로 아도르노 문고Thodor W. Adorno Archiv에 보관되어 있다.

아도르노가 출간을 위해 편집을 허락했을 때 편집자는 텍스트를 제작함에 있어서 자유롭게 행했던 강연의 편집을 그가 스스로 염려했던 것과 유사하게 처리하려고 노력하였다. "그는 강연의 특성을 손대지 않은 채 놔두고 단지 눈에 거슬리는 언어상의 잘못과 너무나 지나친 반복만을 제거했다"(Zit. nach: Vorträge, gehalten anläßlich der Hessischen Hochschulwochen für staatswissenschaftliche Fortbildung, Bad Homburg v.d.H., Berlin 1955, S.54). 편집자는 여비서에 의해 기록되고 잘 전승된 원본의 텍스트에 거의 관여하지 않으려고 했다. 이 여비서는 아도르노의 버릇을 잘 알고 있었을 뿐만 아니라 대상에 대해서도 완전히 능숙하게 처리할 능력을 갖고 있었다. 물론 바로 이 때문에 여비서는 녹음된 상태였던 원문을 여러 곳에서 좋게 개선할 수 있었던 것으로 보인다. 그런 만큼 편집자는 그의 원본을 성스러운 텍스트처럼 다루지 않아도 된다고 보았다. 가령 테이프를 들으며 옮겨 적을 때 '잘못 듣기'에서 생겨날 수밖에 없는 주요한 오류뿐만 아니라 문법 규칙의 명백한 위반도 수정되었다. 또한 허사, 특히 nun, also, ja 같은 불변화사들은 그것이 한갓 미사여구로 환원될 때에는 제거되었다. 필연적으로 첨가해야 할 구두점을 다루는 데 있어서 편집자는 가장 편견 없이 생각했고, 아도르노가 텍스트를 집필할 때 주의한 규칙을 고려하지 않고 강의에 언급된 것을 가급적 분명하고 오해 없게 분류하고자 했다. 그리하여 삽입구의 경우에 ―아도르노가 가능하면 피했던― 괄호를 통해 의미가 명료해질 때에는 괄호를 주저 없이 사용했다.

주에서 편집자는 강의에서 사용된 인용들을 제공하고 아울러 아도르노가 강의에서 적용시켰던 그러한 구문들을 인용했다. 그 밖에도 강의와 아도르노의 저서가 정말 다양하게 서로 연관되어 있음을 구체적으로 입증해야 함에도 불구하고 강의에서 설명했던 것을 더욱 명백하게 할 수 있기 위해 아도르노의 저서에서 나온 빈번한 유사 구문들도 제시하였다.

아도르노는 "장르를 구별하는 데 익숙하다는 루돌프 보르하르트Ru-dolf Borchardt의 명제를 겸손하게 주장할 수 있다"고 생각했다. "그가 글을 쓰고 오직 주제의 요구에 복종하는 것과 의사소통을 겨냥하여 언급된 말과의 차이는 그에게 결정적인 것으로 생각된다"(ebd.). 우리가 아도르노의 말을 그가 쓴 것의 기준에 반하여 측정하지 않는 경우에만, 우리는 아도르노가 언급한 말에 정당한 조치를 취할 것이다. 그러면 그의 언급된 말은 장르 자체를 대표할 것이다.

1995년 1월

옮긴이 후기

제2차 세계대전이 끝난 후 미국 망명 생활에서 돌아온 아도르노는 프랑크푸르트 대학에서 1949년 가을부터 '미학' 강의를 필두로 1969년 세상을 떠날 때까지 철학의 여러 분야와 더불어 사회학을 강의했다. 지금 소개하는 칸트의 『순수이성비판』의 강의는 1959년 여름 학기에 이루어졌고 1968년 출간되었다. 그는 『순수이성비판』의 강의에 앞서 이미 예비단계로서 1953/54년 겨울 학기와 1954년 여름 학기에 '관념론의 문제'를 강의하면서 이 강의 2부의 강의 목록에 '칸트의 『순수이성비판』 서문'을 덧붙였고, 1955년 여름 학기에 '칸트의 선험적 논리학'을 그리고 1957/58년 겨울 학기의 '인식론' 강의의 마지막 3분의 1 부분에 『순수이성비판』에 대하여 열정적으로 관심을 보였다.

아도르노는 『순수이성비판』의 강의 후에 더 이상 칸트의 이론철학에 대하여 강의하지 않았다. 그러나 그가 이 강의로부터 자신의 변증법적 사유를 발전시켰다고 『순수이성비판』의 마지막 강의에서 언급할 만큼 칸트 철학은 그에게 지대한 영향을 미쳤다. 그의 강의는 칸트의 이론철학을 단순히 소개하고 이해시키려는 통상적 강의와 달리, 자신의 입장에서 칸트 철학을 분석하고 어떤 문제점이 숨어 있는지를 밝히면서 새로운 사유를 창조하려고 했으며, 바로 이러한 예리한 분석과 문제 지적을 통해, 그는 자신의 변증법적 사유를 발전시킬 수 있었을 것이다. 그런 까닭에 『순수이성비판』의 텍스트를 체계적으로 이해하고 칸트가 무엇을 추구하려 했는지를 쉽게 이해하려고 하는 독자는 이 강의가 매우 어렵고 불친절하다고 생각할 것이다. 사실 칸트의 『순수이성비판』을 이해하기 위해서는 이 강의의 내용은 무척이나 어렵고 또한 체계적이지 않다. 그러나 칸트의 이론철학뿐만 아니라 칸트 철학 전반에 어떤 문제점이 도사리고 있으며 왜 이런 문제점이 발생할 수밖에 없는지 그리고 이 문제로 인해 어떤 철학적 방향으로 나아가야 할지를 연구하려는 사람에게는 많은 도움이 될 것이다. 특히 이 강의는 칸트 철학의 연구자뿐만 아니라 아도르노 철학의 연구자에게 더욱 많은 도움이 될 것이다. 이 강의는 아도르노의 '계몽의 변증법'과 '비동일성의 철학적 사유'가 어디에서 비롯된 것인지를 확인할 수 있는 계기를 마련한다.

아도르노는 첫 강의에 수강자에게 『순수이성비판』에 대하여 아무것도 모른다는 가정하에, 즉 『순수이성비판』에 대한 그동안의 해석들과 태도를 무시하고 아무런 편견 없이 임하기를 요구한다. 왜냐하면 이성비판은 이성의 자기반성이며 자기비판이기 때문이다. 당시 인식론과 연관하여 칸트는 코페르니쿠스적 전회를 통해 처음으로 주관주의의 입장을 표방했다고 널리 이해되고 해석되고 있었다. 이에 대하여 아도르노는 이런 이해는 잘못이라고 비판하고, 『순수이성비판』의 서문을 인용하면서 칸트가 실제로 추구한 것은 '주관 자체 속에서 인식의 객관성'을 증명하고 인식의 객관성을 구원하는 데 있음을 강조한다. 그리고 아도르노는 바로 이 주관에서 인식의 객관성을 증명하는 데 갖는 어려움을, 달리 표현한다면 주관성과 객관성이라는 두 요소가 어떻게 함께 작용하고 어떤 짜임 관계에서 서로를 나타내는지 그리고 이때 어떤 어려움이 발생하는지를 밝히는 것이 이 강의의 과제임을 제시한다.

주관 자체 속에서 인식의 객관성을 증명하는 데 칸트가 던진 가장 핵심적인 물음은 '어떻게 아프리오리한 종합판단이 가능한지'이다. 아도르노는 이 물음이 지닐 수밖에 없는 모순과 문제점을 지적하면서 이를 칸트의 이론철학 전반으로 확장한다. 그러나 그는 칸트 철학이 지니고 있는 모순과 문제만을 단순히 밝히는 것이 아니라 칸트 철학이 이 모순을 지닐 수밖에 없는 이유를 인간 능력 자체 속에서 그리고 서구 철학사와의 연관 속에서, 더 나아가 아도르노 철학에서 중요하게 자리 잡고 있는 자연 지배, 인간소외, 시민사회의 문제점과의 관계 속에서 논의한다. 그러나 칸트 철학 속에 지니고 있는 이 모순의 해결방안을 제시하지 않고 항상 열어 두고 있다.

I

아도르노는 강의 중에 매번 철학적 텍스트를 독해할 때 텍스트의 무모순성과 체계적 일관성에 주목하지 않고 반대로 모순과 그 모순에서 갈라진 틈새를 발견할 것을 강조한다. 철학자의 주장을 추론하고 사태를 파악하고 가능한 자체 안에서 모순 없이 전체적으로 이해하는 것은 철학적 사유가 아니라고 비판한다. 그런 까닭에 그는 텍스트에 깊이 숨어 있는 내용과 문제성을 드러내고 일반적으로 소홀하게 취급하기 쉬운 표현들을 세밀하게 분석할 것을, 또한 텍스트가 직접적으로 제시한 의미를 넘어서서 그 이상의 것을 발견할 것을 요구한다. 그뿐만 아니라 그는 미세한 차이에서도 철학적인 큰 차이가 있음을 강조하면서 미세한 차이까지도 분석한다. 사실 그는『순수이성비판』을 통해 인간 이성이나 사유 자체 속에 이미 모순이 내재되어 있고, 이 모순으로 인해 오히려 사유의 생명력이 있음을 강조한다. 또한 아도르노는 그의 비판 이론을 기반으로 칸트가 지닌 모순에 어떤 해결점도 제시하지 않고 언제나 비판으로만 남겨 둔다. 우리는 이러한 아도르노의 텍스트 분석 방법과 철학적 관점으로 인해 칸트의『순수이성비판』을 독해하기에 어려움이 있음을 다시 한번 토로한다.

칸트가 던진 아프리오리한 종합판단이 어떻게 가능한가의 물음으로부터 칸트는 이미 전통 철학과 마찬가지로 보편적이고 객관적인 진리가 있음을 전제하고 있다는 측면에서 그는 비판적이지만 다른 한편 이 물음의 깊은 곳에 칸트는 사실 무전제의 진리를 주장하고 있는 것이 아님을 강조한다. 바로 이 점에서부터 아도르노는 이미 칸트 철학의 위대함과 동시에 이중성과 모순을 발견한다. 아도르노는 아프리오리한 종합판단의 가능성과 연관된 모든 것을 탐구하는 순수이성비판의 핵심 주제인 선험개념 그리고 이 영역 —그는 이 영역을 미지의 땅Niemandsland이라 부른다— 의 분석으로부터 강의를 본격적으로 시작한다. 다양하고 심오한 지적 능력을 토대로 그는 『순수이성비판』을 단순히 인식론의 영역뿐만 아니라 철학 전반과 사회학 영역까지 확대하여 논의하고 있으며, 이 논의를 오늘날까지 중요한 주제로 다루고 있다. 그러나 여기서는 아도르노가 제기한 칸트 철학의 주요 문제점과 이에 대한 아도르노의 관점만을 언급하고자 한다.

II

아프리오리한 종합판단이 어떻게 가능한가의 물음 속에 아도르노는 칸트가 이미 아프리오리한 종합판단이 있음을 전제하고 이 판단의 가능성을 묻는다고 본다. 칸트가 아프리오리한 종합판단 자체가 있다는 주장은 그 당시 순수 자연과학, 즉 물리학과 수학에 근거한다. 그러나 아도르노는 보편성과 필연성 그리고 객관성을 띤 이 판단 속에 과연 어떤 문제와 모순을 안고 있는지를 파헤치면서 이 문제와 모순을 가질 수밖에 없는 이유와 이를 통해 아도르노가 주제로 삼고 있는 가장 근원적인 핵심 개념, 즉 비동일성의 개념과 더불어 자신의 변증법적 사유를 제시한다.

아프리오리한 종합판단은 우선 주관적 요소와 객관적 요소가 서로 일치하면서 결합된 보편타당한 객관적 인식이다. 이때 주관적 요소는 사유와 형식이며 객관적 요소는 주관의 바깥에 있는 질료이며 내용이다. 인식에서 주관과 객관의 서로 다른 영역이 어떻게 서로 결합하고 통합하여 동일성을 갖고 있는지는 사실 철학의 가장 곤혹스러운 물음 중의 하나이다. 특히 칸트에게서 사유와 형식은 초시간적인 것이지만, 객관은 시간 내적이며 변화하는 경험적인 것이다. 따라서 아프리오리한 종합판단에 내재하고 있는 문제와 모순은 초시간적으로 타당해야만 하는 인식이 어떻게 시간 속에 변화하는 경험과 분리되지 않은 채 동일성을 갖고 있는가이다.

이에 대하여 칸트는 사유의 능력과 객관의 영역을 구분하고, 아도르노의 표현에 따르면 '블록'을 형성하면서, 아프리오리한 종합판단의 가능성을 입증한다. 그는 이성이 자신의 능력을 스스로 제한하면서 객관의 영역을 현상세계와 지성세계로 구분한다. 그는 지성 개념이 경험 가능한 대상, 즉 직관을 통해 주어진 무규정적인 질료를 규정함으로써 아프리오리한 종합판단, 즉 보편적이고 객관적인 인식이 성립된다고 주장한다. 따라서 아프리오리한 종합판단이 성립되는 영역은 현상세계이며 결코 경험의 영역을 뛰어넘은 지성세계가 아니다. 주관주의적 토대에서 규정한 대상은 현상적 사물이지 결코 물자체는 아니다. 그러나 아프리오리한 종합판단이 적용될 수 있는 영역이 현상세계라는 것을 증명했다고 해서 앞에서 제기한 물음이 해소된 것은 결코 아니다. 초시간적인 것과 시간 내의 것이 어떻게 결합 통일되어 동일성을 갖고 있는지 해결되지 않은 채 남아 있다.

그러나 이 문제를 접근하기에 앞서, 아도르노는 칸트 철학이 지니고 있는 문제점을 지적한다. 우선 칸트의 인식론은 주관과 서로 다른 다양한 개별대상들을 개념을 통해 규정함으로써 다양한 개별적 대상을 동일화시켰다고 본다. 따라서 칸트의 인식론에서도 자연 지배의 사상이 나타나고 있음을 지적한다. 그리고 아도르노는 칸트가 현상계와 구별되는 지성계, 즉 물자체의 세계를 상정함으로써 동일화될 수 없는 비동일성 영역을 전제하고 있다고 주장한다. 달리 표현하면 칸트 철학은 인식의 동일성을 입증하기 위해 비동일성을 전제하고 있다. 이를 역설적으로 표현하면 칸트는 동일성을 증명하기 위해 블록을 쌓고 역설적으로 동일성을 제한하려고 비동일성을 요구하는 비동일성의 철학이다. 아도르노는 칸트 철학의 이런 해석을 통해 비동일성의 철학을 칸트에게서 발견한다. 이와 더불어 그는 동일성을 근거한 칸트의 인식론이 시민사회의 교환관계, 일종의 등가 관계와 같으며 사물세계의 이중화는 인간의 소외구조를 내포하고 있다고 주장한다.

아도르노는 아프리오리한 종합판단과 연관하여 칸트가 비판한 형이상학을 분석하면서 이성이 지닐 수밖에 없는 운명을 논한다. 칸트에 따르면 이성은 자신의 능력을 스스로 제한하면서 동일성을 현상계에만 적용해야 한다. 그러나 이성은 현상으로서의 대상에 만족하지 못하고 이를 초월하여 존재 자체와 신, 영혼, 자유의 세계를 추구하고 자신의 원리를 적용하여 이를 인식하고자 한다. 그러나 이성은 경험의 영역을 벗어난 지성계 또는 물자체의 세계를 결코 인식할 수 없다. 왜냐하면 이성이 적용하는 원칙은 경험의 한계 너머에 있기에 더 이상 경험의 시금석이 존재하지 않기 때문이다. 그런 까닭에 칸트는 이러한 이성의 끝없는 싸움터를 형이상학이라고 부르며 형이상학을 비판한다. 그러나 아도르노는 이성 자신과의 논쟁을 포함하여 이성이 뒤얽혀 있는 이 싸움을 이성 자체가 지니고 있는 생명력으로 보고 이 영원한 싸움터를 긍정한다. 이런 해석을 통해 우리는 아도르노의 변증법적 사유를 확인할 수 있다. 헤겔의 절대정신으로 향한 변증법과는 달리 아도르노가 주장하는 끝없는 사유 운동으로서의 변증법은 칸트가 언급한 이성의 끝없는 싸움터와 연관된다. 그는 칸트의 이 비유에 진정한 천재성이 깃들어 있다고 주장한다.

이와 연관하여 아도르노는 칸트 철학이 갖고 있는 계몽의 이중성을 이끌어 낸다. 그는 끝없이 자신과의 논쟁으로 인해 생명력을 지니고 있는 이성에 칸트 철학은 동일성을 위해 자신의 능력을 제한하고 비동일성을 요구하는, 즉 합리성을 위해 비합리성을 요구하는 이중성과 신, 영혼, 불멸성의 존재를 주장하는 형이상학의 독단을 비판한다면서도 이 이념들의 실천적, 규제적 사용을 주장하는 이중성, 믿음을 위해 지식을 포기하는 이중성들을 보이고 있다고 분석한다. 더 나아가 그는 칸트 철학이 이성의 자유로운 공적 사용만이 계몽임을 주장함으로써 개별적 자유를 제한하거나 억압하는 계몽의 이중성을 지적한다. 그에 의하면 칸트 철학은 계몽의 완성이 아니라 계몽의 양가성을 드러내고 있는 철학이다.

III

아도르노는 아프리오리한 종합판단이 지니고 있는 문제를 자신의 철학적 관점을 통해 다양하게 분석한 후 『순수이성비판』의 핵심 주제인 이 판단의 가능성을 논의한다. 이 판단이 가능한 것은 바로 '나의 모든 표상들을 수반하는 나는 생각하다'의 선험적 통각, 즉 의식의 통일이다. 그는 '선험적 연역'과 '도식론'의 분석을 통해 칸트에게 있어 '객관은 어떤 주어진 직관의 다양성이 개념 속에 결합된 것'으로서 의식의 통일 속에 객관의 통일이 내재되어 있고 또한 직관을 통해 주어진 다양한 것, 즉 무규정적인 질료가 개념 속에 결합될 수 있는 것은 주관과 대상을 이어 주는 시간성에 있다고 밝힌다. 의식의 통일을 통해 구성되고 규정되는 객관은 현상으로서의 객관이며 결코 물자체는 아니다. 이로써 칸트는 앞에서 언급한 바와 같이 사물세계를 이중화시킴으로써, 아도르노의 용어에 따르면 블록을 쌓으면서 주관성 속에서 인식의 객관성을 입증한다. 객관은 주관을 매개로 한 객관이며 시간을 통해 포섭될 수 없는 사물은 합법칙적으로 규정될 수 없는 사물이며 우리가 알 수 없는 물자체이다. 이로 인해 야기되는 문제점을 아도르노는 앞에서 언급된 문제와 연관하여 더욱더 구체화한다.

그런데 아도르노가 주목하고 있는 또 하나의 문제점은 선험적 주관에 깊게 내재하고 있는 곤혹스러운 문제, 즉 선험적 주관인 '나의 모든 표상들을 수반하는 생각하는 자아'가 지니는 문제점이다. 선험적 주관인 자아는 보편적 자아이며 객관을 구성하는 자아이다. 이 자아는 추상적인 논리적 자아가 아니며 구체적이고 개별적인 자아, 즉 경험적인 자아일 수도 없다. 바로 이 점에서 아도르노는 칸트가 사용하고 있는 '우리'라는 개념의 분석을 통해 선험적 주관에 놓여 있는 문제점을 발견하고 자신의 철학적 관점을 제시한다. 아도르노에 따르면 '우리'는 항상 개별자를 전제하고 있고 개별자 없이는 불가능하지만, 그렇다고 어떤 개별자와 결합되어 있지는 않다.

마찬가지로 칸트가 인식의 객관적 타당성을 입증하는 최고의 조건인 선험적 주관은 객관을 구성하는 보편적 주관이지만, 이 자아는 이미 '사실적 자아'를 전제한다. 생각하는 자아가 사실적 자아인 개별적 자아 및 경험적 자아를 배제하고 '생각하는 자아', 즉 선험적 자아를 생각할 수 없다. 따라서 객관을 구성하는 보편적 자아는 비록 경험적 자아를 배제하고 있지만, 개별적인 자아를 전제한다. 이 경험적이고 개별적인 자아는 원칙적으로 세계의 일부이며 세계에 속해 있기에 구성 조건이 아닌 구성된 것Constitutum이다. 아도르노가 분석한 우리의 개념처럼 칸트의 사유하는 자아는 우리의 모든 개별자에 의하여 떠받쳐지고 있지만, 그렇다고 어떤 개별자와도 결합되어 있지는 않다. 달리 표현하면 칸트의 선험적 주관은 개별적 주관 없이 생각될 수 없지만 그렇다고 개별적 주관 자체가 전제되어서는 안 되는 문제를 안고 있다. 여기에서 아도르노는 칸트 역시 인식의 보편적 타당성을 증명하기 위해 선험적 주관이라는 절대적인 첫 번째의 원리를 전제하고 있다고 비판한다. 이와 더불어 그는 서구 철학이 최초의 기원, 최초의 것, 최초의 존재에 관한 물음을 제기하고 있는 것은 그 물음 자체가 잘못이며 기초를 정립하려는 망상에 불과하다고 강조한다.

아도르노는 선험적 주관이 사실적 주관, 경험적 의식을 결코 배제할 수 없음을 밝히면서 칸트와 달리 객관을 구성하는 주관, 즉 구성자Constituens는 경험적 개별자, 즉 구성된 것Constitutum과 결코 분리될 수 없음을 밝힌다. 구성자 없이 구성된 것은 없고 마찬가지로 구성된 것 없이 구성자도 없다. 그리하여 구성자와 구성된 것은 분리될 수 없으며 또한 이 구별의 배후에 있는 기원적인 일자를 추구하는 것은 원천적으로 불가능하다. 바로 여기에서 아도르노가 강력하게 주장하듯이 기원을 묻는 것은 이 물음 자체가 오류이며 주관과 객관, 형식과 내용, 보편과 개별은 분리된 것이 아니라 상호적으로 서로 뒤섞여 매개되어 있는 영원한 변증법적 관계이다. 아도르노는 비록 칸트가 변증법적 사유를 가지고 있지 않다고 보지만 칸트의 '직관 없는 사유는 공허하고 개념 없는 직관은 맹목적'이라는 명제에 이 모티브가 깊게 숨어 있다고 본다.

IV

아도르노는 칸트 철학의 핵심인 선험적 영역을 자신의 고유한 철학적 관점, 사유의 이중성을 토대로 이중성을 지닌 영역이라고 주장한다. 그에 의하면 한편으로 아프리오리한 종합판단의 가능성이 관계하는 총괄 개념으로서 선험적 영역은 '모든 것이 아닌 영역'이다. 첫째, 선험적 영역은 논리적인 영역이 아니다. 논리학은 대상과 관계하지 않는 순전한 사유의 형식만을 논한다. 이에 반해 선험적 영역은 내용과 관계하는 선험논리학이다. 둘째, 선험적 영역은 심리학적 영역이 아니다. 심리학은 경험적인 내용을 기초로 하기 때문에 보편성과 필연성을 입증할 수 없다. 그러나 선험적 영역은 모든 경험과 내용이 의존하는 아프리오리한 조건의 영역이다. 셋째, 선험적 영역은 형이상학이 아니다. 형이상학은 경험 가능한 영역을 초월하여 지성적 대상인 사물을 다룬다. 그러나 선험적 영역은 경험 가능한 영역인 현상적 사물과 관계한다. 따라서 선험적 영역은 논리학의 영역도, 심리학적 영역도, 형이상학적 영역이 아닌 그야말로 '아무것도 아닌' 영역이다.

다른 한편으로 아도르노의 선험적 영역이 이 모든 영역을 포함하고 있는 영역이다. 첫째, 선험논리학은 형식논리학이 아니지만, 이 논리학을 전제하고 있다. 왜냐하면 아프리오리한 종합판단은 동일성을 전제하고, 의식의 종합적 통일 역시 순수한 논리적 통일을 전제하고 있기 때문이다. 둘째, 선험적 영역은 심리학이 아니지만, 심리학을 전제하고 있다. 왜냐하면 개별적이고 경험적 자아를 기초하지 않고는 '생각하는 자아'는 생각될 수 없기 때문이다. 그러나 개별적 자아는 세계 속에 구성된 것이지 결코 객관을 구성하는 구성자가 아니다. 셋째, 선험적 영역은 형이상학을 거부하지만, 형이상학의 영역을 요청한다. 왜냐하면 주관으로의 전회에서 이 주관은 자신의 내면에 초월의 존재, 즉 물자체를 요청하고 있기 때문이다. 따라서 선험적 영역은 아무것도 아닌 영역이지만 동시에 논리학, 심리학 그리고 형이상학의 짜임 관계에 놓여 있다. 그러나 아도르노는 이 짜임 관계에 칸트의 영원한 아포리아가 놓여 있다고 주장하면서 순수이성비판은 개념을 통해 동일성을 산출하는 동시에 비동일성을 인지하는 최초의 위대한 시도라고 본다.

단지 칸트를 전공했다는 이유로 이 책을 번역하는 데에 많은 어려움이 있었음을 고백하지 않을 수 없다. 왜냐하면 아도르노는 특히 자신의 철학적 사유를 기반으로 『순수이성비판』을 해석하고 그 속에 내재된 모순과 문제점을 지적하면서 자신의 철학적 사유를 확인하고 있기 때문이다. 아도르노의 비전공자인 옮긴이는 번역에 있어 잘못된 용어 선택이나 오류가 있을 것이다. 이는 옮긴이의 학문적 능력이 부족한 탓이기에 독자들의 가차 없는 질책을 바란다.

좋지 못한 건강으로 인해 번역하는 데 너무나 오랜 기간이 소요되었기에 그동안 초벌을 기꺼이 맡아 주신 원당회 박사님께 진심으로 감사의 말씀을 전하고 싶다. 그리고 출간하는 데까지 긴 세월을 인내하고 참아 주신 이방원 사장님께도 감사의 말씀을 드리고, 어려운 글을 교정해 주신 정조연 님께도 감사 말씀을 드린다.

2021년 4월 송파동에서

박 중 목

테오도르 W. 아도르노 연보

<u>1903</u>

9월 11일 독일 프랑크푸르트 암 마인Frankfurt am Main에서 포도주 도매상을 운영하는
오스카 알렉산더 비젠그룬트Oscar Alexander Wiesengrund와 이탈리아 혈통의 성악가
마리아 바바라 카벨리-아도르노Maria Barbara Cavelli-Adorno della Piana의 외아들로 태
어남. 10월 4일 프랑크푸르트 성당에서 가톨릭 세례를 받음. 출생신고 때 사용한 성
姓 비젠그룬트-아도르노Wiesengrund-Adorno를 1943년 미국 망명 중에 아도르노Ador-
no로 바꿈. 유망한 가수이자 피아니스트였던 이모 아가테Agathe가 늘 아도르노 식구
와 함께 살았음. 어머니, 이모와 함께 음악에 둘러싸여 유복한 어린 시절을 보냄.

<u>1910</u>

프랑크푸르트 독일인 중등학교에 다님. 견진성사 수업에 참여.

<u>1913</u>

카이저 빌헬름 김나지움으로 전학.

<u>1921</u>

김나지움 졸업. 최우수 졸업생. 프랑크푸르트 암 마인 대학 등록. 중학생 시절부터
받아 오던 음악 레슨 계속. 베른하르트 제클레스에게서 작곡 수업을 받고 에두아
르트 융 문하에서 피아노 레슨을 받음. 당시 지방 신문사의 기자였고 후일 망명지
미국에서 영화 이론가로 명망을 떨치게 되는 14세 연상의 사회학자 지그프리트 크
라카우어Siegfried Kraucauer(1889-1966)와 알게 됨. 크라카우어와 함께 칸트의 『순수
이성비판』 읽기 시작.

<u>1921-1924</u>

프랑크푸르트 대학에서 철학, 심리학, 사회학, 음악학 강의 수강.

1922

대학의 한 세미나에서 막스 호르크하이머Max Horkheimer(1895-1973)를 만남.

1923

발터 베냐민Walter Benjamin(1892-1940)을 만남. 서신 교환 시작. 그레텔 카플러스 Gretel Karplus(1902-1993)를 알게 됨. 음악 비평문들 발표.

1924

바이에른의 한적한 시골 마을 아모르바흐Amorbach에서 후설 현상학을 주제로 박사학위 논문 집필. 6월에 프랑크푸르트 대학 철학과에 제출. 박사학위 취득. 지도교수는 한스 코르넬리우스Hans Cornelius(1863-1947). 초여름 작곡가 알반 베르크Alban Berg(1885-1935)를 그의 오페라 〈보이체크Woyzeck〉 초연에서 알게 됨.

1925

3월에 알반 베르크에게서 작곡을 배우고 에두아르트 슈토이어만Eduard Steuermann 에게서 피아노를 배우기 위해 오스트리아 빈Wien으로 감. 아널드 쇤베르크Arnold Schönberg(1874-1951), 조마 모르겐슈테른Soma Morgenstern(1890-1976), 게오르크 루카치Georg Lukács(1885-1971)를 알게 됨. 8월 크라카우어와 함께 이탈리아로 휴가를 다녀온 뒤 프랑크푸르트로 돌아옴. 작곡에 몰두하여 〈현악 4중주 op.2〉 등을 작곡. 이 곡은 1926년 빈에서 초연됨. 음악 비평문들을 씀.

1926

한스 코르넬리우스에게서 철학 연구 계속함. 알반 베르크와 서신 교환 지속. 베를린과 빈에 체류. 알반 베르크, 안톤 베베른Anton Webern(1883-1945)에 관한 논문과 12음 음악에 관한 논문들 작성.

1927

교수 자격 논문 착수. 음악 비평문들 다수 발표. 9월에 그레텔 카플러스와 이탈리아 여행. 11월에 첫 번째 논문 「선험적 영혼론에서 무의식 개념」을 지도교수 코르넬리우스에게 제출하였으나 지도교수의 의견에 따라 대학에 제출하지는 않음.

<u>1928</u>

연초에 베를린으로 여행. 그사이 약혼한 그레텔 카플러스 방문. 베를린에서 음악 비평가로 활동하기 위한 안정된 직장을 구했으나 실패함. 에른스트 블로흐Ernst Bloch(1885-1977), 베르톨트 브레히트Bertolt Brecht(1898-1956)를 알게 됨. 음악지 『여명Anbruch』의 편집위원. 연초에 작곡가 에른스트 크레네크Ernst Krenek(1900-1991)를 알게 됨. 새로 작성할 교수 자격 논문의 주제를 키르케고르로 결정. 키르케고르의 철학에서 미학이론적 내용을 찾아보려 함. 아도르노가 작곡한 〈Sechs kurze Orchesterstück op.4〉가 베를린에서 발터 헤르베르트Walter Herbert의 지휘로 초연됨. 알반 베르크에 헌정한 〈Liederzyklus op.1〉 완성.

<u>1929</u>

『여명』 편집진과 불화. 베를린에서 〈Liederzyklus op.1〉 초연. 또다시 음악 비평가 자리에 도전. 갓 프랑크푸르트 대학 철학과 정교수가 된 파울 틸리히Paul Tillich(1886-1965)가 아도르노에게 교수 자격 논문 제출을 허락. 1월에 마르틴 하이데거 Martin Heidegger(1889-1976)와 처음이자 마지막으로 대학 재단이사 쿠르트 리츨러의 집에서 만남.

<u>1930</u>

두 번째 교수 자격 논문에 몰두. 10월에 탈고. 여배우 마리안네 호페를 알게 됨.

<u>1931</u>

1월 교수 자격 논문 통과. 지도교수는 파울 틸리히. 부심은 막스 호르크하이머. 2월 교수 자격 취득하고 철학과 강사로 임용됨. 5월 취임 강연. '철학의 시의성'.

<u>1932</u>

7월 프랑크푸르트 칸트학회 초청으로 강연. '자연사 이념Die Idee der Naturgeschichte'. 사회연구소 기관지 『사회연구Zeitschrift für Sozialforschung』에 논문 「음악의 사회적 위상에 대하여」 게재.

1933

교수 자격 논문이 『키르케고르. 미적인 것의 구성』이라는 제목으로 J.C.B. Mohr (Paul Siebeck) 출판사에서 출간됨. 국가사회주의자들이 권력을 장악하는 동안 베를린에 머물면서 빈으로 가 다시 교수 자격을 취득할 생각을 함. 9월에 유대인 교수에 대한 면직 조치에 따라 강의권을 박탈당함. 프랑크푸르트 집이 수색을 당함. 11월과 12월 사이 대학 연구원 지원 단체(AAC)에 영국 대학의 초청장을 받을 수 있도록 도움 요청.

1934

4월 영국으로 망명. 대학 연구원 지원 단체(AAC)가 옥스퍼드 대학과의 접촉을 주선함. 6월 옥스퍼드 대학의 머튼 칼리지Merton College에 연구생으로 등록. 후설 현상학 연구 시작. 박사학위 논문 초안이 대학 당국에 받아들여짐. 10월 뉴욕에 있는 호르크하이머가 아도르노에게 연락. 사회연구소와 계속 연락하지 않았다고 아도르노를 질책.

1935

옥스퍼드에서 철학 저술 작업을 하는 동시에 음악에 관한 기고문도 작성. 6월 26일 이모 아가테 사망. 에른스트 크레네크가 전하는 알반 베르크의 사망 소식을 듣고 충격받음. 베르크의 비참한 최후는 경제적 이유로 병원에 가지 않고 집에서 가위로 허벅지 종기를 제거하다가 걸린 패혈증이 원인.

1936

『사회연구』에 헥토르 로트바일러Hektor Rottweiler라는 필명으로 논문 「재즈에 관하여」 게재. 빌리 라이히Willi Reich(1898-1980)가 편집을 주도한 알반 베르크 평전에 참여. 호르크하이머가 아도르노에게 영국에서 박사학위를 받는 즉시 사회연구소의 상임연구원으로 임용하겠다고 알려 옴. 알프레트 존-레텔Alfred Sohn-Rethel(1899-1990)과 서신 교환 시작. 11월에 파리에서 베냐민과 크라카우어를 만남.

1937

호르크하이머의 초청으로 6월 9일 2주간 뉴욕 방문. 8월에 파리에서 베냐민, 존-

레텔 그리고 크라카우어를 만남. 두 차례 철학 심포지엄. 아도르노의 논문 여덟 편이 실린 빌리 라이히 편집의 알반 베르크 평전이 빈에서 출간됨. 8월에 베를린의 그레텔 카플러스가 런던에 도착. 9월 8일 패딩턴Paddington 구청에서 결혼. 막스 호르크하이머와 영국 경제학자 레드버스 오피Redvers Opie가 증인. 10월에 호르크하이머가 아도르노에게 서신으로 미국에서 라디오에 관한 연구 프로젝트에 참여할 수 있음을 알려 옴. 베토벤 프로젝트 시작. 리하르트 바그너Richard Wagner(1813-1883)에 관한 저술 시작.

1938

빈 출신의 사회학자 파울 라자르스펠트Paul Lazarsfeld(1901-1976)가 주도하는 라디오 연구 프로젝트에 연구원 자리를 얻기 위해 미국으로 건너감. 나치 집권 후 뉴욕으로 근거지를 옮긴 프랑크푸르트 사회연구소의 공식 연구원이 됨. 미국에서 처음 작성한 논문 「음악의 물신적 성격과 청취의 퇴행에 관하여Über den Fetischcharakter der Musik und die Regression des Hörens」를 『사회연구』에 게재. 이해 후반부는 발터 베냐민과 유물론적 미학의 원칙들에 관한 논쟁이 정점에 오른 시기임.

1939

아도르노의 양친이 쿠바를 거쳐 미국으로 망명. 아도르노와 라자르스펠트 사이에 공동 연구에 대한 견해 차이 발생. 5월에 컬럼비아 대학 철학부에서 '후설과 관념론의 문제' 강연. 후에 『철학저널』에 게재됨. 『사회연구』에 「바그너에 관한 단편들」 발표. 라디오 프로젝트의 음악 부분에 대한 재정 지원 종료됨. 호르크하이머와 아도르노가 공동 작업으로 구상했던 『변증법 논리』의 기초가 될 대화와 토론들이 두 사람 사이에서 이루어짐.

1940

라디오 프로젝트에서 부정적인 경험을 한 아도르노에게 호르크하이머가 연구소 기관지 『사회연구』 편집을 담당하는 정규직 제안. 아도르노는 반유대주의 프로젝트 구상. 『국가사회주의의 문화적 측면』 초안 작성. 베냐민이 9월 26일 스페인 국경 포르부Port Bou에서 스스로 목숨을 끊음. 아도르노와 그레텔 큰 충격 받음. 『건설 Aufbau』에 「발터 베냐민을 기억하며」 기고.

1941

『신음악의 철학』 작업. 호르크하이머와 『변증법 논리』 공동 작업을 계속하기 위해 로스앤젤레스로 이주 계획. 「대중음악에 대하여」와 「라디오 심포니」 발표. 11월 로스앤젤레스로 이주.

1942

연초부터 호르크하이머와 함께 후에 『계몽의 변증법』이라는 제목으로 출간될 책의 저술에 집중. 아도르노는 영화 음악을 위한 프로젝트를 위해 한스 아이슬러Hans Eisler(1898-1962)와 작업. 할리우드 사교계의 수많은 망명 인사들과 교제. 그레타 가르보Greta Garbo, 막스 라인하르트Max Reinhardt, 알렉산더 그라나흐Alexander Granach, 프리츠 랑Fritz Lang, 릴리 라테Lilly Latté 등.

1943

토마스 만Thomas Mann(1875-1955)과 알게 됨. 만이 집필하는 『파우스트 박사Doktor Faustus』의 구상에 결정적 영향을 미침. 그동안 정기적으로 서신을 주고받았던 뉴욕의 양친을 7월 방문. 버클리 연구 그룹과 공동 작업. 반유대주의의 본성과 외연에 관한 프로젝트 진행. 그 결과물이 『권위주의적 성격』.

1944

한스 아이슬러와 함께 『영화를 위한 작곡』 집필에 많은 시간 투여. 호르크하이머와 공동 저술한 철학적 단상 『계몽의 변증법』이 프리드리히 폴록Friedrich Pollock(1894-1970)의 50회 생일을 기념하여 출간. 전미 유대인 협회Das American Jewisch Committe (AJC)가 반유대주의 프로젝트 지원 승인. 샤를로테 알렉산더Charlotte Alexander와 내연 관계.

1945

2월 막스 호르크하이머의 50회 생일을 기해 후일 출간될 책 『미니마 모랄리아』의 제1부 보여 줌.

1946

부친이 7월 8일 뇌출혈로 사망. 9월에 뉴욕으로 어머니 방문. 위장 장애, 심장 이상 등. 편도선 절제 수술.

1947

『계몽의 변증법』이 암스테르담의 쾌리도 출판사에서 나옴. 『권위주의적 성격』 마무리 작업. 한스 아이슬러와 3년 전에 마무리 지은 저술 『영화를 위한 작곡』이 아이슬러의 단독 저술로 출간됨. 아도르노의 이름을 제외시킨 것은 정치적인 고려에 의한 결정.

1948

라하브라La Habra 칼리지에서 음악학자로 활동. 로스앤젤레스의 심리분석 연구소에서 강의. 토마스 만이 『파우스트 박사의 성립』이라는 저술에서 파우스트 소설에 기여한 아도르노에게 감사를 표함. 『미니마 모랄리아』 제2, 제3부 완성.

1949

『신음악의 철학』. 연말, 15년 만에 독일로 돌아옴. 막스 호르크하이머의 교수직 대행으로 프랑크푸르트 대학에서 강의. 비정년 트랙. 파리를 거쳐 10월에 프랑크푸르트에 도착. 서신과 그 밖의 여러 공식적인 언급들에서 독일 민주주의에 진실성이 결여되었다는 한탄을 늘어놓았지만 학생들의 정신적 참여에는 매우 감동을 받았다고 밝힘. 한스 게오르크 가다머Hans-Georg Gadamer(1900-2002)가 하이델베르크 대학의 초빙을 받아 떠나면서 후임으로 아도르노를 추천. 알반 베르크의 미망인 헬레네 베르크Helene Berg와 베르크의 오페라 〈룰루Lulu〉의 오케스트라 편성작업 관련으로 서신 교환.

1950

『권위주의적 성격』이 포함된 『편견연구Studies in Prejudice』가 뉴욕에서 발간됨. 다름슈타트 지역 연구Darmstädter Gemeindestudien에서 주관한 독일 과거사 문제 연구에 참여. 호르크하이머와 함께 사회연구소 재건에 노력. 다름슈타트 '신음악을 위한 국제 페스티벌Internationle Ferienkurse für neue Musik'의 위원이 됨. 중간에 몇 번 불참하기는 했지만 1966년까지 위원 자격 유지. 마리 루이제 카슈니츠Marie-Luise Kaschnitz (1901-1974)와 친분 시작.

1951

주어캄프Suhrkamp 출판사에서 『미니마 모랄리아』 간행. 발터 베냐민의 아들 슈테판 베냐민Stefan Benjamin으로부터 부친의 저작 출간에 대한 전권 위임 받음. 10월에 잠깐 프레드릭 해커Fredrick Hacker가 주도하는 심리분석재단Psychiatric Foundation 설립에 참여하기 위해 캘리포니아의 베벌리힐스 방문. 12월 바인하임Weinheim에서 열린 제1차 독일 여론조사를 위한 대회에서 기조 발표. 잡지 『메르쿠어Merkur』에 「바흐 애호가들에 맞서 바흐를 변호함」 발표.

1952

『바그너 시론試論』. 2월 23일 뉴욕에서 아도르노의 모친 사망. 10월부터 해커 재단의 연구소장Research Director. '독일 청년 음악운동' 진영과 정치적·미학적 논쟁 시작. 1959년에 이르기까지 양 진영에서 학회, 라디오 대담 그리고 저술 출판을 추진하는 형식으로 논쟁 계속됨.

1953

프레드릭 해커와의 격렬한 갈등으로 재단에 사퇴를 통보하고 8월에 독일로 돌아옴. 『미니마 모랄리아』에 대한 호평. 프랑크푸르트 대학 철학 및 사회학 전공 교수로 부임. 정원 외 교수. 정년 트랙. 「카프카 소묘」, 「이데올로기로서의 TV」, 「시대를 초월한 유행 재즈에 관하여」 등 수많은 에세이 발표.

1954

사회연구소의 소장 대리로서 연구 과제에 대한 책임 증가. 7월에 에두아르트 슈토이어만Eduard Steuermann 그리고 루돌프 콜리슈Rudolf Kolisch와 함께 다름슈타트 신음악을 위한 국제 페스티벌에서 가르침. 하이델베르크에서 열린 제12차 독일 사회학자 대회에서 이데올로기 개념에 대해 발표. 아놀드 쇤베르크 메달 받음.

1955

『프리즘』 출간. 미국 여권이 만료됨에 따라 1938년 미국으로 이주하면서 상실했던 독일 국적 회복. 부인 그레텔과 함께 프리드리히 포드추스Friedrich Podszus의 도움을 받아 베냐민의 저술 두 권 출간. 8월에 토마스 만 사망 소식을 들음. 알프레트 안더슈Alfred Andersch(1914-1980)와 친분. 서신 교환 시작됨.

1956

『불협화음들』, 『인식론 메타비판』 출간. 4월 헬레네 베르크와 빈에서 만남. 오랜만에 크라카우어와 프랑크푸르트에서 만남. 게르숌 숄렘Gershom Scholem(1897-1982)과의 활발한 교류.

1957

『헤겔 철학의 관점』. 철학 및 사회학 전공 정교수로 임용됨. 『시와 사회에 대한 강연Rede über Lyrik und Gesellschaft』. 바그너의 오페라 〈파르지팔Parzifal〉의 악보에 관한 에세이가 바이로이트 축제 공연 프로그램에 게재.

1958

『문학론』 제1권. 사회연구소 소장이 됨. 여가수 카를라 헤니우스Carla Henius와 알게 됨. 불면증. 연초 빈에 강연을 하러 가서 처음으로 사무엘 베케트Samuel Beckett(1906-1898)의 〈막판극Das Endspiel〉 접함. 파리에서 그를 만남. 파리에서 세 차례 강연.

1959

베를린 비평가 상, 독일 문학비평가 상. 5월 베를린에서 열린 제 14차 사회학 대회에서 「얼치기 교양의 이론에 관하여Zur Theorie der Halbbildung」 발표. 10월에 카셀 도큐멘타 기간에 신음악에 대하여 발표. 바덴바덴에서 현대 예술에 대하여 발표. 기독교 유대교 공동 작업을 위한 연석회의에서 「과거청산은 무엇을 의미하는가」 발표. 페터 손디Peter Szondi(1929-1971)가 주선한 파울 첼란Paul Celan(1920-1970)과의 만남은 성사되지 않음. 프랑크푸르트 대학 시학 강의를 계기로 잉게보르크 바흐만Ingeborg Bachmann(1926-1973)과 친분.

1960

빈에서 구스타프 말러 100주기 추도 강연. 첼란과 서신 교환. 사회연구소와 향후 설립될 지그문트 프로이트 연구소와의 관계를 정립하기 위해 알렉산더 미첼리히 Alexander Mitscherlich의 주선으로 바덴바덴에서 2주간 체류.

1961

파리의 콜레주드프랑스에서 3회에 걸친 대형 강의. 이탈리아(로마, 팔레르모, 페루자 등)에서 강연 요청. 아도르노와 칼 포퍼Karl Popper(1902-1994) 사이에 있던 '사회과학 논리'에 관한 토론이 촉발시킨 이른바 '실증주의 논쟁' 시작. 주어캄프사가 주관한 Vortragsabend에 베케트에 관한 장문의 발표문. 「베케트의 막판극 이해」.

1962

1월에 아도르노와 엘리아스 카네티Elias Canetti(1905-1994)의 라디오 공동 대담. 3월 토마스 만 전시회 개막 연설. 알렉산더 클루게Alexander Kluge(1932-)와의 친분.

1963

독일 사회학회 회장으로 선출됨. 60회 생일에 프랑크푸르트 시가 수여하는 괴테 휘장Goethe Plakette 받음. 6월 빈에서 개최된 유럽학회에서 20세기의 박물관을 주제로 강연. 베를린에서 횔덜린에 관한 강연.

1964

독일 사회학회 회장으로 하이델베르크에서 제15차 사회학 대회 개최. 주제는 막스 베버와 오늘의 사회학. 바이로이트 트리스탄과 이졸데 공연 안내문에 「바그너의 시의성」 게재.

1965

2월에 아놀드 겔렌Arnold Gehlen(1904-1976)과 '사회학은 인간에 관한 학문인가?'라는 주제로 라디오 방송에서 논쟁. 호르크하이머 70세 생일을 축하하는 아도르노의 글이 주간 신문 『디 차이트Die Zeit』에 실림. 3월에 파리에서 강연. 사무엘 베케트 다시 만남.

1966

게르숌 숄렘과 함께 베냐민의 서신들을 편집하여 두 권으로 간행. 브뤼셀에서 음악사회학에 관한 대형 강의. 다름슈타트 페스티벌에 마지막으로 참여. '음악에서 색채의 기능Funktion der Farbe in der Musik'이라는 주제로 3회 강연(매회 두 시간).

1967

베를린 예술아카데미에서 발표(「음악과 회화의 관계」, 「예술과 예술들die Kunst und die Künste」). 게르숌 숄렘의 70회 생일을 맞아 12월 스위스 취리히 신문Neue Züricher Zeitung에 숄렘에 대한 아도르노의 헌정사가 실림. 7월 베를린 자유대학에서 아도르노 강의에 학생운동 세력이 반발하고 방해하는 행동 처음 발생.

1968

갈수록 과격해지는 학생운동 급진 세력과 갈등 심화. 1월에 파리에서 미학에 관한 강연. 다시 베케트 만남. 2월에 쾰른에서 열린 베케트 작품에 관한 TV 토론회 참석. '비상사태하에서의 민주주의 행동본부Demokratie im Notstand'가 주최한 행사에 참여. 이 행사는 TV로 중계됨.

1969

피셔Fischer 출판사에서 『계몽의 변증법』 재출간. 『미학이론』 저술에 몰두. 1월 운동권 학생들이 사회연구소를 점거하자 경찰에 해산 요청. 4월 학생들의 도발로 강의 중단 사태 발생(이른바 '상의 탈의 사건'). 자유 베를린 방송에서 '체념Resignation'에 대해 강연. 학생운동의 행동주의를 두고 허버트 마르쿠제Herbert Marcuse(1898-1979)와 논쟁. 이론과 실천의 관계에 대한 메모들. 스위스의 휴양지 체어마트Zermatt에서 휴가를 보내다가 8월 2일 심장마비로 비스프Visp의 병원에서 사망.

1970

그레텔 아도르노와 롤프 티데만이 편집한 『미학 이론』 출간.

---

* 위 연보는 슈테판 뮐러 돔(Stefan Müller-Doom)의 아도르노 전기 Adorno. Eine Biographie, Frankfurt/M.(2003)에 기초함.

연도별로 본 아도르노의 저작[*]

1924

- Die Transzendenz des Dinglichen und Noematischen in Husserls Phänomenologie. Phil. Dissertation. Frankfurt/M.

  후설 현상학에서 물적인 것과 노에마적인 것의 초월

  (박사학위 논문)

1927

- Der Begriff des Unbewußten in der transzendentalen Seelenlehre.

  선험적 영혼론에서의 무의식 개념

  (첫 번째 교수 자격 취득 논문. 이 논문은 제출되었으나 심사 과정이 시작되기 전에 철회됨)

1933

- Kierkegaard, Konstruktion des Ästhetischen. Tübingen: J. C. B. Mohr.

  키르케고르. 미적인 것의 구성

  (두 번째 교수 자격 취득 논문)

1947

- Dialektik der Aufklärung. Philosophische Fragmente. Amsterdam: Querido, zusammen mit Max Horkheimer geschrieben.

  계몽의 변증법. 철학적 단상들

---

[*] 1983년 프랑크푸르트 대학교에서 개최된 '아도르노에 관한 토론회(Adorno-Konfernz)'에서 발표된 원고를 정리한 책인 Adorno-Konfernz 1983, Frankfurt/M. Suhrkamp, 1983에 첨부된 르네 괴르첸(Rene Goertzen)의 목록을 기준으로 하였다. 연도는 아도르노의 개별 저작의 최초 출판 연도를 의미한다.

<u>1949</u>

* Philosophie der neuen Musik. Tübingen: J. C. B. Mohr.
  신음악의 철학

<u>1950</u>

* The Authoritarian Personality. New York: Harper & Brothers.
  권위주의적 성격

<u>1950</u>

* Minima Moralia. Reflexionen aus dem beschädigten Leben. Berlin, Frankfurt/M.:
  Suhrkamp.
  미니마 모랄리아

<u>1952</u>

* Versuch über Wagner. Berlin, Frankfurt/M.: Suhrkamp.
  바그너 시론(試論)

<u>1955</u>

* Prismen. Kulturkritik und Gesellschaft. Berlin, Frankfurt/M.: Suhrkamp.
  프리즘. 문화비판과 사회

<u>1956</u>

* Zur Metakritik der Erkenntnistheorie. Studien über Husserl und die phänomenolo-
  gischen Antinomien. Stuttgart: W. Kohlhammer.
  인식론 메타비판. 후설과 현상학적 이율배반들에 관한 연구
* Dissonanzen. Musik in der verwalteten Welt. Göttingen: Vandenhoeck & Ruprecht.
  불협화음들. 관리되는 세계에서의 음악

<u>1957</u>

* Aspekte der Hegelschen Philosophie. Berlin, Frankfurt/M.: Suhrkamp.
  헤겔 철학의 관점

1958

• Noten zur Literatur I. Berlin, Frankfurt/M.: Suhrkamp.
  문학론 I

1959

• Klangfiguren. Musikalische Schriften I. Berlin, Frankfurt/M.: Suhrkamp.
  울림의 형태들

1960

• Mahler. Eine musikalische Physiognomik. Frankfurt/M.: Suhrkamp.
  말러. 음악적 인상학

1961

• Noten zur Literatur II. Frankfrut/M.: Suhrkamp.
  문학론 II

1962

• Einleitung in die Musiksoziologie. Zwölf theoretische Vorlesungen. Frankfurt/M.:
  Suhrkamp.
  음악사회학 입문
• Sociologica II. Rede und Vorträge. zusammen mit Max Horkheimer, Frankfurt/M.:
  Europäische Verlagsanstalt.
  사회학 II

1963

• Drei Studien zu Hegel. Frankfurt/M.: Suhrkamp.
  헤겔에 대한 세 연구
• Eingriffe. Neuen kritische Modelle. Frankfurt/M.: Suhrkamp.
  개입들

- Der getreue Korrepetitor, Lehrschriften zur musikalischen Praxis. Frankfurt/ M.: Fischer.

  충실한 연습지휘자

- Quasi una fantasia. Musikalische Schriften II. Frankfurt/M.: Suhrkamp.

  환상곡풍으로

1964

- Moments musicaux. Neu gedruckte Aufsätze 1928-1962. Frankfurt/M.: Suhrkamp.

  음악의 순간들

- Jargon der Eigentlichkeit. Zur deutschen Ideologie. Frankfurt/M.: Suhrkamp.

  본래성이라는 은어

1965

- Noten zur Literatur III. Frankfurt/M.: Suhrkamp.

  문학론 III

1966

- Negative Dialektik. Frankfurt/M.: Suhrkamp.

  부정변증법

1967

- Ohne Leitbild. Parva Aesthetica. Frankfurt/M.: Suhrkamp.

  길잡이 없이

1968

- Berg. Der Meister des kleinen Übergangs. Wien: Verlag Elisabeth Lafite/ Österreichischer Bundesverlag.

  알반 베르크

- Impromptus. Zweite Folge neu gedruckter musikalischer Aufsätze. Frankfurt/M.: Suhrkamp.

  즉흥곡

1969

- Komposition für den Film, zusammen mit Hans Eisler. München: Rogner & Bernhard.
  영화를 위한 작곡
- Stichworte. Kritische Modelle 2. Frankfurt/M.: Suhrkamp.
  핵심 용어들. 비판적 모델 2.
- Nervenpunkte der Neuen Musik(Ausgewählt aus Klangfiguren cf. Klang-figuren von 1959).
  신음악의 예민한 문제들
- Th. W. Adorno u.a., Der Positivismusstreit in der deutschen Soziologie. Neuwid und
  Berlin: Luchterhand.
  독일 사회학에서 실증주의 논쟁

1970

- Ästhetische Theorie. Hrsg. von Gretel Adorno und Rolf Tiedemann, Frankfurt/M.:
  Suhrkamp.
  미학 이론
- Über Walter Benjamin. Hrsg. und mit Anmerkung versehen von Rolf Tiedemann.
  Frankfurt/M.: Suhrkamp.
  발터 베냐민
- Aufsätze zur Gesellschaftstheorie und Methodologie. Frankfurt/M.: Suhrkamp.
  사회 이론과 방법론에 관한 논문들
- Erziehung zur Mündigkeit. Vorträge und Gespräch mit Helmut Becker 1959-1969.
  Hrsg. von Gerd Kadelbach. Frankfurt/M.: Suhrkamp.
  성숙성으로 이끄는 교육

1971

- Eine Auswahl. Hrsg. von Rolf. Tiedemann. Büchergilde Gutenberg.
  작은 선집
- Kritik, Kleine Schriften zur Gesellschaft. Hrsg. von Rolf. Tidemann. Frankfurt/ M.:
  Suhrkamp.
  사회 비판

<u>1973</u>

- Versuch, das Endspiel zu verstehen. Aufsätze zur Literatur des 20. Jahrhunderts I.
  Frankfurt/M.: Suhrkamp.
  베케트의 막판극 이해
- Zur Dialektik des Engagements. Aufsätze zur Literatur des 20. Jahrhunderts II. Frank-
  furt/M.: Suhrkamp.
  사회 참여의 변증법
- Philosophische Terminologie. Zur Einleitung. Band 1. Hrsg. von Rudolf zur Lippe.
  Frankfurt/M.: Suhrkamp.
  철학 용어들 I
- Philosophische Terminologie. Zur Einleitung. Band 2. Hrsg. von Rudolf zur Lippe,
  Frankfurt/M.: Suhrkamp.
  철학 용어들 II

<u>1974</u>

- Briefwechsel, zusammen mit Ernst Kreneck. Hrsg. von Wolfgang Rogge. Frankfurt/M.:
  Suhrkamp.
  에른스트 크레네크와의 서신 교환

<u>1975</u>

- Gesellschaftstheorie und Kulturkritik. Frankfurt/M.: Suhrkamp.
  사회 이론과 문화비판

<u>1979</u>

- Der Schatz des Indianer-Joe. Singspiel nach Mark Twain. Hrsg. und mit einem Nach-
  wort von R. Tiedemann. Frankfurt/M.: Suhrkamp.
  인디언-조의 보물. 마크 트웨인에 따른 오페레타
- Soziologische Schriften I. Hrsg. von Rolf. Tiedemann. Frankfurt/M.: Suhrkamp.
  사회학 논문집 I

1980

- Kompositionen, Band 1: Lieder für Singstimme und Klavier. Hrsg. von Heinz-Klaus Metzger und Rainer Riehn. München: edition text + kritik.
  창작곡 제1권. 성악과 피아노를 위한 가곡
- Kompositionen, Band 2: Kammermusik. Chöre, Orchestrales. Hrsg. von Heinz-Klaus Metzger und Rainer Riehn. München: edition text + kritik.
  창작곡 제2권. 실내악곡, 합창곡, 오케스트라곡

1981

- Noten zur Literatur IV. Hrsg. von Rolf. Tiedemann. Frankfurt/M.: Suhrkamp.
  문학론 IV

개 념 색 인

이 색인은 인명색인과 마찬가지로 줄임말, 강의 원문과 주석, 편집자 후기를 포함한다.

Vernunft) 109f

이성의 진리(Wahrheit der Vernunft, vérités de raison) 63

이율배반(Antinomie) 21, 49f, 89, 107, 202, 284, 289, 296, 306, 346, 369, 390f, 392

이종적(heteronom) 319f

이질적 연속체(das heterogene Kontinuum) 216, 224

인간성(Humanität, Menschheit) 110, 138

인간학적, 인간학(anthropologisch, Anthropologie) 75f, 100, 166, 251, 285, 392

인격성(Persönlichkeit) 165, 344, 361

인과성(Kausalität) 18, 43, 157f, 160f, 165f, 167, 191, 234, 244f, 246, 259, 350, 401

인식사회학(Erkenntnissoziologie) 383

일반정원형이상학(Allerweltsmetaphysik) 322

입체기하학(Sterometrie) 33

이질성(Heterogenen) 41

ㅈ

자기동일성(Selbstidentität) 378

자기반성(Selbstreflexion) 23, 150, 212, 263, 276, 281

자기보존(Selbsterhaltung) 79

자기비판(Selbstkritik) 211

자기의식(Selbstbewußtsein) 212, 224, 336

자발성(Spontaneität) 159, 201, 213, 231f, 272, 297, 363, 378, 382, 387, 409

자아(das Ich, ego) 157f, 165, 200, 205, 241, 252, 255f, 257, 265, 269, 271, 296f, 308f, 323, 330f, 332, 335, 340, 342, 348f, 378

자연성향(Naturanlage) 75f, 77f, 100

자연의 빛(das natürliche Licht, Lumen naturale) 130, 143

자연의 완성된 형이상학(die ausgeführte Metapysik der Natur) 73

자연적 영향 관계(influxus physicus) 201, 205

자연주의적, 자연주의(naturalistisch, Naturalismus) 161, 167f, 169, 183, 253, 257, 260, 270, 277

자연 지배(Naturbeherrschung) 31, 236, 337

자연철학자(Naturphilosoph) 79

자유(Freiheit) 18, 21, 44, 72, 78, 82, 92, 110, 113, 117, 137, 165, 237f, 315f, 343, 360, 407

자율(Autonomie) 103, 116, 237f, 337

잔여 이론, 잔여 방법(Residualtheorie, residuales Verfahren) 55, 68, 280f

절대적, 절대성, 절대자, 절대화하다(absolut, Absolutheit das Absolutes, verabsolutieren) 22f, 28, 44, 53, 61, 82f, 84, 89, 95, 121f, 128, 130f, 133, 137, 193, 248, 270, 278, 282, 287, 340, 356, 360, 366

절대정신(der absolute Geist) 128, 374

절대주의(Absolutismus) 156, 165

정서(Affekt) 319, 323

정신생리학(Physiologie) 76

정신종합(Psychosynthese) 322

제일철학(die prima philsophia) 49, 88, 183, 277, 291

조직화의 물음(Organisationsfrage) 85

존재론, 존재론적(Ontologie, ontologisch) 65,

270, 273, 276, 285, 298, 338, 358, 388

저자 소개

테오도르 W. 아도르노(1903-1969)

소위 프랑크푸르트학파 1세대에 속하는 대표적 비판이론가로서, 전후 독일 사상계를 주도했던 주요 인물로 손꼽힌다. 철학자로서 가장 잘 알려져 있으나 사회학자이자 문화비판가로도 유명하며, 또한 작곡가 및 예술철학자로서의 활동도 빼놓을 수 없다. 철학자로서 아도르노는 칸트, 헤겔, 마르크스 등의 영향을 특히 크게 받았으나, 어느 특정한 철학적 전통으로 편입될 수 없는 고유성과 독자성을 갖고 있다. 또 그는 호르크하이머, 마르쿠제, 블로흐, 베냐민 등 당대의 반나치, 반전체주의 사상가들과 밀접한 교류를 맺으며 영향을 주고받았다. 주요 저작으로는 『계몽의 변증법』(공저), 『미니마 모랄리아』, 『미학 이론』 등이 있으며, 특히 『부정변증법』에 그의 유물론적이고 변증법적이며 비판적인 사유가 응축되어 있다.

박 중 목

옮긴이 박중목은 성균관대에서 독문학을 전공한 뒤 독일 하이델베르크대에서 칸트에 대한 논문 「선험적 변증론의 체계에서 본 선험적 영혼론의 문제」로 철학박사를 받았고 명지대학교 방목기초대학에 교수로 재직한 뒤 정년퇴임했다. 현재는 인식론뿐 아니라 오늘날 대두되고 있는 사회적 문제에도 관심을 두고 연구하고 있다. 논저로는 『철학적 물음과 그 이론』, 「선험적 오류추리에 있어서 영혼의 실체성」, 「선험적 오류추리에 있어서 영혼의 인격성」, 「칸트철학에 있어서 이념의 규제적 사용의 가능성」 등이 있으며, 역서로는 『쉽게 읽는 칸트, 순수이성비판』, 『20세기 독일철학』, 『칸트가 우리에게 던지는 227가지 질문』 등이 있다.

원 당 희

옮긴이 원당희는 고려대 독문과에서 토마스 만 연구로 문학박사를 받았고, 고려대와 한양대, 동덕여대 독문과에서 강의했다. 현재는 자유번역가로 활동 중이다. 논저로는 「토마스 만에 있어서 독일적 유미주의의 정치적 현실화 문제」, 「루카치의 문예비평과 총체성」 등이 있다. 역서로는 『마법의 산』, 『지성과 신비의 아이러니스트』, 『쇼펜하우어, 니체, 프로이트』, 『소설의 이론』, 『현대소설의 이론』, 『황야의 늑대』, 『페터 카멘친트』, 『환상의 밤』, 『모르는 여인의 편지』, 『천재 광기 열정』(1, 2) 등이 있다.

칸트의 『순수이성비판』

Kants »Kritik der reinen Vernunft«